16	3	2	13
5	10	11	8
9	6	7	12
4	15	14	1

coleção TRANS

Antonio Negri

A ANOMALIA SELVAGEM
Poder e potência em Espinosa

Prefácios
Gilles Deleuze, Pierre Macherey e Alexandre Matheron

Posfácios
Antonio Negri e Marilena Chaui

Tradução
Raquel Ramalhete

editora politeia   editora 34

Editora 34 Ltda.
Rua Hungria, 592 Jardim Europa CEP 01455-000
São Paulo - SP Brasil Tel/Fax (11) 3811-6777 www.editora34.com.br

Editora Filosófica Politeia
www.editorapoliteia.com.br
facebook.com/editorapoliteia

Copyright © Editora 34 Ltda. e Editora Filosófica Politeia
(edição brasileira), 2018
© Antonio Negri, 2018

A FOTOCÓPIA DE QUALQUER FOLHA DESTE LIVRO É ILEGAL E CONFIGURA UMA
APROPRIAÇÃO INDEVIDA DOS DIREITOS INTELECTUAIS E PATRIMONIAIS DO AUTOR.

Edição conforme o Acordo Ortográfico da Língua Portuguesa.

Capa, projeto gráfico e editoração eletrônica:
Bracher & Malta Produção Gráfica

Revisão:
Wendell Setúbal, Marcos André Gleizer, Leny Cordeiro

Revisão técnica da 2ª edição:
Homero Silveira Santiago, Mario Antunes Marino

1ª Edição - 1993, 2ª Edição - 2018

CIP - Brasil. Catalogação-na-Fonte
(Sindicato Nacional dos Editores de Livros, RJ, Brasil)

	Negri, Antonio, 1933
N321a	A anomalia selvagem: poder e potência
	em Espinosa / Antonio Negri; prefácios de Gilles
	Deleuze, Pierre Macherey e Alexandre Matheron;
	posfácios de Antonio Negri e Marilena Chaui;
	tradução de Raquel Ramalhete. — São Paulo:
	Editora 34/Politeia, 2018 (2ª Edição).
	416 p. (Coleção TRANS)
	ISBN 978-85-7326-722-8 (Editora 34)
	ISBN 978-85-94444-04-2 (Politeia)
	Tradução de: L'anomalia selvaggia
	1. Filosofia. 2. Espinosa, Baruch, 1632-1677.
	I. Deleuze, Gilles, 1925-1995. II. Macherey, Pierre.
	III. Matheron, Alexandre. IV. Chaui, Marilena.
	V. Ramalhete, Raquel. VI. Título. VII. Série.

CDD - 190

A ANOMALIA SELVAGEM
Poder e potência em Espinosa

Nota da presente edição 7

Prefácio, *Gilles Deleuze* 9
Prefácio, *Pierre Macherey* 13
Prefácio, *Alexandre Matheron* 19

Prefácio ..: 31

Capítulo I. A anomalia holandesa
1. O problema de uma imagem 41
2. A oficina espinosista 48
3. A revolução e sua borda 57
Notas 64

Capítulo II. A utopia do círculo espinosista
1. A tensão da ideologia 73
2. Método e ideia verdadeira: estratégia e desvio 81
3. A espessura ontológica 95
Notas 101

Capítulo III. Primeira fundação
1. O infinito como princípio 111
2. A organização do infinito 120
3. O paradoxo do mundo 129
Notas 139

Capítulo IV. A ideologia e sua crise
1. O espinosismo como ideologia 147
2. Espinosa barroco? 153
3. O limiar crítico 159
Notas 168

Capítulo V. Cesura do sistema
1. Imaginação e constituição 175
2. Filologia e tática 189
3. O horizonte da guerra 201
Notas 215

Capítulo VI. A anomalia selvagem
1. Medida e desmedida 227
2. Apropriação e constituição 238
3. Força produtiva: uma antítese histórica 246
Notas 255

Capítulo VII. Segunda fundação
1. A espontaneidade e o sujeito 263
2. O infinito como organização 278
3. Liberação e limite: a desutopia 293
Notas 311

Capítulo VIII. A constituição do real
1. "*Experientia sive praxis*" 319
2. "*Tantum juris quantum potentiae*" 328
3. Constituição, crise, projeto 343
Notas 352

Capítulo IX. Diferença e porvir
1. Pensamento negativo e pensamento constitutivo 359
2. Ética e política da desutopia 366
3. Constituição e produção 374
Notas 382

Posfácio à edição brasileira, *Antonio Negri* 387
O desafio filosófico de Espinosa, *Marilena Chaui* 399

Sobre o autor 407
Bibliografia do autor 409

NOTA DA PRESENTE EDIÇÃO

Para as obras de Espinosa reunidas em coleção, Negri adotou o seguinte sistema de referência: primeiro, a edição Gebhardt, *Spinoza opera*, 4 vols., Heidelberg, 1924 (abreviação G., seguida da indicação do tomo e da página); em segundo, a edição francesa da Pléiade, Paris, 1954 (abreviação P., seguida da indicação da página). Exemplo: "*Ética* II, Proposição XIII (G., II, p. 96; P., p. 367)". Estas duas obras são referenciadas continuamente pelo autor.

Sempre que possível, a presente edição atualizou as terminologias espinosana e negriana de acordo com traduções brasileiras mais recentes. Para as obras de Espinosa foram utilizadas as seguintes abreviações:

BT — *Breve tratado de Deus, do homem e do seu bem-estar*. Trad. E. Fragoso e L. C. Oliva. Belo Horizonte: Autêntica, 2012.

Cogit. — "Pensamentos metafísicos": In: *Princípios da filosofia cartesiana e Pensamentos metafísicos*. Trad. H. Santiago e L. C. Oliva. Belo Horizonte: Autêntica, 2015.

Corr. — "Correspondência". In: *Obra completa*, vol. II. J. Guinsburg; N. Cunha; R. Romano (orgs.). Trad. J. Guinsburg e N. Cunha. São Paulo: Perspectiva, 2014, 4 vols.

Ética — *Ética*. M. Chaui (org.). Trad. Grupo de Estudos Espinosanos. São Paulo: Edusp, 2015.

Princ. — "Princípios da filosofia cartesiana": In: *Princípios da filosofia cartesiana e Pensamentos metafísicos, op. cit.*

TEI — *Tratado da emenda do intelecto*. Trad. C. Novaes de Rezende. Campinas: Editora da Unicamp, 2015.

TP — *Tratado político*. Trad. D. Pires Aurélio. São Paulo: WMF Martins Fontes, 2009.

TTP — *Tratado teológico-político*. Trad. D. Pires Aurélio. Lisboa: Imprensa Nacional/Casa da Moeda, 2004.

PREFÁCIO

Gilles Deleuze

O livro de Negri sobre Espinosa, escrito na prisão, é um grande livro, que renova em muitos aspectos a compreensão do espinosismo. Gostaria de insistir mais a respeito de duas das teses principais que ele desenvolve.

1. O ANTIJURIDISMO DE ESPINOSA

A ideia fundamental de Espinosa é a de um desenvolvimento espontâneo das forças, pelo menos virtualmente. O que quer dizer que não há necessidade, em princípio, de uma mediação para constituir as relações que correspondem às forças.

Ao contrário, a ideia de uma mediação necessária pertence essencialmente à concepção jurídica do mundo, tal como é elaborada por Hobbes, Rousseau, Hegel. Essa concepção implica: 1) que as forças têm origem individual ou privada; 2) que elas têm de ser socializadas para gerarem as relações adequadas que lhes correspondem; 3) que há portanto mediação de um Poder (*"potestas"*); 4) que o horizonte é inseparável de uma crise, de uma guerra ou de um antagonismo, de que o Poder se apresenta como a solução, mas a "solução antagonista".

Espinosa tem sido frequentemente apresentado como pertencente a essa linhagem jurídica, entre Hobbes e Rousseau. Não é nada disso, segundo Negri. Em Espinosa, as forças são inseparáveis de uma espontaneidade e uma produtividade que tornam possível seu desenvolvimento sem mediação, ou seja, sua composição. Elas são em si mesmas elementos de socialização. Espinosa pensa imediatamente em termos de multidão e não de indivíduo. Toda a sua filosofia é uma filosofia da *"potentia"* contra a *"potestas"*. Insere-se numa tradição antijurídica, que passaria por Maquiavel e terminaria em Marx. É toda uma concepção da "constituição" ontológica, ou da "composição" física e dinâmica, que se opõe ao contrato jurídico.[1] Em Espinosa, o ponto de vista ontológico de uma produção imediata se opõe a qualquer apelo a um Dever-Ser, a uma mediação e a uma finalidade ("com Hobbes a crise conota o horizonte ontológico e o subsume, com Espinosa a crise é subsumida sob o horizonte ontológico").

Embora se pressinta a importância e a novidade dessa tese de Negri, o leitor pode temer a atmosfera de utopia que dela se desprende. Negri então marca o caráter excepcional da situação holandesa, e aquilo que torna possível a posição espinosista: contra a família de Orange, que representa uma *"potestas"* em conformidade com a Europa monárquica, a Holanda dos irmãos De Witt pode tentar promover um mercado como espontaneidade das forças produtivas ou um capitalismo como forma imediata da socialização das forças. Anomalia espinosista e anomalia holandesa... Mas, num caso como no outro, não é a mesma *utopia*? É aqui que intervém o segundo ponto forte da análise de Negri.

2. A EVOLUÇÃO DE ESPINOSA

O primeiro Espinosa, tal como surge no *Breve tratado* e ainda no início da *Ética*, permanece efetivamente dentro das perspectivas da utopia. Ele as renova, entretanto, porque assegura uma expansão máxima das forças, elevando-se a uma *constituição ontológica* da substância, e dos modos pela substância (panteísmo). Mas precisamente em virtude da espontaneidade da operação, ou da ausência de mediação, a *composição material* do real concreto não se manifestará como potência própria, e o conhecimento e o

---

[1] Éric Alliez, "Spinoza au-delà de Marx", *Critique*, n. 411-412, ago.-set. 1981, pp. 812-821, analisa primorosamente essa antítese. Disponível online em www.multitudes.net/spinoza-au-dela-de-marx/.

pensamento terão ainda de dobrar-se sobre si mesmos, subordinados a uma mesma produtividade apenas ideal do Ser, em vez de se abrirem para o mundo.

Por isso é que o segundo Espinosa, tal como aparece no *Tratado teológico-político* e tal como se afirma no decurso da *Ética*, vai ser reconhecido por dois temas fundamentais: por um lado, a potência da substância se volta para os modos, aos quais serve de horizonte; por outro lado, o pensamento se abre para o mundo e se coloca como imaginação material. Então cessa a utopia em proveito de um materialismo revolucionário. Não que o antagonismo e a mediação sejam restabelecidos. O horizonte do Ser subsiste imediatamente, mas como *lugar* da constituição política, e já não mais como *utopia* da constituição ideal e substancial.

Os corpos (e as almas) são forças. Enquanto tais, não se definem apenas por seus encontros e choques ao acaso (estado de crise). Definem-se por relações entre uma infinidade de partes que compõem cada corpo, e que já o caracterizam como uma multidão. Há então *processos* de composição e de decomposição dos corpos, segundo suas relações características convenham ou desconvenham. Dois ou vários corpos formarão um todo, isto é, um terceiro corpo, se compuserem suas relações respectivas em circunstâncias concretas. E isto é o mais alto exercício da imaginação, o ponto em que ela inspira o entendimento, fazer com que os corpos (e as almas) se encontrem segundo relações componíveis. Daí a importância da teoria espinosista das *noções comuns*, que é um elemento fundamental da *Ética*, do livro II ao livro V. A imaginação material consolida sua aliança com o entendimento, assegurando ao mesmo tempo, sob o horizonte do Ser, a composição física dos corpos e a constituição política dos homens.

Aquilo que Negri fizera profundamente em Marx, a respeito dos *Grundrisse*, ele faz agora em Espinosa: toda uma reavaliação do lugar respectivo do *Breve tratado*, por um lado, na obra de Espinosa. Nesse sentido é que Negri propõe uma evolução de Espinosa: de uma *utopia progressista* a um *materialismo revolucionário*. Negri é com certeza o primeiro a dar seu pleno sentido filosófico à anedota segundo a qual o próprio Espinosa se havia traçado, em Masaniello, o revolucionário napolitano (conforme o que diz

Prefácio   11

Nietzsche sobre a importância das "anedotas" peculiares ao "pensamento, na vida de um pensador").

Dei uma apresentação extremamente rudimentar das duas teses de Negri. Não me parece que convenha discuti-las e apressadamente lhes trazer objeções ou até confirmações. Essas teses têm o mérito evidente de dar conta da situação excepcional de Espinosa na história do pensamento. Essas teses são profundamente novas, mas o que elas nos mostram é em primeiro lugar a novidade do próprio Espinosa, no sentido de uma "filosofia do porvir". Mostram-nos o papel fundador da política na filosofia de Espinosa. Nossa primeira tarefa deveria ser a de avaliar o alcance dessas teses, e entender o que Negri assim encontrou em Espinosa, no que ele é autêntica e profundamente espinosista.

Prefácio
ESPINOSA PRESENTE

Pierre Macherey

"Alguma coisa de desproporcionado e sobre-humano": é assim que Antonio Negri caracteriza a aventura teórica na qual Espinosa se meteu; e restitui em toda a sua força sua virulência excepcional de acontecimento que, fazendo irrupção no tempo, quebra a aparente continuidade dele e, por essa provocação desmedida, apela para que nós mesmos voltemos ao movimento de que ela surge. Poderíamos retomar os mesmos termos para apresentar a interpretação que ele nos dá dessa experiência, pois sua potência selvagem sacode os quadros comuns através dos quais se compreende uma filosofia, e não apenas a de Espinosa: ela nos força a relê-la segundo uma perspectiva desconcertante, e nos faz descobrir, no lugar daquela doutrina que pensávamos conhecer bem, arrumada dentro do repertório imutável dos sistemas, "um pensamento vivo", que pertence efetivamente à história, à nossa história.

O que significa conceber Espinosa como um pensador histórico? Isto quer dizer primeiro, evidentemente, expô-lo em sua época, naquela Holanda da segunda metade do século XVII, ela própria em ruptura com a ordem econômica, política e ideológica do mundo feudal, antes da qual ela inventa as formas de uma sociedade nova, com os modos de produção, troca e consciência que lhe correspondem: é nesse "extraordinário campo de produção metafísica" que Espinosa intervém, fabricando ele mesmo conceitos e maneiras de raciocinar que lhe permitem contribuir para esse processo de transformação. Mas, desse tempo em revolta contra seu tempo, e contra o tempo, ele mesmo tem de se afastar, para se projetar em direção a outro tempo, que não é mais apenas o seu, mas também o nosso. Negri, falando da constituição política do real por Espinosa, que é o coroamento de todo o seu pensamento, diz de sua "extraordinária modernidade": se essa filosofia é uma

Prefácio

"filosofia do porvir", é porque está "em uma determinação que ultrapassa os limites do tempo histórico". Espinosa representa seu tempo na medida em que excede os limites de uma simples atualidade: é o que permite que ele exista, para nós também, não apenas no passado, mas no presente.

É preciso então ler Espinosa no presente. Significa isto que deve-se atualizá-lo, ou seja, transpô-lo para outra atualidade, que seria a nossa, recuperá-lo para nossa época através de uma interpretação recorrente, necessariamente redutora? Absolutamente, pois essa atualidade não é o presente de Espinosa, que faz com que, em sua época como na nossa, ele seja sempre presente: ora, essa presença não é a de uma permanência intemporal, mas a de uma história que, na medida em que conserva um sentido, prossegue irresistivelmente em sua marcha para a frente nele e em nós. O que é sempre presente, ou, poderíamos dizer, "eterno", no pensamento de Espinosa? É sua historicidade, isto é, essa potência imanente que o leva mais além do quadro fixo de uma dada atualidade, e de onde também ele tira sua produtividade teórica. Espinosa não está na história, como um ponto imóvel numa trajetória que se desenrolasse fora dele, mas é a história que continua nele seu movimento, projetando-o para esse porvir que é também seu presente.

Negri nos faz descobrir Espinosa depois de Espinosa, passando de uma "primeira fundação" a uma "segunda fundação". Espinosa depois de Espinosa, não é Espinosa segundo Espinosa, remetido a si mesmo e de certo modo fechado sobre si mesmo, em sua jubilação especulativa, e especular, de sua identidade imaginária a si: identidade na qual os comentadores encontram sua satisfação e sua tranquilidade, pelo estabelecimento definitivo de uma estrutura acabada a que chamam "sistema". Essa estrutura, Negri a faz implodir afirmando o "desmedido" da obra de Espinosa, que transborda do quadro estrito no qual se procura contê-la. Pois uma filosofia é toda uma história, com a qual não acabamos de contar, e que não nos cansamos de contar, se for o caso de um pensamento vivo, cujo processo não para de se realizar através dos limites que o constituem, já que sua própria existência os põe em questão.

A interpretação que Negri nos propõe da filosofia espinosista é perturbadora porque revela a processividade dela, que em sua ordem própria a põe em movimento e a desloca. Ora, essa processividade é imanente, ela corresponde à "maturação interna do pensamento de Espinosa": não resulta da pressão das circunstâncias exteriores, de uma história objetiva e independente que infletisse sua orientação, mas é a consequência de uma "crise" que a filosofia partilha com seu tempo, diante da qual ela desenvolve seu próprio projeto e constitui, ela mesma, seu objeto. Assim "o desmedido não deriva tanto da relação — relativamente — desproporcionada com o tempo de crise quanto da organização absoluta que a consciência da crise imprime ao projeto de superá-la": a metafísica espinosista não recebe sua dimensão política de um golpe arbitrário de força, mas dessa violência que ela faz a si mesma, que a obriga a reconstituir todo o seu edifício. Em um dos capítulos mais extraordinários de seu livro, Negri lê o *Tratado teológico-político*, não depois da *Ética* ou ao lado desta, mas na *Ética*, isto é, no intervalo cavado nela pela "desproporção" de seu raciocínio e de seus conceitos: ele mostra assim como a teoria política tem um papel de operador metafísico, pois é ao mesmo tempo o sintoma e o agente de sua transformação. "Medida e desmedida da exigência espinosista: a teoria política absorve e projeta essa anomalia no pensamento metafísico. A metafísica, levada às primeiras linhas da luta política, engloba a proporção desproporcionada, a medida desmedida própria ao conjunto da obra de Espinosa." Se a filosofia de Espinosa não é apenas da ordem da teoria, mas também da prática, isso se dá na medida em que, desvinculando-se de si mesma, ela descobre em seu sistema a urgente necessidade de transgredi-lo.

Essa maturação interna não é um desenvolvimento contínuo: como já dissemos, ela procede de uma "crise", crise de um tempo que é também crise do pensamento, e provoca nela esse desencontro interno que é ao mesmo tempo corte teórico e fratura prática. "O tempo histórico se corta do tempo real da filosofia. O desmedido, que se tornou consciente de si mesmo através da crise, reorganiza os termos de seu projeto. E se define como tal, justamente, por diferença, por corte." Ao tomar distância em relação a sua época e a si mesmo, ao proceder a "uma refundação metafísica de seu sistema", que o leva a "pôr em crise o processo de produção

Prefácio

das coisas a partir das essências", e assim dá lugar a seu novo projeto constitutivo, Espinosa opera "um salto lógico de alcance incalculável." Se seu pensamento é eficaz e verdadeiro, portanto sempre presente, é porque o anima tamanha vontade de romper.

Desdobrando-se nessa cisão, a filosofia faz uma volta sobre si mesma, não para se fechar sobre a certeza reconciliada de seu sistema, mas para se abrir à tensão e ao risco de seu projeto. Quando, ao nível da "segunda fundação", nos trechos do livro V da *Ética* dedicados ao conhecimento do terceiro gênero, Negri volta a encontrar os elementos da "primeira fundação", em que se apoiavam os livros I e II, ele interpreta essa repetição, num sentido muito próximo do que lhe seria dado pela técnica analítica, como "um incidente de função catártica". "Assistimos à reprodução da cesura teórica do pensamento de Espinosa, simulada para ser sublimada", "como que para inscrever definitivamente uma diferença no cerne da continuidade de uma experiência", numa espécie de "drama didático". Ao enfrentar tamanha prova, a filosofia atinge o real, conquista uma realidade: ela se efetua através desse movimento que a exterioriza nela mesma, não numa perspectiva hegeliana de resolução, mas até à manifestação desse desvio insuperável que dá lugar à história para que ela nele se mostre.

É para a produção de uma tal verdade que tende todo o pensamento de Espinosa, que não é para Negri apenas pensamento teórico do *conatus*, cuja noção é formulada no momento mesmo em que a doutrina entra em crise, no livro III da *Ética*, mas também prática vivida do *conatus*, enquanto este exprime o desequilíbrio dinâmico de um estado momentâneo que se projeta para um porvir necessário. "Nada a ver com uma essência finalizada: o *conatus*, ao contrário, é ele mesmo ato, dado, emergência consciente do existente não finalizado." "A existência coloca a essência, de maneira dinâmica e constitutiva; a presença coloca portanto a tendência: a filosofia, desequilibrada, inclina-se para o porvir." No momento mesmo em que forja a ideia de desequilíbrio, a filosofia de Espinosa se lança na brecha que foi assim aberta, e passa para esse presente que ultrapassa sua simples atualidade. Essa coincidência, note-se, causa problema: soldando estreitamente a doutrina a si mesma, na fusão de uma teoria e uma prática, com a qual só nos resta identificarmo-nos, será que ela não lembra a ilusão de uma teologia imanente do verdadeiro, fiadora de seu sentido e de sua unidade? Esta é a pergunta que nós mesmos poderíamos fazer a Negri.

Mas, antes de procurar uma resposta para essa pergunta, deixemo-nos primeiro invadir pela tensão irresistível de uma leitura devastadora, que leva o discurso de Espinosa até o extremo limite de que ele é capaz, "como se, depois de um longo acúmulo de forças, um terrível temporal estivesse a ponto de estourar". Escutemos o temporal.

PREFÁCIO

Alexandre Matheron

Gostaria de dizer aqui, ao mesmo tempo de minha admiração pelo livro de Negri, minha concordância com o que me parece ser o essencial de sua interpretação de Espinosa, e também, acessoriamente, as poucas reservas que ele pode inspirar a um historiador da filosofia, profissionalmente sempre com a tentação de permanecer na literalidade dos textos.

Admiração, no sentido clássico como no sentido corrente da palavra, pela extraordinária análise marxista através da qual Negri torna inteligível a relação entre a evolução do pensamento de Espinosa e as transformações históricas ocorridas na situação holandesa de sua época. Infelizmente, sou excessivamente incompetente no assunto para poder me permitir julgar a verdade ou a falsidade de sua hipótese. Mas o que é certo é que ela é muito fecunda: permite ao mesmo tempo introduzir uma lógica interna no que já se sabia, e pôr em evidência o caráter significativo de certos dados de fato que, até agora, passavam com excessiva frequência como marginais. Ela nos faz entender, em primeiro lugar, de que maneira a "anomalia holandesa" *pode dar conta* da persistência tardia, nos Países Baixos, daquele panteísmo utopista de tipo "renascentista" que, efetivamente, com muitas confusões e incertezas, foi com certeza o de Espinosa nas partes mais arcaicas do *Breve tratado*. Faz-nos entender, em seguida, de que maneira o aparecimento tardio na Holanda da crise do capitalismo que se iniciava pode dar conta do deslocamento desse panteísmo inicial e da necessidade que Espinosa sentiu, como efetivamente sentiu, de operar um remanejamento conceitual muito difícil. Faz-nos entender, finalmente, de que maneira a revolta de Espinosa diante da solução absolutista que havia sido dada à crise em todos os outros lugares da Europa, e que estava ameaçando suceder também na Holanda,

Prefácio

pode dar conta do resultado final desse remanejamento conceitual. Ora, deixando de lado a hipótese em si, penso que, para o essencial, os fatos para os quais ela chama nossa atenção são muito reais e muito importantes.

Isto é verdade, em primeiro lugar, para o estado final (ou relativamente final) da filosofia de Espinosa: para aquilo a que Negri chama sua "segunda fundação". Quanto a esse ponto, exceto por uma reserva que faço e à qual voltarei, concordo fundamentalmente com ele. Nessa "segunda fundação", não apenas Espinosa rompeu com qualquer sobrevivência de emanatismo neoplatônico (o que todos os comentadores sérios reconhecem), mas ele já não admite mais a menor transcendência da substância em relação a seus modos, sob qualquer forma que ela se apresente: a substância não é um fundo cujos modos seriam a superfície, nós não somos ondas na superfície do oceano divino, mas tudo é *absorvido na superfície*. A substância sem seus modos não passa de uma abstração, exatamente como são os modos sem a substância: a única realidade concreta são os seres naturais individuais, que se compõem uns com os outros para formar mais outros seres naturais individuais etc., ao infinito. Mas isso não quer dizer que o benefício das análises anteriores tenha sido nulo; isso quer dizer que tudo o que era atribuído a Deus está agora investido *nas próprias coisas*: não é mais Deus quem produz as coisas na superfície de si mesmo, mas são as próprias coisas que se tornam autoprodutoras, pelo menos parcialmente, e produtoras de efeitos dentro do âmbito das estruturas que definem os limites de sua autoprodutividade. Pode-se ainda falar de Deus (como faz Espinosa, e como, de seu próprio ponto de vista, ele tem razão em fazer) para designar essa atividade produtora imanente às coisas, essa produtividade infinita e inesgotável de toda a natureza, mas com a condição de que se tenha bem em mente o que isto significa: a natureza naturante é a natureza *enquanto* naturante, a natureza considerada em seu aspecto produtor isolado por abstração; e a natureza naturada, ou os modos, são as estruturas que ela se dá ao se desdobrar, a natureza *enquanto* naturada; mas na realidade há apenas indivíduos mais ou menos compostos, cada um dos quais (naturante e naturado ao mesmo tempo) se esforça para produzir tudo o que pode, e para se produzir e se reproduzir a si mesmo, produzindo tudo o que pode: a ontologia concreta começa com a teoria do *conatus*. Por isso é que Negri tem inteira razão ao caracterizar esse estado final do espinosismo como uma *metafísica da força produtiva*; e isso por oposição a todas as outras metafísicas clássicas, que são sempre mais ou menos metafísicas das relações de produção, na medida em que subordinam a produtividade das coisas a uma ordem transcendente.

Que essa metafísica da força produtiva funcione em todos os níveis do espinosismo, eis o que Negri explica admiravelmente. Ele nos mostra, seguindo o fio dos três últimos livros da *Ética*, como, nesse ser natural muito composto que é o homem, se constitui progressivamente a subjetividade; como o *conatus* humano, que se tornou desejo, desdobra em torno de si, graças ao papel *constitutivo* (e não mais simplesmente negativo) da imaginação, um mundo humano que é realmente uma "segunda natureza"; como os desejos individuais, sempre graças à imaginação, se compõem entre eles para introduzir nessa "segunda natureza" uma dimensão inter-humana; e como, graças ao enriquecimento assim trazido à imaginação pela própria produção desse mundo humano e inter-humano, nosso *conatus* pode-se tornar cada vez mais autoprodutor, isto é, cada vez mais livre, fazendo-se razão e desejo racional, depois conhecimento do terceiro gênero e beatitude. Nesses três últimos livros da *Ética*, a ontologia se torna então, diz Negri, *fenomenologia da prática*. E ela desemboca na teoria do que ela mesma pressupunha, na verdade, desde o início: o "amor intelectual de Deus", a cujo respeito está certo dizer que é, sob certo aspecto (se bem que esse não seja, em minha opinião, seu único aspecto), a prática humana se autonomizando pelo conhecimento que ganha de si mesma.

Mas resta perseguir a utilização desse conhecimento, elaborando a teoria das condições de possibilidade coletivas de sua gênese, cujo lugar estava indicado na *Ética*, sem ainda estar efetivamente ocupado. Tal é o objeto do *Tratado político*, sobre o qual Negri tem razão em dizer que é o apogeu, no sentido ao mesmo tempo positivo e negativo, da filosofia de Espinosa: seu ponto culminante e ao mesmo tempo seu extremo limite.

Prefácio

Ponto culminante, pois Espinosa nele opera agora a constituição, a partir dos *conatus* individuais, desse *conatus* coletivo a que ele chama "potência da multidão". E isso sempre de acordo com o mesmo princípio: primado da força produtiva sobre as relações de produção. A sociedade política não é uma ordem imposta do exterior aos desejos individuais; tampouco é constituída por um contrato, por uma transferência de direito da qual resultaria uma obrigação transcendente. Ela é a resultante quase mecânica (não dialética) das interações entre as potências individuais que, ao se comporem, tornam-se potência coletiva. Como em toda parte na natureza, as relações políticas nada mais são que as estruturas que a força produtiva coletiva fornece a si mesma e reproduz sem cessar através de seu próprio desdobramento. Nenhuma dissociação, em consequência, entre sociedade civil e sociedade política; nenhuma idealização do Estado, mesmo democrático: admito inteiramente, com Negri, que estamos aí nos antípodas da trindade Hobbes-Rousseau-Hegel, se bem que ele me tenha censurado, em razão de um mal-entendido pelo qual sou em grande parte responsável, por causa de uma linguagem que me ocorreu usar sem ter medido todas as conotações, por ter hegelianizado Espinosa um pouco demais. E admito com ele o imenso alcance revolucionário e a extraordinária atualidade dessa doutrina: o direito é a potência, e nada mais; o direito que têm os detentores do poder político é portanto a potência da multidão e nada mais: é a potência coletiva, cujo uso a multidão lhes concede e torna a conceder a cada instante, mas que ela também poderia muito bem deixar de pôr à disposição deles. Se o povo se revolta, tem por definição direito de fazê-lo, e o direito do soberano, por definição, desaparece *ipso facto*. O poder político, inclusive no sentido jurídico da palavra "poder", é o confisco por parte dos dirigentes da potência coletiva de seus súditos; confisco imaginário, que só produz efeitos reais na medida em que os próprios súditos acreditam na realidade dele. O problema então não é o de descobrir a melhor forma de governo: é o de descobrir, em cada tipo de sociedade política dada, as *melhores formas de liberação*, isto é, as estruturas que permitirão à multidão reapropriar-se de sua potência, desdobrando-a ao máximo — e que por isso, mas apenas por isso, conhecerão uma autorregulação ótima.

Quanto aos limites em que Espinosa esbarrou no exame detalhado dessas estruturas (capítulos 6 a 11 do *Tratado político*), são evidentemente os próprios limites da situação histórica que era a sua. Negri amigavelmente me censurou por ter eu insistido demais nesse exame detalhado, que parece a ele menos interessante pelo conteúdo do que pelo fracasso que manifesta. Era no entanto necessário, parece-me, levar a sério aquilo que o próprio Espinosa levou a sério. Mas reconheço junto com Negri que, para nós e hoje, do ponto de vista do porvir como do ponto de vista da eternidade (o que, afinal, vem a dar no mesmo), o essencial do *Tratado político* são os fundamentos, tais como são expostos nos cinco primeiros capítulos. E como esses fundamentos seriam incompreensíveis para quem não tivesse lido a *Ética*, Negri tem inteira razão em dizer que a verdadeira política de Espinosa é sua *metafísica*, que é ela mesma política de um lado a outro.

Resta saber como Espinosa chegou, de seu panteísmo inicial segundo o qual "a coisa é Deus", a esse estado final de sua doutrina segundo o qual "Deus é a coisa". E é neste ponto que já não concordo inteiramente com Negri, pelo menos no sentido de que ele me parece ter estabelecido uma verdade que não é exatamente aquela em que acreditava. Pois penso, enquanto que ele já não pensa assim, que esse espinosismo final (mediante um acréscimo importante, é verdade) é o de toda "a *Ética*", inclusive dos livros I e II. Segundo ele, esses livros I e II, com a forma que conhecemos, em particular com a doutrina dos atributos divinos que neles consta, corresponderiam à primeira redação da *Ética*, a que foi interrompida em 1665; e mostrariam, apesar de algumas antecipações, um estado intermediário do pensamento de Espinosa, caracterizado por uma extrema tensão entre as exigências de seu primeiro panteísmo e a tomada de consciência da impossibilidade de manter essas exigências até o fim; donde resultaria, querendo-se ou não, uma certa dualidade entre a substância e os modos: de um lado Deus, de outro o mundo (o "paradoxo do mundo", diz Negri). Seria apenas nos livros III, IV e V, ao lado de algumas sobrevivências da antiga doutrina reativadas para fins de "catarse" no

Prefácio

livro V, que se manifestaria plenamente a metafísica da força produtiva: a teoria dos atributos teria quase desaparecido e não desempenharia mais que um papel residual. Ora, sobre esse ponto, parece-me possível uma discussão, que se poderia iniciar dirigindo a Negri as duas seguintes objeções provisórias:

1) É muito difícil reconstituir a primeira redação da *Ética* a partir apenas dos materiais fornecidos pela obra. É verdade que os comentadores que o tentaram (em particular Bernard Rousset) conseguiram resultados muito interessantes e muito convincentes sobre certos pontos: pôde-se fazer o levantamento, na *Ética*, de duas camadas de vocabulário distintas, uma das quais parece nitidamente mais arcaica (porque mais próxima da terminologia do *Breve tratado*); e, de uma à outra, a transformação vai no sentido de um imanentismo mais radical, passando Espinosa do vocabulário da participação para o da potência. Mas, por um lado, isso são apenas resultados parciais. E, por outro lado, referem-se a todos os livros da *Ética*: encontram-se as duas camadas em cada livro, sem que elas se repartam mais particularmente entre os dois primeiros para a mais antiga, e os três últimos para a mais recente. Portanto não me parece possível afirmar que os dois primeiros livros, tais como os conhecemos, sejam anteriores a 1665, sendo só os três últimos posteriores a 1670. Ainda mais porque, de qualquer maneira, é muito pouco provável que Espinosa, ao retomar sua redação em 1670 depois de cinco anos de interrupção, não tenha revisto a totalidade de seu texto. A antiga camada de vocabulário, mais provavelmente, são, em cada livro, as palavras e expressões que Espinosa manteve porque lhe parecia possível, mesmo ao preço de algumas aparências de ambiguidade que ele considerava facilmente dissipáveis, reutilizá-los sem entrar em contradição com o novo estado de sua doutrina. Com efeito.

2) Não vejo, de meu lado, contradição entre os dois primeiros livros e os seguintes. Pode parecer que há se considerarmos certos enunciados isoladamente, mas, se os recolocarmos no encadeamento das razões, essas contradições aparentes desaparecem. É verdade que Espinosa quase não fala dos atributos nos livros III, IV e V; o que é normal, pois tal não é o objeto deles e o essencial sobre esse ponto já foi dito. Mas as proposições que constam nes-

ses três livros são elas mesmas demonstradas a partir de outras proposições, que são demonstradas por sua vez a partir de proposições ainda anteriores etc.; e finalmente, se remontarmos a cadeia até o fim, recaímos quase sempre em proposições referentes aos atributos. Talvez seja este, em definitivo, meu principal (e, em última análise, meu único) ponto de desacordo com Negri: ele não leva a sério a ordem das razões, que lhe parece ter sido acrescentada de fora e não ser nada mais que o "preço pago por Espinosa a sua época". Não posso, evidentemente, provar-lhe que se deve levá-la a sério. Mas penso que, quando se decide fazê-lo, descobre-se em toda a *Ética* uma coerência lógica muito grande; com a condição, explícito, de interpretá-la inteira em função da doutrina final: se não, efetivamente, haveria uma falha. Penso, com Negri, que a ontologia concreta começa com a teoria do *conatus*; mas a doutrina da substância e dos atributos é destinada a demonstrar essa teoria: a demonstrar que a natureza inteira, pensante e extensa ao mesmo tempo, é infinita e inesgotavelmente produtora e autoprodutora; e, para demonstrá-lo, era preciso reconstituir geneticamente a estrutura concreta do real *começando* por isolar por abstração a atividade produtora sob suas diversas formas — que são precisamente os atributos integrados em uma só substância. Pode-se, é certo, pensar que era inútil demonstrá-lo, mas Espinosa não pensou assim. Pode-se também pensar que ele esteve errado em não pensá-lo; sobre este ponto, novamente, não tenho nada a objetar que seja logicamente obrigatório: é uma questão de *escolha metodológica*. Mas é verdade que, se escolhermos considerar a ordem das razões como essencial, somos levados a dar mais importância do que Negri ao que chamamos impropriamente, por não ter podido encontrar termo mais adequado, o "paralelismo" do pensamento e da extensão; o que, sem contradizer em nada sua interpretação da doutrina final, simplesmente lhe acrescenta alguma coisa. Tal era o sentido da "reserva" a que eu aludia acima: é a teoria dos atributos, compreendida como Espinosa quis que fosse compreendida, que fundamenta, parece-me, a própria "segunda fundação". Através disso a "vida eterna" do livro V, sem deixar de ser exatamente o que dela diz Negri, pode parecer ao mesmo tempo, e sem "catarse" alguma, como *eterna* no sentido estrito.

Mas, enfim, penso que a primeira de minhas duas objeções anula em parte o alcance da segunda. Houve, de qualquer maneira, uma primeira redação da *Ética*, mesmo se não foi reproduzida tal e qual nos livros I e II. E a argumentação de Negri a respeito dos outros textos do período 1665-1670 me dá apesar de tudo a impressão de que essa primeira redação *deve certamente* ter sido aproximadamente conforme ao que ele nos diz dela. O que tende a prová-lo são, primeiramente, certos trechos comentados por ele da correspondência de Espinosa que data dessa época. E é principalmente o papel de catalisador desempenhado pelo *Tratado teológico-político* que ele estuda admiravelmente. Por um lado, efetivamente, Negri nos faz sentir de modo muito convincente até que ponto as exigências da luta política travada ao longo de toda a obra, ao levarem Espinosa a tomar consciência do papel *constitutivo* da imaginação (já vimos qual será a importância dela em seguida, nos três últimos livros da *Ética*), devem ter-lhe inspirado a necessidade urgente de refundir seus conceitos. E, por outro lado, o que parece sugerir muito fortemente que essa necessidade ainda não estava satisfeita em 1670 é a ligação que Negri estabelece entre o conteúdo que ele determina para a primeira redação da *Ética* e o fato de que, no *Teológico-político*, Espinosa ainda fala de um contrato social, quando todo o contexto mostra que logicamente ele já poderia dispensá-lo: para se atrever a deixar completamente de falar de contrato (como será o caso no *Tratado político*), era preciso, efetivamente, possuir a doutrina final em sua forma mais madura; e é muito fecundo dar conta do desaparecimento dessa noção vinculando-a, como faz Negri, a uma maturação geral da filosofia de Espinosa em seu conjunto.

Minhas reservas são então secundárias em relação a minha admiração e a minha concorrência. Em definitivo, e para além das questões de detalhe, o que me impressiona em Negri, principalmente, são suas intuições fulgurantes que nos fazem perceber, como um relâmpago constantemente renovado do conhecimento do terceiro gênero, a própria essência do espinosismo. Isso vem com certeza (e nesse ponto, como em vários outros, concordo com Deleuze) do fato de que sua reflexão teórica e sua prática são, desde há muito tempo, as de um verdadeiro espinosista.

A ANOMALIA SELVAGEM

Poder e potência em Espinosa

para Anna e Francesco

"Je ne connais que Spinoza qui ait bien raisonné;
mais personne ne peut le lire."

De Voltaire para D'Alembert

PREFÁCIO

Espinosa é a anomalia. Se Espinosa, ateu e maldito, não acaba seus dias na prisão ou na fogueira, como outros inovadores revolucionários nos séculos XVI e XVII, isto apenas indica o fato de que sua metafísica representa a polaridade efetiva de uma relação antagônica de forças já solidamente estabelecida; na Holanda do século XVII, a tendência seguida pelo desenvolvimento das forças produtivas e das relações de produção é clara: o futuro é para o antagonismo. Neste quadro, a metafísica materialista de Espinosa é então a anomalia potente do século XVII: não uma anomalia marginal e vencida, mas a do materialismo vencedor, do ser que avança e coloca, constituindo-se, a possibilidade ideal de revolucionamento do mundo.

São três as razões pelas quais é útil estudar o pensamento de Espinosa. Cada uma dessas razões não é apenas positiva, ela é igualmente problemática. Espinosa, em outras palavras, não é apenas um autor que coloca e resolve certos problemas de e em seu século; ele faz isso também, mas a própria forma da solução compreende uma problematicidade progressiva que alcança e se instala em nosso horizonte filosófico. As três razões são as seguintes:

Primeira: Espinosa funda o materialismo moderno em sua figura mais alta: determina o horizonte próprio da especulação filosófica moderna e contemporânea, o de uma filosofia do ser imanente e dado, do ateísmo como recusa de qualquer pressuposição de uma ordem anterior ao agir humano e à constituição do ser. O materialismo de Espinosa, apesar de sua forma produtiva e viva, não ultrapassa entretanto os limites de uma concepção puramente "espacial" — ou físico-galileana — do mundo. Claro está que ele força essa concepção, tenta destruir seus limites, mas não chega a uma solução, até deixa por resolver o problema da relação entre dimensões espaciais e dimensões temporais, dinâmicas e criativas do ser. A imaginação, essa faculdade espiritual que percorre o sistema espinosista, constitui o ser numa ordem que apenas alusivamente é temporal. Mesmo assim o problema está colocado, é verdade que sem solução, mas em termos puros e fortes. Antes mesmo da invenção da dialética, o ser escapa a essa espécie de monstro que é o materialismo dialético. A leitura socialista e soviética de Espinosa não enriquece o materialismo dialético, ela só faz enfraquecer as potencialidades da metafísica espinosista, suas capacidades de ultrapassar uma visão puramente espacial e objetivista do materialismo.

Segunda: Quando enfrenta temáticas políticas (e a política é um dos eixos essenciais de seu pensamento), Espinosa funda uma forma não mistificada de democracia. Pode-se dizer que Espinosa coloca o problema da democracia no terreno do materialismo, criticando então como mistificação toda concepção jurídica do Estado. A fundação materialista do constitucionalismo democrático se inscreve em Espinosa no problema da produção. O pensamento espinosista une a relação constituição-produção num nexo unitário. Não é possível ter uma concepção justa do político sem unir desde o início estes dois termos. É impossível e abjeto falar de democracia fora desse nexo: sabemos bem disso. Porém tem-se misturado Espinosa com excessiva frequência a um mingau "democrático" informe, feito de transcendentalismo normativo hobbesiano, de vontade geral rousseauniana e de *Aufhebung* hegeliana, cuja função própria é a de separar produção e constituição, sociedade e Estado. Mas não, no imanentismo espinosista, na concepção especificamente espinosista do político, democracia é uma política da multidão organizada na produção, a religião é uma religião dos "ignorantes" organizados na democracia. Essa construção espinosista do político constitui um momento fundamental do pensamento moderno: e se não consegue exprimir até o fim a fundação da luta de classe como antagonismo fundador da realidade, nem por isso deixa de enunciar todos os pressupostos dessa concepção, fazendo da intervenção das massas o fundamento da atividade de transformação, ao mesmo tempo social e política. É uma concepção, a espinosista, que "encerra", diante de toda uma série de problemas mistificados que o pensamento liberal-democrático, sobretudo em sua versão jacobina (e na linha teórica Rousseau--Hegel), proporá para a burguesia nos séculos seguintes. Colocando o problema de forma pura: a multidão que se faz Estado, os ignorantes que se fazem religião — um passado está descartado, qualquer solução jurídica e idealista do problema está eliminada, e entretanto, os séculos seguintes não deixarão de, monstruosamente, tornar a propor isso — alude potentemente aos problemas que ainda hoje a luta de classe comunista se coloca. Constituição e produção como elementos de um tecido no qual se constrói a experiência das massas e seu futuro. Sob a forma da igualdade radical imposta pelo ateísmo.

Terceira: Espinosa nos mostra que a história da metafísica engloba alternativas radicais. A metafísica, como forma eminente de organização do pensamento moderno, não é um todo homogêneo. Engloba alternativas produzidas pela história subjacente da luta de classe. Há "outra" história da metafísica. História santa contra história maldita. Sem esquecer entretanto que só se pode ler a época moderna à luz da metafísica tomada em toda sua complexidade. Em consequência, se isto for verdade, não são o ceticismo e o cinismo que constituem a forma positiva do pensamento negativo (do pensamento que percorre a metafísica para negá-la e abrir para a positividade do ser): a forma positiva do pensamento negativo só pode ser a tensão constitutiva do pensamento e sua aptidão para se mover como mediação material do processo histórico da multidão. O pensamento constitutivo possui a radicalidade da negação, mas ele a sacode para enraizá-la no ser real. Em Espinosa, a potência constitutiva da transgressão qualifica a liberdade. A anomalia espinosista, ou seja, a relação contraditória de sua metafísica com a nova ordem da produção capitalista, torna-se aqui anomalia "selvagem", isto é, expressão radical de uma transgressão histórica de toda ordem não diretamente constituída pelas massas, posição de um horizonte de liberdade indefinível de outra maneira que não um horizonte de liberação — pensamento tanto mais negativo quanto é mais constitutivo, quanto mais avança. Toda força de antagonismo, todo o trabalho do pensamento inovador da época moderna, toda a gênese popular e proletária de suas

Prefácio

revoluções e toda a gama das posições republicanas, de Maquiavel ao jovem Marx, tudo isso se condensa na experiência exemplar de Espinosa. Quem poderia negar que, neste como em outros pontos, Espinosa se encontra em pleno âmago do debate filosófico dos tempos modernos, quase como Jesus menino no Templo de Jerusalém?

Essas são nossas primeiras razões para interrogar Espinosa. Mas talvez não seja inútil voltar um pouco a isso. Pois essa descida às origens de uma alternativa teórica (a da revolução face à gênese da ordem capitalista, continuando justamente essa contradição instalada no meio do desenvolvimento do pensamento moderno), e por outro lado esse reconhecimento, principalmente no pensamento de Espinosa, mas não unicamente, de um terreno e de um projeto que nos permitem construir "para além" da tradição do pensamento revolucionário, este também enrijecido e cansado. Estamos diante de uma tradição que foi recolher da lama as bandeiras da burguesia. Podemos nos perguntar, ao vermos sua história, se ela não terá recolhido apenas a lama.

Neste sentido, a leitura de Espinosa constituiu para mim uma experiência de incrível frescor revolucionário. Aliás eu não sou o único que teve o sentimento de que era possível avançar nessa direção. Houve uma grande renovação dos estudos sobre Espinosa nos últimos vinte anos. No plano da interpretação, estritamente filológica, esse fenômeno está bem representado pela extraordinária leitura da *Ética*, infelizmente inacabada, proposta por Martial Gueroult. Mas talvez o mais apaixonante seja outra coisa: isto é, as tentativas de releitura de Espinosa dentro da problemática crítica da filosofia contemporânea, marxista entre outras. Na escola althusseriana, Macherey, por exemplo, refazendo o percurso da leitura hegeliana de Espinosa, não se satisfaz em denunciar as profundas falsificações dela: indo muito mais longe, localiza no pensamento de Espinosa um alicerce de crítica antecipada da dialética hegeliana, um trabalho de fundação de um método materialista. Em outra perspectiva, e com preocupações sistemáticas diferentes, mas com uma potência de inovação talvez ainda maior, Deleuze nos mostrou em Espinosa um horizonte filosófico pleno e ensolarado, que é a reconquista do materialismo como espaço da pluralidade modal, como liberação concreta do desejo concebido como potência construtiva. Temos ainda, no campo da filosofia da religião e da filosofia política, a redefinição histórico-estrutural de Hecker e a outra, bem mais feliz, de Matheron: a democracia pensada como essência material, como produto da imaginação das massas, como técnica e projeto constitutivos do ser — que varre de um só golpe o logro dialético. Desse ponto de vista, Espinosa critica o futuro antecipadamente: é portanto um filósofo contemporâneo, pois sua filosofia é a de nosso futuro.

O que acabo de dizer — a respeito da profunda renovação das interpretações do pensamento espinosista desde o fim dos anos 60 — contribuiu certamente para esclarecer algumas das razões que levaram o autor a realizar este trabalho. Mas talvez se deva esclarecê-las ainda mais. É incontestável que fomos incitados a estudar as origens do pensamento moderno e da história do Estado moderno através da ideia de que a análise da crise da gênese do Estado burguês e capitalista pode contribuir para o esclarecimento dos termos da crise de seu período de dissolução. Mas devo acrescentar que, se esse projeto levou-me a empreender meus trabalhos anteriores (sobre Descartes etc.), hoje ele me estimula muito menos. O que me interessa, efetivamente, não é tanto a gênese do Estado burguês — e sua crise — quanto as alternativas teóricas e as possibilidades subjetivas de revolução em ato. Explico-me: o problema colocado por Espinosa é o da ruptura subjetiva da unidimensionalidade do desenvolvimento capitalista (em sua dimensão burguesa e superestrutural como em sua dimensão propriamente capitalista e estrutural). Espinosa nos mostra a alternativa vivendo como potência material dentro do bloco metafísico da filosofia moderna — para ser claro, do itinerário filosófico que vai de Marsilio Ficino e Nicolau de Cusa à morte da filosofia no século XIX (ou, para falar como Keynes, à feliz eutanásia daquele saber de proprietário). Sempre achei paradoxal o fato de que os historiadores da filosofia reconstroem as alternativas indo para baixo: Gilson, em direção à filosofia cristã da Idade Média para a cultura moderna, Wolfson em direção à cultura judaica da Idade Média para Espinosa — para citar apenas alguns exemplos. Sabe-se lá por que esse procedimento é tido como científico! Quem poderia dizê-

Prefácio

-lo? Para mim, esse procedimento representa exatamente o contrário de um discurso científico, pois procura genealogias culturais, e não uma genealogia material de condições e de funções de pensamento: já a ciência é sempre descoberta do futuro. Libertar-se de um passado incômodo também não adianta muito se não se procura ao mesmo tempo o gozo do presente e a produção do futuro. Por isso é que quero reverter o paradoxo e interpelar o futuro a partir da potência do discurso espinosista. E se, por prudência e preguiça, não tiver êxito com o futuro, quero pelo menos tentar uma forma às avessas de leitura do passado: colocando Espinosa diante de nossos olhos, eu, pobre doutor entre tantos outros, vou interrogar um mestre de verdade. Quero tentar uma forma de leitura do passado que me permita, no caso, localizar os elementos passíveis de comporem, juntos, a definição de uma fenomenologia da prática revolucionária constitutiva do futuro. Tentar uma leitura do passado que me permita sobretudo (que nos obrigue a isso) acertar as contas com toda aquela confusão culpada, com todas aquelas mistificações que — de Bobbio a Della Volpe e seus últimos produtos — nos ensinaram desde a tenra infância a santa doutrina que reza que democracia é Estado de direito, que o interesse geral "sublima" o interesse particular sob a forma da lei, que os órgãos constitucionais são responsáveis diante do povo em sua totalidade, que o Estado dos partidos é uma magnífica mediação política entre o uno e o múltiplo, e tantas outras facécias do gênero. No século XVII, Espinosa não tem nada a ver com esse monte de infâmias. A liberdade, a verdadeira, a plena liberdade, aquela que amamos e pela qual vivemos e morremos, constrói diretamente o mundo, imediatamente. A multiplicidade não é mediatizada pelo direito, mas pelo processo constitutivo: e a constituição da liberdade é sempre revolucionária.

As razões invocadas para justificar nosso estudo de Espinosa confluem, por outro lado, todas as três no terreno daquilo que se costuma chamar "procura de uma nova racionalidade". Numa forma radical, Espinosa definiu uma racionalidade "outra" que a da metafísica burguesa. O pensamento materialista, o da produção e o da constituição, torna-se então hoje o fundamento elementar e incontornável de qualquer programa neo-racionalista. Espinosa realiza tudo isso através de uma tensão fortíssima que contribui para determinar uma dinâmica de projeto, uma dinâmica de transformação da ontologia. Uma ontologia constitutiva, baseada na espontaneidade das necessidades, organizada pela imaginação coletiva: esta é a racionalidade espinosista. Como base. Mas não é só. Espinosa não se satisfaz em definir uma base, ele trabalha igualmente para desenvolvê-la: e, quaisquer que sejam os limites desse desenvolvimento, convém delimitar e submeter à crítica a arquitetura projetada. Particularmente onde ela engloba a dialética, não como dispositivo formal do pensamento, mas como articulação da base ontológica, como determinação da existência e da potência. O que suprime toda possibilidade de transformar a dialética em chave genérica, ela que é tomada, ao contrário, como um modo de organização interno do conflito, como uma estrutura elementar do conhecimento. E procurei assim captar neste estudo — no que se refere ao pensamento materialista — a tensão espinosista para a definição de um horizonte de absoluta multiplicidade das necessidades e dos desejos; no que se refere ao pensamento produtivo — a tentativa espinosista de localizar na teoria da imaginação a filigrana da relação entre necessidade e riqueza, a solução de massa da parábola platônica do amor, socializada pelas dimensões modernas da abordagem, pelos pressupostos religiosos das lutas, pelas condições capitalistas do desenvolvimento; no que se refere, finalmente, ao pensamento constitutivo — a primeira definição moderna, por Espinosa, de um projeto revolucionário, na fenomenologia, na ciência e na política, de refundação racional do mundo, projeto baseado na liberação e não na exploração do homem pelo homem. Não fórmula e forma, mas ação e conteúdo. Não positivismo, mas positividade. Não legislação, mas verdade. Não definição e exercício do poder, mas expressão e gestão da potência. É preciso estudar ainda mais a fundo essas tensões. Pois Espinosa constitui um verdadeiro escândalo (para o saber "racional" comum do mundo em que vivemos): é um filósofo do ser que realiza imediatamente uma reversão total do enraizamento da causalidade na transcendência, colocando uma causa produtiva imanente, transparente e direta do mundo; um democrata radical e revolucionário que elimina imediatamente até mesmo a simples possibi-

Prefácio

lidade abstrata de Estado de direito e de jacobinismo; um analista das paixões que não as define como padecer, mas como agir — agir histórico, materialista e portanto positivo. Deste ponto de vista, este trabalho é apenas uma primeira tentativa de aprofundamento. Ele requer, por exemplo, e urgentemente, um complemento de análise sobre a questão das paixões, isto é, dos modos concretos de desdobramento do projeto espinosista de refundação. Isto será o objeto de um segundo ensaio, centrado nos livros III e IV da *Ética*. Trabalho a ser realizado e desenvolvido em toda a sua potência, não pela pesquisa de um estudioso solitário, naturalmente, mas na dimensão e na direção de uma fenomenologia da prática coletiva e constitutiva, rede a ser lançada para uma atual, positiva e revolucionária definição da racionalidade.

Esta obra foi escrita na prisão. Mas também pensada, no essencial, na prisão. Claro que eu já conhecia bem Espinosa, por assim dizer, desde sempre: desde o liceu, era apaixonado pela *Ética* (e aqui penso com afeto em meu professor de então). Depois continuei a trabalhar nisso, não deixava passar uma oportunidade de leitura. Mas não tinha tempo para iniciar um trabalho. Uma vez no cárcere, recomecei tudo do zero. Lendo e tomando notas, insistindo com meus correspondentes para que me mandassem livros. Agradeço-lhes de todo o coração. Eu estava convencido de que na prisão se tem tempo. Ilusão. Pura ilusão! A prisão, seu ritmo, as transferências, a defesa, não nos deixam tempo porque dissolvem o tempo: esta é a forma principal da pena no regime capitalista. Assim é que esse trabalho, como todos os outros, foi feito no tempo roubado ao sono, arrancado ao regime do cotidiano. Que o cotidiano carcerário seja terrível e não tenha a elegância dos institutos universitários, é bem verdade: e espero que essa falta de elegância se resolva, nesta pesquisa, em concretude demonstrativa e expositiva. Quanto ao resto, que me perdoem não ter dado uma bibliografia completa (embora pareça-me ter visto o que era necessário ver), talvez não ter suficientemente explorado o tecido histórico da cultura de Espinosa (embora a leitura de Madeleine Francès e de Kolakowski, principalmente, me permita sentir-me em boa companhia), ter talvez cedido com excessiva facilidade aos encantos das interpretações do "Século de Ouro" propostas por

Huizinga e Kossmann (mas substituí-las pelo quê?), ter às vezes gozado do prazer da tese — fenômeno inevitável para quem está trabalhando fora da comunidade científica. Isto posto, não penso que a prisão influencie no que quer que seja na qualidade do produto — nem para melhor, nem para pior: não estou implorando a boa vontade da crítica. Gostaria até de poder me iludir com a ideia de que a solidão desta maldita cela tenha sido tão fecunda quanto a de Espinosa em seu laboratório ótico.

Antonio Negri
Das prisões de Rovigo, Rebibbia, Fossombrone, Palmi e Trani
7 de abril de 1979 — 7 de abril de 1980

Capítulo I
A ANOMALIA HOLANDESA

1. O PROBLEMA DE UMA IMAGEM

Estudar Espinosa é se colocar o problema da desproporção na história. Da desproporção de um pensamento em relação às dimensões históricas e às relações sociais que definem sua gênese. Um simples olhar empírico é o suficiente para comprová-lo. O pensamento de Espinosa, atestam as crônicas, é monstruoso, positiva ou negativamente. "Chaos impénetrable", "un monstre de confusion et de ténèbres" para uns: Paul Vernière nos fez magistralmente a história dessa tradição do pensamento francês antes da Revolução.[1] Mas outros falam também "d'un homme illustre & savant, qui à ce que l'on m'asseure, a un nombre de Sectateurs, qui sont entièrement attâchez à ses sentimens"[2] —, o que é fartamente demonstrado pela correspondência de Espinosa. Em todos os casos, essas crônicas nos apresentam um personagem e um pensamento, uma imagem e um julgamento que evocam um caráter sobre-humano. E duplo, às vezes satânico: o retrato de Espinosa está acompanhado de um lema que reza "Benedictus de Spinoza, Amstelodamensis, Gente et Professione Judaeus, postea coetui Christianorum se adjungens, primi systematis inter Atheos subtiliores Architectus".[3] Ou então, ao contrário: "il lui attribue assez de vertus pour faire naître au Lecteur l'envie de s'écrier: Sancte Spinoza, ora pro nobis".[4] Continuando nessa linha, poderíamos encontrar aspectos certamente não teóricos do culto de Espinosa até no *Pantheismusstreit*, em Herder e em Goethe, sem falar da ideia de um Espinosa "atheé vertueux et saint de la raison laïque", que volta à circulação na Europa da *belle époque*.[5]

Essa imagem dupla de Espinosa sai da crônica para percorrer a história da filosofia de maneira igualmente variada: a história das interpretações do pensamento de Espinosa é agora tão longa e contrastada que sobre ela se poderia tecer uma verdadeira história da filosofia moderna.[6] Aqui também o essencial não é simplesmente a dualidade dessa figura filosófica, facilmente definível em todo lugar onde aflora o enigma panteísta. Essa mesma dualidade é essencial, sim, mas passando a ser monstruosidade, o absoluto de uma oposição que se revela na dualidade. É certamente Ludwig Feuerbach quem, melhor que qualquer outro, interpreta essa situação, ele que compreende por um lado o pensamento de Espinosa como um materialismo absoluto (o reverso do hegelianismo),[7] e que considera (ao contrário) a forma tomada por essa reversão, o naturalismo espinosista, como uma operação de sublimação que realiza a passagem "da negação à afirmação de Deus".[8] Pois bem, é justamente esse caráter absoluto, esse extremismo, o que é marcante na realidade dupla do pensamento de Espinosa.

E agora, uma hipótese: existem efetivamente dois Espinosa. Se conseguirmos apenas afastar e vencer as calúnias e as apologias produzidas pela história erudita, se nos colocarmos no terreno sólido da consciência crítica e histórica de nosso tempo, esses dois Espinosa surgem da sombra. E deixam de pertencer à história maldita ou santificada dos séculos obscuros que precedem a Revolução. São dois Espinosa que participam da cultura contemporânea. O primeiro representa a mais alta consciência produzida pela revolução científica e pela civilização do Renascimento. O segundo produz uma filosofia do porvir. O primeiro é produto do mais alto e mais amplo desenvolvimento da história cultural de seu tempo. O segundo desloca e projeta as ideias de crise e revolução. O primeiro é um promotor da ordem do capitalismo, o segundo talvez seja o promotor, o autor de uma constituição futura. O primeiro é o ponto-final do mais alto desenvolvimento do idealismo. O segundo participa da fundação do materialismo revolucionário, de sua beleza. Mas esses dois Espinosa fazem uma só filosofia: e no entanto duas tendências, bem reais. Reais? Constitutivas do pensamento de Espinosa? Contidas na relação de Espinosa com seu tempo? Teremos de trabalhar no aprofundamento dessas hipóteses. Não será o horizonte empírico da história erudita, nem o continuísta e categorial da história filosófica que poderão nos restituir a verdadeira dualidade do pensamento de Espinosa. A ideologia não tem história. A filosofia não tem história. A ideologia e sua forma filosófica podem apenas ser história. A história de quem as produziu e atravessou com seu pensamento a espessura de uma dada prática. Podemos aceder a essa prática, a essa situação, mas entre aquele ontem e esse hoje não há outra continuidade senão a de uma nova prática determinada. Nós é que nos apossamos de um autor e lhe fazemos perguntas. Quem autoriza essa utilização de Espinosa? Essa ligação entre sua prática filosófica e a nossa? É a situação histórica do pensamento de Espinosa, em todas as suas implicações. A dualidade do pensamento de Espinosa, esse impulso interno que desloca o sentido dele para diversos horizontes, é uma anomalia tão forte e tão específica do pensamento espinosista que ela o torna ao mesmo tempo próximo a nós, possível para nós, e irredutível a todos os mecanismos de filiação, a todos os sistemas da ideologia da história. O que nos é dado é uma exceção absoluta.

Essa anomalia se fundamenta no mundo em que Espinosa vive e desenvolve seu pensamento. Anomalia espinosista, anomalia holandesa. "Quem pode lembrar-se", interroga Huizinga, "de outro povo que, mal tendo nascido, já tivesse chegado ao ápice de seu desenvolvimento civil? Talvez nosso espanto fosse menor se a civilização holandesa do século XVII fosse uma perfeita e puríssima expressão da forma de civilização então dominante na Europa. Mas, examinando bem, não é o caso. Ao contrário, embora se encontrasse entre a França, a Inglaterra e a Alemanha (prescindimos aqui da Itália e da Espanha), a terra de nossos pais, mais que um exemplo e um modelo, representou um desvio em relação ao tipo geral de civilização da época, um caso à parte em muitos aspectos".[9] O que significa isso?

Para avaliar o fundamento dessa tese, comecemos primeiramente pondo-a em relação com os comportamentos culturais, com os aspectos mais sutis da civilização do Século de Ouro. A apologia erudita nos mostra um Espinosa contido e reservado: e é verdade — a correspondência e muitíssimos testemunhos nos confirmam. Mas isso não é uma legenda, e não pode ter valor de apologia, pois é a sociedade holandesa que é feita desse modo: o filósofo fica escondido na medida mesmo em que está socializado e inserido em uma vasta sociedade cultural perfeitamente adequada. Kolakowski, como veremos, nos descreve a vida religiosa e as formas de comunidade escolhidas pelas camadas cultas da burguesia holandesa:[10] simplesmente, Espinosa vive num mundo no qual é uma regra social a de que as amizades e as correspondências se cruzem amplamente. Mas, para certas camadas da burguesia, a suavidade de uma vida culta e retirada se acompanha sem contradição nenhuma da convivência com um poder capitalista exercido em termos perfeitamente maduros. São essas as condições de vida de um burguês holandês. Do outro gênio da época, Rembrandt van Rijn, pode-se dizer a mesma coisa: em suas telas, a potência da luz se concentra com intensidade sobre as figuras de um mundo burguês em fantástica expansão. Uma sociedade prosaica, mas extremamente potente, que faz poesia sem saber por que tem força para fazê-lo. Huizinga sustenta com razão que o século XVII holandês não conhece o barroco, em outras palavras, não conhece a interiorização da crise. E é verdade. Se durante a primeira metade do século XVII a Holanda é a terra de eleição de todos os libertinos da Europa, e do próprio Descartes, em busca de liberdade,[11] nela não se encontrará entretanto nada do clima cultural francês, da crise que o esplendor dissimula com dificuldade, e que a grande filosofia só faz exorcizar. Poder-se-ia dizer talvez que o século XVII nunca atingiu a Holanda. Aqui, tem-se ainda o frescor do humanismo, intato. Do grande humanismo e do grande Renascimento. Tem-se ainda o sentido e o amor da liberdade, no sentido mais pleno do termo, justamente o do humanismo: construir, reformar. Tem-se ainda em funcionamento, imediatamente visíveis, as virtudes revolucionárias sutilmente enfraquecidas pela crise nos outros países, e que o absolutismo em geral tenta anular em seu sistema político.

Um só exemplo: o absolutismo, naquele tempo, tenta remodelar o movimento de renovação fechando-o nas academias, no projeto de unificação e controle da unidade literária e científica do Estado. Quantos filósofos e historiadores da filosofia têm desde então perambulado sob as janelas das academias, ardendo do desejo de poder instalar-se nelas! Na Holanda do Século de Ouro, o pensamento e as artes têm sua sede não apenas fora das academias, mas até, na maior parte dos casos, fora das universidades.[12] O exemplo de Espinosa vale por todos os outros: ao declinar do oferecimento do excelentíssimo e nobilíssimo senhor J. L. Fabritius, que lhe propõe em nome do Eleitor palatino uma cátedra em Heidelberg, ele lembra ao nobre que o caráter absoluto da liberdade de filosofar não sofre limitação alguma.[13] Contra o que o outro homem da Corte, irritado, pode apenas murmurar essas palavras malévolas: "Il se trouvait bien mieux en Hollande où [...] il avait une liberté entière d'entretenir de ses opinions et de ses maximes les curieux qui le visiteraient, et de faire de tous ses Disciples, ou des Déistes, ou des Athées".[14] É exatamente o que Espinosa pensa (*Tratado político*, cap. VIII, art. 49): "As universidades fundadas à custa do Estado se estabelecem menos para cultivar os talentos que para contê-los. Numa livre república, ao contrário, a melhor maneira de desenvolver as ciências e as artes consiste em dar a quem quer que o peça a autorização para ensinar publicamente, por sua conta e com risco de sua reputação".

Mas essa anomalia holandesa, justamente, não é feita somente de tranquilidade e sociabilidade. É de uma grande potência comercial que se trata. Leyde, Zaan, Amsterdã estão entre os maiores centros industriais da Europa. O comércio e a pirataria se estendem do Vístula às Índias Ocidentais, do Canadá às Molucas.[15] Aqui, a ordem capitalista do lucro e a aventura selvagem da acumulação nos mares, a imaginação construtiva produzida pelos comércios, e o espanto que conduz à filosofia — isso tudo se conjuga. A imensidão selvagem dessas dimensões acarreta um salto qualitativo que pode ser uma extraordinária matriz, um extraordinário campo de produção metafísica. Contrariamente ao que afirma Cantimori seguindo Huizinga, penso que o Grotius internacionalista pode nos dizer mais sobre essa época que o Grotius autor de tratados piedosos:[16] pois é nessa dimensão que aqui a anomalia se torna selvagem. Por fora e por dentro. Thalheimer, em sua introdução ao estudo de Espinosa, acentua a intensidade da revolução social em curso. Revolução burguesa, mas justamente sob forma anômala: ela não é protegida pelo poder absoluto, mas se desdobra numa forma absoluta, em um vasto projeto de dominação e de reprodução selvagens. A luta de classe adota por muito tempo uma solução dinâmica e expansiva: a forma política da oligarquia ou da monarquia (de tipo "bonapartista", acrescenta Thalheimer!) instalada pelos Orange em 1672 — de qualquer modo num altíssimo nível de socialização capitalista (Holanda e Veneza: quantos políticos e moralistas, durante os séculos da "crise da consciência europeia", perseguiram o sonho de um desenvolvimento na "forma imediata" da socialização do capital! Voltaremos logo a esse ponto).[17] Não pretendo discutir aqui a exatidão da definição de Thalheimer: meu problema é bem outro. Ou seja, que a matéria dessa vida holandesa, dessa sociabilidade cultural, é sobredeterminada pelas dimensões da revolução em curso.

Então, se o filósofo não está na Academia, mas em sua oficina, e se essa oficina se parece tanto com a dos humanistas (seguindo as recomendações de Huizinga de não confundir o humanismo do Norte, erasmiano, com o da Itália e o da Alemanha), a oficina do humanista, entretanto, já não é mais a de um artesão. Como vamos ver, as grandes tendências culturais dominadas pelo pensamento de Espinosa: judaísmo, Renascimento, Contrarreforma e cartesianismo, já mudaram de aparência quando chega a síntese: oferecem-se a ele como filosofias que buscam ser adequadas para a revolução em curso. Em Espinosa, essa mudança é um dado. A oficina do humanista já não é artesanal. Claro está que é um espírito construtivo que a anima, o do Renascimento; que diferença entretanto na própria maneira de se situar diante do saber: como já parece longínqua a época do artesanato, no entanto grande, de Giordano Bruno ou do último Shakespeare, para ficarmos nos exemplos mais puros e mais perfeitos desse último período do Renascimento — tão brilhantemente analisados por Frances Yates![18] Ao contrário, aqui, na Holanda, em Espinosa, a revolução tomou as dimensões da acumulação em escala mundial, e isso é o que faz a anomalia holandesa: o aspecto desproporcionado de suas dimensões construtivas a apropriadoras.

Pode ser útil lembrar um conceito ao qual voltaremos longamente: o conceito de multidão. Ele aparece principalmente no *Tratado político*, a obra mais madura de Espinosa, mas é um conceito que vive ao longo de toda a elaboração do pensamento de Espinosa. Ora, é esse um conceito no qual a intensidade da herança do Renascimento (o sentido da dignidade nova do sujeito) se conjuga em extensão: essa qualidade nova do sujeito se abre ao sentido da multiplicidade dos sujeitos e à potência construtiva que emana da dignidade deles, entendida como totalidade — até levar o problema teórico e ético ao limite de compreensão do desmedido radical do desenvolvimento em curso.

É na base dessa força material que se pode compreender a filosofia de Espinosa, como potência e como anomalia em relação a todo o pensamento do racionalismo moderno. Racionalismo irremediavelmente condicionado e fechado nos limites do desenvolvimento mercantilista.[19] Veremos, é claro, que esse século XVII holandês que não é século XVII, essa primeira grande experiência do *essor* capitalista e do espírito burguês também encontram o momento da crise e a revelação da essência crítica do mercado.[20] Mas a anomalia se prolonga também na borda da crise do desenvolvimento: este foi levado até tão longe, o apogeu da revolução transbordou de tal maneira os termos do movimento cíclico — saltando a baixa conjuntura de 1660-1680, e cruzando de modo ambíguo em 1672 a crise das formas políticas pré-absolutistas — que permite a Espinosa não fazer da crise o pecado original da filosofia racionalista (como antes em Descartes, ou na cultura francesa contemporânea): através da consciência da crise, ela determina, ao contrário, que seja conectada uma visão superior, absoluta, da realidade. O tempo histórico: seu paradoxo, muitas vezes destacado por Huizinga sob os mais diversos ângulos, quando escreve, por exemplo, que "a República havia, por assim dizer, saltado a fase do mercantilismo",[21] e ia passar diretamente da acumulação primitiva à fase do mercado monetário; ou ainda, em outra perspectiva, o tempo histórico que vê a Holanda enterrar definitivamente as fogueiras para bruxas no início do século XVII — pois bem, esse tempo histórico se submete ao tempo crítico, e sua anomalia constitutiva permite à anomalia espinosista passar por cima dos próprios limites da cultura e da filosofia burguesas, alimentar e transfigurar a dimensão selvagem, aberta, enorme de sua base, orientando-a para uma filosofia do porvir.

A anomalia holandesa

Existem então dois Espinosa? É bem possível. Ao ritmo da anomalia holandesa, determina-se efetivamente um potencial teórico que, sem deixar de se enraizar no conjunto complexo do desenvolvimento capitalista e no âmago de seu invólucro cultural, evolui então numa dimensão futura, numa determinação que ultrapassa os limites do tempo histórico. A crise da utopia da gênese burguesa, a crise do mito originário do mercado — esse momento essencial da história da filosofia moderna —, não significa em Espinosa recolhimento, mas salto, avanço, projeção no futuro. A base se decompõe e libera o sentido da produtividade humana, a materialidade de sua esperança. A crise destrói a utopia em sua determinidade histórica de utopia burguesa, dissolve sua superficialidade contingente e abre-a, em compensação, para a determinação da produtividade humana, coletiva: a filosofia crítica instaura esse destino. Os dois Espinosa serão naturalmente dois momentos internos de seu pensamento.

2. A OFICINA ESPINOSISTA

Os instrumentos e os componentes do pensamento de Espinosa se reúnem no apogeu da revolução holandesa. Já vimos que há uma base histórica do pensamento de Espinosa: proveniente dela e junto com ela aparece uma figura originária, estrutural, que o processo genético nos mostra surgindo. O pensamento percorre a ossatura desse substrato e a reconhece criticamente. A análise e a produção filosóficas preveem uma totalidade material da qual se desembaraçar para dela sair com capacidade de síntese — e eventualmente de deslocamento. A síntese espinosista é potente em sua adequação à potencialidade específica de sua época: é o que temos que ver agora. Adequação à potência e à tonalidade de seu tempo.

Idade de ouro, Século de Ouro? "É justamente o nome Século de Ouro que não cai bem. Cheira àquela *aurea aetas*, àquele mitológico Eldorado que já nos aborrecia um pouco quando éramos crianças e líamos Ovídio na escola. Se o período florescente de nossa história tem que ter um nome a qualquer preço, que seja ele tirado da madeira e do aço, do piche e do alcatrão, das cores e da tinta, da ousadia e da piedade, da inteligência e da imaginação. *Idade de ouro* caberia melhor para o século XVIII, quando o ouro transformado em moedas se amontoava nos cofres." É o que escreve Huizinga, e Cantimori destaca a inteligência de sua abordagem.[22] É então nessa "aura" tão densa e determinada que Espinosa e seus interlocutores se encontram, ocupando bruscamente o primeiro plano. Não existe aqui, nessa sociedade holandesa e entre essas camadas da burguesia, a rígida divisão do trabalho revelada pela elite intelectual europeia, francesa em particular, mergulhada na crise e na reestruturação absolutista. Ou pelo menos não tanto. A ciência experimental ainda não é de maneira alguma puro assunto de especialistas, menos ainda uma atividade de Academia; frequentemente ela é até estranha a qualquer atividade professoral. O estudo das leis da reflexão faz parte do trabalho dos ópticos, construtores de lentes, Jelles e Espinosa; Schuller, Meyer, Bouwmeester e Ostens são médicos, e cuidam daquela *emendatio* do corpo que deve também investir na mente; De Vries faz parte de uma família de comerciantes e pratica o comércio em bem grande escala, Bresser é cervejeiro, Blyenberg, vendedor de cereais; Hudde é um matemático que dedica um estudo às taxas de juros sobre as rendas e deve à amizade de De Witt ter obtido o cargo de burgomestre de Amsterdã. Penetramos assim na última e mais alta camada do círculo espinosista: um meio que vê os membros da oligarquia participarem do desenvolvimento da filosofia, de De Witt a Burgh e a Velthuysen, até Huygens e Oldenburg, agora atraídos para a órbita da cultura cosmopolita.[23] Ciência, tecnologia, mercado, política: seu nexo e articulações não devem ser colhidos numa mistura instável que a ciência do poder estaria separando (como nos outros países europeus), mas diretamente como agentes, como facetas de uma concepção da vida, de sua força, de sua potência ainda não corrompida. Como atividade produtiva, como trabalho.

A biblioteca de Espinosa[24] corresponde duplamente a essa situação. Não é uma biblioteca de especialista, à maneira do acadêmico do século XVII:[25] é antes a biblioteca de um comerciante culto, onde os clássicos latinos e os políticos italianos (Maquiavel reinando) estão ao lado dos poetas espanhóis e da filosofia humanista e contemporânea — uma biblioteca de consulta, para estimular o espírito, de estilo renascentista. Mas, em segundo lugar, não é uma biblioteca da crise do Renascimento, não é uma biblioteca barroca: o escritório de um intelectual da primeira metade do século era bem diferente[26] — aqui não há magos, não há mnemotécnica. Em suma, é uma biblioteca humanista, na continuidade do projeto humanista, longe da crise que este sofreu em outros lugares. É uma cultura ainda ofensiva.

Se formos agora definir os componentes culturais do arsenal espinosista, encontramos pelo menos quatro: o judaísmo, o humanismo do Renascimento no sentido próprio, a escolástica (ao lado da filosofia e da teologia tradicionais, renovadas pela Contrarreforma) e o cartesianismo.

Espinosa é fortemente ligado à cultura judaica. Faz parte da rica comunidade de Amsterdã que participa diretamente do poder.[27] A família dos Espinosa é de nível alto.[28] Espinosa é educado nas escolas judaicas e certamente participa da polêmica religiosa que se abre nelas.[29] As fontes judaicas do pensamento de Espinosa estão no âmago de uma polêmica agora secular: de Joel a Wolfson, a análise entretanto avançou muito[30] — e tudo isso deu resultados importantes. Mais importante ainda é o estudo das discussões abertas na cultura judaica holandesa, e em particular na comunidade de Amsterdã: as figuras de Uriel da Costa e de Juan de Prado parecem decisivas na constituição dessa cristalização de problemas em torno dos quais se define a modernidade do debate.[31] E no entanto, quando acabamos de ver bem isso tudo, ainda não chegamos ao âmago do problema, tal como Espinosa o entende especificamente. Ele não pode ser entendido a partir de seu lugar na tradição judaica: é um problema que se refere evidentemente à cultura do século XVII, o do encontro e do confronto entre uma filosofia do ser, tradicional, finalista, e a revolução humanista, seu nominalismo conceitual e seu realismo do ser. Quando se fala da influência do pensamento judaico na filosofia de Espinosa, em sua formação, é quase impossível separá-la da influência humanista. Assim como o conjunto da cultura, o judaísmo foi investido pelo humanismo: em função direta da abertura da comunidade judaica ao mundo — a filosofia do mercado, as primeiras faíscas do espírito do capitalismo não podiam deixar de determinar, aqui também, férteis conexões. E é aqui que podemos estabelecer um ponto forte, que certamente tem também sua importância para quem quiser compreender a expulsão de Espinosa da comunidade. Em Espinosa, desde o início, a concepção do ser se destaca das duas formas tradicionais elaboradas pela metafísica judaica: do finalismo teológico, expresso tanto na forma da imanência quanto na forma do neoplatonismo, para chegar, ao contrário, a uma concepção realista e produtiva do ser. Um realismo produtivo cujo sentido não se pode entender sem percorrer novamente todo o caminho que leva do primeiro humanismo à revolução científica, e que se separa definitivamente, no decorrer desse processo, de qualquer suporte teológico. A concepção da imanência da divindade no ser está presente em toda a tradição metafísica judaica, e encontra em Maimônides seu supremo filósofo;[32] assim também, por seu lado, a tradição cabalística, que emerge com força no pensamento de Crescas, traz em pleno humanismo a ideia de criação-degradação de inspiração plotiniana:[33] pois bem, Espinosa conhece ambas as variantes metafísicas da tradição judaica, mas apenas para se libertar delas.

O encontro entre humanismo e filosofia judaica é simbolizado por Leão Hebreu. Espinosa possui seus *Diálogos*.[34] Daí é que vem provavelmente a definição produtiva do ser característica de toda a sua primeira filosofia. Esse encontro é certamente decisivo no que se refere à filosofia do conhecimento, onde aparece a síntese *"intuitio"*, *"imaginatio"*, *"ratio"*, que determina uma constante do pensamento de Espinosa:[35] a tradição do *Banquete* platônico se estabelece assim na grande filosofia moderna. Mas, no fundo, poder-se-ia objetar, isso já ocorrera com Giordano Bruno! E Espinosa parece ter tirado muita coisa de Bruno![36] E entretanto há aqui mais do que em Bruno, mais do que era possível tirar do pensamento de Bruno: a produtividade do ser definida por Giordano Bruno nunca se liberta da analogia com a produção artesanal ou a criação artística, e consequentemente recai no campo do animismo universal.[37] A concepção do ser em Espinosa, ao contrário, é uma concepção sobredeterminada, longe de qualquer analogia ou metáfora possíveis: é a concepção de um ser potente, que

A anomalia holandesa

não conhece hierarquia, que só conhece sua própria força constitutiva.[38] É claro que então a tendência naturalista que atravessa a
filosofia do humanismo e do Renascimento para chegar a Telesio
e a Campanella também acaba se esgotando, quaisquer que sejam
as influências sobre pontos específicos que delas se possam encontrar na obra de Espinosa.[39]

Bem, voltemos agora ao problema dos dois Espinosa, pondo
em relação o primeiro e o segundo: paradoxalmente, teremos de
qualquer modo "ser produtivo" contra "ser produtivo". O que
significa isso? Significa que Espinosa sustenta desde o início uma
concepção radicalmente ontológica, não finalizada, produtiva.
Quando seu pensamento passar para um nível superior, chegará a
uma concepção tal que, sem que o ser perca sua espessura, qualquer resíduo de transcendência se encontrará eliminado. Já não há
mais lugar para a transcendência gnoseológica no primeiríssimo
Espinosa (salvo talvez na concepção do atributo). O mesmo se verifica para todo momento possível de transcendência ética. Passar
para a fase de maturidade significará, para a filosofia de Espinosa,
raspar o mínimo resíduo de diferença ontológica, e até o próprio
conceito de produtividade ontológica quando ele quer se colocar
como categorialmente articulado. O ser produtivo do segundo Espinosa será apenas constituição ontológica da prática. Trabalhando na cultura que lhe é contemporânea, Espinosa recupera, depu-
ra, fixa um primeiro polo ontológico, fundamental e fundador,
retoma à tradição judaica uma concepção substancialista do ser
que desenvolve à maneira dos humanistas, no sentido da produtividade. Exacerba o naturalismo até ultrapassá-lo. Mas a segunda
fase de seu pensamento marcará um salto qualitativo: a um certo
nível de afinamento crítico, o problema passa a ser o do materialismo desenvolvido.

Essa primeira polarização cultural da filosofia de Espinosa em
seu período de gênese é ao mesmo tempo confirmada e posta em
crise pelas influências determinadas por um segundo grande grupo
de doutrinas: a escolástica da Contrarreforma e o cartesianismo.
Ainda aqui as duas doutrinas estão estrategicamente misturadas,
principalmente no meio cultural holandês, e formam um pesado
claro-escuro por trás do pensamento de Espinosa.[40] Ora, o funda-

52   A anomalia selvagem

mental aqui é que essas duas doutrinas rompem a unidade do ser. Uma através de uma reelaboração da teoria da transcendência ontológica e da fundação de uma metafísica do possível, a outra através da teoria da transcendência epistemológica. Espinosa com certeza encontra o pensamento da Contrarreforma desde a juventude: em 1652 ele está na escola de Franciscus van den Enden, um ex-jesuíta que provavelmente acrescentava à elegância do latim e do holandês reminiscências da filosofia da ordem S. J.[41] Mas, de qualquer modo, ele podia respirar esse pensamento em torno de si, de tal modo estava difundido na cultura universitária, filosófica e teológica de seu tempo.[42] E aqui é preciso prestar atenção: essa corrente de pensamento, com efeito, apoia-se em elementos que serão paradoxalmente essenciais na gênese da segunda fundação da *Ética*,[43] quando a unidade absoluta do ser panteísta vai procurar se abrir ao problema da constituição do real, enfrentará para isso a temática do possível e tenderá para uma filosofia do porvir. No pensamento político do Espinosa da maturidade, será, além do mais, essencial verificar a influência das teorias da Contrarreforma. Mas por enquanto, no primeiro Espinosa, há antes uma urgência contrária: ele tinha de se libertar desse pensamento, dessa escolástica reacionária da Contrarreforma, da irrealidade ordenada do ser que ela descrevia, das hierarquias e dos graus ontológicos, das ordens do imaginário.

O quadro teórico tinha igualmente de se libertar da ideologia razoável do cartesianismo: "Em Descartes, Deus é sem dúvida objeto da mais clara e mais distinta das ideias, mas essa ideia nos faz conhecê-lo como incompreensível. Tocamos o infinito, não o compreendemos. Essa incompreensibilidade se manifesta na onipotência, a qual, elevada acima de nossa razão, marca-a com uma precariedade de princípio e não lhe deixa outro valor senão aquele com que a investiu, através de um decreto arbitrário. De Deus, o mistério se espalha para as coisas. Feito para conhecer o infinito, nosso entendimento, incapaz de decidir se elas são finitas ou infinitas, encontra-se reduzido à prudente afirmação do indefinido. Finalmente, na base de nosso ser, nossa natureza psicofísica põe em evidência a incompreensibilidade de uma união substancial entre duas substâncias incompatíveis. A onipotência incompreensível de Deus se manifesta aqui num efeito singular, e a razão é obrigada a se limitar a si mesma para reconhecer nessa esfera a primazia do sentimento. Assim, no alto, em baixo, e até no centro, nossa razão permanece em toda parte confrontada com o mistério".[44] A revolução em seu apogeu não admite essas fraquezas. O Deus de Descartes é pura e simplesmente *"asylum ignorantiae"*[45], assim como o Deus dos supersticiosos e dos ignorantes. Traduzido em prosa: a relação, vista pelo lado da burguesia, quer a totalidade, quer uma solução imediata. Se confrontarmos Espinosa com seus contemporâneos na Europa, encontramo-nos diante de um caráter absoluto e imediato na concepção do ser que destrói qualquer ilusão tática. A tática é o ser sem solução: é Descartes.[46] É o sonho dos *robins*, seu projeto dominado pelo medo, diante da crise do mercado, diante da primeira avaliação dos efeitos da luta de classes — e, em seguida, diante da aceitação da mediação absolutista. Para completar o raciocínio: serão ainda menos aceitas, nos Países Baixos, no ápice do processo revolucionário, concepções que, de um modo ou de outro, vejam o ser se expor num vazio sem fundo de existência, sob os traços do misticismo, judeu ou cristão, que o século continua a produzir. Se a utopia se ergue, é então uma utopia positiva. Se o ser vem à presença, é um ser pleno. Essa compacidade do ser bem que sofre o assalto da via metódica, mas o próprio método é plenitude ontológica: em todo caso não há o menor artifício, o sentido ontológico da física galileana expulsa o metodologismo formal de Descartes.[47] Nada a ver com Descartes, então, nem mesmo deste lado. Nada de método considerado como uma hipótese. Nada de moral provisória. Nenhum direito para o indefinido se apresentar como um para além da superfície, nem no terreno ontológico, nem — ainda menos — no da ética. O mundo francês e continental embrenhou-se no campo do compromisso necessário. Aqui na Holanda, isso não tem sentido. Na verdade, o classicismo deforma a ordem da razão, retira a originalidade produtiva que é peculiar à inteligência revolucionária. O pensamento e a experiência da crise ainda estão longe do Espinosa dessa época.

Voltamos assim ao centro motor do período de gênese do pensamento de Espinosa. É um pensamento de tipo renascentista, no qual o imanentismo naturalista é levado aos limites de uma concepção ao mesmo tempo absolutamente ontológica e absolutamente racionalista. É um conjunto potente que constitui essa síntese: em relação com as dimensões da revolução capitalista e da maturidade alcançada na Holanda pelo processo da acumulação primitiva.

Tudo isso, entretanto, perderia conotações essenciais se fosse esquecido outro componente dessa síntese: um componente formal e no entanto fundamental. O componente religioso. A filosofia e a biografia tornam a se cruzar aqui, e de maneira determinante. Quando, a 26 de julho de 1656, Espinosa for expulso da comunidade judaica de Amsterdã, e muito provavelmente também do *meio* comercial judaico — encontrando-se assim numa situação econômica difícil —, ele verá se formar em torno de si um grupo de pessoas que serão os primeiros companheiros de estrada declarados de sua pesquisa. Por volta de 1660, ao se retirar para Rijnsburg, a pequena comunidade se reforça e se torna filosoficamente importante. Outro grupo se reúne em Amsterdã. Ora, trata-se de uma comunidade religiosa. Colegiantes, arminianos? A própria definição desses termos é problemática.[48] Na verdade, trata-se de uma experiência sólida e nova: sólida porque retoma todos os aspectos de uma religiosidade "sectária", agora integrando a socialidade holandesa; nova porque traduz essa experiência naquela formidável experimentação de rigor racionalista aplicado ao comportamento religioso. Mas falar de experiência religiosa não é absolutamente o mesmo que fazer dessa comunidade uma comunidade confessional;[49] e, por outro lado, declarar que essa comunidade não é confessional não é o mesmo que afirmar que ela se compõe de *esprits libres*, quase que de libertinos à francesa, certamente nem colegiantes nem reformadores religiosos.[50] Kolakowski,[51] retomando as conclusões de Meinsma,[52] nos conta a história daquela comunidade. E, acrescenta, simplesmente não tem sentido colocar o problema da distinção, para os menonitas, entre comunidade e reforma interior e — naquele clima — em última análise também não tem sentido distinguir entre reformadores religiosos e livres-pensadores deístas. O fato é que a atitude não confessional é fundamental, e que é sobre essa base que se articulam as diversas figuras da síntese entre racionalismo e religiosidade. Mas se os membros do círculo espinosista não se consideram como cristãos, nada nos autoriza a concluirmos daí que eram libertinos, ou estranhos a qualquer preocupação religiosa.[53] Estamos então no aspecto formal da síntese espinosista. O racionalismo e o ontologismo absolutos tomam a forma da religiosidade: mas ela já percorria aquele pensamento, do Eros de Platão ao Demônio de Diotima recontado por Leão Hebreu.

Aqui, entretanto, a conexão é ao mesmo tempo serena e ainda mais tensa que antes: serena em sua visão da plenitude do ser, em sua consciência da maturidade da revolução. Mas novamente tensa, e ainda mais que antes, pois o próprio fato de se apresentar como um sólido projeto revolucionário exige que seja ultrapassado, reivindica um deslocamento de conjunto. Não deixa de ser curioso que ninguém tenha querido captar naquele Espinosa os elementos selvagens já contidos nesse primeiro êxito sintético! Eram elementos espúrios para o racionalismo, mas bem presentes, e que importância tinham! O círculo espinosista é atravessado por pontas de religiosidade quiliástica e por uma tensão interna que não poderemos deixar de ler até no Espinosa da maturidade.[54] Mas talvez fosse necessário aqui levar em conta muitos outros elementos, o menor dos quais não sendo o fato de que Rijnsburg fica a dois passos de Leyde, que se tornara centro têxtil e manufatureiro de primeira importância, e antes terra anabatista por excelência. E a terra fala sua história.[55]

Teremos que voltar amplamente a tudo isso. Queremos por enquanto insistir no fato de que a forma religiosa do pensamento de Espinosa depende da forma da cultura holandesa no apogeu do processo revolucionário. Essa religiosidade sobredetermina a especificidade material do processo revolucionário tal como é lido por Espinosa. É uma mistura de racionalismo teológico refinado, vasta adesão popular e amplo debate. Como lembra Huizinga, neste ponto a tradição do humanismo popular reapropriou-se do calvinismo e o transfigurou. E isso é exatamente o que faz essa anomalia holandesa: a extraordinária continuidade da presença do mito humanista, de que o primeiro Espinosa é o apologista.

A anomalia selvagem

3. A REVOLUÇÃO E SUA BORDA

É verdade que a forma política da República dos Países Baixos não está ao nível da maturidade alcançada pela revolução social e econômica. Todos os autores frisam isso.[56] Mas que forma política é essa? Na realidade, no período que nos interessa e que vai da morte de Guilherme II (1650) à "Grande Assembleia" de 1651, que atravessa todo o período da hegemonia de Johan De Witt (1653-1672) e vê, para terminar, a vitória de Guilherme III e da casa de Orange, a forma política da República holandesa não chega a se definir. Ela permanece um conjunto de figuras e estruturas, federadas ou hierarquizadas, ligadas, de qualquer maneira, segundo esquemas que evitam qualquer caráter funcional e resultam simplesmente de uma acumulação de experiências tradicionais, em particular das experiências institucionais próprias ao desenvolvimento comunal, preso na permanência das formas políticas da Idade Média tardia: o equilíbrio dos poderes ou o caráter central de um poder são fixados a cada vez, dependendo das relações de força.[57] Diante desse magma constitucional, as próprias apelações mais usuais, como "república oligárquica" ou "monarquia bonapartista" (no sentido de Thalheimer) me parecem então excêntricas e inadequadas. Na verdade, a constituição holandesa não tem um conjunto formal de regras, e vive antes da permanência — agora bastante inerte — da dinâmica institucional própria ao processo revolucionário. Lendo Espinosa: "Os holandeses pensaram que fosse suficiente, para ganhar a liberdade, depor o conde e tirar a cabeça do corpo do Estado; não pensaram em reformar esse Estado. Deixaram ficar todos os membros em sua disposição anterior, de maneira que a Holanda se tornou um condado sem conde, um corpo sem cabeça, e o próprio Estado não tem nome que o designe. Por isso não é de espantar que a maior parte dos súditos ignore em que mão se encontra a potência soberana do Estado".[58] Mas daí nasce também o potencial de crise da constituição: Espinosa também o frisa. De Witt insiste sem cessar nesse ponto depois da falência da "grande Assembleia".[59] É preciso entretanto que a essência negativa da coisa, até aqui enfatizada, revele igualmente sua essência positiva, que lhe está inevitavelmente ligada se não podemos meramente negar a potente efetividade da existência e do desenvolvimento da República. E não penso estar me utilizando de categorias totalmente inadequadas ao insistir na seguinte hipótese: a constituição política da República holandesa, durante esse período, está completamente implicada em sua constituição econômica. As formas políticas são relativamente neutras, "conjunturais" — para falar como Keynes-Hamilton quando estudam justamente a relação que define a gênese do capitalismo, pensando sua relação com a forma-Estado.[60] De Witt e Guilherme III, eles mesmos são fenômenos conjunturais, desde o momento em que a constituição formal (se é que se possa identificá-la) está completamente subordinada à materialidade constitucional das relações econômicas. Não tenho a pretensão de que isto constitua uma regra: ao contrário, é um sinal — mas de quanta importância! — do caráter excepcional da Holanda, da anomalia que ela constitui. Quanto à forma da ideologia, comparada com a extraordinária força de inovação das relações de produção, permanece arcaica: quer se trate do democratismo da escola althusseriana (mas teremos de voltar a certos aspectos dessa tradição, essenciais em outros aspectos),[61] ou das novas tentativas de teorização do absolutismo feitas pelos irmãos De La Court ou Von Insola,[62] ela não influi em nada sobre o que são realmente as relações de força políticas. Não é uma frase de efeito deslocada insistir no fato de que a Companhia das Índias Orientais apresenta características formais mais adequadas que qualquer outra figura constitucional no sentido estrito, que qualquer ideologia propriamente política, para nos designar a verdade da constituição holandesa.

Se quisermos ir mais ao fundo do problema, é novamente, também sob este aspecto, do humanismo e do Renascimento que se deverá partir para se compreender alguma coisa. Da ideia do mercado como espontaneidade das forças produtivas, como sua rigorosa e imediata socialização, como determinação de valor através desse processo. A filosofia da apropriação emerge naturalmente da do mercado. O mercado realiza a façanha de uma coincidência entre a apropriação individual e a sociabilização da força produtiva.[63] Pouco importa que a "*Respublica*" seja na verdade um conjunto de "*res publicae*": o essencial é a solução que tem de se impor, é o dispositivo que tem de ser implantado com a relação delas, é a unidade dinâmica e criadora de valor — valorizante para todos os seus membros — que essa relação não pode deixar de determinar. A efetividade dessa representação é importante do ponto de vista da análise: efetivamente, pode-se ler nela o funcionamento produzido para qualificar a realidade pelos tempos fortes do desenvolvimento e uma certa dimensão institucional do comércio (as Companhias, por exemplo, ou a Bolsa de Amsterdã).

Qual é o esquema cultural, filosófico, ideológico, que rege essa representação?[64] Diante dessas representações da realidade, costumamos raciocinar em termos dialéticos: mercado igual a dialética. Não no século XVII. O esquema filosófico mais adequado a esse tipo de imaginário real é, nessa situação, o esquema neoplatônico. Um neoplatonismo renovado, concebido como um desenho da correspondência universal das causas e efeitos, vivido como um vínculo contínuo entre existência subjetiva e essência objetiva, entre individualidade e coletividade. A história da filosofia, de Dilthey a Cassirer e a Paolo Rossi,[65] fez questão de mostrar a importância da representação neoplatônica do mundo que atravessa triunfalmente o Renascimento e se rearticula nas filosofias que dele derivam. Parece-me que se deve além disso insistir num fato que constitui para nós um ponto essencial no período aqui considerado: essas funções de conexão universal, interpretadas pelo neoplatonismo, perdem cada vez mais sua pesada conotação ontológica que, na tradição plotiniana originária, situava a conexão no quadro do processo metafísico de criação-degradação do ser, a dimensão da relação "horizontal" se encontrando submetida à da criação e da hierarquização "verticais". Como bem demonstrou Deleuze,[66] o neoplatonismo, ao se desenvolver, tende a se transformar em filosofia da expressão, em pensamento da superfície, e a eliminar todo aspecto de transcendência, de hierarquia, de emanação e de degradação. E eu queria dizer que me parece que a primeira ideologia de mercado — essa ideologia que produz extraordinários efeitos de eficácia constitucional — está ligada a um plano ideológico assim. No primeiro Espinosa, teremos com que captar e avaliar a perspectiva que se abre aqui.

A anomalia holandesa

No entanto, é sempre de ideologia que se trata, de utopia burguesa. Ideologia de classe que, em função de seus interesses, quer destruir a contradição e o antagonismo de que se alimenta. Por volta de 1660 se abre na Holanda, como no restante das economias europeias, um ciclo econômico descendente, que vai durar até perto de 1680. Esse ciclo descendente não implica, naturalmente, uma feroz recessão econômica, ou qualquer outro fenômeno patológico análogo, num lugar como os Países Baixos, onde as estruturas capitalistas são tão fortes. Mas, tudo isso se acrescentando a outras contradições que se abriram ao nível internacional (deve-se lembrar em particular a segunda guerra anglo-holandesa, em torno de problemas de concorrência marítima, 1665-1667, e o grave conflito franco-holandês que, de uma maneira ou de outra, com uma alternância de vitórias e derrotas, se estende de 1670 a 1676), a crise aparece e se revela particularmente eficaz para atingir e destruir a especificidade da experiência e da ideologia política holandesas.[67] Em outras palavras, o que entra essencialmente em crise é o sonho de uma socialização linear dos efeitos do desenvolvimento capitalista, o que entra em crise é o modelo de expansão no qual o conflito de classe estava contido e posto em equilíbrio. A revolução capitalista mostra sua borda: mesmo na Holanda, com uns trinta anos de atraso em relação à cesura representada na Europa pelos anos 30 do século XVII,[68] mas com uma eficácia nem por isso menor. É bem verdade que a derrota dos De Witt e a solução orangista da crise constitucional de 1672 não representam o momento pontual e decisivo da crise: já desde a metade dos anos 60, a política dos De Witt era função das dificuldades novas do desenvolvimento, às quais ela se curvava. E não se pode dizer, por outro lado, que a solução orangista represente uma saída do marasmo institucional: não é uma reforma constitucional, mas uma restauração. De fato, um e outro, De Witt e Guilherme III, são momentos de uma conjuntura, mas de uma conjuntura crítica, destinada a tornar-se sempre mais pesadamente crítica. Fim da anomalia holandesa? Seja como for, é certo que, com a passagem que ocorre aqui, a situação holandesa, apesar de todas as especificidades que conserva, começa a se aproximar da situação europeia. A teoria política pouco a pouco é levada a aceitar o pensamento que, com a crise, melhor interpreta a natureza agora inevitavelmente crítica do desenvolvimento da classe burguesa: de maneira que, desse ponto de vista, Hobbes realmente se torna o Marx da burguesia. A exigência burguesa de apropriação necessita, para se desenvolver, e até para se conservar e se estabilizar, de uma relação de sujeição. Isso tudo ocorre na ideologia: simulação da relação política que é historicamente vivida como crise do desenvolvimento revolucionário que precede. Chega-se até a considerar o próprio desenvolvimento revolucionário, a gloriosa ofensiva de apropriação do humanismo e do Renascimento, como um estado de guerra, como uma sociedade de violência natural de que é preciso se libertar: a crise do desenvolvimento é projetada sobre a gênese, de maneira a qualificar a insuficiência de um processo, os limites de um projeto, a consciência culpada que se segue ao desmascaramento de uma mistificação — que entretanto fora uma ilusão.[69]

Na borda do processo revolucionário, no limite da crise, Espinosa recusa a conclusão hobbesiana, recusa a conclusão burguesa. Recusa a burguesia? Pelo menos uma coisa é certa: seu pensamento vai mais além dos limites determinados pela reflexão sobre a crise. Não é que esta não entre em linha de conta, não é que o potente atomismo mecanicista dos pressupostos hobbesianos não seja aceito — e então que a crise, como possibilidade e atualidade de seu conceito, não tenha seu lugar na filosofia. Mas, em Espinosa, a borda da revolução não pode se reduzir à crise — não pode ser pura e simplesmente encerrada dentro das dimensões da crise. Em Espinosa, a definição do sujeito histórico não pode ficar fechada dentro do conceito de crise. Onde a burguesia, na cesura do século XVII, assume a crise como um elemento constitutivo de sua própria definição, Espinosa opera um deslocamento da força global detida pelo projeto anterior, pela plenitude do desenvolvimento. Uma filosofia do porvir se implanta sobre essa base pré-constituída, o impulso revolucionário continua a agir, a crise é um obstáculo e não uma essência. A essência é construtiva, a crise só é aceita para ser ultrapassada. A descontinuidade é a oportunidade para um salto para a frente.

Limitemo-nos ao nível propriamente filosófico. Vimos como a ideologia do mercado se dá originariamente sob uma forma neoplatônica. No entanto — o que justamente corresponde à potência da anomalia holandesa —, Espinosa retoma esse horizonte por sua conta, de uma maneira própria a exacerbar até a estrutura do neoplatonismo, a levá-lo ao limite de um pensamento de superfície. Ora, quando intervêm a experiência e o pensamento da crise, essa superfície é remexida por uma força de destruição que recusa qualquer ideia de linearidade dos processos constitutivos, qualquer ideia de espontaneidade. Duas soluções são possíveis: ou restaurar a linearidade e a essencialidade dos processos constitutivos através da mediação e da sobredeterminação de uma função de comando — e essa é a linha mestra da utopia burguesa do mercado;[70] ou então, e essa é a linha espinosista, localizar, no movimento de passagem do pensamento de superfície a uma teoria da constituição da prática, o caminho da superação da crise e da constituição do projeto revolucionário. Em Hobbes, a crise conota o horizonte ontológico e o subsume: em Espinosa, a crise é subsumida sob o horizonte ontológico. Talvez seja este o verdadeiro lugar de nascimento do materialismo revolucionário moderno e contemporâneo. Seja como for, os modelos de sociedade baseada na apropriação se diferenciam em termos ontológicos: em Hobbes, a liberdade se curva ao poder, em Espinosa, o poder à liberdade.

É estranho: mais uma vez, o pensamento de Espinosa se revela a nós como uma gigantesca anomalia. Na verdade, esta definição que estamos dando de seu pensamento é quase como uma negação de sua historicidade. O pensamento de Espinosa, absolutamente hegemônico no momento em que interpreta o triunfo da ideologia revolucionária, torna-se minoritário, encontra-se excluído da história da ideologia burguesa, a partir do momento em que se põe a pegar, a virar e reverter no sentido da emancipação o próprio conceito de crise, a endurecer sobre os conteúdos revolucionários do projeto humanista. Mas sabemos o quanto é vã a história da ideologia! Sabemos, em contrapartida, a força que têm a esperança de verdade e de emancipação! O pensamento de Espinosa aparece então como um paradoxo vivo: sua filosofia se apresenta como uma filosofia pós-burguesa. Macherey[71] fala de filosofia pós-dialética. Com razão: pois a dialética é na realidade a forma sob a qual sempre se apresenta a ideologia burguesa, em todas as suas variantes — inclusive na de uma dialética puramente negativa de crise e de guerra. Quando Espinosa transfigura de maneira materialista os conteúdos revolucionários do humanismo, ele leva, ao contrário, seu pensamento para além de qualquer configuração dialética. Leva a esperança e a prática humanas de transformação para além de qualquer forma dialética. Para além de qualquer mediação sobredeterminada. O que equivale a dizer: para além do conceito de burguesia, tal como este se formou de maneira hegemônica durante os séculos passados.

Chegamos assim ao ponto de definir uma última série de conceitos, que deveremos aprofundar. A filosofia de Espinosa, enquanto filosofia humanista e revolucionária, é antes de mais nada uma filosofia de apropriação. Assim como a filosofia de Hobbes. A diferença, já vimos, reside na distinção entre um e outro quanto ao sentido ontológico da apropriação: em Hobbes, ela se apresenta como crise e tem então de encontrar novamente uma legitimidade a partir do poder, da sujeição. O horizonte criador de valor é o comando exercido sobre o mercado. Em Espinosa, ao contrário, a crise anula o sentido da gênese neoplatônica do sistema, transfigura, destruindo-a, qualquer concordância metafísica pré-constituída, e não coloca mais o problema do poder para a liberdade, mas sim o problema de uma constituição da liberdade. Essa distinção pressupõe no entanto uma série de novos conceitos. O que equivale a dizer que não se pode superar o esquema de Hobbes enquanto se mantém o ponto de vista da individualidade. O deslocamento espinosista do problema deverá então fundamentar, como uma fenomenologia da prática constitutiva, um horizonte ontológico sobre o qual essa fenomenologia possa caber. Esse horizonte é coletivo. É o horizonte da liberdade coletiva. De um coletivo não problematizado — simples transferência do sonho indistinto e espontâneo da utopia revolucionária do humanismo? Não. A ideia de crise, subsumida sob o processo ontológico, age nele: põe em movimento todos os mecanismos necessários à constituição do coletivo. A ideia de multidão transforma o potencial utópico e ambíguo que a caracteriza no Renascimento em projeto e genealogia do coletivo, como articulação e constituição conscientes do conjunto, da totalidade. Por isso é que a revolução e sua borda são em

A anomalia holandesa

Espinosa o terreno no qual se alicerça uma extraordinária operação de prefiguração do problema fundamental da filosofia dos séculos que virão: a constituição do coletivo como prática. Então sim, desse ponto de vista, a filosofia de Espinosa é uma filosofia sem tempo: seu tempo é o futuro!

Notas

[1] P. Vernière, *Spinoza et la pensée française avant la Révolution*, 2 vols., Paris, 1954. A frase citada é de Massillon, P. Vernière, vol. I, p. 1.

[2] A. Van Der Linde, *Benedictus Spinoza. Bibliografie*. Nieukoop, 1961 (reprodução em fac-símile da edição de 1871). A frase transcrita é tirada do depoimento de Van Stoupe, citado à p. 19.

[3] *Ibid.*, p. 29.

[4] *Ibid.*, p. 33.

[5] Como nota com razão P. Di Vona na bibliografia relativa a seu verbete B. Spinoza, in *Storia della filosofia*, organizada por M. Dal Pra, t. 7, p. 901 (Milão, 1975): cf. principalmente as obras de V. Delbos e de L. Brunschwicg. No que se refere à Itália, pode-se mencionar a contribuição de G. Rensi (Modena, 1929).

[6] Como frisa N. Altwicker em sua contribuição (*Spinoza. Tendenzen des Spinozarezeption und Kritik*) que serve de *Einleitung* à coletânea *Texte zur Geschichte des Spinozismus*, Darmstadt, 1971, organizada por ele mesmo (pp. 1-58).

[7] L. Feuerbach, *Sämtl. Werke*, editadas por W. Bolin e F. Jodl, Stuttgart, 1959, t. 3, p. 322.

[8] *Ibid.*, p. 384.

[9] J. Huizinga, *Nederland's Beschaving in de Zeventiende Eeuw*, trad. italiana (*La civiltà olandese del Seicento*, Turim, pp. 5-6).

[10] L. Kolakowski, *Chrétiens sans Eglise. La conscience religieuse et le lien confessionnel au XVIIe siècle.* trad. francesa, Paris, 1969. Mas ver também as observações importantes de G. Solari, in *Studi storici di filosofia del diritto*, Turim, 1949, pp. 73-80, 95-97 (voltaremos às características dos escritos de Solari sobre Espinosa): de F. Meli, in *Spinoza e due antecedenti italiani dello spinozismo*, Florença, 1934; de C. Signorile, *Politica e ragione. Spinoza e il primato della politica*, Pádua, 1968, com abundantes referências bibliográficas.

[11] G. Schneider, *Der Libertin. Zur Geistes- und Sozialgeschichte des Bürgertums im 16. und 17. Jahrhundert*, Stuttgart, 1970. Mas ver principalmente G. Cohen, *Ecrivains français en Hollande dans la première moitié du XVIIe siècle*, Paris-Haia, 1921.

[12] Além das observações de Kolakowski, ver o livro fundamental de P. Dibon, *La philosophie néerlandaise au siècle d'or*, Amsterdã, 1954, para o que se refere à primeira metade do século.

[13] *Cartas* XLVII, XLVIII (G., IV, pp. 234-236; P. pp. 1227-1229).

[14] A. Van Der Linde, *op. cit.*, p. 26.

[15] Neste ponto pode-se apenas remeter às muitas obras de E. H. Kosmann. Cf., além disso, a título de complemento, *Culture and Society in the Dutch Republic during the 17th Century*, Londres, 1974, de J. L. Price.

[16] D. Cantimori, em seu Prefácio à trad. italiana da *op. cit.* de Huizinga, assinala que esta derruba o julgamento que habitualmente é feito de Grotius, pensando-o, bem mais que como um reputado teórico do direito internacional, como "o autor de um *De veritate religionis christianae* que, em latim ou em língua materna, era transportado aos quatro cantos do mundo pelos mercadores e os marinheiros holandeses, a quem era confiado o objetivo de difundir uma religiosidade tolerante e racional, de tipo humanista e erasmiano" (p. XIX). Cf. igualmente G. Solari, *op. cit.*, p. 93 sq.

[17] A. Thalheimer, "Die Klassenverhältnisse und die Klassenkämpfe in den Niederlanden zur Zeit Spinozas", in Thalheimer-Deborine, *Spinoza Stellung in der Vorgeschichte des dialektischen Materialismus*, Viena-Berlim, 1928, pp. 11-39. De uma maneira geral, a respeito da sociedade holandesa no século XVII, ver igualmente S. Von Dunin-Borkowski, *Spinoza*, t. 3: *Aus den Tagen*, Münster, 1935. Podem-se acrescentar algumas observações a respeito do imaginário relativo à socialização imediata da socialização capitalista, mas apenas para notar como com isso algumas dimensões do processo revolucionário da burguesia são — por assim dizer — enfeitados e ao mesmo tempo atenuados, reduzidos conscientemente à continuidade temporal do desenvolvimento das formas institucionais. Este parece ser um dos papéis essenciais cumpridos na esfera da ideologia pela imagem de Veneza e seu governo (à qual é preciso entretanto acrescentar outra imagem, igualmente importante — em particular nos meios dominados pela burguesia financeira: a de Gênova). De uma maneira geral, cf. *Tratado político*, cap. VII, art. 20; cap. VIII, art. 18, 27, 29 etc.; C. Signorile, *op. cit.*, p. 216 sq., dedica um desenvolvimento útil a essa questão, em referência sobretudo a dois textos fundamentais (os de Chabot e de Braudel), com uma considerável bibliografia comentada. Uma última observação sobre o livro de Signorile, que nos foi muito útil pela riqueza de sua informação: ele se baseia na tese de um primado da política nas origens do pensamento burguês; o que é pelo menos excessivo,

A anomalia holandesa

principalmente (mas não apenas) no que se refere a Espinosa. Consequentemente, Signorile se polariza quase exclusivamente sobre o "político", que ele pressupõe a título de "ideologia oculta" que atravessaria a metafísica. Mas como deixar de ver que a metafísica é então a única forma praticável de política: aqui, neste século e neste país?

[18] Penso mais particularmente em F. Yates, *Giordano Bruno and Hermetic tradition*, Londres, 1964, e *Shakespeare's last plays: a new approach*, Londres, 1975.

[19] Retomo aqui uma tese fundamental, pelo menos no que se refere ao racionalismo de Descartes (e por uma parte também de Leibniz) desenvolvida por J. Elster, *Leibniz et la formation de l'esprit capitaliste*, Paris, 1975.

[20] Tomo a liberdade de remeter às teses já amplamente desenvolvidas em meu *Descartes politico o della ragionevole ideologia*, Milão, 1970.

[21] J. Huizinga, *op. cit.* (trad. italiana, p. 19).

[22] J. Huizinga, *op. cit.* (trad. italiana, p. 113); D. Cantimori em seu Prefácio (p. XIII da trad. italiana).

[23] As informações relativas a esses amigos e correspondentes de Espinosa se encontram nas biografias de Espinosa, e em particular no livro de Dunin-Borkowski. Sobre a contribuição de Hudde à obra de De Witt, cf. *Le rapport de Johann De Witt sur le calcul des rentes viagères*, editado por P. J. L. De Chateleux, Haia, 1937. C. Signorile, *op. cit.*, pp. 78-88, dedica ótimas páginas à figura cultural de De Witt. Sua bibliografia é adequada.

[24] Cf. *Catalogus van de Bibliotheek der Vereniging Het Spinozahuis te Rijnsburg*, Leyde, 1965. Esse catálogo retoma em parte a obra fundamental de A. J. Servaas Van Rouen, *Inventaire des livres formant la bibliothèque de Bénédict Spinoza*, Haia, 1988, e o de P. Vulliaud, *Spinoza d'après sa bibliothèque*, Paris, 1934.

[25] Ver os estudos dedicados especificamente a esta questão. Cf. de todo modo a biblioteca de Leibniz, e a obra de R. Merton, *Science, Technology and Society in 17th Century England*, 2ª ed., Nova York, 1970.

[26] Permito-me remeter aqui aos livros já citados de Frances Yates, às obras de Paolo Rossi, assim como a meu *Descartes politico*, cit.

[27] J. Huizinga, *op. cit.* (trad. italiana, p. 51). Cf. igualmente Feuer, *Spinoza and the Rise of Liberalism*, Boston, 1958; C. Signorile, *op. cit.*, p. 8 sq., 227 sq., intervém longamente a respeito, juntando uma bibliografia.

[28] A. M. Vaz Dias e W. G. Van Der Tak, *Spinoza, Mercator et Autodidactus*, Haia, 1932.

[29] I. S. Revah, "Spinoza et les hérétiques de la communauté judéo-por-

tugaise d'Amsterdam", in *Revue d'histoire des religions*, 154, 1958, pp. 173-218.

[30] M. Joel, *Zur Genesis der Lehre Spinozas*, Breslau, 1871; H. A. Wolfson, *The Philosophy of Spinoza*, Cambridge, Mass., 2 tomos, 1934.

[31] Além das remissões de Gebhardt às obras de Uriel da Costa, ver. I. S. Revah, *Spinoza et Juan de Prado*, Paris-Haia 1959, assim como "Aux origines de la rupture spinozienne. Nouveaux documents", in *Revue des études juives*, 2. 1964, pp. 359-431. Os *Texte zur Geschichte*, já citados, contêm um artigo extremamente importante de Harry A. Wolfson, "Spinoza und die Religion der Vergangenheit" (cf. principalmente p. 298), que define os termos da polêmica suscitada por Uriel da Costa no seio da Sinagoga. O que vale a pena notar é o uso que Espinosa pode fazer dessa polêmica; um uso que não é em caso algum uma volta ao quadro determinado dos problemas então levantados (segundo toda probabilidade o problema da imortalidade individual da alma), mas que só os retoma através de um deslocamento metafísico substancial da problemática. Na mesma ordem de ideias, deve-se também acentuar que as análises genealógicas, que a reconstrução das filiações temáticas, entre passado e presente, entre cultura judaica tradicional e sistema espinosista, só têm interesse nesta perspectiva.

[32] A esse respeito, cf. sobretudo S. Zac, *L'idée de vie dans la philosophie de Spinoza*, Paris, 1963, pp. 29-38.

[33] *Ibid.*, pp. 78-83. Mas sobre este assunto cf. principalmente H. A. Wolfson.

[34] Cf. Servaas Van Rouen, *op. cit.*, p. 132.

[35] Cf. R. Hönigswald, "Spinoza; Beitrag zur Frage seiner problem geschichtlichen Stellung", in *Texte zur Geschichte des Spinozismus*, cit., p. 83 sq.

[36] A esse respeito, as análises de Chr. Sigwart (em sua tese sobre Espinosa, Gotha, 1886) e de R. Avenarius, *Ueber die beiden ersten Phasen des Spinozischen Pantheismus und das Verhältnis der zweiten zur dritten Phase*, Leipzig, 1968, permanecem válidas.

[37] Bom comentário de S. Zac a esse respeito, *op. cit.*, pp. 90-93.

[38] Cf. R. Hönigswald, *op. cit.*, p. 91 sq., mesmo se esta ideia de sobredeterminação do ser é muitas vezes pensada pelo autor em termos qualitativos bem mais que em termos de intensidade ontológica. F. Alquié, in *Nature et vérité dans la philosophie de Spinoza*, "Les cours de Sorbonne", Paris, 1971, em particular pp. 14-15, insiste na relação Espinosa-Bruno. Ele sustenta a tese de um "matematismo" excessivo de Espinosa em sua definição do conjunto metafísico — determinação vinda de Giordano Bruno e desdobrada como em Bruno em termos de produção. Não é inútil fazer algumas ob-

A anomalia holandesa

servações a respeito dessa interpretação de Alquié. O fato de colocar uma influência do pensamento de Bruno no de Espinosa tem repercussões no conjunto da interpretação de Alquié: uma interpretação que considera o pensamento de Espinosa como o de uma transcendência, de tipo panteísta, do ser em relação a suas determinações sucessivas (substância transcendente em relação aos atributos, dualismo da concepção de ideia — *idea ideae* —, desproporção na relação entre intelecto e reflexão, dualismo nítido entre razão e paixão); em suma, no pensamento de Espinosa, a ideia de uma transcendência do ser dominaria a metafísica, a transcendência religiosa dominaria a ética (sobre este segundo ponto, F. Alquié nos deu outra série de aulas: *Servitude et liberté selon Spinoza*). É importante insistir em tais interpretações (criticadas com extremo rigor na obra de Martial Gueroult), para ver em que sentido pode-se pensar numa influência de Giordano Bruno: no da manutenção de um horizonte religioso irredutível, o do naturalismo religioso — segundo Alquié, essa permanência do pensamento de Bruno, do pensamento do Renascimento, leva o pensamento de Espinosa a refluir completamente para os dualismos cartesianos, ao contrário de acabar com eles. Claro está que uma interpretação dessas não cabe em minha leitura de Espinosa (tampouco, aliás, na de Bruno).

[39] A ideia de uma estreita conexão entre o pensamento de Espinosa e o de Telesio e de Campanella vem de Cassirer (*Das Erkenntnisproblem in der Philosophie und Wissenchaft der neuren Zeit*, nova ed. Darmstadt, 1973, t. II, pp. 79-84). Convicção retomada essencialmente de W. Dilthey, que considera a filosofia de Espinosa como a "conclusão" da grande época do naturalismo do Renascimento.

[40] Ver em particular a opinião expressa a esse respeito por Di Vona nos verbetes que escreveu para a *Storia della filosofia*, cit., de Dal Pra. Pode-se ter confiança em Di Vona, diante de seu profundo conhecimento ao mesmo tempo da filosofia de Espinosa e da filosofia da segunda escolástica.

[41] Cf. as bibliografias de Espinosa, e, de qualquer modo, Di Vona, *op. cit.*, pp. 559-560; A. Ravà, *Studi su Spinoza e Fichte*, Milão, 1958, p. 148, evidenciou bastante esse encontro.

[42] J. Freudenthal, em sua obra fundamental *Spinoza und die Scholastik*, Leipzig, 1886, insistiu longamente sobre os ecos da segunda escolástica no pensamento de Espinosa. Temática longamente retomada por Dunin-Borkowski.

[43] Ver *infra*, cap. V sq.

[44] M. Gueroult, *Spinoza. Dieu* (*Ethique, 1*), Paris, 1968, pp. 9-10. É preciso também ter sempre em mente o segundo volume de Gueroult: *Spinoza. L'âme* (*Ethique, 2*), Paris, 1974. Como já notei (*supra*, n. 38), ao evocar os trabalhos de Ferdinand Alquié, encaixa-se aqui uma questão decisiva pa-

ra toda leitura de Espinosa — a respeito da interpretação da relação Espinosa-Descartes. É evidente que voltaremos a este problema. Mas minha citação de Gueroult e minha concordância fundamental com sua leitura da relação Espinosa-Descartes me impõem aqui um esclarecimento — pelo menos bibliográfico. Na interpretação de Alquié, já vimos, a ideia de substância, enquanto *natura naturans*, implica a permanência em Espinosa de um certo dualismo infra-sistemático. O que tem consequências na gnoseologia e na ética. Gueroult opõe a isso uma recusa de princípio. Seu comentário da *Ética* tem a ambição de evidenciar o imanentismo absoluto e a lógica cerrada do panteísmo espinosista. Veremos mais adiante os limites da interpretação de Gueroult. Mas tenho de dizer que pessoalmente concordo inteiramente com essa posição, com esse afastamento de Descartes. Depois da publicação do primeiro volume de Gueroult, M. Doz (*Revue de métaphysique et de morale*, 1976, n. 2, pp. 221-261) retomou a crítica de Alquié, voltando a atacar a hipótese, emitida por Gueroult, de uma unidade absoluta do projeto espinosista. Doz insiste em particular no fato de que Espinosa procederia através de uma série de paradoxos, e colocaria "progressivamente verdades parciais, deixando lugar a hipóteses que serão progressivamente eliminadas". Coloca além disso o problema do estatuto da ontologia espinosista (este é efetivamente o problema central), para sustentar a tese de um "vazio dessa ontologia" e portanto de uma necessidade, para ela, de ser "preenchida pela teologia". Gueroult estaria enganado quando afirma que o sistema espinosista possui uma lógica interna, cujo desdobramento é suficiente para superar de maneira endógena e estrutural todas as dificuldades que podem se apresentar. Com efeito, essas dificuldades seriam insuperáveis, na medida em que o ser espinosista seria definido segundo um procedimento de alternância: ora transcendência de tipo naturalista, ora vazio de tipo cartesiano: só a teologia, ou seja, uma chave externa, permitiria portanto superar as dificuldades da ontologia espinosista. Seria melhor então a ideologia razoável de Descartes, que faz das mesmas dificuldades uma chave interna ao sistema, inscrita em seu dualismo originário. Ginette Dreyfus ("Sur le Spinoza de Martial Gueroult: réponses aux objections de M. Doz", in *Cahiers Spinoza*, n. 2, pp. 7-51) na minha opinião respondeu claramente a Doz, mesmo tendo-o feito com dureza excessiva (no sentido em que ela liquida não apenas, como é legítimo, os problemas colocados por Doz, mas também outros problemas que não podem ser eliminados tão facilmente): através de uma recusa radical de toda ideia de assimetria, em Espinosa, entre ontologia e teologia. Quanto à metodologia paradoxal, G. Dreyfus a interpreta como *work in progress*, e portanto como intrinsecamente coerente. Em concordância com as teses de G. Dreyfus, pode-se ler no mesmo número dos *Cahiers Spinoza* (pp. 53-92) o artigo de Jean Bernhardt, "Infini, substance et attributs. Sur le spinozisme" (a respeito de um estudo magistral); e mais particularmente a p. 59, quanto ao caráter originário do abandono por parte de Espinosa do horizonte cartesiano.

A anomalia holandesa   69

[45] *Ética*, I, *Apêndice* (G., II, p. 81; P., p. 351). Mas do momento em que se transmite aqui essa definição polêmica dada por Espinosa, é bom logo acrescentar, para evitar qualquer mal-entendido — desses mal-entendidos que com excessiva frequência tornam-se interpretações —, que a fórmula *"Deus asylum ignorantiae"* não é absolutamente indício de alguma posição aristocrática e dianoética. Em seu artigo de 1930, "Politica religiosa di Spinoza e la sua dottrina del 'jus circa sacrum'", retomado in *Studi storici, op. cit.*, pp. 73-117, G. Solari já mostrava claramente, com extrema minúcia, que, contrariamente a uma opinião excessivamente difundida, a concepção espinosista da divindade não chega a nada diferente da ideia de uma religião dos ignorantes, de uma materialidade dos comportamentos religiosos como chave constitutiva das esferas da ética e da política. Nesse belíssimo artigo (bem melhor que a outra contribuição de Solari aos estudos espinosistas, *La dottrina del contratto sociale in Spinoza*, 1927, a que voltaremos), a religião dos simples é considerada como um elemento ativo da constituição; donde algumas conclusões extremamente importantes a respeito da polêmica antisseparatista e antijuridicista conduzida por Espinosa. Essas análises de Solari encontraram um desenvolvimento que não poderia ser mais amplo e mais bem articulado, na obra recente de A. Matheron, *Le Christ et le salut des ignorants chez Spinoza*, Paris, 1971. Matheron expõe muito longamente, de maneira extremamente esclarecedora, os diversos momentos através dos quais as formas da religião (da profecia à fé dos humildes) se tornam constitutivas. Um aspecto essencial, histórico, do pensamento de Espinosa aparece de modo perfeitamente claro em sua exposição: a reversão determinada pela filosofia espinosista quando ela toma a religião dos ignorantes, a salvação dos pobres como o tecido material do desenvolvimento histórico e determinado da verdade. Logo, a religião popular não como elemento passivo, mas como condição ativa da ciência. Papel fundamental, então, fundador e constitutivo, o da imaginação. Mas voltaremos longamente a tudo isso no correr de nossa obra. Um último ponto: Matheron localiza de maneira muito precisa os processos lógico-críticos através dos quais o pensamento de Espinosa derruba a concepção tradicional da "dupla verdade", e a concepção "política" do uso da religião: é preciso lembrar isso aqui, no momento em que justamente se procuram definir as condições históricas do pensamento de Espinosa, mesmo voltando mais longamente adiante.

[46] Permito-me mais uma vez remeter a meu *Descartes politico*, cit..

[47] Cf. S. Zac, *op. cit.*, pp. 104-120.

[48] J. C. Van Slee, *De Rijnburger Collegianten*, Haarlem, 1895. Mas ver também G. Solari, *Studi storici*, cit., pp. 95-97; F. Meli, *Spinoza...*, cit.; K. Signorile, *op. cit.*, em particular a bibliografia fornecida nas notas 25 sq., 35 sq. Já falamos do caráter geral das obras de Solari e de Signorile, e em particular da utilidade do texto deste para uma análise de tipo histórico. Não é

inútil dizer algumas palavras sobre as características essenciais do livro de Meli. Com grande sensibilidade histórica, esse escritor muito jovem, morto prematuramente, soube compreender, em plena época fascista (seu livro é de 1924), não tanto as relações singulares entre o pensamento de Espinosa e a mentalidade sectária quanto os grandes temas de reforma racional que atravessam o pensamento de Espinosa e dos membros das seitas. Analisando a teoria da constituição e da tolerância nas correntes heréticas, Meli pôs em evidência, num estilo extremamente elegante, a existência de uma continuidade revolucionária entre o pensamento italiano do Renascimento e o de Espinosa. No ápice da barbárie fascista, ele soube escrever um livro europeu.

[49] C. Gebhardt, "Die Religion Spinozas", in *Archiv für Geschichte der Philosophie*, t. XLI, 1932.

[50] M. Francès, *Spinoza dans les pays néerlandais de la seconde moitié du XVIIe siècle*, Paris, 1937.

[51] L. Kolakowski, *op. cit.*, pp. 206-207 e *passim*.

[52] K. O. Meinsma, *Spinoza en zijn kring*, Haia, 1896 (trad. alemã, Berlim, 1909).

[53] Sobre esta questão, cf. também L. Mugnier-Pollet, *La philosophie politique de Spinoza*, Paris, 1976, pp. 35-49.

[54] Como bem demonstrou Kolakowski, essa temática deve ser considerada como essencial no campo religioso da Holanda da época. A *Carta XXXIII* de Oldenburg a Espinosa contém alusões interessantes a certos projetos sionistas. Sobre esta questão, cf. Mugnier-Pollet, *op. cit.*, pp. 20-21.

[55] Ernst Bloch, *Thomas Münzer*.

[56] Cf. as obras já citadas de Huizinga, Kossmann, Thalheimer e Mugnier-Pollet. Ver também C. Signorile, *op. cit.*, e a obra de K. Hecker, *Gesellschaftliche Wirklichkeit und Vernunft in Spinoza*, Regensburg, 1975.

[57] Ch. Wilson, *La République hollandaise des Provinces-Unies*, Paris, 1968; D. J. Roorda, *Partijen Factie*, Groningen, 1961; J. S. Bromley-E. H. Kossmann (orgs.), *Britain and Netherlands*, vol. II, Londres-Groningen, 1961-1964.

[58] *Tratado político*, G., III, p. 352; P., p. 1032.

[59] J. DE Witt, *Brieven*, Amsterdã, Ed. R. Fruin-G. W. Kernkamp, 1906 sq., t. I., p. 62.

[60] Cf. Hamilton-Keynes, que justamente sustentaram a tese de uma natureza conjuntural do *essor* capitalista.

[61] *Infra*, nos capítulos em que estudamos a teoria política de Espinosa.

[62] A esse respeito, ver principalmente o artigo de E. H. Kossmann, "The

developments of Dutch political theory in the seventeenth century", in Bromley-Kossmann, *op. cit.*, t. I, pp. 91-110.

[63] C. B. Macpherson, *La théorie politique de l'individualisme possessif*, trad. francesa, Paris, 1971. Cf. meu prefácio na trad. italiana.

[64] Seria preciso inserir aqui uma reflexão que buscasse, na base das obras de Borkenau e Elster, determinar as normas segundo as quais a representação política pode ser reportada à materialidade do desenvolvimento econômico e da luta de classes.

[65] W. Dilthey, E. Cassirer e Paolo Rossi são os autores que melhor enfatizaram essas dimensões do desenvolvimento histórico-filosófico.

[66] G. Deleuze, *Spinoza et le problème de l'expression*, Paris, 1968, pp. 12-18 [trad. bras.: *Espinosa e o problema da expressão*, São Paulo, Editora 34, 2017, trad. GT Deleuze — 12, coord. Luiz B. L. Orlandi].

[67] Cf. as obras já citadas na n. 56.

[68] Sobre a grande crise do século XVII, ver as obras citadas em minha Apresentação in *Rivista critica di storia della filosofia*, n. 1, 1967. Cf. além disso, para a totalidade geral dos estudos, *Stato e rivoluzione in Inghilterra*, organizado por Mario Tronti, Milão, 1977.

[69] Este é um dos temas fundamentais da obra de Macpherson, *La théorie politique de l'individualisme possessif, op. cit.*

[70] Ver, entre as obras recentes, a reconstrução do nascimento da ideologia do mercado feita por C. Benetti, Smith. *La teoria economica della società mercantile*, Milão, 1979.

[71] P. Macherey, *Hegel ou Spinoza*, Paris, 1979: relatamos aqui a tese fundamental da obra de Macherey (à qual teremos que voltar várias vezes); tese que tem como ponto de partida diversas observações de L. Althusser (principalmente nos *Eléments d'autocritique*, Paris, 1973).

Capítulo II
A UTOPIA DO CÍRCULO ESPINOSISTA

1. A TENSÃO DA IDEOLOGIA

Korte Verhandeling van God, de Mensch en deszelfs Welstand, 1660: pode ser que seja totalmente insolúvel o problema de crítica filosófica levantado pelo texto do *Breve tratado sobre Deus, o homem e sua bem-aventurança*.[1] Entretanto, quero levar em conta este texto: não como um primeiro rascunho da *Ética*, é claro — ainda que haja muitos elementos de continuidade entre nosso texto e as primeiras proposições desta obra —, nem tampouco como "um texto irremediavelmente danificado",[2] mas como um importante documento sobre uma situação ideológica partilhada por Espinosa e aqueles que, entre Amsterdã e Rijnsburg, fazem parte de seu círculo — e intervêm provavelmente no texto como devoção confusa, assim contribuindo para desfigurá-lo. Uma situação ideológica que se caracteriza por uma decisão teórica deliberadamente panteísta ou antes — nesse quadro — quase mística.

A primeira parte do *Breve tratado* é, desse ponto de vista, exemplar:[3] é a construção, por etapas sucessivas, da identidade substancial do objeto. Por etapas sucessivas:[4] uma concepção da divindade como *causa sui*, como imanência absoluta, nos *Diálogos*:[5] a polêmica contra toda concepção antropomórfica da divindade, se qualificarmos como antropomórfico o fato de colocar, sob uma forma ou outra, uma definição metafórica ou analógica do ser — isto no capítulo VII, que constitui talvez outra camada fundamental do texto;[6] três momentos que se seguem: a identidade absoluta, *a priori*, da essência e da existência de Deus (cap. I-II),[7] a assimilação da ideia de Deus e da ideia de infinito positivo (cap. III-VI),[8] e, para terminar, a essência de Deus e a essência da Natureza que encontram sua identidade por meio da identidade dos atributos que constituem todas as duas (cap. VIII-IX).[9] Mas essas etapas não se sucedem senão na ordem cronológica da composição: de um ponto de vista lógico não há etapas, mas somente a circulação, a fluidez de uma mesma substância, vista sob diversos ângulos de abordagem, mas incansavelmente repetida em sua centralidade, em sua infinidade positiva. O ponto de vista da filosofia se encontra na substância, em sua percepção e construção imediata. É um contrato ontológico que está descrito aqui, uma relação que roça a intensidade mística. "Tudo aquilo que compreendemos clara e distintamente como pertencendo à natureza de uma coisa, podemos afirmá-lo igualmente com verdade sobre essa coisa. Ora, que a existência pertence à natureza de Deus, podemos compreender isso clara e distintamente. Ergo..." "As essências das coisas são desde toda a eternidade e permanecerão imutáveis por toda a eternidade. A existência de Deus é essência. Ergo...".[10]

Chamou a atenção de todos os comentadores a excepcional potência desse primeiro Espinosa: talvez seja justamente isso o que nos garante que se pode utilizar o *Breve tratado* como um texto de Espinosa. Cassirer frisa aqui que "o método geral da reflexão filosófica, que havia sido o terreno comum de todas as doutrinas, para além de seus conflitos, cede lugar a um modo de pensamento totalmente diferente. A continuidade na colocação dos problemas parece se interromper bruscamente", "aquilo que em toda parte era considerado como um resultado é tomado aqui como ponto de partida", e a tensão mística é extremamente forte.[11] Gueroult vai ainda mais longe, sem no entanto insistir nas conotações místicas, quando discerne aqui, na afirmação espinosista de um objetivismo absoluto do ser, uma inflexão absolutamente original no quadro da filosofia moderna.[12] Eu também penso que a utopia do círculo espinosista realmente se revela aqui no máximo de sua tensão, no conjunto complexo das determinações revolucionárias que lhe dão sua forma originária. Voltemos aos elementos da oficina espinosista: tornamos a encontrá-los todos aqui, e o que se torna particularmente evidente é a influência do naturalismo do Renascimento, sobretudo na versão de Giordano Bruno, marcada pelo entusiasmo de sua concepção heroica do panteísmo:[13] "Ora, fica claro que o homem tem a ideia de Deus, já que ele compreende os atributos de Deus — que ele não pode, sendo imperfeito, produzir por si mesmo. Mas que ele conheça esses atributos, isso é evidente; com efeito, ele sabe, por exemplo, que o infinito não pode ser composto de diversas partes finitas; que não pode haver dois infinitos, mas só um; que este é perfeito e imutável; sabe também que coisa alguma procura por si mesma sua própria aniquilação e, depois, que o infinito não se pode transformar em alguma coisa melhor, já que é perfeito, e perfeito não seria se se transformasse; e que não pode estar submetido a algo que proceda do exterior, já que é onipotente etc."[14]

O mais marcante é então a tonalidade geral do *Breve tratado*, essa opção inocente e radical reconhecida por Deleuze[15] como a característica do racionalismo absoluto: a opção pelo infinito positivo que introduz uma definição imediatamente qualitativa do ser (não cartesiana, não aritmética, irredutível à distinção numérica). Deste ponto é curto o passo para captar o espírito religioso que anima essa primeira colocação do conceito do ser no círculo espinosista: é incontestável que aqui a razão e a fé (o cristianismo) se identificam de maneira imediata. Naturalmente, essa identidade — que é o traço distintivo do desenvolvimento da segunda fase da Reforma holandesa (e protestante em geral) — tem forte carga de suspense: pois há implicitamente nessa identidade uma alternativa extrema, ou razão sem cristianismo, ou cristianismo sem razão.[16] Mas por que não aceitar por enquanto a felicidade dessa identidade, a breve, porém forte, existência dessa utopia, a sinceridade daqueles que qualificam de "cristão" o panteísmo e seu entusiasmo fundador?

Dito isto, sequer abordamos nosso problema, entretanto. Na realidade, este se coloca no *Breve tratado* tão logo arrefece o entusiasmo inicial da percepção do ser. Vejamos, por exemplo, a nota (certamente acrescentada mais tarde) que Espinosa introduz a título de explicação do texto transcrito acima: "*Os atributos de Deus*; melhor seria dizer: já que ele compreende o que é próprio a Deus, pois essas coisas não são atributos de Deus. Sem elas, Deus evidentemente não é Deus, mas ele não é Deus por elas, pois não nos dão a conhecer nada substancial, elas são semelhantes aos *ad-*

A utopia do círculo espinosista

jetivos que, para serem compreendidos, exigem um substantivo".[17] Estamos no indeterminado. A uma tendência a situar o atributo na essência à qual ele se identifica, legível no texto, corresponde, em nota, uma definição adjetival do atributo. Daí uma alternativa, a mesma, aliás, que é vivida no terreno da experiência religiosa: ou uma concepção francamente mística do ser, que capta a divindade através do mecanismo da definição negativa, ou o achatamento do ser e da divindade, do atributo e do modo num único nível da substância. Ou cristianismo sem razão, ou razão sem cristianismo. E ambas as tendências estão presentes: no entanto, Espinosa não as explora. No capítulo VII, invertendo de maneira manifesta os dados do problema, ele afirma, ao contrário: "As definições devem então ser de dois gêneros (ou classes): 1) As dos atributos, que pertencem a um ser existente por ele mesmo. Esses atributos não exigem nenhum conceito de gênero ou o que quer que seja que os faça ser melhor compreendidos, em outras palavras, que os torne mais claros, pois, já que existem como atributos de um ser existente por ele mesmo, são conhecidos também por eles mesmos; 2) As das coisas que não existem por elas mesmas, mas somente pelos atributos de que elas são os modos e que, sendo como o gênero delas, permitem conhecê-las".[18] Deus, atributo, modo: é posto em funcionamento um confuso processo de emanação, sinal de uma resposta parcial, tímida e indecisa à questão fundamental que se coloca com o surgimento do ser infinito positivo! Diante da colocação do problema, há ainda uma concepção nominal dos atributos, um "dizer Deus" que não é de modo algum a explicitação da maneira fundamental como o ser é levado em conta.[19] "Da Natureza Naturante" e "da Natureza Naturada" (cap. VIII e IX da primeira parte)[20] repetem o enigma de um indissociável entrecruzamento de misticismo, produtividade teológica e ontologia da emanação, repetem o enigma colocado pela complexidade das fontes e dos componentes da máquina espinosista.[21]

São estes os fatos: uma utopia positiva, proposta com excepcional potência, mas que balança entre a anulação mística e o objetivismo lógico e ontológico, em termos que, de qualquer modo, não chegam a se liberar do indistinto e do indeterminado. E no entanto a tensão inovadora que emana da primeira percepção do ser não foi suprimida. Na segunda parte do *Breve tratado*, ela se exerce em outra perspectiva, em outras dimensões. No pleno do ser vem a se constituir a essência do homem. O que exacerba o problema, mais do que o esclarece: pois de um lado o dispositivo metafísico mantém sua ambiguidade e se desdobra através da emanação e sua dedução da "via descendente"; e de outro, a precisão crescente dos diversos graus de conhecimento, sua passagem da sombra da *"opinio"* e da confusão da *"experientia"* à distinção progressiva da *"fides"* e do conhecimento claro,[22] tende a fixar o absoluto do conhecimento racional e a determinação do valor ético num terreno de afirmação pura.[23] Estamos diante do segundo elemento da utopia do círculo espinosista: a concepção do conhecimento como síntese, e mesmo mais, como simbiose de entendimento, vontade e liberdade. A dimensão religiosa da abordagem transparece aqui na urgência que se exprime de ligar o teórico e o prático, na necessidade que se impõe de viver naturalmente, laicamente, a vida dos santos e dos profetas. Será ainda necessário invocar a utopia religiosa holandesa? ou o ensinamento de alguma ascese judaica? ou então a influência clássica do estoicismo do Renascimento? ou enfim, pura e simplesmente, aquela atitude característica do fim do Renascimento que se pode ler nos Rosacruzes e na mística reformadora da primeira metade do século XVII?[24] Há um pouco de tudo isso, sem dúvida alguma, na intensidade com que o círculo espinosista sente as coisas. Mas não é tanto essa intensidade que nos interessa quanto a tensão que dela emana. E é uma tensão metódica na teoria do conhecimento, constitutiva no plano da ética, e em consequência profundamente inovadora no plano da ontologia.

É bem verdade que não é coisa fácil exumar no *Breve tratado* a significação positiva da tendência seguida por esse pensamento. Tomemos por exemplo o conhecimento e sua tendência para o método. Parece em primeiro lugar que há muito pouco a acrescentar ao que já foi sublinhado a respeito da utopia teologizante: a confusão permanente entre *"fides"* e "conhecimento absolutamente claro"[25] implica uma aderência ao ser que é plenitude passional, racional e mística de sua apreensão. E no entanto, no desenrolar do raciocínio, a instância do conhecimento claro se determina ca-

A utopia do círculo espinosista

da vez mais. O mecanismo causal, posto em movimento pela afirmação da substância divina, o determinismo absoluto que já nos aparece definido no *Breve tratado*,[26] tem de se desdobrar no plano do conhecimento. A dedução se torna geométrica porque o conhecimento deve e pode ficar adequado ao ritmo determinista do ser. No Apêndice geométrico do *Breve tratado*,[27] nota Gueroult,[28] "a *causa sui* é conhecida como a propriedade de cada substância": de fato, o jogo dos axiomas, proposições, demonstrações e corolários nos mostra, no pleno de um tecido coerente, que todas as substâncias são ontologicamente integradas. Esclarecendo bem: a integração na ordem do método e da ontologia não atinge aqui a força constitutiva que a *Ética* nos oferece, e em geral o caráter indeterminado do procedimento impede que a ruptura da dedução panteísta e dos obscuros caminhos da "via descendente" se manifeste com toda clareza. A estética do panteísmo ainda não está dissipada, apenas se alude à potência construtiva do método, a apreensão imediata e original do ser substancial cria uma espécie de meio macio no qual a dedução escorre mais do que se desenvolve. E no entanto nem por isso é menos verdade que essa "instalação no absoluto", que está na base de toda articulação ulterior, possui a força de arrastar para um pensamento de superfície, plenamente imanente, de aplanar num horizonte firme e construtivo o universo inteiro do conhecimento. O pensamento da profundidade se aprofunda a tal ponto que se encontra paradoxalmente virado às avessas em pensamento da extensão, desenvolvido em terreno plano e construtivo. A imanência se faz tão extrema que se dá como a negação das três categorias reais, das três articulações ontológicas que têm como nome "equivocidade, eminência, analogia".[29] É um impulso o que registramos aqui, apenas um impulso, mas absolutamente conatural com a especificidade do momento genético do pensamento de Espinosa.

É também no terreno especificamente ético que um impulso provoca o desdobramento da tendência ontológica originária. De pelo menos dois pontos de vista. O primeiro consiste na retomada da temática tradicional das paixões.[30] Mas o mais marcante aqui é a direção nitidamente construtiva, a determinação fenomenológica e a qualidade particular do pensamento genealógico em funcionamento no processo de definição. Um tecido pleno de ser, compacto, vê as paixões se formando e se articulando não como os resultados de uma dedução feita a partir do absoluto, mas como os motores de uma constituição do absoluto. Não passa de um começo, é claro, estamos longe dos amplos desenvolvimentos da *Ética*! Mas a tensão da utopia se mostra novamente em toda a sua potência. Mais importante é a segunda perspectiva que se abre a partir da própria construção da ideia de beatitude. E a beatitude suprema, esse projeto de resolver o problema da articulação entre conhecimento e liberdade, é a união da mente com a divindade, mas é também o sentimento de um processo constitutivo, de uma comunhão de saber e liberdade, de uma sociabilidade absoluta: "Todos os efeitos que produzimos fora de nós são tanto mais perfeitos quanto mais estão aptos a se unirem a nós para formarem juntos uma só e mesma natureza, pois é assim que mais se aproximam dos efeitos interiores. Se, por exemplo, ensino meu próximo a amar a lascívia, a honra, a avareza, sofrerei as desagradáveis consequências disso, é claro — quer eu mesmo os ame ou não; mas tal não se dá se meu único objetivo é o de poder fruir da união com Deus e produzir em mim ideias verdadeiras e fazer com que meu próximo partilhe dessas coisas. Pois todos podemos igualmente participar dessa salvação, como é o caso quando ela excita neles o mesmo desejo que em mim e faz assim com que a vontade se confunda com a minha, e que formemos uma só e mesma natureza onde sempre reina o acordo".[31] A indistinta tensão da utopia do círculo espinosista vai mais além da intensidade metafísica que lhe dá suas conotações religiosas e filosóficas: a utopia que os homens produzem é também a utopia deles mesmos, da suavidade da comunidade da qual participam coletivamente ao mesmo tempo em que a vivem. Essa humanidade imediata de uma participação coletiva na utopia qualifica a própria projeção teórica.[32] O ponto de vista da ontologia agora é idêntico ao ponto de vista da salvação, da comunidade, do ardor que leva a construir. E fica claro que depois disso qualquer referência ao absoluto da negatividade se torna supérflua, chame-se ela mal ou diabo![33] No campo dessa suavidade, dessa plenitude de um ser do qual cada um participa, é o próprio conceito de absoluto, não digo do negativo, mas até do positivo, que parece mesmo se dissipar. O caminho da síntese entre conhecimento e liberdade se abre sobre o dispositivo ontológico de *causa sui*, e, se na teoria do conhecimento este recolhimento leva ao método, esse mesmo recolhimento aqui faz pressão no sentido de uma teoria da *"potentia"*, da expansão do ser prático. O desenho que se começa a entrever é o da diluição do absoluto sobre a potência construtiva, no conhecimento metódico como na filosofia da prática. Ainda resta um longo caminho para percorrer, mas as premissas não permitem que seja outro.

Com tudo isso, o *Breve tratado* é um texto de panteísmo. Tal é sua tonalidade fundamental. Prova disso é ainda que, na *Correspondência* desse período,[34] os temas fundamentais do panteísmo reaparecem, são retomados tendo, se isso é possível, ainda mais intensidade que no *Breve tratado*. Mas, ao avaliarmos a significação global dessas premissas no pensamento de Espinosa, não devemos entretanto esquecer que, se o panteísmo termina sendo no século XVII uma filosofia que perdeu a significação utópica que o Renascimento lhe dera (Giordano Bruno morreu na fogueira, a utopia está morta), todavia, na situação holandesa e no espírito do círculo espinosista, ele ainda constitui uma base de resistência à derrota. Base insuficiente, sem dúvida alguma. Mas considerável como possibilidade para ir para frente. É preciso atravessar o panteísmo. Só assim é que se pode ultrapassá-lo. Assim é que começamos a ler desde o *Breve tratado* algumas premissas dessa nova estratégia. Onde? Já vimos. Em que sentido? Aqui também, começamos a perceber um caminho. De *"causa sui"* a *"potentia"* e a *"methodus"*. Ultrapassar o panteísmo implica sua reabertura. Mas ele é plenitude de ser: sua reabertura só pode ser uma construção de ser. Um projeto que a filosofia deve seguir com método, uma prática que a filosofia deve construir. Sem mediação, mas, ao contrário, através de um trabalho e uma obra de constituição de novos campos de verdade, singulares e determinados. Espinosa, registrando um passado revolucionário e uma utopia viva, se põe em condições de superar a derrota.

2. Método e ideia verdadeira: estratégia e desvio

A passagem à problemática do *Tractatus de intellectus emendatione* (1661)[35] foi interpretada por alguns como "uma mudança completa de perspectiva" que aliás já seria perceptível nas correções e acréscimos ao *Breve tratado*.[36] Veremos até que ponto, em geral, isto é pouco verdadeiro: já vimos até que ponto é pouco verdadeiro no que se refere aos acréscimos ao *Breve tratado*, quando consideramos o Apêndice geométrico como o momento sem dúvida mais avançado daquela elaboração. Eu queria agora emitir a hipótese de que o Tratado da emenda do intelecto (doravante TEI) não represente um deslocamento de perspectiva metafísica, mas uma primeira tentativa — extremamente importante, em certos aspectos profundamente inovadora, mas substancialmente inacabada e contraditória — para ultrapassar o horizonte panteísta originário. De que maneira? Através da tentativa de captar e desenvolver, no terreno da teoria do conhecimento, todos os traços específicos da primeira abordagem utópica que pudessem determinar uma operação de abertura no seio da plenitude do ser. Daí, então, o problema fundamental, verdadeira ponta de lança do TEI, que não é o de chegar a uma nova configuração da metafísica, em relação com um novo conceito de verdade,[37] mas ao contrário o de cavar o terreno ontológico até produzir um novo horizonte de verdade, de remontar da potência do ser à potência da verdade.[38] Mas até que ponto é possível essa escavação? Que resultados pode obter essa estratégia metódica em uma situação em que o dispositivo ontológico permanece inalterado? No estado atual da pesquisa, não terminará isso por produzir um impasse, um desvio de sentido, a tendência global do pensamento não será tão desviada que a força dessa tentativa será finalmente anulada? E será que não se pode dizer que nessas condições, a partir do reconhecimento do fracasso do projeto do TEI (construir um novo conceito de verdade no seio da plenitude panteísta do ser), mas somente então,[39] se imporá a necessidade de uma modificação radical da própria concepção do ser? Essas perguntas nos levariam longe demais: nosso trabalho de reconstrução está apenas começando. Aqui iremos nos

A utopia do círculo espinosista

satisfazer em procurar captar a maneira específica como o TEI aprofunda a utopia do círculo espinosista.

Precisamos entretanto de outra consideração preliminar. Pois se é verdade que o ponto de vista ontológico permanece fundamental, nem por isso é menos verdade que aqui Espinosa "nitidamente toma posição no debate referente ao método de conhecimento, tão característico do pensamento do século XVII".[40] Vejamos o que Espinosa escreve a Oldenburg: "Em seguida me perguntais que enganos vejo nas filosofias de Descartes e de Bacon. Nisso, embora eu não tenha o hábito de assinalar os erros dos outros, quero contudo aceder a vosso desejo. Sua primeira e maior insuficiência é ir perder-se longe demais do conhecimento da causa primeira, e da origem de todas as coisas. O segundo erro é não conhecer a verdadeira natureza da mente humana. O terceiro, nunca terem determinado a verdadeira causa do erro. Que seja absolutamente necessário o verdadeiro conhecimento desses três pontos é algo que só os homens desprovidos de qualquer paixão pela ciência podem ignorar".[41] O esquema da resposta, então, é simples: Espinosa remete antes de mais nada ao fundamento ontológico da teoria do conhecimento, ao fato de que a lógica depende da causa primeira — no que se refere a Descartes, é preciso acrescentar que em sua filosofia a mente se subdivide abusivamente em diversas funções, e se subtrai assim ao determinismo da causa; no que se refere a Verulanio, a mente igualmente procura se subtrair ao determinismo ontológico, quando se forja uma representação das coisas *ex analogia suae naturae* e não *ex analogia universi*. A crítica é tão clara num caso quanto no outro: mas, examinando bem, enquanto as cartas desse período insistem na polêmica anticartesiana, que chega a conclusões inteiramente radicais,[42] a discussão da teoria baconiana do conhecimento é muito mais aberta e disponível a outras influências do racionalismo empirista, hobbesiano em particular. Influências efetivas e de certa consistência. O que não constitui um paradoxo, se quisermos recordar as características humanistas e construtivas da utopia do círculo espinosista — daquela atmosfera que o levou ao tão feliz encontro com Oldenburg e com o primeiro projeto científico do colégio londrino.[43] Longe de ser um paradoxo, ao contrário, isso corresponde plenamente ao esquema construtivo e lógico do projeto ontológico tal como já foi esboçado no *Breve tratado*. Como foi amplamente demonstrado, entre outros, por Cassirer e Koyré,[44] trata-se de fato de uma concepção lógica largamente convergente no ritmo indutivo que prevê, de um encontro que, sem nada conceder no terreno das premissas metafísicas, pode no entanto ocorrer ao nível da teoria do conhecimento, na medida em que a consideremos como o método da definição genética e da geometrização funcional. Mas não é só: definição genética e geometrização, tanto para os filósofos ingleses quanto para Espinosa, estão situadas num quadro físico dotado de potência construtiva — quer se trate da tração qualitativa da relação natural "sentida" por Bacon,[45] do impulso do *"conatus"* em Hobbes,[46] ou daquilo que ainda não passa do início da afirmação espinosista da *"potentia"*. Em cada um dos casos, o ponto de vista do relacionismo matemático, surgido primeiramente sob a forma poética do neoplatonismo, depois remodelado na abstração do mecanicismo, está subordinado à continuidade das relações e das potências físicas. Espinosa, no TEI e em torno do TEI, portanto toma realmente posição no debate do século XVII sobre a teoria do conhecimento, mas apenas para aprofundar e enriquecer o ponto de vista panteísta originário.

Estamos agora em condições de ler o TEI. Encontramo-nos novamente, e logo, no terreno da utopia: os 25 primeiros parágrafos[47] colocam o problema do conhecimento como ascética da beatitude, e apresentam a *"emendatio"* em termos que, longe de distinguir moral e conhecimento, enfatizam, ao contrário, sua conexão. *"Emendatio"* é um termo de medicina, designa uma técnica, uma operação com uma finalidade precisa: a reforma do intelecto é sua cura para que desse modo o intelecto seja restabelecido no ser e portanto chegue à virtude. A esse respeito, insistiu-se nas fontes estoicas ou neo-estoicas do discurso espinosista: mas será que um lugar-comum do século pode ocupar lugar de fonte?[48] A origem, a fonte dessa abordagem na realidade está muito mais próxima — é justamente nos parágrafos onde estão expostas as condições prévias da *"emendatio"* que podemos reconhecê-la: nada mais é senão a sociabilidade ética e a comunhão espiritual vividas pelo círculo espinosista, e já prescritas no *Breve tratado*.

A utopia do círculo espinosista

"Tal é então o fim para o qual eu tendo, a saber, adquirir uma natureza assim superior, e esforçar-me para que muitos outros a adquiram comigo. Com efeito, isso também pertence à minha felicidade: aplicar-me para que muitos outros compreendam o que compreendo, a fim de que seu intelecto e seus desejos concordem perfeitamente com meu intelecto e meus desejos. Para que isso se faça, é preciso ter da Natureza conhecimento suficiente para a aquisição dessa natureza humana superior; depois é preciso formar uma sociedade tal como ela deve ser, a fim de que o maior número possível de homens chegue, tão fácil e seguramente quanto possível, a esse objetivo. Em seguida, deve-se dedicar os esforços a uma filosofia moral, assim como à doutrina da educação das crianças; e como a saúde é um meio importante para a consecução desse fim, será preciso elaborar uma medicina completa. E como muitas coisas difíceis tornam-se fáceis através da arte, e que esta nos faz ganhar muito tempo e comodidade na vida, não se deixará de lado absolutamente a mecânica. Mas antes de tudo será preciso encontrar um meio de curar o intelecto e de purificá-lo tanto quanto se puder no início do empreendimento, a fim de que ele compreenda as coisas facilmente, sem erro, e o melhor possível. Donde já se pode ver que quero dirigir todas as ciências para um único objetivo e um único fim, a saber, o de chegar a essa suprema perfeição humana de que falamos; assim, tudo aquilo que, nas ciências, não nos faz avançar em direção ao nosso objetivo deverá ser rejeitado como inútil; ou seja, em uma palavra, que todas as nossas ações assim como todos os nossos pensamentos deverão estar voltados para esse fim".[49]

Nas linhas que se seguem, Espinosa insiste ainda em ideias semelhantes, mas não mais tanto nas condições quanto nos meios concretos que podem permitir a busca da verdade, e expõe então os pontos essenciais de uma espécie de "moral provisória": sociabilidade e simplicidade de linguagem, a fim de poder encontrar ouvidos dispostos a ouvir a verdade; busca do prazer nos limites da conservação da saúde; ganho e uso do dinheiro para assegurar a reprodução da vida.[50] Mas como definir essa ascética, se não nos termos prosaicos de um sentimento burguês da vida, da feliz experiência de vida social que historicamente triunfou nos Países Baixos?

Não há nada de "provisório" nesse primeiro esboço, a ascese é inteiramente positiva, e se a abertura do TEI, com excessiva frequência definida como um discurso sobre a dúvida existencial e a ascese mística, retoma o gênero *"de contemptu mundi"*,[51] é unicamente em sua forma literária. Na realidade, a ética aqui vem apenas do existente, leva o existente à revelação de si mesmo. A ética é aqui o ser que mostra sua figura prática, é um raciocínio ontológico (como são todas as utopias) à medida do indivíduo ou do grupo.

"Aqui apenas direi brevemente o que entendo por bem verdadeiro e também o que é o bem supremo. A fim de que isso seja compreendido, é preciso notar que *bom* e *mau* se dizem apenas de maneira relativa; a tal ponto que uma só e única coisa pode ser dita boa ou má conforme seja vista sob diversos pontos de vista; do mesmo modo que o *perfeito* e o *imperfeito*. Com efeito, de coisa alguma, considerada em sua natureza, se dirá que é perfeita ou imperfeita; sobretudo quando soubermos que tudo o que se faz se faz segundo a ordem eterna e as leis determinadas da Natureza. Mas como a fraqueza humana não se coaduna com essa ordem através de seu pensamento, que no entanto o homem concebe uma natureza humana muito mais forte que a sua, e que ao mesmo tempo não vê nada que o impeça de adquirir tal natureza, ele é incitado a procurar os meios que o conduzirão a tal perfeição. Tudo aquilo que possa ser um meio de chegar a isso é chamado um bem verdadeiro. E o bem supremo é para ele o de conseguir fruir — com outros indivíduos se for possível — de tal natureza superior. Mostraremos no lugar que lhe cabe qual é essa natureza, a saber, que ela é o conhecimento da união que a mente possui com a Natureza inteira."[52]

"Cognitio unionis, quam mens cum tota Natura habet": mas, uma vez o espírito voltado para tal fim, para tal reforma de si mesmo, como garantir essa abertura do ser do ponto de vista do conhecimento? Segundo que método selecionar, articular e fazer amadurecer as formas do conhecimento, de tal modo que a finalidade prática, a santidade e a beatitude possam ser descobertas pelo entendimento? Sejamos bem claros: o problema ainda não é — mas alguma vez será, no TEI? — o do conhecimento: retomando a divisão em quatro graus de conhecimento,[53] ilustrados por exemplos,[54] Espinosa se satisfaz até aqui em levantar simplesmente uma

A utopia do círculo espinosista

lista, inteiramente subordinada à intensidade ética da abordagem. Essa classificação tem sido excessivamente debatida: *"perceptio ex auditu: perceptio ex vaga experientia; perceptio ubi essentia rei ex alia re concluditur, sed non adaequate"*; e finalmente *"perceptio per solam suam essentiam"* — já muito se procuraram os antecedentes e a descendência disso.[55] Na realidade, o problema só pode começar depois dessa classificação, onde o conhecimento toma forma, enquanto tal, dentro de uma certa autonomia de sua própria problemática, quando esse ser dado se abre ao problema da constituição da verdade.

"Hic sic consideratis videamus, quis modus percipiendi nobis sit eligendus."[56] Essa entrada no assunto, entretanto, não nos introduz a uma temática tradicional do conhecimento. Está-se realizando uma passagem: mas ainda é, antes de tudo, novamente, uma passagem ontológica. Em outras palavras, a crítica das três primeiras formas da percepção intelectual, em proveito do conhecimento essencial, é pura e simplesmente uma apologia do ser. "O quarto modo compreende a essência adequada da coisa e isso sem perigo de erro. Assim, dever-se-á principalmente usá-lo."[57] Por que razão? Porque só o quarto modo nos oferece uma ideia não instrumental do método, uma fundação do método que não se baseia no mal infinito de uma busca puramente cognitiva — um método enraizado na potência inata do entendimento, dotado de uma potência construtiva que integra igualmente a natureza essencial do entendimento. A metáfora que surge — uma das raríssimas metáforas encontradas na obra de Espinosa, e isto em plena época barroca,[58] quando floresce a metáfora —, essa metáfora vem como reforço para aprofundar o sentido do discurso: com o quarto modo de conhecimento, o método está estreitamente ligado à matéria do conhecer, do mesmo modo que o martelo que forja o ferro deve ser forjado no ferro; e o processo progressivo do método se calca na marcha progressiva da produção material, da transformação da natureza em instrumento e do instrumento em nova natureza — segunda natureza, natureza construída.

"Mas do mesmo modo que os homens, no início, usando instrumentos naturais, e embora com dificuldade e de maneira imperfeita, puderam fazer certas coisas muito fáceis, e depois de fazê-las,

fizeram outras, mais difíceis, com menos dificuldade e mais perfeição, e assim, elevando-se por graus dos trabalhos mais simples aos
instrumentos, e dos instrumentos voltando a outras obras e instrumentos, chegaram a poder realizar muitas coisas, e muito difíceis,
com pouca labuta; do mesmo modo o intelecto, com sua força inata, forma para seu uso instrumentos intelectuais, com os quais ad-
quire outras forças para outras obras intelectuais e graças a essas
obras forma outros instrumentos para si mesmo, ou seja, o poder
de levar avante a investigação: assim ele vai avançando de grau em
grau até atingir o cume da sabedoria. Ora, que assim ocorra com
o intelecto, é o que se vê facilmente, contanto que se compreenda
tanto o que é o método da busca da verdade quanto o que são esses instrumentos inatos, única coisa de que ele precisa para fabri-
car outros a fim de prosseguir."[59]

Que dizer mais? Que o estatuto ontológico da utopia espinosista mostrou-se aqui no máximo de sua potência? Para quê? Para
se convencer disso basta ler os parágrafos que se seguem, onde o
realismo do conhecimento se libera de qualquer dependência em
relação à percepção. "*Habemus enim ideam veram.*" Mas "*idea
vera est diversum quid a suo ideato*". A verdade é então signo de
si mesma, mas a recomposição da verdade e da ordem objetiva do
mundo está por fazer. O verdadeiro método é aquele segundo o
qual a própria verdade, ou as essências objetivas das coisas, ou
ainda as ideias — esses três termos exprimem a mesma coisa —
são buscadas na devida ordem.[60] O encadeamento objetivo do verdadeiro se libera assim de qualquer dependência em relação à percepção, e não é mais subordinado senão ao projeto de constituição:
estamos confrontados com o radicalismo absoluto do ser objetivo.
Mas não é só: esse realismo vive, com efeito, numa situação em
que o único apoio de que precisa é ele mesmo, é a verdade que ele
exprime imediatamente. Se, como deplora Gueroult, a síntese cognitiva no TEI não é levada até o nível da completude do ser, se ela
não tem necessidade de se regular sobre a definição da natureza
divina, é porque o conhecimento se estabeleceu, sem conseguir se
desembaraçar disso, sobre uma realidade completamente emaranhada, feita de essências avaliadas diretamente por elas mesmas:
o conhecimento aqui não conhece uma lógica interna que o leve

aos mais altos níveis do ser, o mais alto nível do ser — pela primeira vez — é o ser presente, o ser imediato.[61] Veremos mais adiante a importância dessa reversão do panteísmo, de uma filosofia da profundidade a um pensamento da superfície: contentemo-nos em anotar aqui que ela representa um dos caminhos através dos quais se desdobra o radicalismo absoluto do ser objetivo. O método aqui vai então à procura da verdade escavando o mundo da ideia e do ser, e alcançar a verdade, constituir uma ideia adequada, significa fazer falar o ser. O isolamento da verdade é função do ser que se diz. No momento em que a busca metódica identifica a ideia adequada, cria a forma, a norma segundo a qual ela se exprime, no sentido de que nela é o ser que se exprime. O método é, desse ponto de vista, conhecimento refletido, em dois sentidos: de um lado enquanto se configura como ideia da ideia, como norma do ser que fala; de outro, porque assim ele permite ao conhecimento seguir a ordem do ser, e faz do conhecimento um processo de acumulação de experiências do ser real, numa subida em direção ao absoluto, em direção ao mais alto ponto de compreensão da totalidade.[62] Claro está que esse enraizamento objetivo da verdade, essa co-essencialidade do método com a ordem ontológica podem parecer paradoxais,[63] ou dar oportunidade à objeção dos céticos, que contestam à verdade qualquer valor objetivo.[64] Mas por que aceitar essa acusação de paradoxo, ou a suspeita cética de uma irrealidade do ser, quando o que nos confirma em nossa apreensão da realidade é o que *"ad vitae et societatis usum attinet"*? Os céticos que encontramos pelo caminho devem ser considerados *"tanquam automata quae mente omnino carent"*, como artificiosos exegetas do não-ser.[65] A utopia agora ganhou corpo, alcançou a mais alta transparência.

Ele tem agora de se desdobrar num programa, numa estratégia. *"Resumamus jam nostrum propositum."*[66] Em primeiro lugar determinamos o fim para o qual organizávamos nossa busca, escreve Espinosa. Definimos em seguida a percepção que melhor podia nos permitir avançar em direção à perfeição. Em terceiro lugar, definimos o caminho que o entendimento deve tomar para ter um bom início e caminhar utilmente na busca da verdade: a norma da ideia verdadeira, a ideia de adequação constituem essa linha. Porém, para que tudo isso seja bem desenvolvido, é preciso adotar as seguintes regras: I) distinguir a ideia verdadeira de todas as outras percepções; II) traçar novas regras para perceber as coisas desconhecidas, de acordo com as regras já dadas; III) estabelecer uma ordem que nos evite esgotarmo-nos na busca de coisas inúteis; IV) levar esse método até seu ponto de aplicação mais alto e mais perfeito, até o contato com o Ser mais perfeito.[67] Tal é o programa. Sabe-se que o TEI está inacabado: Espinosa só desenvolveu plenamente o primeiro ponto, e começou a redigir o segundo. Nem sequer abordou os dois outros pontos. Nem por isso o programa deixa de ser claro: define o que se poderia chamar uma estratégia da adequação, numa perspectiva que percorre a qualidade essencial do ser para tornar a reunir suas diferenças na substancialidade divina. A ascese teórica, ao se concluir, volta a encontrar sua plenitude prática. É por isso mesmo que, nessa indistinção teórico-prática, a ideia de adequação do pensamento e da realidade nos mostra outra vez a tensão constitutiva que a anima. A estratégia projetada por toda a primeira parte do TEI (parágrafos 1-49) é uma estratégia de constituição do real, solidamente enraizada na utopia da plenitude do ser.

Estratégia de constituição *versus* utopia panteísta: mas isto se mantém? Não será antes a formidável tensão da utopia que mantém, em formas já agora simuladas, a expansividade construtiva do método? Não estamos então atingindo o limite do pensamento utópico, já não mais obstáculo a ser superado, mas limiar crítico? O problema não se coloca claramente aos olhos de Espinosa. Ele segue o programa que determinou. Mas é justamente na realização do programa que o desvio entre estratégia e realidade se torna cada vez mais nítido. O fundamento do procedimento construtivo do método, já vimos, é a potência do processo de adequação. Mas será a ideia de adequação capaz de exprimir a potência ontológica que a fundamenta? Ou não será necessário admitir que ela foi lançada excessivamente adiante — com extrema determinação — e se encontra ao mesmo tempo bloqueada numa dimensão profunda do ser, onicompreensiva, quase sufocante? Em suma, será que tal ideia de adequação e constituição não exige o questionamento do pressuposto ontológico do qual, entretanto, provém? Não haverá

A utopia do círculo espinosista

uma contradição insolúvel entre estratégia de constituição e utopia panteísta?

A segunda parte do TEI[68] percorre essa contradição. Mas de um ponto de vista que, se pode finalmente satisfazer o erudito amante das sutilezas da teoria do conhecimento no século XVII, certamente não pode pretender resolver a contradição. Em lugar de desenvolver a exigência constitutiva, Espinosa, ao contrário, aprofunda uma análise diferencial da ideia, como se partisse em conquista de sua pureza, de sua verdade originária. Distinguir a ideia verdadeira de todas as outras percepções: tal é portanto o primeiro objetivo. E o substrato ontológico da busca produz então uma espécie de fenomenologia da ideia. Reconhecemos bem, nesse ponto, aquilo que faz a irredutível originalidade da experiência teórica de Espinosa. Há aqui momentos de fantástica riqueza, de fantástica imaginação filosófica! Espinosa retém, com efeito, dois casos fundamentais: em primeiro lugar, distinguir o simples do complexo, extrair do confuso a verdade essencial como clareza intuitiva (é o caso da *"idea ficta"*: parágrafos 52-65; da *"idea falsa"*: parágrafos 66-68; da *"idea vera"*: parágrafos 69-73); em segundo lugar, distinguir a ideia verdadeira, ou pelo menos o signo da verdade, onde se acumulam uma sobre a outra diversas formas de percepção (ideia e imaginário: par. 74-76; *"idea dubia"*... *"talis cartesiana sensatio"*: par. 77-80; ideia, memória e esquecimento: par. 81-87; ideias, palavras, imaginação: par. 88-89) e onde o importante não é tanto distinguir diversos graus de clareza quanto separar — mas, por isso mesmo, novamente, escavar, reconstruir, remodelar — potências cognitivas diversas e/ou concorrentes. Pela primeira vez na história da filosofia moderna, vê-se fundado, no Espinosa dessa época, o procedimento da análise transcendental que encontrará em Kant sua exposição mais acabada; mas o que também se vê fundado, pela transparência ontológica na qual o fato de conhecimento sempre tem de ser considerado, é a orientação fenomenológica da função transcendental. Sejamos bem claros: é apenas um começo. Além disso, já indicamos isso e breve voltaremos a abordá-lo, não é a linha principal da pesquisa. Esse ensaio de análise fenomenológica é então, em Espinosa, precário e nervoso: parece-me no entanto importante tornar a acentuar aqui o aspecto qualitativo da utopia, seu caráter selvagem. É a totalidade humana que é posta em questão — da sensação à razão, dos sentidos à imaginação e à ideia — e a análise avança pondo em evidência sua complexidade interna, exibindo a alma, mostrando-nos a razão em toda a sua potência selvagem. Os exemplos dados por Espinosa não têm a aparência elegante da metáfora barroca, mas antes a densidade pluralista própria à imaginação pictural de Hieronymus Bosch. Quando Deleuze, a esse respeito, fala de ressurgência do filão scotista da filosofia clássica, acerta na mosca![69] Não é então de espantar que se veja Espinosa propor como material de análise o próprio mundo do delírio, ou a dimensão da opinião mais fantástica ou decididamente insana: é justamente essa abordagem que evidencia, não uma filosofia iluminista e seu projeto abstrato de dominação intelectual, mas a vontade de saber, de conhecer: atravessar o mundo em sua totalidade, lançar-se para a grande exterioridade da aventura e da descoberta, lançar-se para a sublime interioridade da consciência.

Mas com tudo isso, o quadro fundamental, o tecido estrutural não se enriquecem: é, ao contrário, um mecanismo redutivo que dirige a linha principal da análise. Já vimos que a distinção se faz inicialmente seguindo dois caminhos: o caminho analítico e o caminho fenomenológico. Mas o caminho analítico está colocado numa posição de supremacia ontológica. À medida que se afirma essa supremacia, entramos num horizonte abstrato de conhecimento. Diante de um mundo tão rico, o conhecimento prefere se apresentar separadamente, e portanto se enrolar e se desenrolar sobre si mesmo.

"Pois quanto ao que constitui a forma do verdadeiro, é certo que o pensamento verdadeiro não se distingue do falso apenas por uma denominação extrínseca, mas principalmente por uma denominação intrínseca. Com efeito, se algum artesão conceber uma obra segundo as regras de sua arte, embora essa obra nunca tenha existido e mesmo nunca venha a existir, seu pensamento no entanto é verdadeiro: que essa obra exista ou não, seu pensamento é o mesmo."[70]

O conhecimento busca a marca intrínseca da verdade: mas isso destrói a experiência real da "*fabrica*". Em outras palavras, a produtividade do saber, a reinserção da causalidade no pensamento, tão potentemente focalizada pelo TEI, depois de tentar se desdobrar no mundo como projeto de compreensão, depois de lançar essa estratégia, retorna sobre si mesma: a produtividade do conhecer se recolhe sobre a exclusividade e a especificidade da potência do pensamento. Esta é a crise do TEI. Ela tem seu lugar nesse afastamento entre produtividade do saber e capacidade de mostrá-la em funcionamento. Determina-se em torno do fato de que a ideia de verdade — definida no seio da totalidade, intensiva e extensiva, da ontologia panteísta — é incapaz de tomar definitivamente as dimensões de uma função fenomenológica, é incapaz de se apresentar definitivamente como uma potência física. O TEI antecipa muitos temas, ao mesmo tempo críticos e construtivos, que teremos oportunidade de voltar a encontrar e aprofundar ao estudarmos o pensamento do Espinosa da maturidade. Mas aqui o projeto se bloqueia, sofre um desvio. E é de se notar que um bloqueio assim se verifica, no essencial, todas as vezes que a complexidade do real penetra tão profundamente na alma que faz desta uma tumultuada síntese psíquica, rígida e indissociável, que põe em xeque qualquer tentativa de nela isolar funções superiores. O método de distinção tem então de se afastar: já não é mais o problema do peso da alma que é levado em consideração. Passa-se por cima dele. O pensamento foge de uma complexidade que se mostra incontrolável. É assim que a alma é novamente condenada à passividade: novamente, depois, por assim dizer, de ter sido aliciada para que em sua totalidade mostrasse força expressiva e produtiva. Será que esperara demais?[71]

Mas afinal, a construtividade do método não pode realmente coexistir com o panteísmo? A este nível da busca, isso não é possível. O espaço fenomenológico que se abrira se fecha agora. Da dominação que o conhecimento pretendia exercer sobre o mundo, passa-se novamente (e de acordo com a tradição) à dominação que o conhecimento exerce sobre si mesmo. A ideia de adequação cede lugar então à de concatenação: claro está que o real se espelha na ideia, e a concatenação das ideias corresponde então à do real.

"É porque, com efeito, não compreendemos as propriedades das coisas enquanto ignorarmos a essência delas; se as deixarmos de lado, perverteremos necessariamente a concatenação do intelecto que deve reproduzir a Natureza, e afastar-nos-emos inteiramente de nosso objetivo."[72]

Dupla concatenação: mas isso é óbvio, idealismo não quer dizer acosmismo. Mas que o polo ideal está agora entregue a si mesmo, o próprio real está entregue à ideia. O real não é negado: é reduzido às dimensões da ideia. A inferência lógica, no momento preciso em que pretendia se construir em sua perfeição, mostra-nos sua incapacidade de se regular sobre o real: já não passa de uma experiência lógica puramente protocolar, o ser se vê reduzido ao estado de fórmula protocolar.[73] O peso do ideal na absolutez da concatenação panteísta impede que o concreto se afirme como potência material. A produtividade do ser é completamente recuperada na produtividade da ideia. A reconstrução do ser se apresenta como o projeto de construir regras lógicas de montagem metafísica. O ser é imutável e eterno, não como horizonte e norma positiva de produção, mas como norma formal de concatenação.

"Ora, de acordo com a ordem, e para que todas as nossas percepções sejam ordenadas e unificadas, é preciso que, tão rapidamente quanto possível — a razão o exige —, busquemos saber se há um ser, e também qual é ele, que seja a causa de todas as coisas, a fim de que sua essência objetiva seja também a causa de todas as nossas ideias. E então nossa mente, assim como dissemos, reproduzirá a Natureza de maneira perfeita, pois dela terá objetivamente tanto a essência quanto a ordem, quanto a união. Donde podemos ver que precisamos antes de tudo deduzir sempre nossas ideias de coisas físicas, ou seja, seres reais, avançando, tanto quanto possível, seguindo a série das causas, de um ser real a outro ser real, e isso de maneira a não passar pelas coisas abstratas ou pelos universais, nem deles deduzindo alguma coisa real, nem deduzindo-os de alguma coisa real: um e outro, com efeito, interrompem o verdadeiro progresso do entendimento. Ora, é necessário notar que, por série das causas e das coisas reais, não entendo aqui a série das coisas singulares mutáveis, mas somente a série das coisas fixas e eternas. Com efeito, seria impossível para a fraqueza humana seguir a série das coisas singulares mutáveis, tanto em razão de sua quantidade que ultrapassa qualquer número quanto em razão das infinitas circunstâncias que se referem a uma só e mesma coisa, cada uma das quais pode ser causa da existência ou da não-existência dessa coisa. Pois a existência delas não tem nenhuma conexão com sua essência, ou (como já dissemos) não é uma verdade eterna."[74]

Assim termina a análise do ponto I do método. A passagem ao ponto II apenas confirma o desvio verificado até aqui na argumentação, em sua dimensão real. Ou antes, acentua-o. Da distinção à definição da ordem: mas este é um caminho para o eterno, pois a ordem se fundamenta no eterno, e o conhecimento procede para esse limite. Donde uma análise da imediatez do signo da verdade, e a consequente dedução das regras — na realidade simples propriedades do entendimento em sua apreensão da verdade — que o entendimento propõe a si mesmo para conduzir seu projeto metódico.[75] *"Reliqua desiderantur."* O TEI para aqui. Em pleno idealismo. A potência formadora da razão se desenrola inteiramente sobre ela mesma. É aqui, por conseguinte, que se bloqueia a inversão espinosista do cartesianismo.

Ora, Espinosa é perfeitamente ciente da contradição na qual o procedimento metódico elaborado no TEI está prisioneiro. O procedimento metódico terminou ficando inteiramente fechado sobre o entendimento: mas como pode o entendimento sustentar na totalidade a tensão da utopia? "Mas, até aqui, não possuíamos nenhuma regra para encontrar as definições, e como não podemos estabelecê-las, a não ser que a natureza ou a definição do intelecto, assim como sua potência, seja conhecida, segue-se daí, ou que a definição do intelecto deve ser clara por si mesma, ou que nada poderemos entender. Esta entretanto não é absolutamente clara por si mesma."[76] Compreendemos aqui a razão da interrupção do TEI. Sobre tal base ontológica, é preciso necessariamente recorrer ao idealismo para superar a dificuldade da definição. Mas o idealismo vai contra a utopia, que é humanista e revolucionária, e quer defrontar com as coisas. A estratégia sofreu um desvio: é preciso refletir. Uma pausa. A quem insiste para que ele publique o TEI, invocando a liberdade holandesa como garantia da possibilidade de publicação, Espinosa responde com amabilidade: na realidade, as mesmas cartas nos mostram que, nesse caso, a não-publicação do TEI não é uma questão de prudência.[77] Isso persistirá até a carta a Bouwmeester de 1666, em que Espinosa encerra rapidamente seu discurso sobre o método remetendo seu interlocutor a uma afirmação fundamental: "Segue-se daí que as percepções claras e distintas que formamos dependem somente de nossa natureza e de suas leis determinadas e permanentes, ou seja, da potência absolutamente nossa".[78] Mas isso significa que a concepção do ser mudou: ele se enuncia como potência. Uma transformação da fundação ontológica permite-nos agora dizer que "a definição do entendimento é absolutamente clara".

3. A ESPESSURA ONTOLÓGICA

Os *Princípios* da filosofia de Descartes, demonstrados segundo método geométrico, e acompanhados por um Apêndice que resume reflexões metafísicas: os *Pensamentos metafísicos*, são publicados em 1663 com um Prefácio de Lodewijk Meyer.[79] Parece ser uma obra secundária: é a única editada e assinada por Espinosa em vida, e é fruto de uma série de aulas dadas a um certo Casearius.[80] Mesmo se o são muito menos do que sustenta Meyer em seu Prefácio,[81] os *Princípios* são no entanto fiéis aos *Principes* de Descartes, cujas grandes linhas acompanham. Quanto ao método geométrico de exposição utilizado, seu caráter artificial não pode nos escapar — por uma razão que me parece clara: quanto mais Espinosa retoma fielmente o conteúdo teórico do pensamento de Descartes, mais o método geométrico se revela inadequado e deslocado. Voltaremos a isso. Obra secundária, então? Não parece que seja. Com efeito, se de um ponto de vista biográfico essa obra é apenas o produto de uma oportunidade que nem sequer foi procurada, seu lugar na gênese do pensamento de Espinosa e na história do círculo de qualquer modo é extremamente importante. Ela constitui efetivamente o momento de reflexão crítica, a pausa que se tornou necessária pela crise da tentativa metodológica do *Tratado da emenda do intelecto*. É verdade que já há no TEI — principalmente nas notas e nos acréscimos — frequentes remissões à *Philosophia*: e o objetivo declarado dessas remissões é sempre o de contribuir para definir novas potencialidades ontológicas, destinadas a renovar a abordagem cognitiva.[82] É verdade, além disso, que a primeira redação da *Ética* já está em preparo (e as primeiras proposições do Livro I têm uma sólida base ontológica).[83] E no entanto, é preciso insistir nisso, os *Princípios*, e sobretudo os *Pensamentos metafísicos*, constituem um momento essencial: realmente, é aqui que se especifica o conteúdo da pausa tão necessário ao avanço do pensamento de Espinosa — o polo ontológico da alternativa panteísta ganha um relevo crítico e uma posição de eminência teórica decisiva em relação à tendência idealista. Claro é que não devemos esperar um nível de autocrítica que perturbe o curso contínuo da maturação teórica de Espinosa. A autocrítica visa apenas aos resultados, ou antes à incompletude da teoria do conhecimento, que ela vincula à teoria do ser; trata-se de um processo de pensamento que apenas aflora a possibilidade de uma abertura sobre a potência desdobrada do ser. Preparação, bem mais que efetuação da passagem do primeiro ao segundo Espinosa — se a imagem, de valor puramente alusivo e hipotético, me é permitida (aliás, veremos isso em breve, a primeira redação da *Ética* também se encontra dentro desses limites). Mas é importante acentuar que nessa bruma, entre método e solução idealista, tal reflexão intervém imediatamente. Os *Princípios* e sobretudo os *Pensamentos metafísicos* restituem à filosofia um terreno sólido, reivindicam sua espessura ontológica.

Lodewijk Meyer interpreta essa passagem do ponto de vista da problemática do círculo espinosista. Em seu Prefácio,[84] insiste nos três pontos fundamentais do anticartesianismo utópico e revolucionário: nenhum dualismo entre pensamento e extensão, nenhuma independência da alma humana, identidade do entendimento e da vontade.[85] O radicalismo de Meyer retoma os motivos do círculo espinosista, seu extremo racionalismo de fundamento humanista:[86] ele põe esse conteúdo em relação com o método, com a tensão constitutiva que lhe é programaticamente atribuída, e insiste na importância decisiva do fato de que "por meio do método demonstram-se as conclusões através de definições, postulados e axiomas".[87] Pobre Meyer, na verdade se está bem longe de uma síntese metódica adequada e triunfante! O projeto destacou-se do horizonte constitutivo, a tensão utópica desembocou numa fusão idealista, o que não pode ser resolvido formalmente, e muito menos literariamente: pois de fato o método geométrico dos *Princípios* pouco mais é do que um expediente literário. Isso não obsta que a utopia, sua tensão, deva resistir: mas para tanto, é novamente o tecido ontológico que tem de ser percorrido. Insistir na ontologia, diante da crise do método, diante da fuga para o idealismo, é o que o conteúdo do Prefácio deveria ter representado e antecipado: com esta condição é que podiam se manter a filosofia e a esperança do círculo. E Espinosa se move justamente nesse terreno: *Princípios* e *Pensamentos metafísicos* assim como nas primeiras proposições da *Ética* nas quais trabalha ao mesmo tempo. Mas por pouco tempo ainda: entre 1664 e 1665 ele deixará definitivamente Rijnsburg, e na mesma oportunidade o círculo, e se transferirá para Voorburg, perto de Haia, para uma comunidade bem mais vasta: a sociedade política — a utopia então se medirá com a realidade. E o fará muito bem.

Mas não antecipemos. Voltemos a nosso ponto. O que reter dos *Princípios*? Pouca coisa que já não tenha sido vista no *Breve tratado*, quanto à primeira parte, que retoma a parte metafísica dos *Princípios* de Descartes: insistência particular sobre a teoria do erro e da vontade, sobre as definições de liberdade etc.:[88] sabemos em que sentido. Na segunda parte, constatamos que Espinosa assimilou muito bem a física cartesiana: tudo isso é importante, assim como as críticas emitidas por ele, ao menos a título de anúncio dos desenvolvimentos essenciais da "física" do Livro II da *Ética*.[89] Se ficássemos nisso, entretanto, não retiraríamos nada da leitura dos *Principia*: num confronto explícito com Descartes, são eles uma retomada dos temas fundamentais e fundadores do *Breve tratado* — nada além de um inflexão do eixo teórico espinosista. Que chega quase a se romper nos *Pensamentos metafísicos*, diante das dimensões tomadas por essa inflexão. De improviso, mas com extrema decisão, o pensamento se dirige diretamente sobre o ser e põe em funcionamento uma máquina de guerra contra todas as formas possíveis de idealismo. A autocrítica fica exposta à luz do dia. E com isso ficam novamente a descoberto as potencialidades materialistas da crítica espinosista.

A utopia do círculo espinosista

Do que se trata? De nada mais do que o seguinte: os *Pensamentos metafísicos* consideram desde o início que o problema central é o da definição do ser.[90] Mas têm uma maneira peculiar de fazê-lo: temos de um lado uma definição do ser em si mesmo (o que se concebe clara e distintamente como o que é necessário ou possível), e de outro uma definição negativa, a distinção entre ser real e ser irreal, ficção, quimera, ser de razão. Ora, é preciso fazer caber nessa segunda grande categoria o conjunto das formas de pensamento com as quais opinamos, explicamos, imaginamos e memorizamos. A apreensão do verdadeiro ser deve ser radicalmente distinta de tudo o que não serve para a apreensão do ser em sua imediatez. A tradição da teoria do conhecimento tal como se estabilizou em torno dos grandes filões, o platônico e o aristotélico, produz, diante da reta razão, puros nomes. Não é que esses nomes sejam inúteis; o são na forma sob a qual foram hipostasiados pela tradição da teoria do conhecimento; deixam de sê-lo assim que são trazidos de volta à função que é a sua, sem contestação: designar qualidades da essência real, com sua função de "nomes comuns". Nomes comuns e não universais. A unidade e a materialidade imediata do ser não permitem outra abordagem. Nunca, na história da metafísica, o processo de demolição do universal chegara tão longe: do universal e da própria filosofia. Os instrumentos dessa demolição são novamente, em grande parte, os do ceticismo, mas servem para afirmar a plenitude do ser e de sua imediatez. Um mecanismo místico, de definição negativa da essência suprema? Não o diria.[91] O mecanismo de pensamento é antes aquele que vimos no TEI, aquele que definimos em referência ao ascetismo burguês e às suas motivações práticas: poderíamos ir mais longe, e dizer que é um mecanismo que lembra o caminho negativo e crítico que conduz da dúvida à afirmação cartesiana do "eu penso" — salvo que aqui o processo é animado pela posição originária do ser total e compacto, enuncia diretamente uma recusa de qualquer saída idealista. Nessa perspectiva, os *Pensamentos metafísicos* aprofundam a crítica de toda ideia de transcendental na ordem do conhecimento, cuja substancialidade ontológica negam, qualquer que seja a maneira como possa ser enunciada. Nomes inessenciais são essência e existência, realidade e possibilidade, e também verdade e erro: nomes inessenciais todas as vezes que pretendam uma determinação ontológica autônoma que não os qualifique como puros modos do ser total.[92] Novamente um aspecto selvagem do pensamento de Espinosa: a maneira como é realizada a destruição de todo transcendental.[93] Novamente a tensão do círculo espinosista, mas finalmente subtraída a qualquer tentação neoplatonizante, a qualquer pensamento da emanação e da degradação do ser. Não, o próprio ser é dado em sua interna, necessária tensão: entre totalidade e modalidade, não há mediação, há apenas uma tensão, não há subsunção abstrata, transcendental, há apenas a tensão do próprio ser: "a coisa é a tendência pelo qual a própria coisa tende a perseverar em seu ser".[94] É um conceito de "inércia" do ser que é introduzido aqui (e na segunda parte dos *Pensamentos metafísicos* o próprio conceito de vida é reconduzido a ele),[95] conceito extremamente importante porque exprime uma primeira definição adequada da ideia de "*potentia*", uma primeira aplicação materialista da função de "*causa sui*" à multiplicidade modal, e porque assim fundamenta na totalidade concreta do ser apreendido sua recusa de qualquer ilusão transcendental.

Se, como com razão já se fez,[96] procurar-se o quadro cultural a que se vinculam os *Pensamentos metafísicos*, não se poderá deixar de reconhecer a neo-escolástica reformada. Mas, antes do que procurar filiações e determinações ambíguas, cabe aqui captar imediatamente o sentido de oposição do pensamento de Espinosa. Na neo-escolástica, o pensamento revolucionário tem de ser dominado em temos reformísticos: a continuidade do ser é mediatizada pelo conceito de um ser analógico, cujo transcendental essencial resulta ser a possibilidade — a ordem e a eminência do ser tomam então uma forma que permite um movimento de englobamento na hierarquia da imagem da dominação.[97] Em Espinosa, a resposta é clara: o próprio conceito de possibilidade é rejeitado, porque qualquer concepção analógica do ser é rejeitada. O ser é univocidade. Este ser unívoco não é traduzível em ser analógico no terreno do conhecimento: mas, sempre no terreno do conhecimento, também não pode ser mantido como ser unívoco. Ou seja, a análise real nos mostra um ser univocamente determinado que só pode ser percorrido como tal no terreno da ontologia, e

A utopia do círculo espinosista

portanto da adesão à totalidade. No terreno do conhecimento, apresenta-se como ser equívoco: qualquer homologia torna-se impossível. Por isso é que a tensão que se libera aqui só pode ser resolvida no terreno da prática: da potência, dentro da determinação ontológica enquanto tal.[98] De um só golpe, Espinosa destrói a representação escolástica do ser analógico e a idealista da univocidade pensada: a neo-escolástica que reforma a imagem do poder, e o cartesianismo e o idealismo que fogem das responsabilidades da transformação.

Estamos aqui diante da mais completa exposição da utopia do círculo espinosista.[99] Ela encontra nos *Pensamentos metafísicos* sua formulação mais explícita e mais elaborada, depois da indeterminação da abordagem do *Breve tratado* e da fuga para o idealismo do TEI. Nos *Pensamentos metafísicos*, a utopia é redefinida na forma do paradoxo ontológico do ser e da modalidade, da univocidade e da equivocidade. É o mesmo tipo de tensão que encontraremos em toda a primeira redação da *Ética*. Naturalmente, a colocação aqui é muito mais grosseira, mas é extremamente importante captar a gênese desse paradoxo ontológico e seu afinamento posterior. O momento essencial dessa gênese parece ser a crítica nominalista, empirista e às vezes cética do universal, ou seja, de qualquer modo de conhecimento que queira recuperar um vínculo gnoseológico com a realidade. A crítica do universal constitui então o momento central do movimento genético da análise espinosista. Mas é preciso notar também a recuperação de Descartes num sentido anticartesiano. Pois o mecanismo da dúvida não é utilizado na perspectiva de uma fundação idealista do conhecimento, mas na de uma passagem à apreensão do ser. O método do racionalismo se encontra submetido ao do materialismo. Vive em particular no horizonte da totalidade. E o conceito real de "*potentia*" constitui a única mediação. Mediação interior ao ser, que não é portanto sequer uma mediação, mas a forma da tensão, a vida do ser. Claro que a análise da "*potentia*" não está desenvolvida aqui, está somente fundada, e apenas se entrevê sua força de expansão conceitual. O paradoxo metafísico está só colocado, então, não está resolvido. Era preciso avançar. Era preciso lançar esse paradoxo sobre a realidade, captar sua face e sua força constitutiva.

E, nesse caminho, medir sua crise — e com ela a possibilidade de uma filosofia do porvir.[100]

NOTAS

[1] Na introdução à sua tradução italiana do *Breve tratado* (*Trattato politico*, Florença, 1953), pp. IX-XXIII, G. Semerari resumiu os termos da polêmica entre Freudenthal e L. Robinson a respeito do texto. Semerari aceita as conclusões de C. Gebhardt, intermediárias entre a liquidação do texto por Freudenthal e sua aceitação por Robinson. Nunca se deve esquecer que essa polêmica, um pouco como a interpretação de Espinosa de modo geral, atravessa a história da filosofia contemporânea em seu conjunto (cf. Fischer etc.): de qualquer maneira, a tentativa de ligar o *Breve tratado* à interpretação da *Ética* por um fio contínuo e direto é uma tentativa particularmente insensata. F. Alquié, *Nature et vérité...*, cit., pp. 17-18, toma particularmente posição contra tal projeto, pondo em guarda contra a ilusão que consiste em ir procurar (e pensar encontrar) no BT a intuição espinosista em estado puro. Tese inteiramente justa, mas que não deve ser confundida com a da presença nesse texto de uma intuição filosófico-política absolutamente determinada que, sem estar na base do pensamento de Espinosa em sua especificidade, constitui no entanto o ponto de partida de seus problemas. Ideia impensável para Alquié, que rejeita (p. 19) qualquer estudo genealógico do pensamento de Espinosa. Mas, através dessa negação, não se chega então a assumir exatamente aquilo que inicialmente se havia negado: a existência no BT de uma intuição em estado puro? Dessa estranha síntese entre naturalismo e cartesianismo que constituiria a característica e o limite essenciais de todo o pensamento de Espinosa? Efetivamente, nossa abordagem dessa obra de Espinosa será diferente: procuraremos sua especificidade em sua dimensão de texto coletivo, de texto do "círculo" espinosista, para mostrar como Espinosa chega a desenvolver sua filosofia partindo desse texto e da problemática que dele se segue. Sobre o pensamento metafísico do *Breve tratado*, cf. J.-M. Pousseur, "La première métaphysique spinoziste de la connaissance", in *Cahiers Spinoza*, II, pp. 287-314. Boas observações também de Meli, *op. cit.*, a esse respeito.

[2] J. Freudenthal, "Veher den Kurzen Traktat", in *Zeitschrift für Philosophie und philosophische Kritik*, 1896, pp. 238-282.

[3] G., I, pp. 15-50; P., pp. 15-42.

[4] Segundo Gebhardt, o BT é feito de três camadas essenciais: 1. Restos do primeiro ditado de Espinosa: cap. VII da primeira parte e cap. I e XVII (salvo o início) da segunda parte; 2. As *Verhandelinge* na tradução direta do

texto remanejado em latim pela mão de Espinosa: cap. I-VI e X da primeira parte; Prefácio e cap. II-XXVI da segunda parte; 3. As notas, os diálogos e os apêndices. Cf. Semerari, *op. cit.* Segundo M. Gueroult (*op. cit.*, p. 472), a obra compreende dos textos mais antigos aos mais recentes: 1. Os Diálogos (que, segundo Gebhardt, pressupõem ao contrário o BT no sentido próprio do termo); 2. O BT propriamente dito; 3. As adições marginais; 4. O Apêndice geométrico. Por meu lado, e limitando-me a uma simples análise de conteúdo, a tese de Gueroult me parece aceitável.

[5] G., I, pp. 28-34; P., pp. 26-31.

[6] G., I, pp. 44-47; P., pp. 37-40. Sobre esse ponto, a cronologia de Gebhardt não está em contradição com a de Gueroult.

[7] G., I, pp. 15-27; P., pp. 15-26.

[8] G., I, pp. 35-43; P., pp. 31-37.

[9] G., I, pp. 47-50; P., pp. 40-42.

[10] G., I, p. 15; P., pp. 15-16.

[11] E. Cassirer, *op. cit.*, pp. 73-77; J. M. Pousseur, no artigo citado, insistiu com razão na especificidade do ponto de vista do BT. O conhecimento é aqui puramente passivo: a tese de uma passividade absoluta do conhecimento está contida e amplamente desenvolvida na segunda parte do BT. É evidente que tal concepção está em absoluta contradição com a metafísica do Espinosa da maturidade. A explicação genética proposta por Pousseur para explicar o desenvolvimento do pensamento espinosista é muito menos convincente. Apoiando-se no essencial sobre o esquema de Cassirer, ele parece, com efeito, pensar em uma contradição não resolvida que se desenvolvesse ao longo de toda a evolução do pensamento de Espinosa, contradição entre a intuição panteísta do ser como totalidade, e a concepção material e espacial da modalidade concreta. Contradição realmente, mas que não fica sem solução: o que constitui a especificidade do desenvolvimento espinosista é exatamente o fato de colocar a permanência contemporânea desses dois aspectos, a solução de superfície e dinâmica, e constitutiva do dualismo.

[12] M. Gueroult, *op. cit.*, I, pp. 9-16. A observação de Gueroult, naturalmente, é preciosa. Mas o ponto de vista global, estrutural de sua análise talvez não lhe permita captar plenamente a determinidade da apreensão do ser. A esse respeito, podem-se usar com proveito as observações, evocadas acima, de Pousseur, não contra, como Pousseur frequentemente procura fazer, mas dentro da interpretação de Gueroult, para procurar justamente qualificar essa inflexão. E não se poderia negar aqui a presença de um aspecto místico. Ou talvez "estético" — característica essencial da filosofia burguesa em seu período de gênese, segundo Adorno (refiro-me antes de mais nada a seu *Kierkegaard*). Sobre esse ponto, ver também as análises de M. Horkhei-

mer em *Die Anfänge*. Quais são as consequências de uma posição estética numa operação de definição do ser? As que se determinam na tentativa de definir a atividade metafísica como atividade de desvelamento. A estética opera no seio da gênese do pensamento burguês sob a forma acabada de entidade lógica a ser desvelada, de realidade a ser descoberta. Quando falamos da intensidade mítica e mística da intuição do círculo espinosista, referimo-nos, naturalmente, a essa figura genealógica da ideologia burguesa. Devemos fazer implicitamente o esforço de acompanhar a história dessa ideologia e analisar seus múltiplos desenvolvimentos, não apenas para compreender essa fase do pensamento de Espinosa, mas ainda e principalmente para compreender como ele depois romperá com esse tipo de posições. Um único exemplo: pensemos no conteúdo estético de um conceito como o de "vontade geral", autêntica síntese do particular e do universal segundo os preceitos da estética burguesa. Pois bem, essa ideologia perniciosa está tão presente no desenvolvimento heroico dessa primeira ideologia espinosista quanto está ausente do pensamento de Espinosa chegado à maturidade (ou antes, presente nele sob uma forma negativa, como objeto ao qual aplicar a crítica). O pensamento da constituição material do ser rompe com a continuidade mítico-estética da gênese da ideologia burguesa, desviando-se assim de todo projeto de "leitura crítica", como crítica do ser através de um desvelamento negativo (por onde se entra justamente na filosofia da crise da burguesia: ver novamente o *Kierkegaard* de Adorno).

[13] Torno a remeter às obras citadas de Sigwart e Avenarius.

[14] G., I., p. 18; P., pp. 17-19.

[15] G. Deleuze, *op. cit.*, p. 22, com uma referência a Merleau-Ponty.

[16] L. Kolakowski, *op. cit.*, pp. 227-236; páginas extremamente importantes para quem procurar ter uma visão de conjunto das alternativas vividas pelo pensamento religioso do século XVII holandês. Desnecessário acrescentar que as observações de Kolakowski são também muito importantes do ponto de vista da sociologia da religião.

[17] BT (G., I, p. 18, nota; P., p. 18, nota).

[18] BT (G., I, pp. 46-47; P., pp. 39-40). A respeito dessa introdução da teoria dos atributos, Di Vona, *op. cit.*, p. 562, faz a seguinte observação: "Esta doutrina, que pode ser considerada como a dívida mais importante de Espinosa para com a tradição neoplatônica, chega até ele através de múltiplos intermediários".

[19] Cf. L. Robinson, *Kommentar zu Spinoza's Ethik*, Leipzig, 1928, p. 63 sp., 150 sq.; M. Gueroult, *op. cit.*, vol. I, pp. 426-427.

[20] BT (G., I, pp. 47-48; P., pp. 40-41).

[21] Gueroult, *op. cit.*, vol. I, p. 345 sp., 564 sq., analisa a fundo a histó-

ria das expressões *"natura naturans"* e *"natura naturata"*, em referência sobretudo à escolástica da época de Espinosa.

[22] BT (G., I, p. 61; P., p. 51).

[23] Para uma análise mais aprofundada desta tendência própria ao pensamento de Espinosa, estudada bem além do âmbito do BT, permito-me remeter a G. Deleuze, *op. cit.*, cap. II-IV.

[24] A. Koyré, no comentário de sua edição bilíngue (francês-latim) do *Tractatus de Intellectus Emendatione*, Paris, 1964, p. 99, insiste particularmente nessa questão, sobre a possibilidade de uma influência dos rosa-cruzes ("Este programa de ação é espantosamente parecido com os programas dos grupos rosa-crucianos"). Cf., *ibid.*, as referências à literatura neo-estoica.

[25] BT (G., I, p. 54 sp.; P., p. 45 sq.).

[26] BT (G., I, pp. 40-43; P., pp. 35-37) (cap. VI: "La prédestination divine"). Sobre esta questão, cf. M. Gueroult, *op. cit.*, pp. 576-577.

[27] BT (G., I, pp. 114-121); P., pp. 90-95.

[28] M. Gueroult, *op. cit.*, pp. 484-485.

[29] G. Deleuze, *op. cit.*, p. 40 e, de maneira mais geral, o conjunto dos caps. II-IV.

[30] BT, cap. V-XIV (G., I, pp. 114-121; P., pp. 52-64).

[31] BT (G., I, p. 112; P., p. 89). Mas, sobre esses temas, cf. também, na segunda parte, os caps. VI, XIX e XXVI.

[32] BT (G., I, pp. 112-113; P., p. 89). Faço alusão ao famoso trecho: "Resta-me ainda, para terminar, dizer aos amigos para quem escrevo...".

[33] Aplicar esta observação particularmente ao curioso capítulo XXV da segunda parte do BT ("Dos demônios" (G., I, P. pp. 112-113; P., p. 85).

[34] Ver as *Cartas* I, II, III e IV, a que voltarei a me referir em breve.

[35] Doravante nomeado TEI.

[36] E. Cassirer, *op. cit.*, p. 87. Mais prudente, F. Alquié, *Nature et vérité...*, cit., pp. 23-27, fala simplesmente de um "grande progresso".

[37] *Ibid.*, p. 11.

[38] G. Deleuze, *op. cit.*, p. 76 sq.

[39] Como nos mostra a *Correspondência*, Espinosa trabalha no TEI pelo menos até 1666. Voltaremos às razões de sua não-publicação.

[40] P. Di Vona, *op. cit.*, p. 564.

[41] *Carta* II a Oldenburg (G., IV, p. 8; P., p. 1062).

[42] É principalmente nas *Cartas* II e IV, a respeito mais particularmente da temática da vontade (liberdade-determinismo) e da definição da axiomática que ele procura aprofundar, que a polêmica de Espinosa contra o pensamento cartesiano parece avançar muito. Cf. tanto F. Alquié, *Servitude et liberté...*, cit., p. 10 sq. quanto J. Bernhardt, art. cit., p. *59*. Alquié vê no início do TEI acentos cartesianos do estilo "moral provisória". Já vimos que se trata de uma tonalidade comum aos autores daquele século, sem ser especificamente cartesiana.

[43] Encontram-se informações sobre Oldenburg e a Royal Society na *Correspondência*. Cf. além disso as relações entre Espinosa e Boyle e a discussão que se abre entre eles sobre a física dos líquidos. Sobre as relações Espinosa-Oldenburg e sobre a história da Royal Society, cf. C. Signorile, *Politica e ragione*, cit., p. 7 e 226 (com uma bibliografia).

[44] E. Cassirer, *op. cit.*, pp. 96-102; A. Koyré, nas notas de sua edição, já citada, do TEI, e em particular nas dos parágrafos 3, 16, 25, 31, 32, 45, 81, 89 e 93 arrolou referências a Bacon: assim como referências a Hobbes nas dos parágrafos 72, 76 e 85.

[45] Remeto aqui às leituras mais abertas e mais recentes do pensamento de Bacon, que fazem dele um grande autor do Renascimento: ver particularmente os trabalhos de Paolo Rossi. Mas Karl Marx também põe muito bem em foco, em várias oportunidades, o frescor revolucionário do "sentir" em Bacon, de sua exaltação da sensibilidade.

[46] Sobre a concepção da natureza em Hobbes, cf. o sempre fundamental *Thomas Hobbes' mechanical conception of nature*, Copenhague-Londres 1928 de F. Brandt. Sobre as relações entre o pensamento hobbesiano e o pensamento continental, permito-me remeter ao que está dito em meu *Descartes politico*, assim como à bibliografia comentada que ele contém. Ver além disso a contribuição extremamente importante de J. Bernhardt, art. cit. É preciso particularmente retomar aqui duas séries de análises feitas nesse artigo. A primeira (pp. 59-65) trata da importância decisiva da adesão de Espinosa ao método geométrico de Hobbes. Bernhardt faz muitas referências a Hobbes, cuja *Examinatio* considera como texto fundamental. Ainda a esse respeito, ele também evoca, assim como Gueroult aliás, a teoria geométrica de Savile. Uma segunda série de análises procura provar que há continuidade entre o procedimento da geometria genética e o específico da metafísica espinosista da substância. A abordagem de Bernhardt nos dois casos é extremamente convincente.

[47] TEI, parágrafos 1-25 (G., II, pp. 5-12; P., pp. 102-110).

[48] Sobre este ponto ver as Notas de A. Koyré, *op. cit.*, aos parágrafos 1 e 13.

[49] TEI (G., II, pp. 8-9; P., pp. 106-107).

[50] TEI (G., II, p. 9; P., p. 107). Ver a Nota de A. Koyré, *op. cit.*, ao par. 17.

[51] TEI, par. 1-10 (G., II, pp. 5-7; P., pp. 102-105).

[52] TEI (G., II, p. 8; P., pp. 105-106).

[53] TEI, par. 18-19 (G., II, pp. 9-10; P., pp. 107-108).

[54] TEI, par. 20-25 (G., II, pp. 10-12; P., pp. 108-110).

[55] Entre as obras recentes, cf. M. Gueroult, *op. cit.*, t. II, pp. 593-608 (análise aliás notável). Para uma lista de referências, cf. A. Koyré, *op. cit.*, Nota aos par. 18-19.

[56] TEI (G., II, p. 12; P., p. 110).

[57] TEI (G., III, p. 13; P., p. 111).

[58] Ver as páginas que dediquei à metáfora em Descartes em meu *Descartes*, assim como a bibliografia contida naquele volume.

[59] TEI (G., II, pp. 13-14; P., pp. 111-112).

[60] TEI, par. 33-36 (G., II, pp. 14-15; P., pp. 112-113).

[61] Gueroult exprime sua posição quando confronta as diversas formas da teoria do conhecimento em Espinosa. Ver a n. 55 deste capítulo. É naturalmente em Deleuze, *op. cit.*, cap. VIII, que se pode ver longamente exposta essa tese do método como presença, em superfície, no progresso da ideia da adequação.

[62] TEI, par. 37-42 (G., II, pp. 15-17; P., pp. 113-115).

[63] TEI, par. 43-46 (G., II, pp. 17-18; P., pp. 115-116).

[64] TEI, par. 47-48 (G., II, p. 18; P., pp. 116-117).

[65] Cf. P. Macherey, *op. cit.*, pp. 43-94.

[66] TEI (G., II, p. 18; P., p. 117).

[67] TEI, par. 49 (G., II, pp. 18-19; P., p. 117).

[68] TEI, par. 50 sq. (G., II, p. 19 sq.; P., p. 117 sq.).

[69] G. Deleuze, *op. cit.*, *passim*.

[70] TEI (G., II, p. 26; P., p. 126).

[71] TEI, par. 81-87 (G., II, pp. 30-33; P., pp. 131-133).

[72] TEI (G., II, p. 35; P., p. 136).

[73] TEI, par. 98 (G., II, p. 36; P., p. 137).

[74] TEI (G., II, p. 36; P., p. 137).

[75] TEI, par. 102-108 (G., II, pp. 37-39; P., pp. 138-141).

[76] TEI (G., II, p. 38; P., p. 139).

[77] Cf. particularmente as *Cartas* VI, VII, XI, XIII e XIV.

[78] *Correspondência* (G., IV, p. 188; P., p. 1195).

[79] Usarei nas notas as abreviações *Princ.* e *Cogit.* O título completo da obra é: *Renati Des Cartes/ Principia Philosophiae/ more geometrico demonstrata/ per/ Benedictus de Spinoza/ Amstelodamensen/ Acesserunt eiusdem/ Cogitata Metaphysica/ In quibus difficiliores quae tam in parte Metaphy-/ sices generali quam speciali occurrunt questiones/ breviter explicatur.*

[80] Encontram-se informações sobre a gênese e a publicação dos *Princ.* nas *Cartas* IX, XIII e XV.

[81] *Princ.* (G., I, pp. 131-132; P., p. 152).

[82] Ver particularmente TEI, Notas: G., II, p. 14, 15 e 29; P., p. 111, 112, 113 e 129.

[83] A partir de 1663, a *Correspondência* atesta o trabalho de elaboração da *Ética*.

[84] *Princ.* (G., I, pp. 127-133; P., pp. 147-154).

[85] *Princ.* (G., O, p. 132; P., pp. 152-153).

[86] Sobre o pensamento de Meyer, suas obras e suas relações com a cultura holandesa, cf. L. Kolakowski, *op. cit.*, pp. 749-750, assim como a bibliografia sobre a questão, p. 792.

[87] *Princ.* (G., I, p. 127; P., p. 147).

[88] *Princ.*, Primeira parte, Proposições 15-16 (G., I, pp. 172-177; P., pp. 185-190). Mas sobre esta questão, ver M. Gueroult, *op. cit.*, t. II, pp. 619-623.

[89] *Princ.* (G., I, p. 181 sq.; P., p. 193 sq.). Cf. M. Gueroult, *op. cit.*, t. I, p. 529556. Mas agora temos também o excelente artigo de A. Lécrivain, "Spinoza et la physique cartésienne. La partie II des *Principia*", in *Cahiers Spinoza*, vol. I, pp. 235-265; vol. II, pp. 93-206. Não se deve além disso esquecer as sugestões, frequentemente preciosas, de G. Gentile em suas Notas à tradução italiana da *Ética*, inclusive sobre as questões que tocam mais particularmente à física. Do ponto de vista mais geral do clima cultural e científico no qual se desenvolve a crítica espinosista da física de Descartes, deve-se ter em mente essencialmente os trabalhos de Huygens que, naqueles anos e na época imediatamente posterior, e numa rede de circulação de conhecimento de que o próprio Espinosa faz parte, elabora os fundamentos de sua física. Sobre tudo isso, além das ótimas observações de Lécrivain (art. cit., I, pp.

A utopia do círculo espinosista

237-241, 244-246), cf. também J. Bernhardt, art. cit., p. 82; do mesmo modo, Gueroult, *op. cit.*, t. II, pp. 557-558.

[90] *Cogit.*, Primeira parte (G., I, p. 233 sq.; P., p. 244 sq.).

[91] Como já vimos, a literatura espinosista insiste muito nas determinações místicas da primeira fase do pensamento filosófico de Espinosa. Já vimos também, ao falarmos do BT, que tal insistência é perfeitamente justificada, que trata-se aí de um dos aspectos da utopia burguesa da apropriação e da reorganização do mundo. Isto posto, os elementos místicos com razão observados na primeiríssima fase da filosofia de Espinosa não poderiam ser considerados como um dado incontornável de seu pensamento. Estamos aqui diante de um preconceito sustentado por uma ignorância da situação da religião naquela época: o componente religioso, realmente, está tão maciçamente presente na cultura que não se pode isolá-lo como tal, por muito justificada que uma operação do gênero possa parecer. Em segundo lugar, se aparecem aqui posições místicas em Espinosa, elas estão englobadas numa dialética específica àquela época, a do barroco, que consiste em reverter positivamente o processo de essencialização da dúvida, do ceticismo. Esta é antes a oportunidade de reconhecer o caráter socrático da argumentação espinosista — cujo objeto é a negação do universal. Mas breve voltaremos a tudo isto.

[92] *Cogit.*, Primeira parte, cap. I e III (G., I, pp. 237-244; P., pp. 250-258). Trata-se aí de um problema central. Retomemos aqui algumas indicações dadas por Lécrivain (art. cit.). Qual é o estatuto científico dessa obra de Espinosa, se pergunta o autor? Ele mostra então que o problema é dar uma base ontológica e totalizante à concepção física da tradição matemática galileu-cartesiana. O problema fundamental de Espinosa é então o de descobrir os princípios da nova física até captar as essências singulares das coisas. Isto em primeiro lugar. O problema é, em segundo lugar, identificar de uma vez por todas a ideia de infinito e a de produtividade positiva. O paradoxo de Zenão sobre o infinito deve se tornar sem objeto (I, 258). O problema fundamental é o da indivisibilidade efetiva de um movimento infinitamente produtivo, que compreenda por isso em si mesmo a razão da lei. Do princípio de inércia ao princípio do *conatus* como individualização do princípio, tal é o movimento seguido pela teoria. "A explicitação das essências singulares das coisas deve permanecer sendo o objetivo fundamental, e nenhum processo de abstração, por eficaz que seja para aceder a este ou àquele aspecto particular do todo da natureza, não poderia ocultá-lo ou nos desviar dele. O mecanicismo cartesiano apareceu sem dúvida a Espinosa como um momento necessário do conhecimento da natureza, mas, ao ficar cada vez mais complexo, ele só podia se integrar ao processo de conhecimento dessa natureza inteira aceitando os limites que lhe eram impostos pela particularidade do domínio objetivo ao qual correspondia" (I, p. 264). O princípio de individualidade fica assim introduzido na física em termos de cinética e dinâmica, com uma determina-

ção oposta à que lhe era concedida pela concepção cartesiana — coesão das partes numa situação de repouso recíproco (II, p. 200). "Mas, mais essencialmente, a partir de 1661-1663, aparece que a reflexão espinosista sobre a física está dominada pelo projeto de conceber uma dinâmica cujo estatuto, relativamente complexo, fosse comandado por uma dupla determinação. Por um lado... a recusa de uma mecânica restrita... Por outro lado... a elaboração de uma verdadeira dinâmica... tornando mais complexo e dialetizando o mecanicismo de Descartes... Em suma, tudo isso implicava a dedução rigorosa e precisa do modo respectivo de articulação do atributo Extensão, dos modos infinitos imediatos (movimento e repouso) e do modo infinito mediato. Era, ao que parece, unicamente com essa condição que o enunciado do princípio de inércia e a admissão do mecanicismo podiam se conciliar com o dinamismo interno expressivo da teoria do *conatus* (II, pp. 202-203).

[93] *Cogit.*, Primeira parte, cap. IV, V e VI (D., I, pp. 244-249; P., pp. 258-264).

[94] *Cogit.*, Primeira parte (G., I, p. 248; P., p. 263).

[95] *Cogit.*, Segunda parte, cap. VI (G., I. pp. 259-260; P., pp. 276-277). Cf. os artigos de H. Jonas in *Journal of the History of Philosophy*, III, 1965, e de Duchesneu in *Cahiers Spinoza*, II.

[96] P. Di Vona, *op. cit.*, pp. 569-570. Ver, naturalmente, os trabalhos de Freudenthal e de Dunin-Borkowski sobre as influências do pensamento escolástico.

[97] Cf. P. Di Vona, "La scolastica dell'età post-tridentina e nel Seicento", in *Storia della filosofia*, organização de M. Dal Pra, vol. cit. VII, pp. 755-777. Ver também os trabalhos de Carlo Giacon.

[98] *Cogit.*, Segunda parte (G., I, p. 249 sq.; P., p. 264 sq.).

[99] A. Lécrivain, art. cit., insistiu fortemente nas motivações políticas de Espinosa em sua maneira de encarar a física: "É preciso reconhecer que o projeto espinosista não é, fundamentalmente, de natureza epistemológica, mas de ordem ético-política" (I, p. 247). Além disso, acrescenta Lécrivain (II, pp. 204-206), essa disposição crítica na física espinosista torna-se fundamental para a elaboração da teoria política da maturidade. A política espinosista, com efeito, procuraria determinar uma série de elementos de tipo quantitativo (extensão, número, duração etc.), juntamente com a elaboração de uma concepção orgânica, talvez organicista, da política — intuição de uma energética ou de uma dinâmica social. A democracia apareceria em Espinosa como um estado de equilíbrio perfeito, e portanto como a realização da física espinosista. É bem necessário dizer que esta tese de Lécrivain é no mínimo discutível, extremamente discutível: não que a abordagem física não tenha papel nenhum na definição política; mas ela é estranha ao mito da ordem e

A utopia do círculo espinosista

do equilíbrio, como veremos longamente na continuação deste trabalho. As indicações de Lécrivain permitem antes caracterizar o estado do mito no círculo espinosista durante os anos que nos interessam aqui: a este título, elas estão perfeitamente certas, e fazem-nos captar a continuidade entre modelo epistemológico e modelo político (ou antes ético-prático).

[100] J. Elster, *Leibniz et la formation de l'esprit capitaliste*, cit., evoca muito episodicamente a figura de Espinosa, negando até a possibilidade de pensar sua filosofia em temos de ideologia capitalista (p. 7). Tal afirmação só é possível porque Elster se atém a uma concepção completamente objetivista do desenvolvimento do espírito capitalista. Segundo ele, seria Leibniz quem, melhor do que ninguém, teria prefigurado o espírito capitalista (reduzido por Elster, para o essencial, ao espírito de investimento) através do dinamismo pluralista de seu sistema e seu princípio de multiplicação. O que certamente é verdade. Mas que não é decisivo, se posso me permitir uma objeção: a dinâmica entre pluralismo de mercado e multiplicador capitalista (do investimento) na verdade não pode ser descrita em termos simplesmente objetivos: essa objetividade é percorrida por uma série de antagonismos, por uma possibilidade permanente de crise, e a filosofia de Espinosa aqui é bem mais capaz que a metafísica leibniziana de abraçar uma fenomenologia de conjunto do capitalismo.

Capítulo III
PRIMEIRA FUNDAÇÃO

1. O infinito como princípio

A existência não é um problema. A imediatez do ser se revela em termos não problemáticos ao intelecto puro. A existência enquanto tal não tem de ser definida. A existência é a espontaneidade do ser. A filosofia afirma, é um sistema de afirmações, já que ela exprime diretamente, imediatamente, a ossatura da existência. Mas a existência é sempre qualificada, toda existência é essencial: ou seja, toda existência existe enquanto essência. A relação essência-existência é a forma ontológica primordial: relação e tensão entre nomes impredicáveis de outra maneira, que tomam consistência no nexo que os une. A coisa e a substância constituem o fundamento. O ser se dá todo inteiro: vivemos nesse elemento, tudo é dessa textura. Mas não se pode pensar o todo de maneira indeterminada quando cada momento da existência é inteiramente determinado: determinar a existência como totalidade é pensar sua infinitude — infinitude determinada, positiva, totalidade justamente. A um nível ontológico superior, mas concordando com as premissas, a existência é a espontaneidade do ser considerado como totalidade: os vínculos existenciais se inscrevem na totalidade, na série infinita das relações que ela determina; na coisa ou na substância absoluta. Esse englobamento da existência no infinito não é para ser pensado como um processo, mas como a própria produção do infinito, enquanto essência positiva. O real é sempre ordenado segundo a determinação infinita: mas, reciprocamente, essa tendência à infinitude tem de se reverter a si mesma e se exprimir como determinidade plural das coisas produzidas, sem que por isso o infinito seja concebido como divisível. A totalidade ontológica é o termo da expressão espontânea do real: o real é o produto da espontaneidade da totalidade infinita. À espontaneidade da existência corresponde a espontaneidade da produção. A correspondência espontânea e perfeita entre a existência singular e a existência total, na tensão da expressão como nos vínculos da produção, é o princípio e o termo da filosofia.

A filosofia fala porque o ser não é mudo. Só o mutismo do ser pode acarretar o silêncio da filosofia. "Entendo por causa de si aquilo cuja essência envolve a existência: ou seja, aquilo cuja natureza não pode ser concebida senão como existente." "Entendo por substância aquilo que é em si e por si concebido: ou seja, aquilo cujo conceito não carece do conceito de alguma outra coisa do qual deva ser formado." "Entendo por Deus um ser absolutamente infinito, ou seja, uma substância constituída de uma infinidade de atributos cada um dos quais exprime uma essência eterna e infinita." "Entendo por eternidade a própria existência, enquanto ela é concebida como consequência necessária da mera definição de uma coisa eterna."[1] O ser diz suas correspondências necessárias. Ora, essa redondeza do ser é inteiriça, tanto para as coisas quanto para Deus, e a eternidade a exprime da maneira mais adequada. Diferentemente de toda a filosofia da época, a filosofia começa pela definição: definição real — o ser fala, a filosofia desdobra uma conexão real; definição genética — o ser é produtivo, a filosofia segue o fio da produtividade do ser; definição sintética — o ser tem conexões lógicas que a filosofia traz à luz e desenrola através de uma sucessão de sínteses.[2] A lista das definições expõe uma série de teses ontológicas. A axiomática é um formulário para a argumentação ontológica: "I. Tudo aquilo que é, ou é em si, ou é em outra coisa; II. O que não pode ser concebido por outra coisa deve ser concebido por si; III. De uma dada causa determinada, segue-se necessariamente um efeito, e, ao contrário, se não é dada nenhuma causa determinada, é impossível que um efeito se siga; IV. O conhecimento do efeito depende do conhecimento da causa e envolve-o; V. As coisas que não têm nada em comum entre si também não podem ser entendidas umas pelas outras; ou seja, o conceito de uma não envolve o conceito da outra; VI. A ideia verdadeira deve convir com o seu ideato; VII. A essência de tudo aquilo que se pode conceber como inexistente não envolve a existência".[3] Se as definições falam de coisas e de substâncias, a axiomática contém uma teoria formal das relações ontológicas que constituem — real, universal e sinteticamente — as substâncias. A axiomática não é um regulamento funcional, um horizonte de conexões formais, mas pelo contrário um motor, um dinamismo substancial: ela escava uma realidade viva cujas regras de movimento extrai. "Ou a definição explica a coisa tal qual ela é fora do intelecto; neste caso, ela deve ser verdadeira e não difere de uma proposição ou de um axioma, a não ser pelo fato de que a definição se aplica às essências das coisas ou de suas afecções, enquanto que o axioma se estende mais largamente até compreender as verdades eternas. Ou, então, a definição explica a coisa tal qual ela é ou pode ser concebida por nós; neste caso, ela difere de uma proposição ou de um axioma porque exige somente ser concebida absolutamente e não, como um axioma, como uma verdade."[4] O axioma então se distingue da definição por desdobrá-la em uma relação dinâmica, até a verdade. A redondeza do ser compreende então a circularidade de um dinamismo eterno, real e lógico.[5]

A *Ética* começa assim: *in media res*. Seu ritmo, abstratamente fundador, é então apenas aparente. A *Ética* não é em caso algum uma filosofia do começo. Mas no pensamento contemporâneo, a partir da irritação sentida por Hegel diante das definições inaugurais da *Ética*,[6] negação de uma filosofia do começo quer dizer filosofia da mediação, em suas diversas variantes de filosofia dialética ou de filosofia da crise. Em outros termos, coloca-se a articulação antes da totalidade, como fundamento da totalidade: a espontaneidade é impensável. Em Espinosa, não há começo, isto é, não há resíduo do pensamento mítico próprio a toda filosofia que se pretenda cosmogonia, mas também não há o menor indício de mediação: é uma filosofia da afirmação pura que se reproduz com aumentada intensidade a níveis sempre mais substanciais do ser. Nessa fase de seu desenvolvimento, é uma filosofia totalizante da espontaneidade. Nessa fase e nessas camadas de formação do texto — camadas quase impossíveis de isolar de um ponto de vista filológico[7] e no entanto identificáveis no trabalho de edificação e de redação de uma primeira *Philosophia*, que Espinosa redige entre 1661 e 1663 e retoca pelo menos até 1665.[8] Primeira redação

Primeira fundação 113

na qual se pode reconhecer a formulação acabada, a primeira síntese do panteísmo do círculo e das primeiras obras de Espinosa. Mas esse panteísmo já está afetado por um deslocamento fundamental: todo resíduo que pudesse ser empiricamente referido à situação histórica determinada do debate filosófico holandês é completamente erradicado, a intensidade da fundação ontológica cumpriu um salto qualitativo essencial. Esse salto qualitativo se impõe com o método geométrico, com sua primeira aplicação concreta e radical, com a possibilidade — metodicamente construída — de organizar a totalidade em relações de proporção, sem quebrar sua compacidade intrínseca. O método geométrico — causal e produtivo — não é nem unilateral, nem unilinear: corresponde à versatilidade produzida pela univocidade do ser. Podemos então atacar o ser por todos os lados, na redondeza das relações reversíveis e cambiantes — assim feitas porque o ser é imutável e eterno — que o constituem. A primeira camada da *Philosophia*, se não é isolável do ponto de vista da crítica filológica, nem por isso é menos identificável de um ponto de vista teórico: corresponde a uma exposição sistemática da absoluta radicalidade ontológica e metodológica do panteísmo. A primeira camada da *Philosophia* é uma apologia do ser, da substância, do infinito e do absoluto, como centralidade produtiva, como relação unívoca, como espontaneidade. O sistema é a totalidade das relações, melhor, é a relação ontológica enquanto tal.

Mas pode-se acrescentar alguma coisa. A saber, que a *Ética* está bem longe de se apresentar como um texto unitário. Quero dizer com isso que a *Ética* não é apenas, como todo texto filosófico complexo, uma obra em vários níveis, de estruturas e orientações múltiplas.[9] A *Ética* não tem apenas uma dimensão, por assim dizer, espacial: uma construção com diversos planos, atravessada por relações internas diversas e diversamente organizadas. A *Ética* tem também uma dimensão, por assim dizer, temporal: é obra de toda uma vida, mesmo se o trabalho de redação se reparte fundamentalmente em dois períodos — de 1661 a 1665, de 1670 a 1675. Mas essa vida não é apenas a vida do filósofo, é também a maturação do ser que se dispõe em uma sucessão de problemas e encontra seu ritmo de desenvolvimento em sua própria força produtiva interna. O *Bildungsroman* — tal é a *Ética* na experiência teórico-prática de Espinosa — se superpõe ao itinerário da *Darstellung* teórica.[10] A *Ética* de Espinosa é uma Bíblia moderna cujas diversas camadas teóricas descrevem um itinerário de liberação. A partir da existência, incontornável e absoluta, do sujeito a ser liberado, vivendo a história de sua *praxis* em termos ontológicos, e assim tornando a propor a teoria a cada novo deslocamento da *praxis*. A primeira camada da *Philosophia* é então a afirmação da existência, da existência como essência, como potência e como totalidade. Os deslocamentos sucessivos, ou, para simplificar, o deslocamento dos anos 70, acompanham o curso da história interna do ser que — ele mesmo — construiu seu novo problema.

No princípio então é a totalidade, é o infinito. Mas não é um princípio em sentido próprio: é apenas um início. As oito primeiras Proposições do livro I da *Ética* expõem simplesmente a totalidade da substância, e isto não é um princípio fundador, mas o esquema do sistema ontológico em sua complexidade circular. Ao enviar a Oldenburg essas oito Proposições, ou parte delas, Espinosa assim as comenta: "Começarei então por falar brevemente de Deus; defino-o como um Ser constituído por uma infinidade de atributos, cada um dos quais, em seu gênero, é infinito, isto é, sumamente perfeito. É preciso notar aqui que entendo por atributo tudo aquilo que se concebe por si e em si, de modo que o conceito de tal atributo não envolva o conceito de outra coisa. Por exemplo, a extensão se concebe por si e em si, mas tal não se dá com o movimento, que se concebe em outra coisa e cujo conceito envolve a extensão. E que seja esta a verdadeira definição de Deus, isto resulta do fato de que, por Deus, entendemos um Ser sumamente perfeito e absolutamente infinito. Que tal Ser existe, é fácil de demonstrar a partir dessa definição, mas não cabe fazê-lo aqui. O que é preciso demonstrar aqui, para responder a vossa primeira pergunta, são as proposições seguintes: 1) não podem existir na natureza duas substâncias que não difiram pela totalidade de sua essência; 2) que a substância não pode ser produzida; mas é próprio de sua essência existir; 3) que toda substância deve ser infinita, ou seja, sumamente perfeita em seu gênero. Demonstrado isto, ser-vos-á fácil compreender meu intento, contanto que tenhais em

Primeira fundação

vista a definição de Deus...".[11] A totalidade se dá então sob a forma da completa circularidade de seus componentes substanciais: são as mesmas figuras que reaparecem a cada nível do ser, da coisa singular à divindade. Em consequência, esse conjunto inaugural se refere a um horizonte de essências, conjunto exclusivo, real e infinito. A totalidade se dá sob a forma da exclusividade: e como seria possível pensar uma totalidade não exclusiva? "Definição III: Entendo por substância aquilo que é em si e que é concebido por si: ou seja, aquilo cujo conceito não carece do conceito de outra coisa do qual deva ser formado." "Proposição IV: Uma substância não pode ser produzida por outra substância."[12] A totalidade se dá em seguida como existência imediata: mas como pensar sua existência de outra maneira que não imediata? "Se então alguém dissesse que tem de uma substância uma ideia clara e distinta, isto é, verdadeira, e que entretanto duvida de que essa substância exista, na verdade seria como se dissesse que tem um ideia verdadeira e que suspeita que ela seja falsa."[13] A totalidade se dá como infinita: e como poderia ela ser finita? "Como ser finito é, na realidade, uma negação parcial, e ser infinito, a afirmação absoluta da existência de uma natureza qualquer, segue-se então só da Proposição VII, que toda substância deve ser infinita."[14] (Proposição VII: "Pertence à natureza de toda substância existir".)[15] A totalidade é substância: mas se a substância é a relação essência-existência, a totalidade é a afirmação da presença infinita dessa essência que é a causa de si mesma, dessa essência produtiva já colocada pela Definição I: "Uma substância não pode ser produzida por outra coisa; ela será então causa de si, isto é, sua essência envolve necessariamente a existência, ou seja, pertence à sua natureza existir".[16] A existência é portanto indiscutível, a essência é sua causa. O primeiro momento, que é justamente o da definição da existência como essência, e da essência como produtividade, como tensão em direção à totalidade, está colocado.

Mas não concluído. É verdade que a potência deste início parece às vezes querer encerrar e bloquear a pesquisa. É comum constatar em Espinosa um entusiasmo sobre pontos singulares da argumentação, e ao menos todas as vezes em que esta atinge o absoluto — um entusiasmo que chega a fazer pensar que esses pontos sejam, por assim dizer, experiências concluídas, ontologicamente acabadas e teoricamente satisfatórias. O espanto da descoberta se faz encantamento. Mas encerramento e abertura são inseparáveis. Desse ponto de vista, poder-se-ia dizer, o método é dialético; mas não nos enganemos: é dialético apenas porque se enraíza na versatilidade do ser, em sua expansividade, na natureza difusa e potente de seu conceito — é então bem exatamente o contrário de um método dialético. Na medida mesma em que há encerramento, há abertura da compacidade do ser: no caso presente, aqui e agora, ela exige ser forçada, quer uma regra de movimento, uma definição de sua própria articulação, ou ao menos da possibilidade dessa articulação. O encanto do método não pode bloquear a pesquisa. A dimensão sublime do início não deve em caso algum constituir obstáculo ao escavamento da totalidade. Por outro lado, as próprias definições iniciais da espontaneidade do ser exprimiram uma forte tensão no momento em que nos apresentavam a substância como totalidade: as alternativas "causa de si" — causada por outras coisas, liberdade-coação, infinitude-limitação, eternidade-duração não colocam, ao lado da afirmação do polo positivo, a exclusão do polo negativo — nem mesmo de um ponto de vista metodológico. Que toda afirmação seja uma negação não é função de um princípio de exclusão, mas de um princípio de potência. Ou melhor, isso se deve a um princípio de exclusividade enquanto figura de um dinamismo ontológico de potência. A relação positividade-negatividade é uma tensão que organiza a potência, no seio da espontaneidade do ser. Proposição IX: "Quanto mais realidade ou ser cada coisa possui, tanto maior é o número de atributos que lhe pertencem".[17] É esta a especificação determinada pela Proposição VIII: "Toda substância é necessariamente infinita",[18] em que o primeiro momento ontológico havia atingido o máximo de sua intensidade.

Voltaremos em breve a este tema da espontaneidade e da organização, pois ele levanta muitos problemas. Vejamos como é feito o livro I da *Ética*: depois de ter, nas oito primeiras Proposições, levado o conceito de substância ao ápice de sua intensidade essencial, Espinosa introduz nas Proposições IX e X o problema da articulação da substância, para retomar em seguida, nas Proposições

Primeira fundação

XI a XV, o tema da essência, do infinito e da divindade. Neste primeiro feixe de Proposições, o surgimento do problema da articulação então não é incidente, mas é todavia parcial. Em outros termos, há aqui uma insistência necessária sobre a possibilidade da articulação, como inerente à estrutura originária da totalidade do ser. Mas o problema da dinâmica da totalidade, seu desenvolvimento, em uma palavra a problemática do atributo, é um argumento tratado de maneira independente depois de um breve desvio da argumentação, e que de todo modo vem mais tarde. O problema da dinâmica da totalidade implica, com efeito, que o conceito de potência seja tomado não apenas em seu valor intensivo, como princípio essencial da autofundação do ser (são as quinze primeiras Proposições), mas também em seu valor extensivo, como princípio de articulação dos graus de realidade: são as Proposições XVI e XXIX.[19] Então aqui, no grupo das quinze primeiras Proposições, o tema do atributo, da articulação, é colocado apenas em termos constitutivos da totalidade: a temática do atributo como problema dos nomes da divindade é resolvida, sem arrependimento algum, na intensidade do ser. A articulação é suprimida, na realidade: permanece antes como possibilidade.

Essa possibilidade nos interessa ao mais alto grau. Pois ela serve para mostrar que a compacidade do ser total é sempre a versatilidade do ser. O infinito como princípio é um princípio ativo. Sua exclusividade é a possibilidade de todas as formas do ser. Neste ponto é que entra em jogo a axiomática, para acentuar essas variações da totalidade, essas figuras de sua produtividade. Essa cadeia do ser que nos levou à divindade exibe agora a centralidade do ser como conjunto de todas as possibilidades. "Deus, ou seja, uma substância constituída por uma infinidade de atributos, cada um dos quais exprime uma essência eterna e infinita, existe necessariamente."[20] As demonstrações da existência de Deus em Espinosa não são outra coisa senão uma aplicação da axiomática à substância, senão a demonstração da infinita riqueza e plasmabilidade multilateral do ser, de sua riqueza tanto maior quanto maior é o grau de perfeição. "Pois, se poder existir é potência, segue-se a isso que, quanto mais realidade pertence à natureza de uma coisa, mais esta tem por si mesma forças para existir; assim um Ser absolutamente infinito, ou seja, Deus, tem de si mesmo uma potência absolutamente infinita de existir e, consequentemente, existe absolutamente."[21] Donde ainda o paradoxo da indivisibilidade: "Proposição XIII: a substância absolutamente infinita é indivisível. Demonstração: Se fosse divisível, as partes nas quais seria dividida ou reteriam a natureza de uma substância absolutamente infinita, ou não a reteriam. Na primeira hipótese haveria várias substâncias de uma mesma natureza, o que é absurdo. Na segunda, uma substância absolutamente infinita poderia cessar de ser, o que é igualmente absurdo. Corolário: Segue-se daí que nenhuma substância e, em consequência, nenhuma substância corpórea, enquanto é substância, é divisível".[22] O que mais uma vez nos traz de volta à definição da circularidade do ser e a sua articulação produtiva, plena e total.

"Proposição XIV: Afora Deus, não pode ser dada nem concebida nenhuma substância. Proposição XV: Tudo o que é, é em Deus, e nada pode, sem Deus, ser nem ser concebido."[23] Tal é a conclusão deste primeiro momento. Se quiséssemos recortar nosso discurso em parágrafos, poderíamos nomeá-los assim: o infinito como princípio e a versatilidade do ser; a compacidade do ser, ao mesmo tempo centralizada e aberta; espontaneidade redundante e coerente de maneira multilateral, mas indivisível. A existência não problemática se desdobrou como potência. O ser é unívoco.[24] Mas aqui, nesta categoria da univocidade, todo o discurso é reaberto. Ele não é divisível em parágrafos. Pois o que é problemático é justamente a pobreza teórica do próprio conceito de categoria. Já é difícil compreender a natureza de um método que calca a realidade, mas conseguir compreender bem exatamente nos mesmos termos uma ideia e a realidade, isto parece francamente impossível para a tradição metafísica. O paradoxo dessa categoria espinosista de ser unívoco é que seu registro é constituído pela totalidade do real. Não há mais indício de abstração: a categoria do ser é a substância; a substância é única, é o real. Ela não está nem aquém, nem além do real: ela é o real todo inteiro. Tem o sabor e a tensão do mundo, possui divinamente a unidade e a pluralidade deste. O ser absoluto é a superfície do mundo. "Tudo, insisto, é em Deus, e tudo o que aconteceu, acontece somente pelas leis infinitas da

Primeira fundação

119

natureza de Deus e é consequência da necessidade de sua essência [...]; não se pode então dizer de modo algum que Deus seja passível da ação de outro ser ou que a substância extensa é indigna da natureza divina, ainda que seja suposta como divisível, contanto que se conceda que é eterna e infinita. Mas já dissemos o bastante sobre este ponto, por enquanto."[25]

2. A ORGANIZAÇÃO DO INFINITO

As provas espinosistas da existência de Deus, expostas na *Ética*,[26] são extremamente importantes, não somente porque, como vimos, elas põem em primeiro plano a versatilidade do ser, e portanto a relativa equivalência, para a definição da existência de Deus, dos argumentos *a priori* e *a posteriori*, mas também porque expõem o ponto de vista ontológico — verdadeira base de toda demonstração — a uma tensão máxima. Na ordem do ser unívoco, se tudo prova Deus, tudo é Deus; mas a consequência disso é ou negar-se toda ideia de articulação da ordem ontológica, ou então, se admitirmos uma diferenciação da ordem ontológica, enfraquecer a univocidade dessa ordem e renunciar ao ponto de vista ontológico inicial. Nesta primeira camada da *Ética*, a articulação do horizonte ontológico não é negada, a espontaneidade do ser quer a organização — a sistemática inteira é então submetida a uma tensão fortíssima. O ser quer a organização e, no clima revolucionário da utopia do círculo espinosista, ele a obtém. A univocidade do ser e a compacidade da ontologia sofrem então variações da definição, através das quais procuram — ou ao menos postulam — formas de organização adequadas — em termos de organização no seio da univocidade do ser.

Espinosa não vê nenhuma contradição em fazer variar a centralidade e a univocidade do ser submetendo-as à articulação. Com efeito, o critério de organização e o dinamismo escorrem do ser segundo a ordem da essência: mas a essência é produtiva, é causa, é potência. A organização do infinito corresponde às modalidades do mecanismo causal. "Proposição XVI: Da necessidade da natureza divina devem seguir-se infinitas coisas, em infinitos modos (ou seja, tudo aquilo que pode cair sob o intelecto infinito)."[27] "Corolário I: Disso se segue que Deus é causa eficiente de todas as coisas que podem cair sob o intelecto infinito. Corolário II: Segue-se II: que Deus é causa por si, não por acidente. Corolário III. Segue--se III: que Deus é absolutamente causa primeira."[28] Mas isto não basta. Por si mesma, a causa eficiente é dinâmica, mas não é ordenadora. Ela impulsiona o mercado, mas não determina, por si mesma, o surgimento do valor. É preciso para isso, em primeiro lugar, que o mecanismo causal dilua sua centralidade produtiva, adira à realidade, se apoie sobre ela e se identifique a ela: "Deus é causa imanente, mas não transitiva de todas as coisas".[29] E é preciso em seguida que, assim procedendo, ele individualize e qualifique esse fluxo imanente que é o seu: "Deus não é apenas causa eficiente da existência, mas também da essência das coisas".[30] Estamos provavelmente no âmago de um dos paradoxos mais característicos do pensamento de Espinosa: a utopia da completa superposição de fato (dinâmico) e valor (ordenador) é colocada através de uma análise que desdobra uma identidade pré-constituída (Deus, a univocidade do ser), e a reproduz sob o nome de organização. Este é o método do espontaneísmo, da afirmação de uma única realidade substancial através de seu desdobramento teórico (metódico e substancial).

Seguindo essa linha metodológica — que é então a de um projeto, ou antes, do projeto por antonomásia —, o livro I da *Ética* não encontra nenhum obstáculo, nem mesmo nenhuma dificuldade. É a figura metafísica do atributo que permite, ou antes, exprime absolutamente esta metodologia. "Entendo por atributo aquilo que o intelecto percebe de uma substância como constituindo sua essência."[31] Deus se exprime como causa, isto é, o infinito se propaga: e a ordem dessa infinitude divina é filtrada através do fluxo dos atributos. "Proposição XXI: Tudo aquilo que segue da natureza absoluta de um atributo de Deus deve ter sempre existido e é infinito, ou seja, é infinito e eterno pela virtude desse atributo."[32] "Proposição XXII: Tudo aquilo que segue de um atributo de Deus, enquanto é modificado por uma modificação que, em virtude desse atributo, existe necessariamente e como infinita, deve existir necessariamente e ser infinito."[33] "Proposição XXIII:

Primeira fundação   121

Todo modo que existe necessariamente e é infinito deve ser seguido, necessariamente, ou da natureza absoluta de um atributo de Deus, ou de um atributo afetado por uma modificação que existe necessariamente e é infinita."[34] O atributo é então o intermediário através do qual o absoluto vai em direção ao mundo e se organiza nele. É a chave que permite fundar a determinação degradante, ou melhor, fluente do ser. O atributo se exprime pelo verbo *"sequi"*: segue-se que... A existência, já reconhecida essência, é agora reconhecida como articulação, enquanto que o atributo interpreta e determina a tensão que se desdobra entre os dois termos fundamentais da ontologia. Mas também neste caso o ser não perde sua versatilidade: a legislação dinâmica e qualitativa representada pela ação do atributo se propaga até se identificar com a especificidade da essência das coisas múltiplas. A coisa é sempre, no termo desse processo, *"ad aliquid operandum determinata"*, "Uma coisa que é determinada por Deus a produzir algum efeito não pode se tornar ela mesma indeterminada":[35] mas a legislação do ser assim chegou a se fundar sobre cada coisa particular, sobre o horizonte de todas as coisas, sobre a potência da coisa. "Só da necessidade da essência de Deus segue-se, com efeito, que Deus é causa de si e de todas as coisas. Portanto a potência de Deus pela qual ele e todas as coisas são e agem é a sua própria essência."[36]

Neste ponto, entretanto, a ordem fluente do ser e a ordem constitutiva da potência, continuamente duplicadas em referência à identidade ("Tudo aquilo que concebemos estar no poder de Deus é necessariamente":[37] Proposição XXXV *versus* Proposição XXXVI "Nenhuma coisa existe de cuja natureza não se siga algum efeito"),[38] redeterminam uma forte tensão. O caminho seguido por Espinosa consistiu em pôr em movimento um processo de diferenciação da unidade, para dar uma articulação à totalidade do sistema, para fazer variar as direções do infinito. Esse caminho nos levou da pacata tensão dos elementos constitutivos da substância suprema à violenta tensão do determinismo da realidade. O processo de emanação-degradação do ser supremo desembocou no reconhecimento da potência do mundo da coisa: o determinismo é a perfeita coincidência da degradação do ser e da emergência do real. Mas o problema que se tinha procurado resolver subindo-se aos píncaros é novamente encontrado na base, intacto. O mecanismo neoplatônico foi manobrado até representar-se no fim como um simples dispositivo relacional. Mas nada foi resolvido com isso: só se fez acumular uma fantástica carga de implosão do sistema para dentro dele mesmo. É sem dúvida alguma uma exigência da utopia revolucionária. Mas exprime também a exigência de uma regra manifesta de organização, de uma conquista de norma de organização por parte da espontaneidade. No Espinosa dessa época, as dimensões do problema estão assim delimitadas: elas o estão efetivamente — ou seja, um critério racional de organização deve ser posto a serviço da utopia. Ou seja, ainda, neste caso não é tanto o processo de duplicação que interessa — este se deduz. Muito mais importante é a lei desse processo, pois só de sua expressão é que depende o valor da utopia. Voltemos então a pensar no atributo, avaliando a extraordinária importância crítica que sua temática assume aqui: o atributo deve ser a norma de organização, deve ser a regra expressa do processo de transformação da espontaneidade em organização, deve ser a lógica das variantes do infinito. Mas ele o é?

Sem dúvida tenta sê-lo. Em toda esta primeira camada da *Ética*, o atributo procura transgredir a compacidade do ser. Deve estar dentro, mas não pode estar dentro; pode estar dentro, mas não deve. Mediatizar a relação entre fato e valor comporta essas alternativas e contradições. E isto tanto no terreno panteísta clássico, que recolhe e dirige toda tensão do existente para o centro do ser, quanto no terreno de uma filosofia da superfície de conotação ainda metafísica, que achata a tensão sobre as fileiras do ser e de sua plenitude. Colocar-se como critério de organização da espontaneidade significa então exercer alguma mediação, ser portador de alguma transcendência, ou pelo menos de alguma diferença. Quais? O lugar do atributo no sistema de Espinosa deu lugar a uma polêmica secular de extrema violência, dificuldades de ordem filológica acrescentando-se à dificuldade interna do sistema, imediatamente evidente.[39] Como já foi muitas vezes notado, a história da noção de atributo no pensamento de Espinosa não deixa de ter uma certa coerência. No *Breve tratado*, o atributo é um nome da divindade, e a teoria do atributo é antes uma prática ascética que

Primeira fundação

123

consiste em nomear a divindade: o que corresponde a uma fase durante a qual a relação espontaneidade/organização do ser se resolve na experiência direta do agir ascético — sabemos disso desde Kolakowski.[40] Na *Carta* IV a Oldenburg o atributo é definido ainda *"id quod concipitur per se et in se"* — o elemento ontológico, *"id quod in se est"*, que aparecerá na *Ética*, é completamente deixado de lado.[41] A relação entre espontaneidade e organização, entre divindade e mundo, é mediatizada pela consciência. Mas, já no *Breve tratado*, os nomes têm claramente tendência a se objetivarem, a se assimilarem à substância. Essa tendência se torna atualidade na *Ética*: *"Deus sive omnia Dei attributa"*.[42] Quanto mais o horizonte ontológico amadurece, mais o nome deixa de ser um signo para tornar-se um elemento da arquitetura infinita do sistema. O intelecto penetra cada vez mais no ser real. A palavra filosófica torna-se sempre mais a expressão imediata do encadeamento do ser absoluto. Se, na primeiríssima experiência de Espinosa (sem dúvida, depois da documentação que nos forneceu Wolfson) estão presentes um certo fenomenismo e um nominalismo inteiramente tradicionais na filosofia judaica entre a Idade Média e o humanismo, entre Maimônides e Crescas,[43] esses obstáculos à identidade absoluta também estão superados na *Ética*. "Quanto a Espinosa, se nos *Cogitata Metaphysica* ele ainda professa a doutrina maimonidiana da incomensurabilidade entre a ciência de Deus e a do homem, ele a rejeita nas Proposições XXX e XXXII do livro I, como refuta no Escólio da Proposição XVII a comparação do intelecto divino e o intelecto humano com o cão constelação e o cão latindo".[44]

Tudo isso no entanto não é satisfatório. Pois mesmo se o absoluto está a esse ponto achatado sobre o ser, o que falta é um momento essencial da articulação do ser. Hegel[45] e os historiadores da filosofia que o seguiram[46] teriam razão talvez em identificar no absoluto espinosista uma indeterminidade insuperável? Certamente não. Não é por acaso que, quando seguimos os desenvolvimentos dessa interpretação, percebemos que, não conseguindo encontrar a chave da leitura da relação substância-atributo em Espinosa, esses comentadores preferem resolver o problema por meio de um arrombamento dialético, sobredeterminando essa relação nos termos do idealismo absoluto (implicitamente amassando Espinosa em cima de Schelling). Uma operação dessas é inaceitável. Um método de leitura, qualquer que seja, não pode negar seu objeto. E o objeto, apesar de todas as dificuldades que determina, é aqui o atributo como transgressão do ser. É um problema para ser entendido em termos espinosistas e, se implica contradição, ela deve ser apontada e avaliada como tal.

O atributo tende então a se identificar à substância. Mas, dados os elementos do problema, é preciso acrescentar que ele só pode tender à identificação com a substância como substancialização (enraizamento do ser) daquele dinamismo transgressivo da identidade representado pelo atributo. Relendo o que Espinosa escreve a De Vries: "Aliás, quando à vossa observação de que eu não demonstro que a substância (ou o ser) possa ter vários atributos, talvez não tenhais sido atento a minhas demonstrações. Com efeito, dei duas. A primeira é de que nada é mais evidente para nós do que o fato de que cada ente é concebido sob algum atributo, e, quanto mais realidade ou ser tem um ente, mais numerosos devem ser seus atributos. Donde se segue que um ser absolutamente infinito deve ser definido etc. A segunda demonstração, que julgo a melhor, é a de que quanto mais numerosos são os atributos que atribuo a um ente, mais sou obrigado a atribuir-lhe existência, ou seja, mais o concebo sob a forma do verdadeiro; enquanto que seria o contrário se houvesse imaginado a Quimera ou algo similar. Quanto ao que dizeis, de não conceber o pensamento senão com as ideias, porque sem as ideias o pensamento se destrói, penso que isto vos acontece porque separais de um lado vosso ser como coisa pensante e de outro vossos pensamentos e conceitos. Assim, não é de espantar que, excluindo todos os vossos pensamentos, não vos reste nada para pensar. Quando ao próprio problema, penso ter demonstrado com suficiente clareza e evidência que o intelecto, se bem que infinito, pertence à natureza naturada, e não à natureza naturante. Além disso, não vejo que relação pode haver com a inteligência da terceira definição, nem em que modo represente uma dificuldade. Com efeito, tal qual a transmiti a vós, se não me engano, ela se enuncia assim: 'Por substância, entendo aquilo que é em si e é concebido por si, ou seja, aquilo cujo conceito não en-

Primeira fundação 125

volve o conceito de outra coisa'. É a mesma coisa que entendo por atributo, com a diferença que esse termo se emprega com relação ao intelecto que atribui à substância tal natureza determinada. Esta definição, digo, explica bastante claramente o que entendo por substância ou atributo".[47] O que me parece surgir com clareza é exatamente isto: que o enraizamento do atributo no ser não nega sua função de transgressão da identidade. Atributo é, ao mesmo tempo, a mesma coisa que a substância — sua diferença é enunciada em relação ao intelecto. Essa imperceptível, mas fundamental diferença, que — na relação entre espontaneidade e organização — os contemporâneos chamam de consciência: isto é o atributo. Um instante de eminência lógica no seio da univocidade do ser, instante suficiente para transmutar o horizonte material num horizonte de valor. Função enigmática, ou pelo menos obscura? Não sou eu que o nego. Mas sua obscuridade teórica não poderia anular sua função sistemática, o fato de que essa função seja essencial para a definição da utopia e de suas determinações ético-políticas.

Mas não é só. É evidente que é impossível aceitar uma solução subjetivista do problema do atributo — ou antes, se (estando excluída toda determinação puramente fenomênica, como procuramos demonstrar) a face subjetiva do atributo só pode ser considerada como o revelador do problema da articulação do absoluto, como índice da emergência da consciência, e portanto como hipóstase determinada da duplicação utópica —, então deve-se concluir daí que a solução inversa do problema é igualmente inaceitável. O atributo é a força produtiva da substância, só uma interpretação objetiva e dinâmica pode explicar sua natureza — dizem.[48]

E é preciso acrescentar logo que esta leitura, em certos aspectos, se calca em traços fundamentais do sistema de Espinosa. É a potência, é a potência do ser, é a extensão infinita da causalidade produtiva que são colocadas aqui no centro da reflexão. A esse respeito, vimos também com que continuidade Espinosa traça a longa cadeia do ser através da análise da expressão do atributo, como essa expressão vive ao ritmo dos graus de solidificação substancial manifestados em diversos níveis pela potência. Apenas, é aqui que começa o problema: começa quando o processo emanativo — ou antes, o processo que inegavelmente se ressente dessa tradição filosófica — consegue ser inteiramente projetado na tela da existência do mundo: e a espontaneidade do ser junta-se aqui à totalidade da potência, na difusão múltipla da causalidade produtiva sobre todas as coisas existentes. O paradoxo do ser se reabre aqui, e não é a teoria da objetividade do atributo que pode servir para explicá-lo: pelo contrário, ela o nega. Nada de desconcertante até aqui: esta interpretação antecipa, indevidamente, conclusões que também serão as nossas.[49] Mas há também nessa antecipação uma intolerável negação de outro aspecto que é absolutamente específico desta fase do pensamento de Espinosa: e é o reaparecimento contínuo de uma força que leva a um fechamento do sistema — e portanto também das coisas produzidas, e no entanto dotadas de potência — para dentro do sistema, para seu centro produtivo. A interpretação objetivista do atributo, como função que qualifica a substância e a desenvolve na determinação, não capta a reação centrípeta da determinação. A espontaneidade é explicada como tal, é-lhe retirado o sabor da utopia — que consiste exatamente nisso, no fato de que a espontaneidade quer a organização e a encontra através do movimento do atributo. Na interpretação objetivista, o atributo desempenha o papel de intermediário do absoluto, mas somente numa direção centrífuga: e o retorno do sistema sobre si mesmo, a alegria da utopia, tudo isto é deixado de lado. A ordem constitutiva do ser acaba assim sendo vista só em termos emanativos: o que é, antes de tudo, contraditório com o próprio desenrolar da argumentação, onde a coisa — resultado último do processo — não é essência degradada, oscilante sobre o nada de um limite negativo da expressão metafísica, mas participa, pelo contrário, de um horizonte de potência, de um ser pleno. Mas essa atitude é principalmente contraditória em relação ao espírito do sistema que, em termos intercambiáveis e versáteis, sempre qualifica as expressões do ser reconduzindo-as à substância primeira, e só define esta como causa primeira enquanto ela é a totalidade do real.

É tempo de concluir esta reflexão sobre o atributo. Voltemos à Proposição XIX: "Deus, ou seja, todos os atributos de Deus são

Primeira fundação

eternos. Demonstração: Deus é, com efeito, uma substância que existe necessariamente, ou seja, a cuja natureza pertence o existir, ou (o que vem a dar no mesmo) de cuja definição se segue que ele existe, e assim ele é eterno. Além disso, deve-se entender por atributos de Deus aquilo que exprime a essência da substância divina, ou seja, aquilo que pertence à substância: é isto mesmo, digo, que os atributos devem envolver. Ora, a eternidade pertence à natureza da substância; assim cada um dos atributos deve envolver a eternidade, e assim todos são eternos. Escólio: Esta Proposição torna-se ainda muito evidente pela maneira como demonstrei a existência de Deus. Segue-se como efeito desta demonstração que a existência de Deus, como sua essência, é uma verdade eterna. Além disso, demonstrei a eternidade de Deus também de outro modo, e não há necessidade de reproduzir aqui aquele raciocínio".[50] Ora, o que é mais relevante aqui são os seguintes elementos, que podem também ser um resumo de nossa discussão: 1) O atributo pertence à substância, possui uma identidade ontológica com ela. 2) A identidade entre substância e atributos não comporta, no entanto, reciprocidade formal do atributo da substância: a substância é uma infinidade de atributos. 3) O atributo é então uma abertura da e na substância; não encontra nem eminência nem degradação em sua determinidade, mas somente uma participação na versatilidade do ser total — o que é bem claramente demonstrado pelo Escólio da Proposição XIX, onde o ritmo das provas da existência de Deus é diretamente aplicado ao atributo.[51] Mas se esta é a determinação do atributo, a justeza da definição estrutural deve logo se abrir para a identificação da ambiguidade de sua colocação sistemática. O atributo deveria organizar a expansividade do ser: na realidade apenas a revela. O atributo deveria ordenar o conjunto das potências: na realidade apenas as relaciona. É portador de uma indicação de dever ser, de normatividade ontológica: mas esta não é demonstrada, é apenas dita, hipostatizada. Desse ponto de vista, depois dessa primeira camada da *Ética*, a figura do atributo nos aparecerá em vias de extinção: na medida em que a *Ética* se abre ao problema da constituição enquanto tal, a função do atributo se tornará cada vez mais residual.[52] Com efeito, a filosofia de Espinosa evolui para uma concepção da constituição ontológica que, voltando-se para a materialidade do mundo das coisas, elimina aquele substrato metafísico ambíguo, que os resíduos emanacionísticos, embora transferidos para a nova cultura, não deixam de reter. Substrato ambíguo e no entanto necessário: necessário para fixar no horizonte da espontaneidade do ser um critério de organização. Erro, hipóstase, enigma? Não mais do que nos mostra o funcionamento material das instituições do mundo burguês desde os tempos de sua origem — séculos obscuros ou idade de ouro, pouco importa: a superposição de uma ordem criadora de valor ao tecido das relações internas à produção. A utopia espinosista lê e interpreta este mundo, mas tenta sobretudo lhe impor uma racionalidade. Enquanto esse horizonte é assumido pela filosofia, o atributo é que deve organizá-lo. Esse tipo de pensamento tem necessidade vital de contradições e de paradoxos. Até que, revelando-se a verdadeira razão deles, empurrando-se a razão contra a hipóstase, a crítica volta a agir: mas ela revela também a crise desse horizonte ontológico.

3. O PARADOXO DO MUNDO

"Entendo por modo as afecções de uma substância, ou seja, aquilo que existe em outra coisa, por meio da qual é também concebido."[53] Como se organiza este "*quod in alio est, per quod etiam concipitur*" no fluxo infinito da produção? O problema do critério de organização deve chegar a se confrontar com o mundo: e aqui mesmo é que teremos a prova da impossibilidade, para aquele critério de organização já definido, de sustentar o peso do mundo. As formas metafísicas da mediação espontânea enfrentam a irredutibilidade do modo, do mundo dos modos. Que fique bem claro: o livro II da *Ética* só faz anunciar as condições da crise. E, repito, são as condições de um posterior salto para a frente, de uma reformulação do problema a um nível superior: a valoração da crise se dá em termos positivos, através do deslocamento do projeto. Seja como for, essas condições agora são dadas, e aparecem em particular nas premissas e nas primeiras Proposições do livro II, onde é focalizado o problema metafísico do mundo. É o último

Primeira fundação
129

trecho da metafísica de Espinosa, é a exposição de sua física, preliminares essenciais da ética.

O que é o mundo, então? "Por realidade e perfeição entendo a mesma coisa":[54] por princípio, a existência do mundo então não tem necessidade de nenhuma mediação para ser ontologicamente validada. E essa validade ontológica do existente tem a amplitude e o dinamismo do horizonte da singularidade. Em si, na singularidade corporal: "Entendo por corpo um modo que exprime de maneira certa e determinada a essência de Deus, enquanto esta é considerada como coisa extensa".[55] Essencialmente, isto é, na singularidade das relações que definem cada coisa em particular: "Digo que pertence à essência de uma coisa aquilo que, se é dado, a coisa necessariamente é posta, e se é suprimido, a coisa necessariamente é suprimida; ou ainda, aquilo sem o qual a coisa não pode ser nem ser concebida e que, vice-versa, sem a coisa não pode ser nem ser concebido".[56] E enfim coletivamente, na unidade de várias ações concorrendo juntas para um mesmo fim: "Por coisas singulares entendo as coisas que são finitas e têm um existência determinada. Que se vários indivíduos concorrem para uma mesma ação de tal modo que todos sejam ao mesmo tempo causa de um mesmo efeito, considero-os todos, sob esse ponto de vista, como uma mesma coisa singular".[57] O mundo é então o conjunto versátil e complexo das singularidades. A axiomática do livro II destaca isso muito claramente: as características de alta formalidade metafísica que qualificavam a axiomática da parte I (um formulário para a argumentação ontológica). Mais que uma expressão da forma do ser, a axiomática do livro II é uma descrição, um aprofundamento da analítica da singularidade: "I. A essência do homem não envolve a existência necessária, isto é, segundo a ordem da natureza, tanto pode acontecer que este ou aquele homem exista, quanto que não exista"; "Sentimos que um certo corpo é afetado de muitos modos"; "V. Não sentimos nem percebemos outras coisas singulares que não os corpos e os modos de pensar".[58] Esses Axiomas, na medida em que não exprimem critérios formais do raciocínio, mas antes definições substanciais do nexo das singularidades, deveriam ser chamados "postulados", como no livro III, na mesma articulação de colocação argumentativa — e isso acontece porque a ideia de conexão ontológica formal já se deslocou materialmente no mecanismo produtivo do sistema, ou seja, está posta no horizonte — primeiro ou último: este é o problema — de sua produtividade. De qualquer maneira, no terreno da emergência singular.

Mas então o mundo da singularidade não exige mediação? Será que a presencialidade existencial do modo é suficiente para si mesma? Mas então a instrumentação lógico-metafísica através da qual este mundo parece ter sido gerado é pura e simples maquinação? Este problema salta imediatamente aos olhos: logo se evidencia aquela instabilidade que o livro I da *Ética* havia expressado tão fortemente. Quando a ênfase é posta no modo, quando a análise se volta para a singularidade, com o amor que uma ascese revolucionária sente por ela, pelo movimento e pela luta que dela emanam, o enigma da mediação da espontaneidade deve ser ele mesmo problematizado. E encontramo-nos assim desde já, desde as Definições e Axiomas do livro II, diante de uma duplicação do horizonte existencial: de um lado, já vimos, o mundo da singularidade; de outro, o da mente, do intelecto, do pensamento. Duplicação que é contraposição. "II. O homem pensa."[59] "III. Não se dão modos de pensar, tais como o amor, o desejo ou qualquer outro que possa ser designado pelo nome de afeto do ânimo, se não se der no mesmo indivíduo uma ideia da coisa amada, desejada etc. Mas a ideia pode ser dada sem que seja dado nenhum outro modo de pensar."[60] Sublinhemos este versículo: "Mas uma ideia pode ser dada sem que seja dado nenhum outro modo de pensar"; é a especificação da independência do pensamento, da mediação, da exigência de uma organização do infinito. "Entendo por ideia um conceito da mente, que a mente forma porque é uma coisa pensante." "Entendo por ideia adequada uma ideia que, enquanto é considerada em si, sem relação com o objeto, possui todas as propriedades ou denominações intrínsecas da ideia verdadeira."[61] Mas aqui a ambiguidade da parte I se fez contradição. O início do livro II é a colocação de uma contradição. O mundo *"sub specie aeternitatis"* e o mundo *"sub specie libertatis"* se encontram fixados num emaranhado alternativo. O ponto de partida do livro II da *Ética* nos propõe como alternativa aquilo que o livro I havia vivi-

Primeira fundação

do como uma ambiguidade. Por quê? Porque a realidade viva da utopia exige que os dois polos se deem com toda sua intensidade: ora, aquilo que tinha sido pressuposto como sintético se apresenta como crise, mas é mais porque a realidade da polaridade foi avaliada do que pelo fato de que a síntese esteja expressamente em crise. O que começa a configurar-se como crise é aqui a espontaneidade da convergência das duas tensões: mas tudo isto se dá de maneira vaga, não expressamente percebida, quase a despeito da vontade sistemática. E no entanto a utopia, desdobrando-se, devia chegar até lá. E mesmo aqui, a utopia não entra em crise porque perderia seu vigor intrínseco, mas porque se encontra confrontada com outras séries de fatos, ou melhor, com a série dos fatos que haviam sido hipostasiados nela.[62] Seja como for, o problema está colocado. A espontaneidade do processo não serve mais para mostrar a força centrífuga da substância e a centrípeta do modo como elementos superpostos e concordantes. Sua relação é problema. O mundo é paradoxo da alteridade e da coincidência; substância e modo se quebram uma sobre o outro, e vice-versa.[63]

A argumentação propriamente dita do livro II da *Ética*, que começa com as Proposições, parte do problema que acabamos de definir, ainda implícito nas Definições e nos Axiomas. As Proposições aqui consideradas (I a XIII do livro II) referem-se à dedução da essência do homem.[64] Dentro deste campo determinado, o drama metafísico da substância e do modo deveria encontrar seu desfecho. Deve-se dizer que a opção espinosista por uma reconstituição positiva da organicidade da utopia e pela reafirmação de sua feliz espontaneidade é totalmente explícita: mas quantos e quais problemas isso levanta! A argumentação metafísica do livro I nos havia deixado diante dos atributos, como mediação entre os modos e a substância. Mas agora explode o paradoxo: a unificação dos atributos, dos dois atributos ("O pensamento é um atributo de Deus, ou seja, Deus é coisa pensante" contra: "A extensão é um atributo de Deus, ou seja, Deus é uma coisa extensa")[65] cria uma dimensão do mundo que não é hierárquica, mas plana, igual, versátil e equivalente. A essência absoluta, predicada univocamente, refere-se tanto à essência divina — existência de Deus — quanto a todas as coisas que descendem de sua essência. Estamos num ponto fundamental, num ponto em que a ideia de potência — como ordem unívoca, como dissolução de toda mediação e abstração (pois tal é, em contrapartida, a ideia de poder) — passa ao primeiro plano com enorme força. "O vulgo entende por potência de Deus sua vontade livre e seu direito sobre todas as coisas que são, e que, por esta razão, são comumente consideradas contingentes. Deus, diz-se com efeito, tem o poder de destruir tudo e de tudo aniquilar. Além disso, com muita frequência se compara a potência de Deus à dos reis. Mas já refutamos isto [...] e mostramos que Deus age com a mesma necessidade com que se entende a si mesmo; ou seja, como da necessidade da natureza divina se segue (como admitem todos unanimemente) que Deus entende a si mesmo, assim se segue com a mesma necessidade que Deus faz infinitas coisas em infinitos modos. Além disso mostramos [...] que a potência de Deus não é outra coisa senão a essência ativa de Deus; é-nos então tão impossível conceber que Deus não aja quanto que Deus não seja. Além do mais, se eu quisesse continuar a desenvolver estes assuntos, poderia também mostrar aqui que aquela potência que o vulgo imagina em Deus é tão-somente uma potência humana (o que mostra que Deus é concebido pelo vulgo como um homem, ou à semelhança de um homem), mas implica também impotência [...]. Ninguém poderá perceber corretamente o que quero dizer se não tomar cuidado para não confundir a potência de Deus com a potência humana ou o direito dos Reis."[66] Que dizer então? Os próprios atributos — como função de mediação da espontaneidade do ser, entre substância e modos — foram reintegrados num terreno horizontal, em superfície. Não são intermediários do trabalho de organização, têm um lugar subordinado (estão-se extinguindo), num horizonte linear, num espaço onde só emergem as singularidades. E estas não recebem nenhuma mediação, mas simplesmente se colocam em uma imediata relação de produção da substância. "*Potentia*" contra "*potestas*": lembremo-nos deste trecho, como daquele a que alude a Definição VII (sobre a potência da ação coletiva na constituição da singularidade), ele representa a indicação de um dos pontos mais importantes e significativos, como veremos, da filosofia espinosista do porvir. Mas voltemos a nosso assunto. "O ser formal das ideias reconhece Deus

Primeira fundação

como causa somente enquanto este é considerado como coisa pensante, e não enquanto é explicado através de outro atributo. Ou seja, as ideias, tanto dos atributos de Deus quanto das coisas singulares, não reconhecem como causa eficiente os próprios ideados, ou seja, as coisas percebidas, mas o próprio Deus enquanto é coisa pensante."[67] O modo é então o mundo: a causa eficiente, em sua expressão, não exige mediação alguma. "A ordem e a conexão das ideias são a mesma que a ordem e a conexão das coisas."[68] São as singularidades modais que entram aqui diretamente em conexão, determinando um paralelismo que só a procura desesperada de uma coerência do sistema pode ainda tentar ligar com a relação metafísica entre os dois atributos. Com efeito, não se trata de um paralelismo entre os atributos, mas de uma tensão do modo em direção a uma construção unificada e singular de si mesmo.

Nas interpretações mais recentes, mais penetrantes e filologicamente mais fiéis do paradoxo espinosista da substância e do modo, quis-se introduzir neste ponto, para tentar preservar a importância do atributo, uma posterior subdivisão do sistema. Coloquemos que "substância pensante e substância extensa são uma única e mesma substância, compreendida ora sob um atributo, ora sob o outro. Assim também um modo da extensão, e a ideia deste modo, são uma só e mesma coisa, mas expressa de duas maneiras".[69] Encontrar-nos-íamos então diante de um paralelismo que é em primeiro lugar o do pensamento e da extensão — paralelismo fundado sobre uma *ratio essendi*, extracognitiva; por outro lado se dá um paralelismo do modo e da ideia de modo, segundo uma *ratio cognoscendi*, um paralelismo intra-cognitivo que "replica" no plano gnoseológico aquele que é fundado ontologicamente.[70] Mas devemos nos perguntar se é possível, no Espinosa dessa época, separar a ordem gnoseológica da ordem ontológica. É possível anular assim o paradoxo revelado pela relação imediata substância-modo? É lícito negar essa emergência de uma força capaz de reverter a relação metafísica, e, neste caso preciso, da ordem da emanação? Na realidade, não se trata de uma "réplica", mas de uma "redução" da gênese do ser à presença do ser, que se dá na singularidade com formidável potência.[71] Toda tentativa de resistência a essa violência do paradoxo, e da consequente reversão dos termos, se revela incapaz de dar conta, não da coerência, mas da força e da felicidade da primeira formulação do sistema, da primeira camada da *Ética*. À medida que o raciocínio ontológico vai prosseguindo e se aproximando da realidade, ele destrói as estradas, as pontes e cada reminiscência do caminho percorrido. Os atributos e o paralelismo ontológico estão-se extinguindo. Mas o processo não para aqui. Por enquanto, organiza-se aqui sobre aquilo que, desde sempre, constitui o ponto-limite do panteísmo: se Deus é tudo, tudo é Deus. A diferença é considerável: de um lado um horizonte idealista, de outro, um potencial materialista.

O desenvolvimento da utopia espinosista contém então uma tendência para reduzir sobre um plano horizontal o mecanismo de produção metafísica. É incrível a aceleração que Espinosa impõe neste sentido a seu *"prolixum methodum"*. Em poucas Proposições do livro II, esse desenvolvimento se efetua em termos radicais. A complexidade ontológica da substância é rapidamente destrinçada: "A ideia de uma coisa singular existente em ato tem Deus como causa, não enquanto é infinito, mas enquanto é considerado como afetado por outra ideia de coisa singular existente em ato, da qual Deus é causa, enquanto é afetado por uma terceira, e assim por diante até o infinito".[72] Neste terreno da singularidade o infinito extensivo, em processo, o indefinido, não resulta ser contraditório com o infinito intensivo, existente em ato: e assim o fato de que a substancialidade humana se dissolva numa série de conexões singulares não aparece contraditório com sua existência singular. "A primeira coisa que constitui o ser atual da Mente humana não é senão a ideia de uma coisa singular existente em ato."[73] A singularidade não é contraditória com a substancialidade divina, com o infinito como princípio: pelo contrário, ela é tanto mais divina quanto é mais singular, difusa, difusiva — só neste ponto, na verdade, pode ser pensada exclusivamente na divindade. A utopia nunca se recompõe com tanta intensidade quanto no momento em que está a ponto de afirmar sua própria negação! "A Mente humana é uma parte do intelecto infinito de Deus: e assim quando dizemos que a Mente humana percebe esta ou aquela coisa, não dizemos senão que Deus, não enquanto é infinito, mas enquanto se explica pela natureza da Mente humana, ou seja, en-

Primeira fundação

quanto constitui a essência da Mente humana, tem esta ou aquela ideia."[74] O que quer dizer que a constituição da realidade singular é determinada pela insistência da produção divina. Deus é a reversão da transcendência, nem que seja simples transcendência lógica. Deus é o mundo que se constitui. Não há nenhuma mediação: a singularidade é o único horizonte real. Deus vive a singularidade. O modo é o mundo, e é Deus.

A Proposição XIII do livro II da *Ética* representa o limite extremo da dedução paradoxal do mundo na primeira camada do sistema de Espinosa. Com a Proposição XIII, a passagem da metafísica à física se assinala como reversão do horizonte filosófico. "O objeto da ideia que constitui a Mente humana é o Corpo, ou seja, um certo modo, existente em ato, da Extensão, e nada mais."[75] Note-se bem: a reversão é efetiva: da mente existindo em ato, passamos ao corpo existindo em ato. "Segue-se daí que o homem é constituído de Mente e Corpo e que o Corpo humano existe tal como o sentimos."[76] Toda a temática do racionalismo idealista, tão característica do pensamento da Contrarreforma, está reduzida a nada: o materialismo do mundo é fundador, pelo menos tanto quanto a ideia de modo é constitutiva — e essas duas funções se apresentam juntas numa unidade primordial e indissociável, garantida pela ordem substancial do mundo. Então, a corporeidade é fundadora: "Disto compreendemos não apenas que a Mente humana é unida ao Corpo, mas também o que se deve entender por união da Mente e do Corpo. Ninguém entretanto poderá ter dessa união uma ideia adequada, ou seja, distinta, se antes não conhece adequadamente a natureza de nosso Corpo".[77] Ora, o conhecimento do corpo é total e absolutamente físico: o movimento inercial da física de Galileu torna-se a rede de fundação e desenvolvimento do mundo da singularidade.[78] "Axioma I. Todos os corpos ou estão em movimento ou em repouso. Axioma II. Cada corpo se move ora mais lentamente, ora mais rápido."[79] Segue-se a isso que os corpos se distinguem uns dos outros na base das leis e determinações atuais de movimento e repouso, de velocidade e lentidão. A série das relações causais se desdobra sobre um horizonte indefinido de determinações eficientes. "Segue-se daí que um corpo em movimento se move até que seja determinado por outro ao repouso, e que um corpo em repouso permanece assim até que seja determinado ao movimento por outro."[80] Nesse horizonte puramente mecânico, o problema evidentemente é o da forma na qual se colocam as relações de movimento e/ou repouso, de simplicidade e/ou complexidade, para constituir esses conjuntos relativamente estáveis a que chamamos singularidades individuais. Como se forma a *Gestalt*?, poderíamos nos perguntar. E a resposta de Espinosa é absolutamente coerente com a posição mecanicista, e em harmonia com sua recusa em considerar o indivíduo como uma substância: "Quando vários corpos de mesma ou de diferente grandeza são pressionados por outros de modo a aderirem uns aos outros, ou de modo que, se se movem com o mesmo grau ou com graus diferentes de velocidade, comunicam reciprocamente seus movimentos segundo uma certa relação, diremos então que esses corpos estão unidos entre si e que todos juntos compõem um só corpo, ou seja, um Indivíduo, que se distingue dos outros por aquela união de corpos".[81] A forma da individualidade é completamente constituída (e subordinada em seu movimento — que é puramente existencial, ou seja, implica uma resposta não só à pergunta *quid sit*, mas também à pergunta *an sit*) por quantidade, proporções de quantidade e de movimento, direções de quantidade e de movimento. A generalidade desta forma de singularidade é absoluta. "Vemos então com isso em que condição um Indivíduo composto pode ser afetado de muitas maneiras, sem deixar de conservar sua natureza. E até o momento só concebemos um Indivíduo composto apenas por corpos que se distinguem entre eles pelo movimento e o repouso, a velocidade e a lentidão, ou seja, corpos simplíssimos. Se agora concebermos outro, composto por vários Indivíduos de natureza diferente, encontraremos que pode ser afetado de várias outras maneiras, sem deixar de conservar sua natureza. Já que, com efeito, cada parte é composta de vários corpos, cada uma poderá, sem nenhuma mudança de sua natureza, mover-se ora mais lentamente, ora mais rápido, e em consequência comunicar seus movimentos às outras partes, ora mais lentamente, ora mais rápido. Se, além disso, concebermos um terceiro gênero de Indivíduos, composto desses Indivíduos do segundo, encontraremos que pode ser afetado de muitas outras maneiras sem

Primeira fundação

nenhuma mudança em sua forma. E continuando assim até o infinito, conceberemos que a Natureza inteira é um Indivíduo cujas partes, isto é, todos os corpos, variam de uma infinidade de maneiras, sem nenhuma mudança do Indivíduo inteiro."[82]

Bem, o tecido da utopia se desenvolveu completamente em suas extremas alternativas internas. O fluxo da emanação, de onde partira a análise,[83] desenvolveu-se em força constitutiva sincrônica, estrutural: a função de continuidade e de organização do atributo veio-se extinguindo diante do aprofundamento do paradoxo do modo — consistente em sua capacidade (e tensão) fundadora do mundo, no movimento do microcosmo individual para o macrocosmo. As extremas alternativas (da totalidade espontânea da divindade e da multiplicidade indefinida do movimento causal) convivem numa oposição cuja complementaridade só é garantida por seu caráter absoluto. A polaridade só é resolvida na base do caráter absoluto do contraste. Do ponto de vista do lugar desse avanço espinosista na polêmica científica de seu tempo, é bastante claro que o mecanicismo é tomado aqui como forma de verdade do mundo. Mas é na forma paradoxal em que se coloca o problema do mecanicismo que reside a irredutível originalidade da abordagem espinosista: com efeito, contrariamente ao que ocorre com os mecanicistas puros ou em Descartes,[84] o mecanicismo, aqui, não é elemento de uma construção linear do mundo, como para os primeiros, nem o tecido sobre o qual se exerce, mediatizando-se — ao lado do encadeamento infinito das causas — o comando da infinita potência divina, como para o outro. Em Espinosa, o mecanicismo é dado ao mesmo tempo como base e como limite do modo de produção: é a própria colocação do mecanicismo na base do modo de produção que comprova seu limite. Limite que consiste na necessidade — revelada pela atual insuficiência da síntese paradoxal — de transferir o procedimento causal da ordem da constituição sincrônica, estrutural, sobre a qual até aqui se tem exercido, para a função de força constitutiva no sentido próprio, diacrônica, organizadora do mundo e do próprio absoluto. A força revolucionária da utopia espinosista atingiu o limite da posição absoluta, do máximo aprofundamento analítico de uma totalitária determinação de compatibilidade entre todos os seus componentes historicamente constitutivos. Esse caráter absoluto agora assumiu características de tensão sobre-humana, como se, depois de uma longa acumulação de forças, uma terrível tempestade estivesse para estourar. Um trabalho de síntese extraordinariamente complexo, compreendendo todas as coordenadas revolucionárias do século, foi englobado na imagem do absoluto e das alternativas de que este é portador. Esse conjunto de diversos planos do ser foi reduzido a um só plano do ser, e posto sob tensão. O horizonte do mecanicismo tornou-se uma condição absoluta de abertura ontológica. E de liberdade? "Passo agora à explicação das coisas que tiveram necessariamente que se seguir à essência de Deus, ou do Ser eterno e infinito. Entretanto não tratarei de todas [...]; explicarei apenas aquelas que podem nos conduzir, como que pela mão, ao conhecimento da mente humana e de sua felicidade suprema":[85] assim começava o livro II. Efetivamente, o paradoxo do mundo deve amadurecer em paradoxo da liberdade.

NOTAS

[1] *Ética* I, Definições 1, 3, 6 e 8 (G., II, pp. 45-46; P., pp. 309-310).

[2] Cf. a este respeito M. Gueroult, *op. cit.*, I, pp. 25-26, 33 e 35, onde essas características do método espinosista estão evidenciadas, e principalmente a oposição delas às posições metodológicas de Hobbes e de Descartes.

[3] *Ética* I, Axiomas 1-7 (G., II, pp. 46-47; P., p. 311).

[4] *Carta* IX (G., IV. p. 43; P., p. 1088); cf. também *Carta* IV (G., IV. pp. 12-14; P., pp. 1066-1068).

[5] M. Gueroult, *op. cit.*, t. I, p. 90 sq. nota com razão que esse conjunto axiomático agrupa proposições de espécies diferentes, de origens diferentes e de valores lógicos diferentes. Está claro que satisfazemo-nos aqui em destacar o caráter sistemático da axiomática.

[6] G. W. F. Hegel, *Wissenchaft der Logik*, *S.W.*, Edição G. Lasson, vol. IV, p. 165.

[7] Tal é por exemplo a opinião de G. Gentile em seu Prefácio à edição bilíngue (italiano-latim) da *Ética* (*Ethica*, trad. de G. Durante, notas de G. Gentile, revistas e aumentadas por G. Radetti, Florença, Sansoni, 1963). Ver também a posição de Alquié, evocada acima.

Primeira fundação

[8] Reunindo o conjunto do material filosófico produzido por Espinosa, M. Gueroult (*op. cit.*, t. I, pp. 14-15, *nota*) pensa poder concluir que a primeira redação da *Ética* (pelo que é dito a respeito na *Carta* XXVIII a Bouwmeester, escrita em 1665) teria sido constituída da seguinte maneira: uma Introdução compreendendo a matéria das Partes I e II: *De Deo, de Natura et Origine Mentis*, ou Metafísica; uma Primeira Parte, correspondente às partes III e IV da redação definitiva, isto é, a servidão da alma, ou Psicologia; e uma Segunda Parte, a da liberdade da alma, ou *Ética*, correspondente à atual quinta parte.

[9] Houve diversas tentativas de análise estrutural da *Ética*. A mais aventurosa (contendo aliás elementos extremamente interessantes) me parece ser a proposta por A. Matheron, *Individu et communauté chez Spinoza*, Paris, 1969.

[10] G. Deleuze, em apêndice ao vol. cit., expõe um "estudo formal do plano da *Ética* e do papel dos Escólios na realização desse plano: as duas *Éticas*" (pp. 313-322). Uma análise formal dos caracteres filosóficos dos Escólios (positivo, ostensivo e agressivo) o leva à conclusão seguinte: "Há então como que duas *Éticas* coexistentes, uma constituída pela linha ou o fluir contínuo das Proposições, Demonstrações e Corolários, a outra, descontínua, constituída pela linha partida ou a cadeia vulcânica dos Escólios. Uma, com rigor implacável, representa uma espécie de terrorismo da cabeça, e progride de uma Proposição para a outra sem se preocupar com as consequências práticas, elabora suas *regras* sem se preocupar em identificar os *casos*. A outra recolhe as indignações e as alegrias do coração, manifesta a alegria prática e a luta prática contra a tristeza e se exprime dizendo "é o caso". Neste sentido a *Ética* é um livro duplo. Pode ser interessante ler a segunda *Ética* por sob a primeira, saltando de um Escólio para o outro" (p. 318).

[11] *Carta* II (G., IV, pp. 7-8; P., p. 1061).

[12] *Ética* I, Definição III; Proposição VI (G., II, p. 45 e 48; P., p. 310 e 313).

[13] *Ética* I, Proposição VIII, Escólio II (G., II, p. 50; P., p. 315).

[14] *Ética* I, Proposição VIII, Escólio I (G., II, p. 49; P., p. 314).

[15] *Ética* I, Proposição VII (G., II, p. 49; P., p. 313).

[16] *Ética* I, Proposição VII, Demonstração (G., II, p. 48; P., p. 313).

[17] *Ética* I, Proposição IX (G., II, p. 51; P., p. 316).

[18] *Ética* I, Proposição VIII (G., II, p. 49; P., p. 313).

[19] Analisaremos estas Proposições na segunda parte deste capítulo. Convém entretanto ter em mente o plano do livro I da *Ética* proposto por M. Gueroult (*op. cit.*, t. I, p. 19). A primeira seção (Proposições 1 a 15) é dedi-

cada à *construção da essência de Deus*, e se divide por sua vez em duas: a) Dedução dos elementos da essência de Deus, a saber, das substâncias de um só atributo (Proposições I a VIII); b) Construção da essência de Deus pela integração das substâncias de um só atributo em uma substância constituída de uma infinidade de atributos, existindo por si, indivisível e única (Proposições IX a XV). A segunda seção é dedicada à *dedução da potência de Deus* (Proposições XVI a XXIX) e se divide igualmente em duas subseções: a) Dedução de Deus como causa ou Natureza Naturante (Proposições XVI a XX); b) Dedução de Deus como efeito ou Natureza Naturada (Proposições XXI a XXIX). A terceira seção deduz Deus como *identidade de sua essência e de sua potência*, e a necessidade subsequente tanto de seus efeitos quanto do modo de sua produção (Proposições XXX a XXXVI).

[20] *Ética* I, Proposição XI (G., II, p. 52; P., p. 317).

[21] *Ética* I, Proposição XI, Escólio (G., II, p. 54; P., p. 319).

[22] *Ética* I, Proposição XIII, Demonstração (G., II, p. 55; P., p. 321).

[23] *Ética* I, Proposições XIV e XV (G., II, P. 56; P., p. 322).

[24] Sobre a univocidade do ser em Espinosa, cf. sobretudo o livro de Deleuze.

[25] *Ética* I, Proposição XV, Escólio (G., II, p. 60; P., p. 326).

[26] *Ética* I, Proposição XI, Demonstrações e Escólio (G., II, pp. 52-54; P., pp. 317-320).

[27] *Ética* I, Proposições XVI (G., II, p. 60; P., p. 327).

[28] *Ética* I, Proposições XVI, Corolários I, II e III (G., II, pp. 60-61; P., p. 327).

[29] *Ética* I, Proposição XVIII (G., II, p. 63; P., p. 331).

[30] *Ética* I, Proposição XXV (G., II, p. 67; P., p. 335).

[31] *Ética* I, Definição IV (G., II, p. 45; P., p. 310).

[32] *Ética* I, Proposição XXI (G., II, p. 65; P., p. 332).

[33] *Ética* I, Proposição XXII (G., II, p. 66; P., p. 334).

[34] *Ética* I, Proposição XXIII (G., II, p. 66; P., p. 334).

[35] *Ética* I, Proposição XXVII (G., II, p. 68; P., p. 336).

[36] *Ética* I, Proposição XXXIV, Demonstração (G., II, p. 77; P., p. 345).

[37] *Ética* I, Proposição XXXV (G., II, p. 77; P., p. 345).

[38] *Ética* I, Proposição XXXVI (G., II, p. 77; P., p. 346).

[39] Além das bibliografias dadas em qualquer manual bem-feito, cf., a respeito da polêmica secular em torno da filosofia de Espinosa, e em parti-

cular em torno da interpretação dos atributos, as três mais completas entre as bibliografias recentes: *The Spinoza Bibliography*, organizada por A. S. Oko, Boston, 1964; *A Spinoza Bibliography*, 1940-1967, organizada por J. Wetlesen, Oslo, 1967; J. Préposiet, *Bibliographie spinoziste*, Besançon-Paris, 1973. Sobre a temática do atributo, deve-se ter em mente pelo menos o velho manual de De Ruggiero, particularmente útil porque situado inteiramente dentro da problemática idealista.

[40] Remeto aqui ao livro várias vezes mencionado de L. Kolakowski, a cujas teses ainda será necessário voltar; em particular, veremos, às páginas em que ele assinala a presença de influências quiliásticas sobre os membros do "círculo espinosista", e, mais geralmente, de posições análogas nos meios ascéticos da segunda Reforma holandesa. Sobre a definição dos atributos (e a temática dos nomes da divindade) no *Breve tratado*, cf. *supra*, cap. II, primeira parte, e a bibliografia dada nas notas (em particular as remissões a Gueroult). Será medida a distância que separa o ascetismo dos círculos holandeses do misticismo de todas as tradições, católica, reformada ou hebraica, a despeito de uma temática comum, a dos nomes da divindade, analisando, por exemplo, a *contrario*, a temática dos nomes da divindade em Juan de la Cruz (cf. a Introdução de G. Agamben à edição italiana de suas *Poesie*, Turim, 1974).

[41] *Carta* IV (G., IV, p. 13; P., p. 1066). Essa observação nos vem de L. Robinson, *Kommentar zu Spinozas Ethik*, Leipzig, 1928, pp. 63-63, 136-137 e 150-153.

[42] *Ética* I, Proposição XIX (G., II, p. 64; P., p. 331). A respeito da controvérsia sobre o atributo, a análise mais completa, entre as obras recentes, é a de M. Gueroult, *op. cit.*, t. I. pp. 426-461. Ele fornece também toda a bibliografia desejável, minuciosamente comentada, e isto até os comentários mais recentes: particularmente importante é a leitura feita por Gueroult da obra de Wolfson, a ser considerada sobre mais de um aspecto como um trabalho fundamental entre as interpretações recentes de Espinosa. Sobre a interpretação subjetivista do atributo em Espinosa, de origem diretamente hegeliana, cf., com diversas nuances, as obras de J. E. Erdmann, Rosenkranz, Schwengler, E. von Hartmann, Ulrici, Pollock, Constantin Brunner, Wolfson etc.

[43] Foi principalmente H. A. Wolfson (*The Philosophy of Spinoza*, Cambridge [Mass.], 1934) que insistiu nesse ponto. Foi possível dizer que a importância da obra de Wolfson, entre os estudos sobre a filosofia judaica da Idade Média e suas influências sobre a filosofia moderna, era comparável à dos trabalhos de E. Gilson sobre a Idade Média cristã e suas influências sobre a filosofia moderna.

[44] M. Gueroult, *op. cit.*, t. I, p. 459. Mas sobre o mesmo assunto, cf.

igualmente, no mesmo volume, pp. 562-563, apêndice se referindo a uma análise de A. Koyré (*Revue de métaphysique et de morale*, 1951, p. 50 sq., repetido em *Etudes d'histoire de la pensée philosophique*, pp. 93-102).

[45] A análise mais completa da interpretação hegeliana de Espinosa se encontra agora na obra várias vezes mencionada de P. Macherey. Lá se encontrarão os textos mais importantes da intervenção crítica hegeliana, devidamente verificados e comentados.

[46] Sobre a tradição historiográfica hegeliana referente ao pensamento de Espinosa, cf. M. Gueroult, *op. cit.*, t. I, pp. 462-468.

[47] *Carta* IX (G., IV, pp. 44-45; P., pp. 1089-1090).

[48] Sobre este ponto, a posição de K. Fischer é fundamental (*Geschichte der neuren Philosophie*, I Bd., 2 Th., 3 ed., 1880, p. 356).

[49] Cf. *infra*, cap. V sq. (particularmente o cap. VII).

[50] *Ética* I, Proposição XIX, Demonstração, Escólio (G., II, p. 64; P., pp. 331-332).

[51] Tais são igualmente as conclusões de Macherey, *op. cit.*, pp. 97-137, e em grande parte também as de Deleuze, *op. cit.*, cap. II e III, e principalmente cap. V. Não há nada a acrescentar às conclusões a que chegam esses autores, fora alguma pequena ressalva: a respeito não tanto do conteúdo do que dizem quanto da total ausência neles de qualquer abordagem histórica da obra de Espinosa.

[52] Cf. *infra*, desde a terceira parte deste capítulo, sobre a abertura da problemática da extinção do atributo.

[53] *Ética* I, Definição V (G., II, p. 45; P., p. 310).

[54] *Ética* II, Definição VI (G., II. p. 85; P., p. 355).

[55] *Ética* II, Definição I (G., II, p. 84; P., p. 354).

[56] *Ética* II, Definição II (G., II, p. 84; P., p. 354).

[57] *Ética* II, Definição VII (G., II, p. 85; P., p. 355).

[58] *Ética* II, Axiomas I, IV e V (G., II, pp. 85-86; P., pp. 355-356).

[59] *Ética* II, Axioma II (G., II, p. 85; P., p. 355).

[60] *Ética* II, Axioma III (G., II, pp. 85-86; P., p. 356).

[61] *Ética* II, Definições III e IV (G., II, pp. 84-85; P., pp. 354-355).

[62] Evidentemente não pensamos nos enfronhar numa discussão relativa aos caracteres do pensamento utópico. No que me toca, tenho entretanto em mente a filosofia crítica da utopia elaborada por A. Doren, "Wunschräume und Wunschzeite", in *Vorträge der Bibliotek Warburg*, Berlim, 1927; E. Bloch, *Thomas Münzer, théologien de la Révolution*, trad. franc., nova edi-

Primeira fundação

ção, Paris, 1975; e, naturalmente, Horkheimer-Adorno, *La dialectique de la raison*, trad. franc., Paris 1974. Para uma discussão geral: *Utopie, Begriff und Phänomen des Utopischen*, organizado por A. Neusüss, Neuwied-Berlim, 1968.

[63] E. Bloch, *Le principe espérance*, trad. franc., Paris, 1976, viu bem que esse problema constituía um momento importante do sistema espinosista, mas preferiu renunciar às intuições que sua filosofia da esperança poderia permitir levar mais adiante, para ligar aquele momento de síntese contraditória presente em Espinosa a uma tradição interpretativa de forte coloração hegeliana.

[64] Claro que tenho em mente o comentário de M. Gueroult, *op. cit.*, t. II, a quem devo esta definição da parte formada pelas treze primeiras Proposições do livro II. Além do comentário de L. Robinson, fundamental também, terei ainda constantemente no espírito o comentário de Gueroult ao analisar o resto do livro II (*infra*, terceira parte do cap. IV).

[65] *Ética* II, Proposições I e II (G., II, p. 86; P., pp. 356-357).

[66] *Ética* II, Proposição III, Escólio (G., II, pp. 87-88; P., p. 357).

[67] *Ética* II, Proposição V (G., II, p. 88; P., p. 358).

[68] *Ética* II, Proposição VII (G., II, p. 89; P., p. 359).

[69] *Ética* II, Proposição VII, Escólio (G., II, p. 90; P., p. 360).

[70] Esta ideia de "réplica" constitui principalmente o fio condutor da interpretação de Gueroult. Aqui começamos a crítica a ela, mas voltaremos ao assunto a respeito da conclusão do livro II da *Ética*.

[71] Tanto G. Deleuze quanto P. Macherey nos parecem estar de acordo com isso.

[72] *Ética* II, Proposição IX (G., II, pp. 91-92; P., p. 362).

[73] *Ética* II, Proposição XI (G., II, p. 94; P., p. 365).

[74] *Ética* II, Proposição XI, Corolário (G., II, pp. 94-95; P., pp. 365-366).

[75] *Ética* II, Proposição XII (G., II, p. 96; P., p. 367).

[76] *Ética* II, Proposição XIII, Corolário (G., II, p. 96; P., p. 367).

[77] *Ética* II, Proposição XIII, Escólio (G., II, p. 96; P., p. 367).

[78] Sobre esta Proposição XIII, cf., de uma maneira geral, M. Gueroult, *op. cit.*, t. II, pp. 103-190; A. Rivaud, "Physique de Spinoza", in *Chronicum Spinozanum*, IV, pp. 24-57; S. Von Dunin-Borkowski, "Die Physik Spinozas", in *Septimana Spinozana*, Haia, 1933. Em primeiro lugar, naturalmente, o art. cit. de Lécrivain.

[79] *Ética* II, Proposição XIII, Axiomas I e II (G., II, p. 97; P., p. 368).

[80] *Ética* II, Proposição XIII, Corolário do Lema III (G., II, p. 98; P., pp. 369-370).

[81] *Ética* II, Proposição XIII, Definição (G., II, pp. 99-100; P., p. 371).

[82] *Ética* II, Proposição XIII, Escólio do Lema VII (G., II, pp. 101-102; P., pp. 372-373).

[83] É principalmente P. Di Vona (*op. cit.*, p. 582) que insiste na presença de resíduos neoplatônicos na definição do modo. O que é inteiramente pertinente.

[84] Sobre a questão do mecanicismo e da interpretação cartesiana do mecanicismo, permito-me remeter às obras várias vezes mencionadas de Borkenau, assim como a meu *Descartes politico*. É necessário lembrar, além disso, contra as interpretações de J. Elster, *op. cit.* (em particular p. 33, 71-72 e *passim*), que é justamente em Espinosa que as duas grandes tensões internas do mecanicismo (atomismo e vitalismo) chegam pela primeira vez a uma síntese. Descartes e Leibniz, representantes das duas orientações opostas da época: tal é a visão de Elster. Que acrescenta que não há lugar para Espinosa nesse confronto. Claro: Espinosa não pode ser classificado no âmbito específico de um confronto cultural determinado, pois seu pensamento se situa bem mais além dessa polêmica, seu pensamento está calcado no movimento progressivo da realidade — do desenvolvimento do capitalismo primeiramente, de seu antagonismo determinado em seguida. Numa primeira fase, o pensamento de Espinosa assume com confiança e de maneira mítica a plenitude da relação entre mecanicismo e concepção vitalista da potência; numa segunda fase, Espinosa pressupõe essa unidade, que ele volta em direção a um processo de constituição. A especificidade do debate sobre o uso capitalista da ciência, claramente analisada por Elster no que se refere ao século XVII, é ao mesmo tempo pressuposta e ultrapassada pelo "mecanicismo" espinosista.

[85] *Ética* II, nota servindo de prefácio (G., II, p. 84; P., p. 354). Sobre o sentido e o alcance do projeto exposto nessa nota, cf. M. Gueroult, *op. cit.*, t. II, p. 9.

Primeira fundação   145

Capítulo IV
A IDEOLOGIA E SUA CRISE

1. O ESPINOSISMO COMO IDEOLOGIA

Na história do pensamento político moderno e contemporâneo, Espinosa aparece, ou antes ressurge de vez em quando, como alguém que contribui para a fundação (não tanto — mas também — do pensamento liberal ou do pensamento socialista quanto) da ideologia burguesa. Quero dizer ideologia burguesa enquanto a considero, para além de suas formas sucessivas de organização política, como o fundamento e a estrutura da ideia de mercado, essa mistificação eficaz da organização social com vistas à produção. Desse ponto de vista, poderíamos falar sem mais rebuços da tradição espinosista como de um verdadeiro componente constitutivo da ideologia capitalista: mas é melhor se mostrar mais prudente, pois se é inegável que elementos propriamente capitalistas estão incluídos na transposição ideológica do pensamento de Espinosa, assim mesmo a função da ideologia é mais nuançada e mais articulada.

Vimos que o projeto do círculo espinosista e a primeira camada da *Ética* são representativos da utopia revolucionária da burguesia. A maturidade e a anomalia do desenvolvimento dos Países Baixos permitem que a utopia se dê sob uma forma que, do ponto de vista da complexidade e da potência, ultrapassa de longe todas as tentativas anteriores, sem deixar de se manter na esteira e repetindo a intensidade do pensamento humano do Renascimento. A rede lógica da utopia se estende sobre a determinação da correspondência entre totalidade e multiplicidade. A opção decisiva — o *Kunstwollen* por assim dizer — que constitui a utopia fixa a correspondência lógica sob a forma de uma homologia ideal, de uma hipóstase. Mas não resolve o problema — pois, até, os termos da correspondência compreendem (como tentamos demonstrar) tendências totalitárias, implicam a potencialidade de uma oposição absoluta, acima da extremização do horizonte da totalidade e do radicalismo da multiplicidade. A utopia é transgredida, mesmo se sua força lhe vem dessa transgressão. De modo que toda mediação organizadora é cancelada, e a temática neoplatônica, de qualificação hierárquica do processo, se extingue. De modo que, por outro lado, a utopia se encontra exposta a uma verificação, interna e externa, de sua própria efetividade e, na tensão absoluta que a constitui, compreende em si mesma e alude à potência de sua própria negação e de sua própria superação (de qualquer modo, não dialética!).

A ideologia anula tudo isso. A utopia espinosista é assumida exatamente por aquilo que ela nega: representam-na como modelo de organização.[1] Aquela correspondência antagonística do real que em Espinosa cresce cada vez mais até se fixar como enigma da homologia da totalidade, para depois se reabrir necessariamente à verificação do real, à dissolução prática do enigma — aquela mesma correspondência homóloga e enigmática é assumida como valor. Como critério de validação, como figura de organização. É a ideia de mercado. De um horizonte real que interpreta o milagre da transformação das forças produtivas em relações de produção determinadas, dos vínculos de organização em relações de comando, das singularidades e liberdades em totalidades e necessidades, da matéria em valor. Esse horizonte é a troca: não uma troca versátil e livre, como a descrita pelo ser mecânico de Espinosa, mas uma troca como valor, como hierarquia, como comando — tal é o ser descrito pelo espinosismo. O determinismo se coloca sob o signo da mediação: do trabalho da multiplicidade ao valor da totalidade. É sobre esta ideia de mercado, da mistificação das relações reais contida nesta ideia, que se organiza a ideologia panteísta da tradição espinosista: a esperança humana ligada à atividade de produção fica então fechada e abafada no âmbito estreito do domínio do valor. E, a partir dessa ideia, desenvolvem-se as ideologias que mistificam a liberdade — como determinação individual agindo sobre o mercado — inscrevendo-a na generalidade necessária à fundação do poder político.[2] Novo nível da mediação, nova formulação do enigma da dissolução da individualidade na totalidade. O paradoxo da *"potentia"* e da *"potestas"*, da potência humana contra o poder do absoluto — e portanto contra o absoluto político do poder —, é interpretado de maneira linear, segundo vínculos de homologia. A revolução burguesa, como forma política adequada da revolução social imposta pelo desenvolvimento do capitalismo, assume o espinosismo, a ideologia da homologia entre individualidade e generalidade, liberdade e necessidade, trabalho e valor, como uma mistificação sobre a qual se basear.

Naturalmente, é preciso relembrar novamente aqui outro elemento extremamente importante na constituição da ideologia burguesa: o pensamento de Hobbes. No filósofo inglês, a forma imediatamente política da exigência de apropriação capitalista está traduzida com perfeição nos termos da tradição contratualista. A relação e a hierarquia entre contrato de união e contrato de sujeição — ou seja, entre organização e exploração, entre valor e mais-valor — são pelo menos tão enigmáticas, se nos atemos a considerações puramente teóricas, quanto a feliz explosão da ideia de mercado em Espinosa. Não é por acaso que há querelas sem fim dos historiadores a esse respeito: o que é o contrato hobbesiano? contrato de união, contrato de sujeição ou contrato a favor de terceiros? e qual é a natureza da obrigação decorrente dele? E o fundamento da normatividade: é um puro dever ser, fundado sobre a divindade (e então Hobbes é ou não é ateu?), ou ao contrário um critério positivista? Etc. etc.[3] No entanto os contemporâneos não tinham dúvida alguma, e não reduziam Hobbes nem a um *doctor subtilis*, nem a um continuador do contratualismo medieval. Realmente, não é muito difícil ver em seu sistema o fundamento de uma ciência — apologética, se quisermos, mas funcional e tecnicamente adequada — para a construção de uma imagem capitalista do poder e do Estado. Em Espinosa a coisa é diferente: o Espinosa real, e não o da ideologia, ataca e supera justamente as conexões da definição hobbesiana do poder, e torna a analisar sua gênese, para demonstrar sua inconclusividade atual, a contradição representada por um eventual fechamento do sistema (efetivo em Hobbes), e a possibilidade, ao contrário, de abrir o ritmo constitutivo para uma filosofia do porvir. Ora, o espinosismo é o esquecimento

A ideologia e sua crise

e a destruição dessa abordagem de Espinosa: no lugar disso, ele combina a definição científica, mistificada, mas eficaz, de Hobbes, e a ideologia — a ideologia da síntese espontânea e automática do singular e da totalidade, pretensamente extraída da parte metafísica da *Ética*.

Rousseau está no centro dessa operação. A literatura tem frequentemente mencionado as diversas e possantes influências exercidas pelo pensamento de Espinosa sobre o de Rousseau.[4] De fato, não se pode pensar nem a própria ideia de vontade geral como base das ideias modernas de soberania, de validade jurídica e de fundação democrático-liberal do Estado, se não se conjugam o paradoxo rousseauniano da vontade geral e o paradoxo espinosista do ser. A substância espinosista é a filigrana metafísica do conceito rousseauniano de vontade geral. Mas não é suficiente ficar nesta fácil e feliz aproximação histórica. Com efeito, como é sabido, a ideia de vontade geral é talvez mais importante para a história da metafísica que para a da teoria moderna e contemporânea do Estado.[5] Efetivamente, ela representa o esquema genealógico da formação da concepção dialética do absoluto. Da ideia kantiana de comunidade humana[6] à discussão entre Jacobi e Mendelssohn,[7] até a abstração schellinguiana do absoluto e à sua redução dialética em Hegel, são sempre a feliz linearidade e a transcrição da singularidade na totalidade que regem o quadro filosófico e o mistificam de maneira funcional — sem deixar de lhe conceder uma aparência de humanidade.[8] A burguesia sempre viveu sua relação com o Estado como uma laboriosa mediação, a história da acumulação primitiva é a história de uma mediação política, e a infelicidade da consciência burguesa e sua indeterminidade crítica nascem com isso.[9] Ora, entre vontade geral e absoluto hegeliano se cumpre a transfiguração do trabalho para a totalidade da mediação política: um argumento ontológico para a política, para o Estado. A mediação é imediata. Não no sentido de uma pontualidade e de uma simultaneidade (um tiro de pistola, diria Hegel): não, não neste sentido — mas porque, qualquer que seja o sistema complexo da mediação, ela se desenrola sobre um terreno ontológico unitário, contínuo e homogêneo. O mecanismo da negação constrói o ser: "*omnis determinatio est negatio*", e vice-versa. Não há mais resistências à dominação da burguesia: o absoluto espinosista interpreta sua hegemonia. O enigma do mercado se apresenta e se impõe então como lei luminosa do funcionamento das categorias jurídicas e éticas. A burguesia pode considerar o Estado, graças a esta transformação jurídica e política, como sua emanação direta. A anulação do mundo real, sua duplicação numa imagem jurídica e política: este é o efeito dessa operação, este é o conteúdo maciço que faz a importância do espinosismo como ideologia. Sem Espinosa, sem essa redução ideológica de seu pensamento, sem o totalitarismo extremista que dela decorre, é até difícil pensar a ditadura jurídica e política do jacobinismo, essa herança revolucionária tão cara à burguesia![10]

Mas isso não basta. O espinosismo como ideologia chegou tão longe que ele torna impossível, ou ao menos extremamente difícil, o simples fato de pensar um horizonte político de outro modo que como horizonte de mediação. Não somente a ideia de mercado, mas também a ideia de crise do mercado, estão subordinadas à mediação interna do ser, à prefiguração panteísta. Suponhamos com efeito que a correspondência e a homologia dos componentes do mercado sejam contestadas, que desapareça a espontaneidade da relação: a imaginação política e filosófica, porém, sabe apenas simular, diante da crise da ideia de mercado, novos projetos que — mesmo se os conteúdos mudam — conservam a forma da organização e da subordinação, da identidade e da homologia do poder! À espontaneidade da síntese se opõe seu caráter voluntário, à anarquia ordenada por leis invisíveis, a ordem visível do plano.[11] Nova alternativa: a própria ordem do plano pode se romper contra uma realidade mais rica e mais antagonística. Na perspectiva do espinosismo, segue-se a isso, de toda maneira, a necessidade de recompor a unidade: a unidade como projeto — a forma pura repete o axioma da homologia! Até as filosofias da Krisis seguem a lógica do espinosismo. Não se dá liberação fora da totalidade, repete um pensamento que, ainda na reversão formal da crise, simula o adágio clássico: correspondência entre indivíduo e universo, comando do universal. Uma imagem de vida social, assim como uma imagem do desenvolvimento da ciência, que não fossem centradas, uma sobre a ideia de poder, outra sobre a ideia de totali-

A ideologia e sua crise

dade, seriam impensáveis. A liberdade da *"potentia"* e sua irredutibilidade ao processo dialético da mediação são, dentro do espinosismo, dentro da ideologia de mercado, dentro do totalitarismo da ciência, impossíveis. Assim Espinosa — aquele Espinosa mutilado e traduzido em espinosismo — é reduzido a Rousseau; e, novamente, até Marx (e a descoberta da luta de classes como fundamento da crise do mercado) é reconduzido e massacrado em Rousseau; e o próprio Rousseau é retalhado na dura matéria da necessidade capitalistas da mistificação da *"potentia"* em *"potestas"*.[12]

Anulação do pensamento de Espinosa, foi dito — e, em particular, anulação da potencialidade de antagonismo contida em seu pensamento pelos elementos da utopia, também e sobretudo na fase em que a utopia triunfa. Potencialidade de antagonismo dos componentes: em Espinosa o real não é manipulável, não é dialetizável, não é plástico diante de manobra teórica alguma — sua versatilidade não é dialética, a determinação é negação no sentido próprio, aqui e agora, não possibilidade nem atualidade de alguma reviravolta lógica. O pensamento de Espinosa não é pensamento do ser senão depois de se ter fixado como pensamento ontológico, do enraizamento ontológico, material, coisal. O horizonte espinosista não conhece hipótese de vazio, de possibilidade abstrata, de formalismo; é uma filosofia do pleno, da estabilidade material da posição, da determinidade, da paixão. Ideologizar a utopia espinosista, transformá-la em constante do pensamento burguês só é possível onde o pleno da concepção espinosista da coisa, das coisas, da modalidade e da substância seja limado, raspado até se reduzir a sombra, duplicação da realidade — e não realidade verdadeira e imediata. Na Proposição XIII do livro II, que acabamos de estudar, essa materialidade da coisa está justamente expressa de maneira tão radical que só a forma da argumentação paradoxal permite lhe dar sentido. O pleno: ou seja, o caráter sólido, determinado, inapagável de qualquer emergência existencial. Do outro lado, a ideologia do espinosismo quer a afirmação de um horizonte ideal e absoluto, síntese política da soberania (como identidade do Estado), mediação. Poderia ele jamais imaginar isso, o Espinosa que temos diante de nós, já mergulhado na crise da utopia e que, nas cartas a Oldenburg de 1663, mostra-se de tal modo condicio-

152   A anomalia selvagem

nado por sua afirmação da determinidade ontológica do singular e da dinâmica da totalidade, que chega até (com precipitação, com excessiva precipitação) a refutar qualquer verossimilhança à hipótese do vácuo físico em qualquer forma, contra as tentativas experimentais de Boyle — mas isso para dizer, sem arrependimento algum: determinidade de toda dimensão metafísica?[13]

2. Espinosa barroco?

Há entretanto um ponto no qual Espinosa parece aderir ao espinosismo, e propagar uma versão ideológica do sistema. Podemos situar esse momento no último período de Rijnsburg, entre 1663 e 1664. Na verdade, as datas não significam grande coisa: sem dúvida a crise holandesa já começou, e a segunda guerra de navegação com a Inglaterra está-se aproximando, sobrecarregando a crise com pesadas implicações externas.[14] Mas a participação de Espinosa na vida política ainda não é direta, contrariamente ao que acontecerá depois da transferência para Voorburg (1664). Entretanto, são significativas as razões do abandono de Rijnsburg: terminou o período de reflexão consecutivo à expulsão da Sinagoga, o período de sistematização da utopia espinosista; a transferência de Rijnsburg para Voorburg significa a necessidade de se pôr numa situação em que seja possível a verificação da utopia na realidade, de encontrar um ambiente em que o conhecimento e a adesão ao espírito objetivo da época fossem diretos. Tal é o conteúdo da escolha de Voorburg.[15] Mas aqui temos a considerar somente a situação na qual a decisão da transferência amadurece, e a condição teórica na qual ela se determina: por assim dizer, devemos esclarecer a necessidade dessa contingência.

O ponto mais alto da primeira camada da *Ética* é sem dúvida a Proposição XIII do livro II. A contraposição da substância e do modo, com efeito, se dá a um nível tão absoluto e de tanta tensão que a reversão do horizonte da substância sobre a superfície da modalidade, e vice-versa, se encontra a cada trecho. Neste momento a versatilidade originária do ser se fez fragilidade de suas direções. Não há opção de eminência sobre esse fluxo de univocidade:

A ideologia e sua crise

há uma insistência sobre a determinidade dessa polaridade, mas também uma possibilidade de inversão, de reversão. O sistema vive de um equilíbrio instável que é a última possibilidade de unidade interna da utopia, lá onde seus componentes tiverem sido avaliados de maneira realista. Em sua urgência em defrontar com o real, em rearticular a determinação ontológica dos componentes, em evidenciar a chave prática do sistema, para além da possibilidade abstrata da complexa reversibilidade dos fatores, a teoria então procura uma solução. Claro que o sistema poderia, também, organizar-se sobre essa fragilidade, e mantê-la em sua simples transvaloração, e lhe impor uma tensão absoluta de superação — que fosse, entretanto, somente pensada, mediação ideal do paradoxo como tal, de sua consistência e somente dela. Tal é a imagem que o barroco dá da realidade — e essa é uma fortíssima tendência da época.[16] "Ayer deidad humana, hoy poca tierra;/ aras ayer, hoy túmulo oh mortales!/ Plumas, aunque de águilas reales,/ plumas son: quien lo ignora, mucho yerra."[17] Mas mesmo se há em Espinosa lugar para a cultura espanhola,[18] a cultura holandesa está bem além, com seu cheiro de breu e de aço. E Espinosa também: é mais possível ouvir-se nele, para ficarmos na poesia espanhola que realmente o influencia, sintonia e ressonância dos cantos renascentistas sobre a *natura naturans* de Lope de Vega ou Francisco de Quevedo.[19] Mas se isto é certo em geral, se cada vez mais o verificamos ao longo do desenvolvimento do sistema, não deixa de ser verdade que — à guisa de conclusão da primeira redação da *Ética* —, estamos assistindo a um momento de grande instabilidade do projeto. Este é atraído, se não dominado, tocado, se não definitivamente arrastado, por uma solução de tipo barroco, e de significação ideológica.

Possuímos um texto, a *Carta* XII a Lodewijk Meyer, datada de 20 de abril de 1663[20] em Rijnsburg, que constitui a esse respeito um documento da mais alta importância. Documento barroco? Vejamos pois. "Então para começar, procurarei responder às perguntas que me fazeis em vossas cartas. E já que me interrogais quanto ao conceito de infinito, é com prazer que vos comunicarei meu pensamento sobre tal ponto."[21] A análise sobre o infinito parte de uma definição complexa que determina três pares de noções:

1.1: "o infinito por sua natureza, ou seja, em virtude de sua definição" e 1.2: o infinito como "aquilo que não tem limites, não pela força de sua essência, mas pela sua causa"; 2.1 "o infinito porque não tem limites" e 2.2: o infinito como "aquilo cujas partes, mesmo estando compreendidas entre um máximo e um mínimo conhecidos, não podem entretanto ser fixadas e expressas com um número"; 3.1: infinito como "aquilo que só se pode entender, e não imaginar" e 3.2: "aquilo que, ao contrário, também se pode imaginar".[22] Se observarmos esta definição, devemos imediatamente notar que o ponto 1.2, ou seja, o indefinido, encontra-se especificado por 2.1 e 2.2: esses dois números, efetivamente, designam o indefinido como indefinido extensivo (que não tem limites) e indefinido intensivo (indefinidamente subdivisível). O par formado por 3.1 e 3.2 será provisoriamente deixado de lado. Com efeito, é sobre os quatro primeiros pontos que se faz inicialmente a pesquisa: a distinção do infinito e do indefinido fica assim transportada para a distinção entre substância e modo, entre eternidade e duração. Até aqui estamos no terreno da *Ética*, da Proposição XIII do livro II; infinito e indefinido, exatamente como substância e modo, revelam a polaridade do mundo. A diferença ontológica está fixada, mas os termos da diferença permanecem num horizonte absolutamente unívoco. É neste ponto que a instabilidade se rompe: o infinito essencial vem a tomar a forma do ser eminente face ao indefinido existencial. "Vê-se (de fato) claramente que concebemos a existência da substância de acordo com um gênero totalmente diferente daquele da existência dos modos. E do qual nasce a diferença entre a Eternidade e a Duração. Por meio da duração, na verdade, podemos explicar apenas a existência dos modos; enquanto que a existência da substância se explica por meio da eternidade, que é fruição infinita do existir (*existendi*) ou, com licença dos latinistas, do ser (*infinitam essendi fruitionem*). De tudo isto resulta evidente que quando, como acontece com frequência, consideramos a existência e a duração dos modos em relação exclusiva com sua essência, e não em relação com a ordem natural, podemos o quanto quisermos determiná-las e pensá-las maiores ou menores e até dividi-las em partes, sem destruir o conceito que temos delas. Enquanto que a eternidade e a substância, do momen-

A ideologia e sua crise   155

to que não se podem conceber senão como infinitas, não podem se sujeitar a isso sem que ao mesmo tempo não seja destruído o respectivo conceito."[23] O que acontece nesse texto? Acontece que uma diferença gnoseológica, aquela entre o entender e o imaginar, e a definição da preeminância do primeiro sobre a segunda — que emerge em 3.1 e 3.2 — intervêm para sobredeterminar a distinção real. Rompeu-se a correspondência instável na qual se estabilizara a relação entre ser substancial e ser modal: a maior dignidade ontológica do entender em relação ao imaginar reclassifica o ser, coloca a preeminência do infinito em relação ao indefinido, rompe a continuidade do fluxo unívoco do ser — reintroduz uma mediação gnoseológica dentro de uma relação global, até aqui construída através da negação de qualquer mediação (nem que seja, em si mesma, ontológica, como a exercida pelo atributo).[24]

O infinito e o intelecto tentam sobredeterminar a utopia: apresentam-se como critério de fixação do ser versátil que se movia em torno dos dois polos tendencialmente intercambiáveis sob o regime da utopia. Falamos então de função ideológica por uma razão fundamental: porque nesta duplicação do intelecto diante do mundo determina-se uma imagem de exaltação da substância e de degradação do mundo que é de fato funcional para a estabilização de uma relação de poder, para a determinação de um comando destacado do fluxo aberto e livre de auto-organização do real. Todas as noções que servem para descrever a realidade modal, como a medida, o tempo e o número, são reduzidas a um nível inferior, degradado, do ser, no limite do nada. Em compensação, "há muitas noções que não se podem adquirir com a imaginação, mas somente com o intelecto, como a substância, a eternidade e similares; e se alguém procura explicar tais noções recorrendo àquelas que só servem para a imaginação, não faz senão alimentar, ele mesmo, aquela imaginação que o leva a delirar".[25]

Brutalmente, nesta carta sobre o infinito, fomos lançados para o terreno do panteísmo mais tradicional — para o terreno da primeira ideologia capitalista da acumulação, que o neoplatonismo organiza de maneira adequada. E houve quem visse, no bloqueio da utopia espinosista, uma prefiguração da fase histórica em que o capitalismo holandês estava prestes a entrar através da recessão do último quarto de século: a fase do mercado financeiro — e o ser capitalista assim faz girar em torno de si, como planetas, clareando-os com sua pobre luz, os modos de produção e de trabalho. As categorias do ser parecem então imitar as de uma mercadoria muito especial, que é o dinheiro.[26] Não penso que se possam tirar tais consequências dessa interrupção do desenvolvimento do pensamento do Espinosa — mesmo se elas se justificam sobre um ponto preciso da análise. Em compensação, penso que essa versão ideológica do ser seja uma variante passageira de uma crise mais profunda, que o pensamento de Espinosa está tentando superar. Espinosa barroco? Não. O caráter impossível de captar da crise, na base da exacerbação de seus termos, em que consiste propriamente o barroco, não constitui uma direção do desenvolvimento do pensamento de Espinosa, mas apenas um momento de estagnação, um sinal de passagem.

É entretanto necessário ter em mente que a crise envolve o quadro inteiro da utopia inicial. Uma feliz utopia da correspondência universal, exaltada pela espontaneidade do mercado e pela abertura do desenvolvimento: mas agora que aponta a crise social e que o horizonte perde suas tonalidades otimistas, a utopia tem de se abrir à realidade. As possibilidades e tentativas neste ponto podem ser realmente indefinidas: e não é seguro que deem certo. Uma possibilidade não deixa de ser a barroca, da transfiguração dos próprios termos da crise, ou melhor, de sua transvaloração ideal. Outra é aquela que justamente Lodewijk Meyer, destinatário da carta sobre o infinito e autor do prefácio dos *Pensamentos metafísicos*, certamente um dos membros mais ativos do círculo espinosista, termina adotando: o caminho da exaltação extremista do ideal utópico, de seu crescimento separado na comunidade cristã, da exaltação milenarista. Na *Philosophia S. Scripturae interpres*, o racionalismo mais extremo organiza a ideia bíblica de liberação — a natureza comanda a escritura para realizá-la.[27] Em ambos os casos, na solução barroca como na quiliástica, é a exacerbação da utopia que vence. É o caráter impossível de captar de um quadro racional do mundo, caracterizado pela perfeição do ser e pela perfeita correspondência de seus componentes, que na crise se estende drasticamente, ou na exibição fantástica de um projeto-

-drama de recomposição formal, ou na execução terrorista (racionalmente tal, mesmo se assume, sei lá, uma figura de quacre) do projeto.

Espinosa atravessa a crise sem ceder aos extremismos para encontrar uma solução. Ou melhor, ele não tenta sair dessa crise determinada conservando intactos os dados do quadro teórico: ele questiona o quadro inteiro. Breve veremos como. Quanto à carta sobre o infinito, representa apenas uma pausa, um momento extático de reconstrução da história do projeto. Talvez uma experiência de transvaloração barroca! Mas daí a falar de um Espinosa barroco, é muito longe. Não é por acaso que, no momento de encerrar a carta sobre o infinito, Espinosa volta, através da crítica dos argumentos causais de demonstração da existência de Deus, a alguns elementos constantes de seu pensamento. "Gostaria ainda de observar de passagem que os peripatéticos modernos compreenderam mal, me parece, a demonstração com a qual os antigos tentavam provar a existência de Deus. Esta, de fato, tal como a encontro exposta por um judeu de nome Rab Ghasdaj (Hasdai Crescas), soa assim: se existe um progresso das causas ao infinito, todas as coisas que são, são causadas; mas a nada daquilo que é causado cabe a existência necessária por força de sua própria natureza; portanto não há nada na natureza a cuja essência caiba necessariamente a existência. Mas isto é absurdo, e portanto a premissa também. Porque a força do argumento não está no fato de que não seja realmente possível conceber o infinito um ato ou um progresso das causas ao infinito; mas somente no fato de que se supõe que as coisas que não existem necessariamente por sua natureza não sejam determinadas a existir por uma coisa que existe necessariamente por sua natureza."[28] O que significa isto? Significa que a relação causal não pode ser concebida a partir de uma sua hipotética liberdade, mas só de sua necessidade certa. Mas, então, que sentido tem conceber qualquer eminência que seja na ordem do ser? Não significa, este ataque à prova causal, exatamente o contrário daquilo a que a noção de infinito terminava chegando, ou seja, a intimação da absoluta univocidade do ser? Não, substância e modo não se confrontam como realidade e irrealidade, como intelecto e imaginação. Não se colocam em uma derivação emanatista. Constituem antes uma polaridade. A crise consiste na descoberta da impossibilidade de uma mediação linear e espontânea dessa polaridade. Justamente na crise da força constitutiva, da interna tensão da própria utopia.

3. O LIMIAR CRÍTICO

Por volta de 1664 o projeto espinosista está então em crise. Uma tensão particularmente aguda, efetivamente, parece ter tomado conta do sistema — mas de maneira selvagem, pois essa tensão não se apazigua na perspectiva de um equilíbrio intrassistemático, mas, ao contrário, se desdobra para fora. Poderia o barroco ser uma solução? Não, pois consiste apenas na fixação hipostática, na duplicação ideal da patologia da relação. O que é contraditório com a exigência humanista, com o realismo da primeira perspectiva utópica de Espinosa. Claro é que agora é impossível uma pacificação interna do sistema, a menos que se sacrifiquem a potência e a determinidade de um de seus polos: a pesquisa filosófica então só pode, por assim dizer, inclinar-se para fora. Mas o terreno próprio do novo projeto deve ser prefigurado, em sua abertura para fora, pela luta lógica que se desenrola dentro do sistema. É essa insistência na luta que afasta Espinosa de toda tentação de hipóstase, de idealismo, de barroco, inclusive quando vem a se impor um percurso que deixa de lado o terreno problemático cavado até então.

"A característica do panteísmo de Espinosa reside no fato de que ele se revela ao mesmo tempo como a expressão de uma luta lógica."[29] Voltemos então aos elementos da crise. A versatilidade do ser se bloqueou sobre uma dualidade, uma polaridade. Potencialmente, essa polaridade pode novamente se reverter e se tornar circulação do ser — como vimos, é forte a tendência para uma filosofia da superfície, para uma reversão da concepção da substância sobre o nível dos modos, para a constituição de um horizonte realista. Mas não acontece. Muito pelo contrário, tendências opostas estão em campo — de reconfiguração da emanação, de negação do próprio horizonte geométrico. Houve quem sustentasse que

A ideologia e sua crise

esse impasse se devia a um limite "escolástico" do pensamento de Espinosa. "O que é propriamente escolástico nessa exposição, não é a imitação do procedimento demonstrativo da matemática, mas, ao contrário, o conteúdo do conceito fundamental de que parte Espinosa. O conceito de substância é por ele assumido sem mais e posto em primeiro plano, sem nenhuma tentativa de crítica."[30] Ora, prossegue Cassirer, esse conceito de substância é indeterminado, e quando se procura captar seu conteúdo, encontra-se ora "existência", ora "totalidade" das determinações particulares, "ordenamento dos seres singulares": finalmente, a positividade do conceito de substância parece residir na dependência matemática que as coisas estabelecem entre elas de uma vez por todas.[31] Então, se existência, totalidade e imanência parecem ser as características essenciais da substância, nem por isso o problema está resolvido, nem mesmo se as entendemos numa ordem de importância crescente do ponto de vista ontológico, pois esses elementos, de todo modo, não estão colocados na substância de maneira determinada. Mas outras contradições se apresentam, se examinamos como as coisas vêm-se produzindo a partir desse conceito de substância. Com efeito, nunca se tem em Espinosa uma decisão entre dois pontos de vista: um dinâmico, segundo o qual a substância é uma força, o outro estático, segundo o qual a substância é uma pura coordenação linear. "O *operari* passa para o puro *sequi* matemático": os dois aspectos da filosofia de Espinosa, o naturalista renascentista e o metódico matemático, se separam continuamente.[32] Com tudo isto, embora esbarrando em enormes dificuldades, Espinosa enriquece de maneira extraordinária o conceito de substância. Realmente, se Espinosa não leva a cabo a concepção formal e matemática do ser que ele, entretanto, entrevira, é porque "os motivos da primeira concepção continuam a se fazer sentir, e são justamente eles que dão um caráter novo ao próprio racionalismo matemático". Em Espinosa, os conceitos de substância e de causa, depois de serem definidos geometricamente, enchem-se com uma realidade nova: "a nova física entreabre ao mesmo tempo o caminho de uma nova possibilidade de metafísica".[33] E, para concluir, assim diz Cassirer: "A doutrina da infinidade dos atributos constitui uma das partes estruturais do sistema que resistem a esse processo de formação. Ela caracteriza da maneira mais clara o contraste, diante do qual o espinosismo para, e deve parar, em última análise, enquanto se esforça para exprimir na forma do conceito de substância seu verdadeiro pensamento fundamental da rígida concatenação dedutiva de tudo o que é real. O dualismo de tal concepção agora se torna evidente: de um lado encontramos uma regra universal que se aplica à totalidade e exclui de si toda particularidade do real, de outro, uma 'coisa de todas as coisas' que leva e conserva consigo a plenitude infinita de todas as propriedades; por um lado, o puro pensamento de uma conexão necessária de todas as propriedades, por outro, novamente, o *Ens Realissimum* da Escolástica".[34]

Evocamos tão longamente esta leitura de Cassirer porque ela toca, certamente, o problema fundamental da crise do pensamento de Espinosa: a luta lógica que, dentro de uma tendência inicialmente unitária, as partes em cisão travam entre elas. É o registro do fim da utopia humanista, é a recepção filosófica de sua crise. Mas em Cassirer a importância da percepção crítica é prejudicada pela estreiteza e pelas ideias preconcebidas que presidem à sua interpretação, além da generalização metafísica indevida e da conotação tradicional de sua exposição. Não assinalar, por exemplo, o esgotamento da temática do atributo, nesse ponto crucial da pesquisa espinosista, é (particularmente) inacreditável e mostra quanto poder mistificador possui a tradição interpretativa acadêmica sobre os leitores mais inteligentes! Apesar de tudo, o ponto é tocado. Mas na realidade o limiar crítico é atingido por Espinosa em termos bem mais específicos, diante de um problema bem mais determinado: o problema da mente, o mesmo que dizer o problema do homem e de seu conhecimento de beatitude, ou seja, o problema prático. Estamos novamente na primeira camada da *Ética*, no conjunto das Proposições que se seguem à Proposição XIII (livro II), isto é, que se seguem ao momento em que nos foi dada uma valoração máxima e irredutível da materialidade da existência singular ou modal, e em que ao mesmo tempo foi anunciada pela primeira vez a possibilidade de um processo de constituição do ser a partir da modalidade. Se isto é certo, era inevitável que se partissem aqui, com força furiosa, quase em vagas sucessivas, as perma-

A ideologia e sua crise   161

nências de uma antiga mas sempre renovada concepção espiritual da mente, do pensamento, do homem. A emergência da modalidade material, singular, e de sua força de existência, e de sua perspectiva constitutiva, havia sido evidente demais para que não aparecesse como escandalosa e desestabilizadora. E então, contra essa afirmação, repetem-se motivos do *Breve tratado* e do TEI. É uma grande e derradeira reivindicação de humanismo utopista que percorre o livro II da *Ética* — mas que nesse espaço sistemático já está ultrapassada, como veremos.

Vejamos esse trajeto de perto. Temos inicialmente um grupo de Proposições (XIV-XXIII) nas quais se desenvolve a dedução da imaginação.[35] Ou seja, essa descrição da singularidade material transforma em primeira forma de conhecimento a síntese de corpo e mente na qual termina o mecanismo de autoconstituição material. É uma experiência exaltante que se realiza aqui: o pensamento vive as afecções do ser na individualidade delas e as transforma em ideia. Ideia confusa e no entanto real: alargamento dos espaços de conhecimento diante do conhecimento simplesmente verdadeiro, base e projeto para um processo cognitivo e operativo no mundo das paixões, definitivo fechamento de todo "caminho para baixo" (do absoluto aos modos) e alusão a um "caminho para cima", constitutivo. Nas Proposições seguintes (XXIV-XXXI),[36] esse gênero de conhecimento se desdobra exaustivamente. O conhecimento imaginativo vive as afecções do corpo, da exterioridade, da duração, seguindo fenomenologicamente sua intensidade e dureza. A individualidade se fixa sobre si mesma na medida em que percorre o mundo real.

Mas eis que essa formidável experiência, a que todo o desenvolvimento anterior nos trouxera, torna-se novamente uma espécie de fundo, simples claro-escuro de momentos eminentes de conhecimento intelectual puro. Tinha havido de fato um momento em que a individualidade e a singularidade haviam emergido como tais: o conhecimento confuso — mas real — era o indício da consistência ontológica delas. O feixe das imagens, dos conhecimentos confusos, não destruía, mas antes vinha constituindo o ponto de apoio ontológico da singularidade. "Digo expressamente que a Mente não tem nem de si, nem de seu Corpo, nem dos corpos exteriores, um conhecimento adequado, mas apenas um conhecimento confuso e mutilado, toda vez que percebe as coisas na ordem comum da Natureza, isto é, toda vez que é determinada do exterior, a partir do encontro fortuito das coisas, a contemplar isto ou aquilo; mas não toda vez que é determinada do interior, a partir da contemplação de várias coisas simultaneamente, a entender as concordâncias entre elas, as diferenças e as oposições; cada vez, de fato, que ela está disposta interiormente deste ou daquele modo, então contempla as coisas clara e distintamente, como mostrarei mais adiante."[37] Mas agora o peso da tradição, o idealismo sinuoso e insidioso do TEI, os próprios desequilíbrios do livro I da *Ética*, reaparecem com força (sobretudo nas Proposições XXXII-XLIV do livro II). O conhecimento inadequado é empurrado para a borda da irrealidade. Não é a intensidade do contato ontológico, mas um ritmo progressivo de degradação do ser que fixa o sentido da verdade. A falsidade é privação na ordem do ser. Desse modo, o mundo não é apenas duplicado cognitivamente em um horizonte real e um horizonte da representação, mas é organizado segundo uma ordem descendente de valores de verdade. Realmente todos os enigmas do panteísmo, realmente uma absurda (em termos espinosistas) concepção da verdade — que é, por assim, dizer, duplicada duas vezes, a primeira numa ordem idealista em relação ao real, depois em uma hierarquia fluente da verdade ideal.[38] Depois de terem sido colocados no plano do ser unívoco, imaginação e intelecto são submetidos a uma classificação idealista. É o processo já indicado na *Carta* XII. Mas aqui, na *Ética*, outros dados já haviam sido lançados: essa inversão, quando não seja um último ato de resistência a um processo ameaçador, aparece como uma intriga do intelecto. Consequentemente, o sistema não consegue se pôr em equilíbrio: antes, se precipita numa série de contradições. As mais evidentes são as registradas nas partes mais propriamente epistemológicas dessa discussão onde, sem ver nisso nenhuma contradição, Espinosa coloca ao mesmo tempo um conhecimento nominalista (fixado sobre a experiência do mundo) e um conhecimento apodítico; coloca ao mesmo tempo uma crítica radical dos transcendentais e uma abordagem cognitiva "verdadeira" que, ao contrário, substancialmente os repe-

A ideologia e sua crise

te.[39] Se "o que é comum a todas as coisas e se encontra igualmente na parte e no todo não constitui a essência de nenhuma coisa singular",[40] se por outro lado conhecemos através de noções comuns que não têm nada a ver com os transcendentais do ser,[41] então a pretensão de uma hierarquia de formas de conhecimento é puramente ilusória e contraditória.

Vemos assim concretizada e definida de maneira determinada a grande contradição histórico-teórica captada por Cassirer. Mas percebê-la de maneira determinada nos dá uma vantagem em relação a Cassirer — a de compreender que afinal essa contradição não é assim tão decisiva. O labirinto que se determinou na verdade é muito menos intrincado do que se poderia pensar. Afloram, é certo, as grandes determinações do método e da concepção do mundo, mas na realidade se concentram sobre a ambiguidade substância-modo, essencialmente sobre ela. É um complexo antinômico que, como ressalta Dunin-Borkowski,[42] coloca uma antítese extrema: "Ou só os modos ou só a substância, ou só o intelecto como faculdade ou só um sistema de ideias".[43] E no entanto esse complexo antinômico, no fim das contas, é arrastado para um terreno de operatividade problemática, pois no mesmo momento em que é colocado com tal extremismo, a tensão, por assim dizer, cai, e dá lugar aos elementos estruturais do projeto.

Luta lógica-labirinto-limiar crítico. Estamos então no ponto. Já as últimas Proposições do livro II abordam o problema, desfazem alusivamente o complexo antinômico, propõem uma solução. O conhecimento como intuição, é disto que se trata, e não mais de uma concordância formal, de uma síntese entre todo e partes, de um esboço da utopia. "Não é da natureza da Razão contemplar as coisas como contingentes, mas como necessárias."[44] "*Sub quadam aeternitatis specie*":[45] para começar. Todas as coisas: "Cada ideia de qualquer corpo, ou de uma coisa singular existente em ato, envolve necessariamente a essência eterna e infinita de Deus".[46] E, caso não esteja suficientemente claro o assunto, assim o comenta o Escólio: "Não entendo aqui por existência a duração, ou seja, a existência enquanto é concebida abstratamente e como algum aspecto de quantidade. Falo da própria natureza da existência, que é atribuída às coisas singulares pelo fato de que, pela eterna necessidade da natureza de Deus, seguem-se infinitas coisas em infinitos modos. Falo, repito, da própria existência das coisas singulares enquanto são em Deus. Pois, embora cada uma seja determinada a existir de certa maneira por outra coisa singular, entretanto a força pela qual cada uma persevera na existência segue-se da necessidade eterna da natureza de Deus".[47] Em outras palavras, através daquela forma superior de conhecimento que se determina em torno da identidade ontológica das coisas, o absoluto divino é atribuído ao mundo, revelado para o mundo, em sua pluralidade singular. E que esta só possa ser a solução do problema é demonstrado pela continuação da argumentação de Espinosa:[48] a singularidade é livre. A liberdade é a forma do ser singular. A identidade do ser singular é sua natureza prática. A necessidade não é contraditória com a liberdade, é somente sinal do absoluto ontológico da liberdade. A necessidade não retira a singularidade do mundo, arrancando-a para o absoluto, ao contrário, ela devolve essa singularidade ao mundo, fundamenta-a e a sobredetermina em termos de absoluto. No Escólio da Proposição XLIX,[49] com a qual termina o livro II da *Ética*, polemizando vivamente contra todas as teorias do livre-arbítrio, Espinosa aprofunda de maneira extraordinariamente eficaz sua teoria da liberdade. A liberdade é a forma da singularidade do homem, enquanto essência prática da mente, enquanto capacidade de construir o ser. A mente e a vontade, a intuição e a liberdade são a solução de toda antinomia do absoluto e varrem até as próprias condições deste, colocando a gênese do ser absoluto sobre o *"operari"* da modalidade: *"sub quadam aeternitatis specie"*. A antinomia então não é "superada", ela é transbordada, revertida, no horizonte de uma fenomenologia operativa.

A autocrítica espinosista da utopia produzida no período inicial de sua filosofia chega assim aos primeiros resultados. Neste limiar crítico se propõe, pura e simplesmente, uma refundação metafísica do sistema. Através de uma passagem ontológica que consistiu, em primeiro lugar, em pôr em crise o processo genealógico (da essência) a partir da substância que a dinâmica dos atributos assegurava, em segundo lugar, em pôr em crise o processo de produção das coisas a partir das essências que novamente os atributos promoviam. O "caminho para baixo" que assim tomara forma não resiste aos resultados do processo de constituição, sofre uma heterogênese dos fins. Porque, na verdade, o efeito do "caminho para baixo" não é a organização do infinito, mas o paradoxo do mundo, o dualismo da substância e do modo. Podia-se determinar, neste ponto, um trajeto filosófico em tudo semelhante ao que outras filosofias da época — a maior parte, no âmbito do racionalismo cartesiano — percorrem: e, ao contrário, determina-se um salto lógico de enorme alcance. Confrontado ao dualismo, Espinosa não o hipostasia nem o mediatiza, mas reverte o absoluto divino sobre o mundo dos modos.[50] A síntese, se houver, haverá sobre a realidade singular e plural dos modos. O "caminho para baixo" se revela ser *pars destruens* de toda metafísica da emanação, de toda utopia renascentista. Do ponto de vista da ideologia, é a indistinção do mundo capitalista e sua tradução reformista proposta pelas filosofias do racionalismo cartesiano que são aqui atacadas e destruídas. As antinomias do mercado e do valor saltam ao primeiro plano: contra elas, a infinita produtividade do trabalho humano procura uma nova organização.[51]

Não é então por acaso que um acontecimento biográfico, a passagem de Rijnsburg para Voorburg, ganha aqui uma significação de ordem geral. Efetivamente, a ruptura do sistema, a nova base metafísica caracterizada como limiar crítico do passado, implicam uma interrupção efetiva, uma cesura real do desenvolvimento filosófico. Reconstruir um horizonte geral que mantenha e desenvolva a densidade ontológica do modo, a potência do mundo, implica uma série de instrumentos fenomenológicos inteiramente novos. A filosofia do mundo, a física do modo, para produzirem uma nova metafísica, têm de se inserir no mundo, avaliar e exaltar a eticidade do modo singular e plural. Insistir sobre a eticidade do modo significa percorrer sua fenomenologia. Depois do desenvolvimento de uma *pars destruens* tão radical, depois da identificação de um sólido ponto de apoio a partir do qual reabrir a perspectiva metafísica, a elaboração da *pars construens* requeria um momento prático. A ética não podia se constituir em projeto, em metafísica do modo e da realidade se não se inserisse na história, na política, na fenomenologia da vida singular e coletiva: se não tirava desta um novo alimento. Tinha de percorrer o mundo da imaginação e das paixões para dele fazer a matéria e a força constitutiva da reconstrução do mundo. O horizonte ontológico produzido pelo desenvolvimento crítico da primeira camada da *Ética* deve agora encontrar uma materialidade dinâmica sobre a qual desdobrar sua própria força. Desse ponto de vista, não é de espantar que, no meio da elaboração da *Ética*, Espinosa deixe tudo de lado e comece o trabalho político (pois a crítica bíblica e teológica, na época, é imediatamente política)! Alguns comentadores percebem a centralidade do trabalho político de Espinosa:[52] mas é sua centralidade ontológica, estou dizendo ontológica, que é de se notar. E no entanto tudo o que aconteceu até aqui conduz a esse resultado: o desenvolvimento da análise metafísica, a crítica interna da ideologia, a identificação do limiar crítico do sistema na emergência da irredutível eticidade do modo. Agora é a história que deve refundar a ontologia, ou — se quisermos — é a ontologia que deve se diluir na eticidade e na historicidade para se tornar ontologia constitutiva. A história e a política: "Essa doutrina também contribui muito para a sociedade comum, enquanto ensina de que maneira devem ser governados e conduzidos os cidadãos, a saber, para que não sejam servos, mas para que façam livremente o que é melhor".[53]

Resta um ultimíssimo ponto. É o caráter selvagem, até mesmo dessa interrupção do ritmo metafísico. A potência da reversão ontológica, a determinação da eminência do mundo, a insistência da eticidade como força constitutiva, têm na verdade tal violência interna de decisão e uma forma tão total que tornam a figura do conjunto do pensamento de Espinosa impossível de relacionar com a serena moderação do pensamento da época. Uma qualquer coisa de desproporcionado e sobre-humano. Um desenrolar selvagem. Não faço questão de acentuar novamente as características materiais, históricas desse comportamento. Mas, bom Deus, que isso fique em mente: de outro modo, tornam-se incompreensíveis o dilaceramento, a ferida, a tração que Espinosa impõe à história do pensamento ocidental. E também a esperança.

A ideologia e sua crise

NOTAS

[1] Tais são os efeitos, sobretudo na França, dos progressos do conhecimento do sistema espinosista antes da Revolução. Sobre isso tudo, ver o livro de Vernière já mencionado. Cf. também C. Signorile, *op. cit.*, que, sem deixar de seguir o fio do discurso de Vernière, o enriquece de maneira bastante substancial com suas análises históricas. Talvez retomando certas sugestões de F. Meli (*op. cit.*), Signorile insiste nas relações do espinosismo com o deísmo inglês, e mais particularmente com Toland. Todas essas análises reforçam a ideia do espinosismo como imagem ideológica: a de um modelo de pensamento certamente revolucionário, mas estático, fixado e bloqueado. Esquema de uma alternativa puramente ideológica, puramente pensada, e não projeto operatório e constitutivo. Pode-se entretanto notar, em Meli, uma certa sensibilidade para a abertura de um discurso aberto sobre o espinosismo: o que, para mim, deve-se essencialmente à continuidade observada por Meli entre as posições de Espinosa e as dos reformadores religiosos italianos, e mais particularmente socinianos.

[2] Seria igualmente necessário evocar aqui, mas voltaremos a isso longamente mais adiante, a corrente dos intérpretes liberais do pensamento de Espinosa, de L. Adelphe, *De la notion de la souveraineté dans la politique de Spinoza*, Nancy, 1910, a L. S. Feuer, *Spinoza and the Rise of Liberalism*, Boston, 1958. E, recentemente, B. Barret-Kriegel, *L'Etat et les esclaves*, Paris, 1979.

[3] Mais uma vez, remeto evidentemente ao livro de C. B. Macpherson, várias vezes mencionado: encontra-se aí um abundante comentário da literatura teórica a respeito de Hobbes. Ver também A. Negri, *Descartes politico*, cit., p. 149 sq.

[4] Cf. sobretudo R. Derathé, *Rousseau et la science politique de sons temps*, Paris, 1950; R. de Laccarière, *Etudes sur la théorie démocratique, Spinoza, Rousseau, Hegel, Marx*, Paris, 1963; W. Eckstein, "Rousseau and Spinoza", in *Journal of the History of Ideas*, V, junho, 1944, pp. 259-291; M. Francès, "Les réminiscences spinozistes dans le *Contrat social* de Rousseau", in *Revue philosophique*, 141, n. 1, 1951, pp. 61-84.

[5] Remeto aos trabalhos de Fester, Ritter etc., e, de uma maneira geral, aos estudos dedicados às influências do pensamento revolucionário francês no desenvolvimento do idealismo alemão.

[6] L. Goldmann, *La communauté humaine et l'univers chez Kant*, Paris, 1948.

[7] F. J. Jacobi, *Lettres à Monsieur Moses Mendelssohn sur la doctrine de Spinoza*, trad. fr. in *Oeuvres philosophiques*, Paris, 1946.

[8] Sobre este ponto, ver sobretudo os escritos éticos de 1802-1803 (G. W. F. Hegel, tradução italiana de A. Negri, *Scritti di filosofia del diritto*, Bari, 1962) e a "filosofia de Iena" (trad. fr.: *Système de la vie éthique*, Paris, 1976).

[9] Sobre a formação da consciência burguesa, o velho livro de P. Hazard, *La crise de la conscience européenne, 1680-1715*, Paris, 1935, permanece válido.

[10] Além da velha obra de B. Groethuysen, *Philosophie de la Révolution française*, Paris, 1947, ver aquela, bem recente, de F. Furet, *Penser la Révolution*, Paris, 1978. É preciso no entanto ressaltar que os trabalhos históricos sobre a retomada por parte de Rousseau de certos traços fundamentais do pensamento político de Espinosa não são unilateralmente condicionados pela ideologia do espinosismo. É de se notar a prudência de M. Francès (art. cit.): voltaremos longamente a essa contribuição, mas convém notar deste já que, se ela assinala pontos de contato entre as duas filosofias (analogias na forma do contrato, p. 65; analogias na definição do conteúdo do contrato como "vontade geral", pp. 66-70; analogias na concepção do direito de insurreição, p. 78; analogias na concepção da religião civil, p. 81; etc.), isto não a leva a negar ou a calar a existência de pontos de divergência. Ela insiste em particular na oposição entre o radicalismo da constituição de Espinosa e o juridismo de Rousseau (sobretudo pp. 74-76) e nos mostra também as consequências da ausência de distinção em Espinosa, contrariamente ao que acontece em Rosseau, entre poder legislativo e poder executivo. A partir desses primeiros elementos de aprofundamento da história do pensamento político de Espinosa, chegaremos a mostrar que, se bem que realmente haja fortes analogias entre Espinosa e Rousseau, e principalmente na letra dos textos deles, na verdade elas são inteiramente secundárias em relação à oposição teórica radical das correntes de pensamento nas quais se inserem esses dois filósofos. Mas voltaremos a isso.

[11] G. L. Kline, *Spinoza in Soviet Philosophy*, Londres, 1952: pesquisa extremamente importante, e muito bem documentada, sobre a acolhida dada a Espinosa pelo regime socialista.

[12] Seria necessário reconstruir aqui a abundante literatura, muito pouco interessante, referente à relação teórica Rousseau-Marx. Na Itália particularmente, ficamos por muito tempo submetidos ao peso de uma ortodoxia estabelecida por Della Volpe e sua escola: a relação Rousseau-Marx como relação entre dois pensadores radicais-liberais. Haveria coisas bem mais interessantes a se dizer sobre a relação Marx-Espinosa. M. Rubel, "Marx à la rencontre de Spinoza", in *Cahiers Spinoza*, n. 1, pp. 8-28, trabalhou recentemente sobre os cadernos de Marx a respeito de Espinosa, com a atenção filosófica e a vigilância crítica que se conhecem nele. A tese fundamental de Ru-

A ideologia e sua crise

bel é de que Marx, em seus cadernos de estudo de 1836-1837, sente que a figura impura do "espinosismo" levantada pela esquerda hegeliana é apenas a simulação de uma alternativa (materalismo fingido) na história da filosofia iluminista. Por trás do Espinosa do espinosismo, deve haver outra coisa, que se trata de procurar e de separar desse primeiro Espinosa! A. Matheron, "Le *Traité théologique-politique* vu par le jeune Marx", no mesmo número dos *Cahiers Spinoza*, sustenta uma tese próxima: o jovem Marx procura em Espinosa um fundamento para uma alternativa radical, para além da tradição "espinosista".

[13] *Cartas* XI, XIII, XIV e XVI (G., IV, pp. 48-52, 63-69, 69-72, 73-75; P., pp. 1091-1095, 1113-1115).

[14] Além dos textos já mencionados de Kossmann, cf., sobre este período, e em particular sobre a segunda guerra de navegação, P. J. Blok, *Geschiedenis van het Nederlandsche Volk*, Leyde, 1915, t. III, p. 131 sq.

[15] Sobre a transferência para Voorburg, sobre o contexto político da época e sobre as relações no momento mantidas por Espinosa, cf. A. Droetto, Introdução à tradução italiana do *Tratado político* (Spinoza, *Trattato politico*, Turim, 1958), em particular pp. 8-33. Croetto nos dá também todas as referências úteis ao assunto.

[16] É evidente que não é possível fornecer aqui uma bibliografia sobre os caracteres gerais do Barroco. Permito-me remeter a meu *Descartes politico o della ragionevole ideologia*, cit., no qual comento pelo menos a literatura mais importante sobre a questão.

[17] Góngora, *Sonetos completos*, Madri, 1969.

[18] Consultar os catálogos da biblioteca de Espinosa já mencionados no primeiro capítulo. Sobre a história portuguesa e espanhola da família Espinosa, cf. Mugnier-Pollet, *op. cit.*, cap. I, que relata igualmente a literatura sobre a questão.

[19] As obras de Quevedo constavam da biblioteca de Espinosa. Mas aqui se trata unicamente de ler a produção lírica desses autores para procurar sentir a profundidade de tais assonâncias. De meu lado, fiz a experiência com Lope De Vega, *Oeuvres lyriques*, e com Francisco de Quevedo, *Obras completas*, Madri, 1976, t. II.

[20] *Carta* XII (G., IV, pp. 52-62; P., pp. 1096-1102).

[21] *Carta* XII (G., IV, p. 52; P., p. 1096).

[22] *Carta* XII (G., IV, p. 52; P., p. 1096).

[23] *Carta* XII (g., IV, pp. 54-55; P., p. 1097).

[24] M. Gueroult, *op. cit.*, t. I, dedica à carta sobre o infinito páginas exemplares, que naturalmente estão no sentido da sua própria interpretação,

decididamente panteísta e tradicional, do pensamento de Espinosa. Essas páginas merecem ser lidas, pois deixam transparecer claramente o embaraço de Gueroult diante dessa duplicação gnoseológica do horizonte ontológico. P. Di Vona, *op. cit.*, p. 570, considera essa carta sobre o infinito como uma "verdadeira e enérgica síntese de toda a filosofia de Espinosa": ela me dá uma impressão exatamente contrária.

[25] *Carta* XII (g., IV, p. 57: P., p. 1099).

[26] J. T. Desanti, *Introduction à l'histoire de la philosohie*, Paris, 1956, analisou justamente a conexão entre a filosofia de Espinosa e o desenvolvimento do grupo de Witt e do banco de Amsterdã durante o período 1660/1670. A. Sohn-Rethel, *Geistige und körperliche Arbeit. Zur Theorie der gesellschaftlichen Synthesis*. Frankfurt, 1970, p. 98, ao mesmo tempo em que avalia a tentativa de Desanti, sustenta que "sua demonstração no entanto é insuficiente, pois, se bem que chegando ao limiar da formação dos conceitos, ela não chega a ultrapassá-lo." O que está certo: uma análise materialista da filosofia não pode se fundamentar numa simples correspondência material, ela tem de articular uma análise do desenvolvimento categorial com a da forma da consciência possível. Em Desanti, a análise não ultrapassa o alcance da consciência possível.

[27] O livro de Meyer é de 1666. Sobre toda esta questão e, de modo geral, sobre os problemas levantados pela interpretação dos textos sagrados no âmbito de uma *Weltanschauung* racionalista e panteísta, assim como sobre as muitas soluções de tipo quiliástico dadas a esses problemas, cf. L. Kolakowski, *op. cit.*, em particular p. 180 (a respeito de P. Serrarius, intermediário entre Espinosa e Oldenburg; quiliasta. Cf. também p. 651 e 705-707), 200-206 (sobre o quiliasmo de Brenius), 325-335 (sobre F. van Leenhof e sobre a inspiração quiliástica do próprio cocceianismo: voltaremos a este ponto), e 749-759 (sobre Lodewijk Meyer).

[28] *Carta* XII (G., IV, pp. 61-62; P., p. 1101).

[29] E. Cassirer, *op. cit.*, p. 111.

[30] E. Cassirer, *op. cit.*, p. 106.

[31] *Ibid.*, pp. 107-112.

[32] *Ibid.*, p. 114.

[33] *Ibid.*, p. 114.

[34] *Ibid.*, pp. 120-121.

[35] Ver sobre este ponto os comentários já várias vezes mencionados, e em particular os de M. Gueroult, *op. cit.*, t. II, pp. 190-256 e de L. Robinson, *op. cit.*, t. II.

[36] Para um comentário, cf. M. Gueroult, *op. cit.*, t. II, pp. 260-323.

A ideologia e sua crise

[37] *Ética*, II, Proposição XXIX, Escólio (G., II, p. 114; P., p. 386).

[38] Apesar do caráter exemplar de sua análise do ponto de vista filológico, M. Gueroult, *op. cit.*, t. II, pp. 352-390 e 587-592 exclui naturalmente, aqui, como em outros lugares, a possibilidade de contradição desse gênero; mas ele só pode fazê-lo com a condição de rearticular a cada vez o conceito de noção comum, e de submeter o caráter concreto deste (que ele no entanto reconhece) a um enorme feixe de condições, extremamente móvel. O conceito de "réplica" torna-se fundamental na análise de Gueroult: é ele que permite salvar a ideia de uma estrutura sistemática do livro II da *Ética*. Posição que no entanto revela-se perfeitamente contraditória, sobretudo quando Gueroult trata do discurso epistemológico de Espinosa, ou seja, do discurso sobre as noções comuns.

[39] *Ética* II, Proposição, Escólios I e II (G., II, pp. 120-122; P., p. 392).

[40] *Ética* II, Proposição XXXVII (G., II, p. 118; P., p. 390).

[41] *Ética* II, Proposição XL, Escólio II (G., II, p. 122; P., pp. 394-395).

[42] S. Von Dunin-Borkowski, S. J., "Spinoza nach 300 Jahren", in N. Altwicker, *Texte zur Geschichte des Spinozismus*, cit., pp. 59-74.

[43] Dunin-Borkowski gostaria de acrescentar uma terceira antinomia: "Ou somente um sistema de movimento/repouso, ou somente a ideia de qualidade", mas ele aqui está muito menos à vontade, pois tal par não é absolutamente colocado pela física de Espinosa, nem mesmo a título de hipótese. Como se sabe, o esquema de interpretação de Dunin-Borkowski é singularmente fiel ao pensamento de Espinosa na medida em que o ataca de fora, submetendo-o a um confronto radical com a metafísica clássica. Aqui, como em Cassirer, a crítica se baseia na ideia de uma permanência da concepção do atributo em Espinosa, numa definição exclusiva da metafísica como terreno de encontro/defrontação com o espinosismo.

[44] *Ética* II, Proposição XLIV, Corolário (G., II, p. 126; P., p. 399).

[45] Boa interpretação desta fórmula em M. Gueroult, *op. cit.*, t. II, pp. 609-615.

[46] *Ética* II, Proposição XLV (G., II, p. 127; P., p. 400).

[47] *Ética* II, Proposição XLV, Escólio (G., II, p. 127; P., pp. 400-401).

[48] *Ética* II, Proposições XLVIII-XLIX, Escólio (G., II, pp. 129-136; P., pp. 402-404).

[49] *Ética* II, Proposição XLIX, Escólio (G., II, pp. 131-136; P., pp. 405-411).

[50] Sabe-se que G. Deleuze também chega a uma hipótese desse gênero, sem no entanto supor uma interrupção interna do sistema espinosista: ele pre-

fere antes insistir na mudança de signo sofrida pela dinâmica produtiva do atributo, de um horizonte emanativo a um horizonte expressivo. Parece-me que tal percurso ainda não consegue captar o momento de reversão ontológica que parece tão importante em Espinosa.

[51] Sobre a interpretação dessa ideologia no pensamento do século XVII, permito-me mais uma vez remeter a meu *Descartes político*. Nesse livro procurei mostrar o campo das soluções produzidas pela burguesia depois da falência definitiva da utopia do mercado e da continuidade mercado-Estado características do Renascimento. De um lado o libertinismo e o mecanicismo, de outro a ressurgência de esperanças revolucionárias e a volta do desespero com a crise, sob a forma do jansenismo; no centro do dispositivo, o cartesianismo: uma metafísica, uma ética e uma teoria da ciência que, ao mesmo tempo em que satisfazem as urgências do momento, a exigência de um Estado absoluto, e atendendo as necessidades do modo de produção manufatureiro, nem por isso deixam de preservar a autonomia da burguesia, abrindo para ela um horizonte operatório de poder. Em Espinosa, essas diversas soluções são afastadas desde o início, sem nenhuma exceção: o pensamento de Espinosa não parte da crise desse século, mas de um projeto de desenvolvimento e articulação da utopia do Renascimento. A crise não é sua doença infantil, ela é apenas um limite colocado a seu crescimento, limite a ser ultrapassado. Por isso é que se pode dizer que em Espinosa não há tentativa de sublimar a crise por soluções autoritárias; ela é interpretada pelo que é: uma contradição — entre mercado e valor, entre relação de produção e força produtiva.

[52] Ou ao menos aqueles que estudam mais particularmente o pensamento político de Espinosa. Entretanto, como veremos, nem todos estão convencidos da natureza igualmente política da metafísica da Espinosa — muito pelo contrário! Assim é que temos os especialistas em metafísica, que consideram o pensamento político de Espinosa como secundário, mesmo se concordam em lhe conceder certa importância, e os especialistas em pensamento político que o consideram como central, mas não implicam a metafísica de Espinosa em sua política. O que estou tentando demonstrar, por meu lado, é a centralidade política da metafísica de Espinosa — e, naturalmente, como veremos, a centralidade histórica do *Tratado teológico-político* no desenvolvimento da ontologia espinosista.

[53] *Ética* II, Proposição XLIX, Escólio (G., II, p. 136; P., p. 411).

A ideologia e sua crise

Capítulo V
CESURA DO SISTEMA

1. Imaginação e constituição

"Ao acordar uma manhã, às primeiras luzes do dia, de um sono bastante pesado, as imagens que me tinham surgido em sonho persistiam diante de meus olhos tão vividamente como se fossem objetos reais, em particular a de um brasileiro negro e hirsuto que eu nunca vira antes. Essa imagem desaparecia em grande parte quando, para me distrair, eu fixava os olhos num livro ou em qualquer objeto; mas assim que eu desviava o olhar ou não fixava nada com atenção, a mesma imagem do mesmo etíope me reaparecia igualmente vívida, até que aos poucos sumiu de minha cabeça."[1] Espinosa e Caliban, poderíamos dizer imediatamente a respeito dessa carta de 20 de julho de 1664 ao "doutíssimo e sapientíssimo Pieter Balling". Mas, além de uma inoportuna ironia sobre Balling, perturbado pela realização de um presságio sobre a morte do filho, sabe-se da complexidade do personagem de Caliban. A tal ponto que o problema de Caliban — que é o da força liberatória da imaginação natural — se situa na mais alta abstração da meditação filosófica. "Digo que todos os efeitos da imaginação que se originam nas coisas corpóreas não podem nunca ser presságios de coisas futuras, porque suas causas na verdade não envolvem nenhuma coisa futura."[2] Isto não elimina que "os efeitos da imaginação derivam da constituição ou do Corpo ou da Mente".[3] Imaginação e constituição. A imaginação, então, percorre todo o real. "Vemos que a imaginação pode ser determinada somente pela constituição da alma, pois, como experimentamos, ela segue em tudo os traços do intelecto, e concatena e liga uma às outras suas imagens e suas palavras, sem interrupção, do mesmo modo que o intelecto concatena e liga suas demonstrações, a tal ponto que não podemos compreender quase nada daquilo de que a imaginação não forme imediatamente uma imagem."[4] Mas esse escorrer da imaginação por toda parte através do real levanta infinitos problemas. Antes de mais nada devo sublinhar que estou imerso nesse mar da imaginação: é o mar da própria existência. É muito diferente da profundidade do mar no qual o sujeito se encontra mergulhado pela dúvida cartesiana das *Meditações*: "*Tamquam in profundum gurgitem ex improviso delapsus*".[5] Lá, o ponto de apoio procurado pela inquietação da pesquisa é um ponto fixo, um começo e uma garantia do conhecimento —, aqui, em Espinosa, esse reconhecimento da situação existencial, de sua obscura compleição, não implica nenhuma referência ao outro, ao superior, ao transcendental. O mundo dos modos — que é o horizonte das ondas do mar, como poderia dizer uma possível metáfora espinosista — é real, seja como for. O segundo problema levantado por esta percepção é o seguinte: se os efeitos da imaginação derivam da constituição da alma, de que modo a imaginação participa da constituição da alma? e em que medida, na eventualidade de assim serem as coisas, a imaginação participa, com a alma, da constituição do mundo e de sua liberação? De novo o problema Caliban.

Essa carta, essas hipóteses caem na borda da primeira camada da *Ética*. Alguns autores propõem considerá-las como resíduos de um projeto de sistema inacabado e tosco.[6] Mas essa sugestão não é aceitável se olhamos outras cartas do mesmo período (1664-1665), imediatamente posteriores à carta a Balling: as cartas "ao doutíssimo e sapientíssimo senhor Blyenberg".[7] "Honesto comerciante", mas sobretudo bom cristão, Blyenberg dá a Caliban o nome de Adão. A possibilidade de Adão cometer o mal, assinala Blyenberg com justeza, é realmente incompreensível a partir dos *Princípios* de Espinosa, tanto quanto a imaginação de Caliban: são ou não são constitutivas vontade e imaginação? "Em minha opinião nem vós nem o senhor Descartes resolveis o problema, quando dizeis que o mal é um *não-ente*, para o qual Deus não concorre."[8] Ora, a resposta de Espinosa é no mínimo drástica — e demonstra a total incompreensão dessa articulação de seu pensamento por parte daqueles que excluem a posição do problema da potência da imaginação como sustentação da segunda camada, a conclusiva, da *Ética*. "Quanto a mim, não posso admitir que o pecado e o mal sejam nada de positivo, e muito menos ainda que qualquer coisa possa ser ou se fazer contra a vontade de Deus. Ao contrário, digo que, não apenas o pecado não é nada de positivo, mas afirmo também que não podemos dizer, se não impropriamente e falando humanamente, que pecamos contra Deus, como quando dizemos que os homens ofendem Deus."[9] "Tomo como exemplo a decisão, ou seja, a vontade determinada de Adão de comer do fruto proibido. Esta decisão ou vontade determinada, considerada em si só, inclui tanto de perfeição quanto exprime de realidade, como explica o fato de que não podemos conceber nas coisas uma imperfeição senão em comparação com outras que contenham mais realidade; consequentemente, na decisão de Adão, se a consideramos em si mesma sem comparação com outras mais perfeitas ou que indicam um estado mais perfeito, não poderemos assinalar nenhuma imperfeição, e podemos, até, compará-la com infinitas outras coisas que, em relação a ela, são de longe mais imperfeitas, como pedras, troncos etc. E isto, de fato, qualquer um está disposto a admitir, porque qualquer um observa com admiração nos animais aquilo que detesta e vê com repugnância acontecer entre os homens, como a guerra das abelhas e o ciúme dos pombos: coisas que se desprezam no meio dos homens e que, ao contrário, são indício de maior perfeição nos animais. Assim sendo as coisas, segue-se a isso que o pecado, enquanto não indica senão uma imperfeição, não pode consistir em alguma coisa que exprima uma realidade, como a decisão de Adão e sua execução."[10] É neste pleno de ser que se move a verdade. Então não é possível fazer o ser se degradar absolutamente em direção à privação e à negação, porque "a privação não é o ato de privar, mas simples e mera carência, a qual em si não é nada mais que um ser de razão, ou seja, uma espécie de pensamento que formamos quando comparamos as coisas entre elas. Dizemos, por exemplo, que o cego é privado da vista, porque somos levados a imaginá-lo facilmente como vidente...".[11] "De modo que a privação não é outra coisa senão negar da coisa algo que julgamos que pertence à sua natureza; e negação não é outra coisa senão negar algo à coisa porque não pertence à sua natureza. É por isso que em Adão o apetite pelas coisas terrenas era mau somente em relação ao nosso intelecto e não em relação ao de Deus."[12] E então o problema é o de não crer que nossa liberdade consista em uma certa contingência ou em uma certa indiferença, ela consiste, na verdade, "no modo de afirmar ou negar; de maneira que quanto menos indiferentemente afirmamos ou negamos uma coisa, tanto mais somos livres".[13]

Resumindo: a reivindicação do mundo dos modos coloca imediatamente, no plano do conhecimento como no plano da vontade, o problema da realidade da imaginação e da liberdade. Uma realidade constitutiva, não mais oferecida pela divindade e resíduo de seu processo de emanação — Caliban, aliás, Adão, coloca o problema da realidade não mais como totalidade, mas como parcialidade dinâmica, não como perfeição absoluta, mas como privação relativa, não como utopia, mas como projeto. O estatuto gnoseológico e ético da realidade moral é posto em primeiro plano. Mas isso significa uma ruptura radical com toda a lógica anteriormente elaborada e não nos espantaremos, neste ponto, se o TEI permanece inacabado. "Por falta de tempo", como se justifica Espinosa?[14] O fato é que em Voorburg o problema já é o de uma lógica que siga os processos constitutivos da realidade. O projeto ainda está pouco claro? Certamente. Mas irreversível. Por ora podemos apenas identificar a tendência, não descrevê-la; medir seu alcance, não descrever suas passagens. Coisa certa é que, seja como for, uma cesura, extremamente profunda, aconteceu no sistema e, daqui em diante, este, da constituição da realidade modal e de seu destino absoluto, é o horizonte de Espinosa.

Mas observemos outra coisa. Aquela mesma concepção que nega a força constitutiva do ser e mistifica a determinidade modal do mundo, afogando-a na indiferença ideal — entretanto, "se bem que o rato e o anjo, a tristeza e a alegria dependam igualmente de Deus, não se pode dizer, porém, que o rato tenha a forma do anjo nem que a tristeza tenha o aspecto da alegria":[15] isto seria o bastante para destruir toda a verossimilhança — aquela mesma concepção, então reinvindica, na forma da teologia, a validade da imaginação. Enquanto polemiza com Blyenberg sobre a natureza da liberdade, Espinosa é obrigado a defrontar com este problema. Deus aparece como Rei e legislador, os meios da salvação são ditos com o nome de leis, a salvação e perdição são colocados como prêmio e pena num universo moral que dilui, em figuras antropomórficas, a necessidade e a determinidade do conhecer e do agir humanos e destrói assim a absoluta validade destes.[16] No entanto, essa imaginação corrupta constrói efetivamente o mundo! Ela é tão potente quanto a tradição, e tão vasta quanto o poder, e tão devastadora quanto a guerra — e de tudo isto é a auxiliar, de modo que a infelicidade do homem e sua ignorância, a superstição e a escravidão, a miséria e a morte se inserem naquela mesma faculdade imaginativa que, pelo outro lado, constitui o único horizonte de uma humana convivência e de uma positiva, histórica determinação do ser. Uma nova fundação metafísica, se ela quer atravessar o mundo, não pode recusar então o afrontamento com essa figura da realidade, teológico-política. Separar a verdade, a capacidade dos homens para construí-la e a liberdade da vida, do conjunto das catástrofes que realmente a imaginação determina no mundo torna-se assim o primeiro ato de uma reforma lógica que fundamente uma reforma ética. E política? Necessariamente. Teológico e político são termos intercambiáveis.[17] É verdade que a revolução humanista já atacou fortemente essa legitimação medieval do poder. Mas não a erradicou: de modo que ela se reproduz, não tanto como legitimação do poder quanto como superstição e conservação, irracionalidade e bloqueio. Como obscurantismo.

Uma guerra absurda está-se desenrolando,[18] como para selar a oposição aqui de um desencantado diagnóstico. Um estranho diálogo acontece entre beligerantes. De Londres, Oldenburg escreve a Espinosa: "Aqui se espera, de um momento para o outro, a notícia de uma segunda batalha naval, a não ser que vossa esquadra torne a voltar para o porto. O valor, que dizeis que os vossos vão comprovar, é mais bestial que humano. Pois se os homens agissem à luz da razão, não se estraçalhariam uns aos outros, como os animais da floresta. Mas de que serve se lamentar? As paixões durarão tanto quanto os homens; mas mesmo aquelas não são perpétuas, e os melhores podem combatê-las".[19] De Voorburg Espinosa escreve, em troca: "Fico feliz em saber que, em vossa Sociedade, os filósofos se recordam de si mesmos e de seu país. Estou ansioso para conhecer os últimos trabalhos deles, assim que os

Cesura do sistema

beligerantes estejam saturados de sangue e façam uma trégua para refazer as forças. Se aquele famoso humorista vivesse hoje, certamente morreria de rir. Já quanto a mim, essas massas armadas não me levam nem a rir nem a chorar, eu antes me ponho a filosofar e a observar mais atentamente a natureza humana. Efetivamente, não creio que tenha o direito de zombar da Natureza, e menos ainda de me queixar dela, se penso que os homens, como tudo, de resto, são somente parte da Natureza e ignoro como cada uma dessas partes se combina com o todo e de que modo se liga com todas as outras. É apenas por falta desse conhecimento que certas coisas da natureza, de que tinha somente uma percepção incompleta e mutilada, que não ficava de acordo com nossa mentalidade filosófica, pareceram-me antes como vãs, desordenadas e absurdas. Deixo, então, que cada um viva a seu talante, e quem quer morrer que morra em paz, contanto que a mim seja permitido viver pela verdade".[20] Parece uma exclamação libertina: entretanto é o prólogo do programa seguinte: "Estou atualmente compondo um tratado sobre minha maneira de entender a Escritura; e sou levado a fazê-lo pelas razões seguintes: 1°) os preconceitos dos teólogos, pois sei que eles, mais que qualquer outra coisa, impedem os homens de aplicarem seu intelecto à filosofia; proponho-me então a revelar esses preconceitos e a livrar deles os espíritos mais advertidos; 2°) a opinião que o povo tem de mim, sempre a pintar-me como ateu; tenho de combatê-la o mais possível; 3°) a liberdade de filosofar e dizer o que sentimos; liberdade que pretendo defender por todos os meios contra os perigos de supressão representados pela excessiva autoridade e insolência dos predicantes".[21]

O *Tratado teológico político*[22] mostra, em sua gênese, uma extraordinária centralidade na história de conjunto do pensamento de Espinosa. Quase todos os comentadores o reconheceram, mas de maneira banal. Porque na verdade todos tiveram de ver essa interrupção do desenvolvimento da *Ética* que a redação do TTP representa, entre 1665 e 1670. E é evidente que depois dessa cesura cronológica, quando Espinosa recomeça a trabalhar na *Ética*, as coisas mudaram: o horizonte se alargou, a matéria política — com a riqueza que representa para a vida passional e ética — será recuperada ao discurso metafísico. Mas não basta reconhecer isto. Na verdade não é por acaso que, depois desse reconhecimento, a *Ética* seja lida, de todo modo, como uma obra unitária. A interrupção representada pelo TTP seria um parênteses. Quando nos encontramos diante de uma interrupção que é uma refundação. E — além da análise da crise da primeira camada da *Ética*, que realizamos; além da análise do novo caminho do pensamento ético em sua segunda fase, que faremos — é a própria matéria do TTP que o mostra.[23] Aqui, com efeito, os fundamentos teológicos e físicos dos livros I e II da *Ética* são, por assim dizer, postos de lado. É como se, do ponto em que até aqui a filosofia conduziu, um mundo novo se revelasse, impossível de percorrer com os velhos instrumentos, mas também impossível de avaliar e ainda menos de medir com eles. Até o momento, sobretudo nas Cartas, viemos sentindo um clima. Com o TTP torna-se logicamente claro que o mundo da imaginação e da história, da religião e da política — tal como são concretamente — não pode ser agredido do ponto de vista da teologia racional e da física. Eventualmente poderá voltar a sê-lo, se tivermos primeiramente percorrido a trama desse complexo real. Mas então, a partir do novo proposto pelo real, que significado de orientação poderá ter a velha *tranche* metafísica? Não deverá ela mesma ser submetida à força da transformação real? Aqui, a interrupção é imediatamente refundação. E os fios históricos e teóricos que conseguimos puxar se entrelaçam de maneira nova. Uma nova lógica, dentro do mundo da imaginação, dentro do mundo *tout court*, em suma: mas isso significa fazer uma discriminação no mundo, ver sua realidade se desenrolar e ao mesmo tempo eliminar aquilo que se opuser ao progresso da verdade. E essa discriminação afeta também o sistema, seu avanço, seu desenvolvimento. Veremos o quanto! Mas no início ela o deixa de lado — não finge, então, mas realmente opera uma refundação.

Caindo-se das alturas do livro II da *Ética*, os primeiros capítulos do TTP realmente surpreendem. Aí se encontra uma enorme riqueza de conhecimentos técnicos: técnico-teológicos, filológicos, linguísticos, políticos. A biblioteca de Espinosa nos informa a esse respeito.[24] Mas tudo isso imediatamente se funde num projeto polêmico: "Tratado teológico-político, contendo algumas dissertações em que se mostra que a liberdade de filosofar não só é compatível com a preservação da piedade e da paz do Estado, como, inclusivamente, não pode ser abolida senão destruindo ao mesmo tempo a paz da república e a própria piedade".[25] Projeto polêmico, mas determinado. Na verdade, e consideramos agora os seis primeiros capítulos, que são precisamente os polêmicos, a polêmica também é busca da realidade e, de maneira imediata e autônoma, colocação do problema lógico da imaginação. As matérias enfrentadas (cap. I: "Da profecia"; cap. II: "Dos profetas"; cap. III: "Da vocação dos hebreus, e se o dom profético foi peculiar a eles"; cap. IV: "Da lei divina"; cap. V: "Da razão pela qual foram introduzidos os ritos, e da fé na tradição histórica, ou seja, como e para quem esta é necessária"; cap. VI: "Dos milagres")[26] estão submetidas a um tratamento lógico, isto é, a um esquema de pesquisa orientado em sentido fenomenológico, visando identificar o nível da realidade que é constituído pela imaginação.

São assim destacados dois níveis da argumentação. O primeiro (A), que podemos chamar "da revelação à instituição" e que é diacrônico em seu desenvolvimento, genealógico. Parte dos temas polêmicos (contra a superstição e o fanatismo religioso) para definir (A1) o estatuto gnoseológico destes: os capítulos I, II e III veem a abordagem polêmica se desenhar sobre um esquema que agora conhecemos bem, o da denúncia da alienação religiosa e da mistificação teológica. Mas (A2) a análise então levanta a mira, deslocando-se do terreno do conhecimento revelado para o terreno da realidade histórica. O esclarecimento teórico não tem mais nada a ver com o reino das sombras ideológicas, mas com a realidade da mistificação histórica, eficaz. É no capítulo IV que se determina essa passagem. Enfim (A4), nos capítulos V e VI, o eixo analítico torna a se deslocar: é a gênese das instituições, a função historicamente constitutiva da imaginação que começa a ser levada em conta. Com este ritmo diacrônico, entretanto, está identificado um nível sincrônico de pesquisa, que podemos chamar "da ilusão à constituição" (B). Atravessa as diversas fases do discurso, de maneira mais ou menos ativa, e se articula teoricamente em três pontos: (B1) a análise, a identificação da imaginação como função constitutiva da falsidade e da ilusão, a que segue (B2): a acentuação do significado ambíguo, oscilante, flutuante da imaginação como força transcendental: a terceira camada (B3) se liga à análise do fundamento ontológico — isolado, verdadeiro — da ação da imaginação. Entramos na ordem do ser real. Estes seis capítulos formam um todo bastante orgânico,[27] quase como uma parte I do TTP, e o capítulo IV constitui dentro deles um ponto focal, tanto no sentido diacrônico quanto sincrônico, o centro de (A) e a síntese de (B).

Tendo em mente essas orientações, entremos no mérito. Nos três primeiros capítulos do TTP (A1), o problema é o da análise e da crítica da profecia, ou seja, da revelação enquanto ela é expressa pelos profetas para o povo judeu. A negação de todo estatuto ontológico específico da verdade profética é imediatamente colocada (B1). Se entretanto toda verdade encontra em seu fundamento a potência divina, eu poderia dizer que a profecia "é um efeito da potência de Deus; mas me pareceria estar dizendo palavras vãs. Seria na verdade como se quisesse explicar com um termo transcendental a forma de uma coisa singular. Tudo, na verdade, é produto da potência de Deus; aliás, já que a potência da Natureza não é outra coisa senão a própria potência de Deus, é certo que nós, na medida em que ignoramos as causas naturais, não conhecemos a potência de Deus: é então insensato recorrer a ela quando ignoramos a causa natural de uma coisa, ou seja, a própria potência divina".[28] O horizonte da profecia então não pode ser outro senão aquele da mera imaginação. Consequentemente, no plano da pura abstração, "como a simples imaginação não implica, por sua natureza, a certeza, como acontece com toda ideia clara e distinta, mas é preciso necessariamente, para que se possa estar seguro, acrescentar à imaginação alguma coisa que é o raciocínio, vê-se que a profecia por si mesma não podia implicar certeza".[29] Acontece entretanto que a imaginação profética passa por expressão da "*directio Dei*" e que para os judeus ela está ligada com sua própria vocação de povo eleito. "Desejo então", acrescenta Espinosa, "explicar aqui em poucas palavras o que entendo por governo de Deus, auxílio de Deus interno e externo, por eleição de Deus e finalmente por fortuna. Por governo de Deus, entendo a ordem fixa e imutável da Natureza, em outras palavras, o encadeamento das coisas naturais; dissemos acima, realmente, e mostramos em outro

Cesura do sistema

lugar, que as leis universais da Natureza, segundo as quais tudo se faz e tudo está determinado, não são senão os decretos eternos de Deus, que implicam sempre verdade e necessidade eternas. Seja quando dizemos que todas as coisas acontecem segundo as leis da Natureza, seja quando afirmamos que elas são ordenadas por decreto ou por governo de Deus, dizemos a mesma coisa. Em segundo lugar, não sendo a potência de todas as coisas naturais senão a própria potência de Deus, que sozinha produz e determina todas as coisas, segue-se a isso que tudo de que o homem, ele mesmo parte da Natureza, se utiliza através de seu trabalho para a conservação de seu ser, e tudo aquilo que lhe é oferecido pela Natureza sem dele exigir trabalho, na realidade lhe é oferecido só pela potência divina, enquanto esta age seja pela própria natureza do homem, seja por coisas externas à própria natureza do homem. Então, a tudo aquilo que a natureza humana pode produzir só por sua potência para a conservação de seu ser, podemos chamar auxílio interno de Deus, e socorro externo a tudo aquilo que a potência das coisas externas produz de útil para ele. Donde se explica facilmente o que se deve entender por eleição de Deus: já que, efetivamente, ninguém age senão segundo a ordem predeterminada na Natureza, isto é, pelo governo e o decreto eterno de Deus, segue-se a isso que ninguém escolhe sua maneira de viver e não faz nada, senão por uma vocação singular de Deus que elegeu tal indivíduo de preferência aos outros para tal obra ou tal maneira de viver. Por fortuna, entendo nada mais que a direção divina, enquanto esta dirige as coisas humanas por meio das causas externas e imprevistas".[30] Nesta base, a operação concreta da imaginação consiste simplesmente na fusão de elementos históricos que desdobram efeitos derivantes de causas eficientes contidas na própria natureza humana. "E por isso é preciso dizer sem reserva que esses dons não estão reservados a nenhuma nação, mas sempre foram comuns a todo o gênero humano, a menos que queiramos imaginar que a Natureza em outras épocas tenha criado diversos gêneros humanos."[31] A imaginação é ilusão: a eticidade é potência, divina e natural. Esta argumentação parece ser mera "pena de Talião" imposta à posição panteísta inicial, e assim tem sido considerada por muitos comentadores.[32]

Já a mim parece que o enxerto imediato da segunda fase da análise, isto é, do aprofundamento da função crítica, modifica substancialmente o quadro (B2). Então, a profecia é imaginação, e a imaginação, ilusão: vigília ou sono — o estado profético —, escuta, contemplação, loucura?[33] "Já que é assim, devemos procurar de onde os profetas puderam tirar a certeza a respeito daquilo que eles percebiam apenas pela imaginação e não por princípios seguros da mente."[34] Em outras palavras, o problema consiste na natureza especial dos efeitos da imaginação profética, no paradoxo de um nada essencial que produz ser e certeza históricos. É neste momento que a função crítica se faz fenomenológica. A imaginação justifica seu ser confuso e indeterminado plasmando-se sobre a *"potentia"* natural, sobre o desenvolvimento e o incremento do *operari* humano. De maneira que se identificam dois níveis: o primeiro, estático, no qual a imaginação nos propõe uma definição, parcial, mas positiva, de seus próprios conteúdos; um segundo, dinâmico, onde o movimento e os efeitos da imaginação são validados em função da constituição ética do mundo.[35] O político torna verdadeiro o teológico. E com isto se coloca, modernamente, o problema da "falsa consciência"! Por isso, temos agora de seguir esse processo que torna verdadeira a ilusão como função potente, temos de constatar e separar dentro dela a verdade e a falsidade. O paradoxo instrumental da crítica "libertina" da religião é aceito aqui, ao mesmo tempo (a imaginação é ilusão) sob a forma revertida que propriamente o constitui (... e a ilusão constitui o real): mas a reversão espinosista da função constitutiva evita ao mesmo tempo o perigo cético, escapa a toda tentação cética — a atividade constitutiva, com efeito, não é uma simples função política, não é dupla verdade, é, isto sim, potência ontológica. O ensino da revelação é sem dúvida *ad hominem*, sinal ilusório de uma verdade oculta, mas é o caráter operatório da ilusão que a torna real e portanto verdadeira.[36] Sobre esse aspecto, é preciso destacar imediatamente a transformação sofrida pelo próprio conceito do político: não mais astúcia e domínio, mas imaginação e constituição. A primeira figura em que se dá esta síntese é a de um "pacto divino", ou melhor, a da ilusória figura do pacto social. "Para viver em segurança e evitar os ataques dos outros homens, assim como dos animais, o governo da vida humana e a vigilância são de grande utilidade. E a razão e a experiência ensinaram que a maneira mais segura de conseguir isto é a formação de uma sociedade com leis fixas, a ocupação de uma certa região do mundo e a reunião num mesmo corpo social das forças de todos. Para formar e conservar uma sociedade, entretanto, requerem-se uma energia e um empenho fora do comum. Por isso, será mais segura, mais constante e menos exposta aos azares da fortuna a sociedade fundada e dirigida principalmente por homens sábios e vigilantes; ao contrário, aquela que se compõe de homens rudes depende mais da fortuna e tem menos estabilidade. Se, mesmo assim, ela subsistiu por muito tempo, isso se deveu ao governo de outro, e não ao seu próprio; se ela venceu graves perigos e seus negócios prosperaram, ela não poderá deixar de admirar e adorar o governo de Deus (enquanto Deus age por causas exteriores desconhecidas e não pela natureza e a mente humanas), pois tudo lhe aconteceu de maneira impensada e inesperada; o que realmente pode ser considerado miraculoso."[37] Essa sociedade é então validada pela ilusão da justiça divina, a profecia — e até o milagre — torna-se a trama do sistema político, e a revelação é função da ordem social, e é com esse objetivo que ela se reproduz.[38] Com isto estamos à borda daquele nível de pesquisa, direta e explicitamente político-constitutivo, que designamos por (B3), depois de vermos sua possibilidade de construir, através das fases polêmica e fenomenológica. Nos três primeiros capítulos do TTP, isto apenas se esboça — por exemplo, com o surgimento das relações "*jus-potentia*"[39] ou "*societas-imperium*" (que em si compreende a ideia de ordenamento): "O fim de toda sociedade ou Estado [...] é a segurança e a comodidade da vida. Mas um Estado só pode subsistir na base das leis às quais todos estão sujeitos; pois se cada membro de uma sociedade pudesse se subtrair às leis, com isso a sociedade se dissolveria e o ordenamento político ruiria".[40] É apenas uma abordagem, mas já nos permite constatar a maturação dessa interiorização da potência constitutiva ao desenvolvimento do real, que a temática da imaginação antes propunha de maneira tão laboriosa e exterior.

Chegamos assim ao capítulo IV do TTP: aqui o problema da constituição começa a se colocar em termos realmente explícitos

(A2). Ou seja, a densidade do processo até aqui abordado é transferida para o nível teórico e lá se desdobra teoricamente (B3). Falamos de um enxerto constitutivo, obscuramente percebido, da *"potentia"* humana na *"potentia"* natural e divina: como se explica esse enxerto, como se explica essa síntese? É preciso ter em mente que o problema não se complica tanto, como pretendem certos críticos, pela dificuldade em distinguir entre lei divina e lei humana. "A palavra 'lei', compreendida no sentido absoluto, indica o fato segundo o qual cada um dos indivíduos ou todos ou alguns de uma mesma espécie agem segundo uma só, certa e determinada maneira; e esta maneira depende ou da necessidade natural ou da decisão do homem. A lei que depende da necessidade natural é aquela que decorre necessariamente da própria natureza, ou seja, da definição da coisa; aquela que depende da decisão do homem, e que se chama mais propriamente 'direito', é a lei que os homens prescrevem para si e para outros, para tornar a vida mais segura ou mais cômoda, ou por outros motivos."[41]

A distinção então é clara. Tanto que é justamente a partir de sua intensidade, da intensidade contraditória das duas acepções do termo "lei", que se coloca o problema. O projeto constitutivo tem de se medir e se confrontar com a herança da primeira camada da *Ética*: efetivamente, é lá que se colocou a contradição, o paradoxo da co-presença do absoluto divino e do absoluto modal. Como se pode mediatizar essa dupla absolutez? Ou melhor, tem sentido colocar o problema dessa mediação? O capítulo IV não dá resposta clara a essa interrogação. De um lado, é sugerida a possibilidade-necessidade de uma mediação. Com efeito, Espinosa fala de uma "lei divina natural", cujas características seriam a universalidade humana, a inteligibilidade e o inatismo, a natureza ética.[42] Isto é jusnaturalismo.[43] Por outro lado, e com muito mais força, e sobretudo com larguíssima possibilidade de desenvolvimento teórico posterior, o problema da mediação é suprimido. É suprimida a hipótese Rousseau. Como já vimos na metafísica, onde havia ocorrido a crise do pensamento de Espinosa, o absoluto se torna força constitutiva da possibilidade, estende-se na superfície da constituição do mundo. "Se bem que eu admita de modo absoluto que todas as coisas são determinadas à existência e ação segundo uma certa e determinada razão a partir das leis universais da Natureza, digo no entanto que estas leis dependem da decisão do homem."[44] Lei: decisão humana. Se a lei se encontra carregada de alusões teológicas, nessa perspectiva isso só depende da necessidade de sobredeterminar a eficácia dela. Para falar como um autor moderno, a natureza positiva da lei deve ser situada numa esfera de neutralização do conflito social, específica, relacionada com o horizonte de valores do século XVII, e no século XVII tal esfera ainda é teológica.[45] Mas, o que é importante destacar, é essa primeira emergência que se abre da potência constitutiva da ação humana. Aquilo que a imaginação propunha como realidade de ilusão está transformado agora em positividade da vontade e da liberdade, em indício de um processo de constituição. Nos capítulos V e VI (A3), essa perspectiva se aprofunda mais e assume as características nitidamente produtivas e sociais que definem o positivismo espinosista: mas já estamos no centro de um novo horizonte de pesquisa, e então veremos a continuação desse discurso na segunda parte deste capítulo.

O que viemos dizendo até agora, de todo modo, é suficiente para provar a justeza de nossa posição inicial. Ou seja, que a imaginação representa o campo no qual emerge a necessidade de uma reversão de conjunto da metafísica de Espinosa. O TTP não é um episódio secundário ou marginal: ao contrário, é o lugar onde se transforma a metafísica de Espinosa. Está certo, então, dizer que o político é um elemento fundamental do sistema de Espinosa: mas só tendo em mente que o próprio político é metafísico. Não é um ouropel, mas a alma da metafísica. O político é a metafísica da imaginação, é a metafísica da constituição humana do real, do mundo. A verdade vive no mundo da imaginação, é possível ter ideias adequadas que não esgotem a realidade, mas sejam abertas e constitutivas de realidade, intensivamente verdadeiras, o conhecimento é constitutivo, o ser não é somente encontrado (não é somente um ter), mas é atividade, potência, não há somente Natureza, há uma segunda natureza, natureza da causa próxima, ser construído: essas afirmações, que os comentadores têm bastante dificuldade em enquadrar na imagem estática do espinosismo, na figura imóvel da analogia cósmica,[46] encontram, ao contrário, um lugar adequado nessa nova abertura de sua filosofia. A atividade imaginativa conquista um estatuto ontológico. Certamente não para confirmar a verdade da profecia, mas para consolidar a do mundo, e a positividade, a produtividade, a socialidade da ação humana.[47] É ela que representa o absoluto. Nisto consiste a cesura do sistema, mas nisto consiste principalmente a enorme modernidade desse pensamento. Caliban, na verdade, é um herói contemporâneo.

2. FILOLOGIA E TÁTICA

Uma lógica nova, capaz de atravessar o existente sob a figura do mundo que foi construída pela imaginação, e de separar nele a verdade da falsidade: assim se especifica o projeto do TTP a partir do capítulo VII, ou seja, depois da indagação sobre a natureza metafísica da imaginação. O primeiro terreno de análise é o mundo da imaginação profética, e, no caso, apostólica. Em consequência, o segundo terreno, sempre regido pelas regras da imaginação, será o que chamamos o mundo social, isto é, o conjunto das relações que se estendem dentro e entre a sociedade civil e o Estado. A análise feita nos capítulos VII-X sobre a interpretação da revelação apostólica (como já os conteúdos substanciais daquela anteriormente realizada sobre o profetismo hebraico) deve ser orientada — assim como ocorreu historicamente, sendo a imaginação profética dirigida à construção de um ordenamento social — para a análise dos princípios e das condições da socialidade que é realizada nos capítulos XI-XV. Examinemos sucessivamente esses dois campos de pesquisa.

"Uma ambição criminosa conseguiu fazer com que a religião não consista tanto em seguir fielmente os ensinamentos do Espírito Santo quanto em defender as invenções humanas; e, até, em fazer com que a religião consista não na caridade, mas na difusão das discórdias entre os homens e na propaganda de ódio acerbo, disfarçado com o falso nome de zelo divino e de fervor ardente. A esses males se acrescenta a superstição, que ensina a desprezar a Natureza e a Razão, a admirar e venerar somente aquilo que as contradiz; assim, não é de admirar que os homens, para melhor admirar e mais venerar a Escritura, procurem interpretá-la de tal maneira que ela pareça, ao máximo, contrária a essa mesma Natureza e a essa mesma Razão. Assim chegam a imaginar que profundíssimos mistérios estão escondidos nos Livros Sagrados, e se esgotam em sondá-los deixando de lado o útil pelo absurdo; e tudo o que se inventa nesse delírio se atribui ao Espírito Santo e trata-se de defender com todas as forças, com ardente paixão."[48] É preciso então se liberar dessas perigosas ilusões. Devemos transformar a lógica natural em técnica de discriminação histórica entre o verdadeiro e o falso (hermenêutica), e de discriminação lógica entre funções úteis e funções destrutivas (exegese), que a imaginação nos apresenta no inteiro horizonte da revelação. "Para resumir, o método de interpretação da Escritura não difere do método de interpretação da Natureza, mas está de acordo com este em tudo. Como o método de interpretação da Natureza, na verdade, consiste essencialmente em descrever a história da própria Natureza, para dela retirar, a partir de dados certos, as definições das coisas naturais, assim, para interpretar a Escritura é preciso reconstruir a história autêntica da própria Escritura, para depois deduzir desta, como legítima consequência de princípios e dados certos, o pensamento de seus autores."[49] "Por isso é que o conhecimento de todas essas coisas, isto é, de quase todo o conteúdo da Escritura, deve ser tirado da própria Escritura, assim como o conhecimento da Natureza, da própria Natureza."[50] Mas tal conhecimento histórico tem de ser integrado pela função racional que se exerce sobre a Escritura, "luz natural", clareando sua matéria. São, então, dois os planos de aplicação da crítica: o primeiro, a que chamamos hermenêutico, é um terreno no qual, *justa sua propria principia* ("a regra universal da interpretação da Escritura é a de não lhe atribuir como seu ensinamento senão aquilo que como tal resulta, da maneira mais evidente possível, de sua história"),[51] reconstruímos o processo através do qual se exprime a revelação. Instrumentos técnicos específicos estão à disposição da atividade hermenêutica: antes de mais nada, a análise linguística; em seguida a redução típica dos livros singulares da Escritura a assunto geral; finalmente a análise do contexto cultural.[52] Em segundo lugar, para coroar a análise hermenêutica, deve-se abrir a crítica exegética: "Assim reconstruída a história da Escritura e colocado o firme propósito de só admitir como verdadeira doutrina profética aquilo que se conclui dessa história e se deduz da maneira mais clara, é tempo de se delimitar a pesquisa ao pensamento dos profetas e do Espírito Santo. Mas também para isso são necessários uma ordem e um método semelhante ao seguido para a interpretação da Natureza com base na história da própria Natureza. Do mesmo modo que, no estudo das coisas naturais, é preciso se esforçar antes de tudo para descobrir as coisas mais universais e que são comuns à Natureza inteira, como o movimento e o repouso, suas leis e suas regras, que a Natureza sempre observa e pelas quais constantemente age, depois subir de lá, gradativamente, para as outras coisas menos universais; do mesmo modo, na história da Escritura, procuraremos antes de tudo o que é mais universal, o que é a base e o fundamento de toda a Escritura, o que é finalmente recomendado por todos os profetas como uma doutrina eterna e da mais alta utilidade para todos os homens".[53] É evidente o papel central que, na atividade exegética, é assumido pela razão: a hermenêutica descobre o tecido real que a exegese discrimina. Em que sentido e segundo que critérios? Segundo um único critério: o da luz natural. "Não tenho dúvida de que todos já tenham entendido como este método não exige nenhuma luz fora da natural. A natureza e a virtude dessa luz consistem no fato de que ela deduz e conclui por via de legítima consequência as coisas obscuras daquelas que são conhecidas ou daquelas que são dadas por conhecidas; nosso método não exige mais nada. E certamente concordamos que ele não é suficiente para esclarecer todo o conteúdo da Bíblia, o que não se deve entretanto a algum defeito do método, mas ao fato de que o caminho que ele ensina, que é o direito e o verdadeiro, nunca foi seguido nem levado em consideração pelos homens, de modo que com o tempo ele se tornou muito árduo e quase impraticável..."[54]

A luz natural fica então restaurada. Afirmando isto, Espinosa reassume e funde no projeto exegético pelo menos três filões de crítica revolucionária que preparam seu trabalho: o da crítica bíblica propriamente dita,[55] o da crítica filosófica da revelação e da refundação da luz natural,[56] e finalmente a reivindicação política

Cesura do sistema

da liberdade individual de pensamento e de crítica: "Cabe assinalar que as leis de Moisés, já que constituíam o direito público da Pátria, tinham necessidade evidente de uma autoridade pública para serem conservadas; pois, se cada um fosse livre de interpretar a seu talante o direito público, nenhum Estado poderia subsistir, mas se dissolveria com isso e o direito público se reduziria a um direito privado. Mas o caso da religião é bem diverso. Na verdade, já que ela consiste, não tanto em atos exteriores, mas na simplicidade e sinceridade de ânimo, não é de competência de nenhum direito público nem de nenhuma autoridade pública".[57] São três determinações, todas igualmente potentes, do pensamento revolucionário do humanismo, que constituem aqui a base do discurso. Mas o que se deve destacar imediatamente é a especificidade da reivindicação espinosista da luz natural. Efetivamente, ao mesmo tempo em que as reassume, ela ultrapassa suas próprias determinações genéticas. A luz natural, a razão, se configuram desde logo não simplesmente como capacidadade analítica, configuram-se como força constitutiva; não simplesmente como função interpretativa, mas como instância construtiva. Na atividade hermenêutica, a razão, com efeito, percorreu o ser segundo a ordem gradual da emergência da verdade. A crítica que Espinosa faz nessas páginas ao método exegético de Maimônides[58] não consegue esconder a profunda afinidade da técnica intepretativa espinosista com as metodologias do judaísmo medieval:[59] ou seja, aqui como lá a exaltação da função da razão (e com isso as obscuridades místicas da tradição judaica são eliminadas) se dá num contexto ontológico. A exegese histórica da Escritura na realidade é uma análise histórico-hermenêutica da razão. A luz natural, ao intervir na análise da Escritura, ilumina sua própria gênese histórica. De modo que, neste ponto, podemos identificar o encontro e a profunda simbiose entre a instância revolucionária da inteligência renascentista e a intensidade do construtivismo ético da tradição judaica. O realismo desta se incorpora definitivamente ao racionalismo moderno.[60] Realiza-se mais uma das premissas da utopia do círculo espinosista — ao mesmo tempo em que se coloca uma severa crítica ao conjunto do projeto. Isto tudo dá lugar a consequências importantíssimas: pois a relação entre método e ontologia é revertida, em re-

192 A anomalia selvagem

lação à concepção do século XVII, cartesiana e em geral idealista. O método está dentro da ontologia, não é nenhum caso formal — a restauração da luz natural é obra histórica e humana, ao mesmo tempo em que é uma exploração da realidade que mostra a força coletiva, ontologicamente densa, dessa conquista humana. Uma conquista que inova o ser. A espessura ontológica do pensamento de Espinosa encontra, através da hermenêutica da revelação, uma dinâmica interior que organiza o desenvolvimento da razão.[61]

Mais do que nunca é necessário tornar a acentuar a cesura que constituem essas páginas do *Tratado teológico-político* em relação à primeira camada do pensamento metafísico. Pode-se falar realmente de uma reversão. Mas é necessário acentuar, ao mesmo tempo, que a reversão ainda é precária, que se trata — justamente — de uma reversão de ponto de vista, e que por enquanto se exerce em níveis secundários, embora importantíssimos, em relação à tarefa que espera a filosofia: a fundação materialista de um horizonte ético. Entretanto é útil marcar o fato de que a precariedade da renovação ontológica é sentida pelo próprio Espinosa. No mesmo momento em que escreve essas páginas do TTP, em 1666, Espinosa, com efeito, envia a Jean Hudde uma série de cartas sobre o princípio ontológico.[62] Nelas o ontologismo é levado tão longe que se torna uma mistura explosiva: ser absoluto tendendo à perfeição, de um lado (completando a prova *a posteriori* da existência de Deus na *Ética*: "Pois, como poder existir é potência, segue-se que quanto maior a realidade que cabe à natureza de uma coisa, tanto mais força tem de si para existir"),[63] de outro, expansão do ser e transbordamento de sua perfeição através do mundo — mas de maneira positiva, potente, construtiva: "Tudo o que envolve a existência necessária não pode ter em si nenhuma imperfeição, mas deve exprimir a perfeição pura. Mas já que é só da perfeição que pode resultar que exista um ser por sua própria suficiência e seu próprio poder, se supomos que exista um ser que não exprime todas as perfeições, devemos também supor que exista o ser que compreende em si todas as perfeições. Com efeito, se existe por sua própria suficiência aquele que é dotado de menor potência, tanto mais deve existir aquele que é dotado de potência maior".[64] O que é fundamental aqui é o sentido do processo da perfeição do

Cesura do sistema

ser, como via ascendente, a partir dos seres particulares: é o questionamento explícito da imagem neoplatônica da degradação do ser, da linguagem da privação. E como a potência do universo múltiplo é tal, torna-se logicamente necessário levá-la para o absoluto — não por mediação, não através de alguma misteriosa dialética, mas por transferência, descentramento, salto de nível ou, o que dá no mesmo, negação de nível. Paradoxalmente, quase por absurdo, assim se exprime Espinosa: "Sendo assim, segue-se que não pode haver senão um só ser, isto é, Deus, que exista por virtude própria. Com efeito, se colocamos, por exemplo, que a extensão envolve a existência, é então necessário que seja eterna e indeterminada e que não exprima absolutamente nenhuma imperfeição, mas uma perfeição; e portanto a extensão pertencerá a Deus ou será alguma coisa que de algum modo exprima a natureza de Deus, sendo Deus um ente que, não somente sob certo aspecto, mas absolutamente, é indeterminado e onipotente. E isto que dizemos para o caso da extensão deve também ser dito de tudo aquilo que queremos afirmar como envolvendo a existência necessária".[65] Logo, o absoluto se exprime agora sob uma forma que exige implicitamente a reversão do quadro de exposição do sistema: a superfície absoluta da potência exige ser apresentada num novo cenário metafísico. E o método também se dobra a isso: "as percepções claras e distintas que formamos dependem só de nossa natureza e de suas leis determinadas e permanentes, ou seja, da potência absolutamente nossa" — uma potência refinada por "uma assídua meditação e uma intenção e um propósito firmemente constantes",[66] pela vida ética com condição de reapropriação do ser.

Meditação, intenção e propósito firme, entretanto, não bastam aqui a Espinosa para resolver a defasagem entre a espessura ontológica do método hermenêutico e a definição metafísica do ser. Por isso é que, no TTP, podemos sem dúvida reconhecer na metodologia o ponto mais alto em que se organiza a pesquisa. Doravante a busca prossegue equilibrando-se em duas vertentes: uma pesquisa fenomenológica que enriquece a concepção do ser, ao passo que os níveis de definição ontológica se organizam de modo precário sobre um nível de superfície — que no entanto ainda não conseguiu recuperar toda a potência construtiva que lhe cabe.

194 A anomalia selvagem

Voltemos ao texto do TTP. Que significa intervir no tecido da imaginação profética para nele discriminar a positividade do processo histórico? Isto quer dizer exaltar a liberação da razão. E ao mesmo tempo significa identificar as condições constitutivas da liberação real. Já nos capítulos V e VI, como coroamento da crítica filosófica da revelação profética, o problema havia sido colocado: a função real e positiva do desenvolvimento histórico da razão, o elemento a ser isolado no mar do existencial imaginário, é a constituição do coletivo. "A sociedade é de grande utilidade, é mesmo absolutamente necessária, não somente no que se refere à defesa contra os inimigos, mas também porque nos poupa a muitos esforços."[67] A função da revelação é então a de construir o social e organizá-lo. "Se os homens fossem constituídos pela Natureza de tal modo que só desejassem aquilo que é ensinado pela reta razão, a sociedade certamente não teria necessidade de lei alguma, bastaria absolutamente esclarecer os homens pelo ensinamento dos verdadeiros princípios morais para que eles fizessem por si mesmos e de inteira e livre vontade aquilo que é realmente útil. Mas, pelo contrário, a natureza humana tem uma conformação bem diversa: todos procuram o próprio interesse, certamente, mas não segundo os ditames da reta razão; é, em geral, levados apenas por seu capricho e pelas paixões que eles desejam alguma coisa e a julgam útil (sem levar em consideração o futuro ou algo além deles mesmos). Donde segue que nenhuma sociedade pode subsistir sem um poder coativo, nem, consequentemente, sem leis que limitem e regulem os apetites e os desenfreados impulsos dos homens."[68] E ainda: a função da revelação é a de permitir uma associação que seja motivada, de motivar um "poder moderado", ou seja, um poder capaz de articular de maneira eficiente a vitalidade da associação e a necessidade do comando.[69] O equilíbrio e a moderação dessa relação são essenciais, são a condição mesma da implantação do poder. Na verdade, o que interessa antes de mais nada a Espinosa na definição do coletivo é seu caráter consensual. Antecipação contratualista? Talvez.

Depois que a análise hermenêutica colocou nas próprias articulações do ser as normas de desenvolvimento da razão, as condições da socialidade (como condições da liberação real) continuam a amadurecer. Dissipando-se historicamente, as sombras do imaginário guardam como resíduo a positividade da imaginação. Os capítulos XII-XV do TTP[70] tornam-se a projeção da positividade da imaginação, já definida como possibilidade nos capítulos anteriores. Neles, a carga ontológica que a hermenêutica formou se transforma decididamente em força constitutiva, em horizonte constitutivo das condições coletivas da liberação. É um processo extremamente forte, de intensidade crescente. Constitutivo. É necessário insistir aqui nessa função, porque frequentemente a crítica anula o alcance ontológico do próprio termo *"constitutio"*, reduzindo-o antes a "disposição" e atitude humana que a atividade construtiva e estrutural.[71] Esta redução — óbvia em todas as leituras panteístas que negam por princípio a sobredeterminação ativa do ser sobre o horizonte modal — é, exatamente nas articulações do sistema que estamos considerando, absolutamente insustentável. Contra essas interpretações, pode-se fazer valer justamente o trecho que se pode identificar nos capítulos XI-XV, e que se enraíza na positividade constitutiva da obediência. Obediência, então, é a passagem, o termo que vincula religião e sociedade. Para estabelecer a figura da obrigação normativa, Espinosa sobe até ela a partir da análise do ato de consenso. A primeira e ainda pobre definição do "poder moderado" já indicava este caminho. "A natureza humana não tolera a coerção absoluta, nem, como diz Sêneca o Trágico, o império da violência nunca teve longa duração. Só um poder moderado se mantém."[72] Ora, a função positiva da imaginação religiosa consiste antes de tudo na difusão da obediência. Em diversos estágios do desenvolvimento histórico. Com o ensinamento dos apóstolos, a função da religião se eleva em relação ao que se obtivera do ensinamento dos profetas: aqui, religiosidade nacional, lá, religião universal. A interiorização da consciência religiosa que se tem com o cristianismo universaliza a definição política da obediência: a crença se apresenta agora como a forma *a priori* da obediência política — elemento interior da obrigação. Não, portanto, de uma obediência particular, mas da obediência em geral, forma do político, elemento constitutivo do consenso. A imaginação começa a guardar como resíduo uma dimensão coletiva que é ao mesmo tempo ideológica e estrutural — a religião universal como legitimação da obediência, e a obediência como efetividade do social, do coletivo.

O problema da constituição do coletivo torna-se cada vez mais explícito, e a procura de sua solução cada vez mais apaixonada nos capítulos que consideramos aqui. É preciso ter em mente os dois pontos que constituem a legitimação da organização social como efeitos históricos do desenvolvimento da razão: de um lado a universalização do conteúdo da religião, do outro a explicitação cada vez mais evidente da função constitutiva da imaginação religiosa. Ora, em primeiro lugar, o conteúdo da religião. A análise hermenêutica, aplicada ao ensinamento dos apóstolos, leva a reduzir o conteúdo da religião a alguns princípios simplíssimos, e antes de mais nada a um essencial: "que a lei divina nos tenha chegado intacta neste sentido, ninguém pode duvidar disso. Com efeito, a partir da própria Escritura, sem nenhuma dificuldade, percebemos que o resumo de seu ensinamento é de amar a Deus sobre todas as coisas e ao próximo como a si mesmo".[73] Mas esse trabalho de redução não é um empobrecimento da consciência religiosa: é simplesmente discriminação da imaginação e determinação dos motivos que podem torná-la produtiva. É fundação de um código deísta: de uma série de afirmações — "pouquíssimas" e "simplíssimas" que provêm diretamente da luz natural.[74] Qual é o efeito histórico institucional da ação da imaginação religiosa assim descrita? Nada mais do que a determinação da obediência como condição *a priori* da socialidade, do coletivo — o que significa dizer da vida e da reprodução dos homens. A revelação fala de coisas sobrenaturais. Deus se adapta às imaginações e às opiniões! Isto não é de espantar porque os profetas e os apóstolos "falam de acordo com a inteligência do vulgo, que a Escritura propõe tornar obediente, não douto".[75] A reivindicação de um código deísta se articula então estreitamente com a identificação da função política da religião; a imaginação constituiu as bases da sociedade, colocando a obediência — teologicamente motivada — como legitimação do comando sobre a associação. De maneira que, por "fé", se entenderá puramente "o fato de ter de Deus tais noções que, ignoradas, é eliminada a obediência em relação a Deus, e, colocada tal obediência, elas são necessariamente colocadas".[76] "Segue-se a is-

Cesura do sistema

so que a fé não exige tanto dogmas verdadeiros quanto dogmas piedosos, isto é, tais que movam o ânimo para a obediência."[77] "É preciso, para avaliar a piedade ou impiedade de uma fé, levar em conta somente a obediência ou a insubmissão daquele que a professa, e não a verdade ou a falsidade da própria fé."[78] "O quanto é salutar e necessária esta doutrina no Estado, se quisermos que os homens vivam na paz e na concórdia, quantas causas e que causas! de perturbações e crimes ela elimina, deixo que cada um julgue por si."[79]

Seguimos até aqui uma série de princípios articulada da seguinte maneira: em primeiro lugar, da religião nacional à católica universal; depois, o aprofundamento da religião universal e a revelação de seu conteúdo: obediência; disso decorre um código deísta, que atesta a expansividade lógica da categoria; finalmente, na medida em que a obediência se apresenta como base do conceito de obrigação normativa, separação da religião e da filosofia, da fé e da razão, e determinação da dignidade liberadora da razão.[80] Considerando em filigrana essa série de momentos, e reconstruindo-a na base da pura razão, temos um esquema da religião como imaginação. Organiza-se assim: em primeiro lugar, distinção entre a imaginação negativa, que se torna superstição, e a imaginação como positividade, que se torna obediência; a obediência é forma positiva da imaginação porque seu conteúdo é a paz, ela é a possibilidade de se estabelecer um contrato-consenso entre os homens; a paz então se coloca como a base da associação civil, e representa um bem superior para a vida dos homens; qualquer superação desses valores, qualquer separação em relação a eles, só pode ocorrer na forma de uma superior fundação e realização, que é aquela determinada pela razão. Assistimos então a um desenvolvimento teórico, na verdade, no sentido iluminista. A razão, atravessando a imaginação, libera desta um conteúdo de verdade, enquanto a imaginação constrói a positividade do existente, e portanto da própria razão. Cabe introduzir aqui algumas considerações: a relação entre o horizonte fenomenológico percorrido, a função constitutiva descrita e o conteúdo de verdade esclarecido ainda é gravemente problemática. A relação se conclui na separação entre a imaginação negativa — causa de guerra e insegurança[81] — e a imaginação positiva, constitutiva de paz e de socialidade: mas essa separação é vertical, reintroduz uma consideração eminente do ser racional. É bem verdade que "concluímos de modo absoluto que nem a Escritura deve se conformar à razão, nem a razão à Escritura":[82] isto não impede que essa separação seja exaltação da eminência da razão em relação à fé. E continua a sê-lo embora a razão tenha percorrido o tecido fenomenológico da imaginação: é efetivamente aqui que a hermenêutica histórica da razão encontrou os mais fortes limites. E em quê? De novo, justamente, numa concepção do ser não perfeitamente unificada sobre a superfície da existência. E portanto na permanência de resíduos dualistas no desenvolvimento de conjunto do projeto.

Estamos seguindo um processo, e chegamos a um estágio intermediário. Uma fortíssima tendência para definir os *patamares* essenciais de uma nova ordem ontológica começa a se exprimir dentro do sistema espinosista. Estes são os alicerces de uma nova estrutura: um horizonte ontológico inteiramente unívoco dentro do qual os enigmáticos dualismos do panteísmo ficam achatados sobre um nível de total equivalência; uma dinâmica constitutiva que opera a transformação contínua do ser, e o move em termos materialmente motivados; uma dimensão coletiva, social, da prática ontológica. A hermenêutica da razão nos fez avançar fortemente nesse terreno, verificando a urgência de solução que a crise e o problematismo ontológico da primeira camada da *Ética* haviam colocado sobre a mesa da pesquisa. Mas a filologia do ser, até aqui, ainda não conseguiu atingir seu fim: ou seja, o fim estratégico não é alcançado ao termo da parte filológica do TTP. Estão ainda presentes um resíduo dualista, uma cansativa problematicidade. Não bastou para resolver o problema a redução da fé a condição *a priori* da socialidade. A abordagem fenomenológica, tão potente ao enfrentar a revelação profética, não conduz o conjunto da pesquisa. Pronto, penso que chegamos a identificar o momento de crise do discurso de Espinosa nesses capítulos, o momento em que ele opera uma retirada tática em relação ao projeto estratégico: e é lá onde coloca uma perspectiva universalista, tipicamente jusnaturalista — ou seja, onde a crítica do ensinamento apostólico não chega a concretizar completamente seus efeitos na dimensão histórica (deve-se dizer que a crítica no caso do profetismo judaico tinha sido mais radical!), mas, ao contrário, os coloca sobre um terreno de significado universal. O ensinamento do cristianismo, apostólico, é o conteúdo da luz natural, é uma série de princípios universais, simplíssimos, é o fundamento de um código deísta. Ora, o jusnaturalismo é um bloqueio ao projeto constitutivo. Parece que Espinosa sente esse bloqueio quando tenta considerar a fé do ponto de vista da produção de obediência e a obediência como produção de socialidade: mas isto pode no máximo reduzir a potência lógica do jusnaturalismo a potência formal e transcendental, e não elimina a eminência de seu princípio. O positivismo da imaginação para diante do transcendentalismo da razão jusnatural. Claro que podemos justificar esse bloqueio tático, diante da imponência dos resultados até aqui oferecidos pelo desenvolvimento do TTP. Mas permanece um bloqueio, um problema aberto que, de agora em diante, temos de reconsiderar no âmbito da definição da cesura do sistema.

Uma última consideração, voltando um pouco atrás. Essa retirada tática que o jusnaturalismo mostra no decorrer de um processo de pesquisa decididamente voltado para a captação da dinâmica constitutiva reconduz-nos à concepção lógica do universal na *Ética*. Ora, como já vimos,[83] na *Ética* a polêmica contra o universal e contra toda forma de transcendental lógico é extremamente forte. O conhecimento é dirigido sem desvios para a intuição do concreto, do ontologicamente determinado: a comunicação lógica se baseia em "noções comuns" que não têm nada a ver com o universal, mas são, ao contrário, generalizações de definições nominalistas das propriedades comuns dos corpos. É um racionalismo positivo, oposto ao platonismo e a qualquer concepção realista do universal, aquele que Espinosa elabora com a doutrina das noções comuns.[84] A crítica destacou a importância do impacto dessa concepção nominalista sobre o pensamento de Espinosa — verdadeira e própria base de reversão, possibilidade lógica de captar a positividade em seu dinamismo material![85] De maneira que na *Ética* estava colocada, sob este aspecto (se bem provavelmente apenas sob este aspecto), a oportunidade de desenvolver a temática constitutiva. Muitos outros elementos se opunham a isso, em particular

200 A anomalia selvagem

e sobretudo a concepção do ser eminente. Mas certamente não a concepção crítica do universal. Estamos aqui no paradoxo do *Tratado teológico-político* — pelo menos da parte até aqui estudada: é que no meio de uma cansativa busca constitutiva, a pesquisa se bloqueia e volta taticamente para trás, justamente num ponto em que tudo está disposto para que pudesse avançar. O TTP não conhece as "noções comuns". Em vez disso ele utiliza os universais. O jusnaturalismo, a teoria da luz natural e do deísmo apontam, e isto é suficiente para reintroduzir no conjunto da obra de Espinosa uma problemática (a dos universais) que parecia definitivamente ultrapassada. Bloqueio da pesquisa, então, contradição dela! Mas bem depressa, nos capítulos XVI-XX, que analisaremos no próximo parágrafo, a análise se aprofunda justamente contra esses limites. Veremos isso. Mas um certo jusnaturalismo (paradoxal e, se quisermos, quase entre parênteses), de qualquer modo, é relançado aqui: fará a felicidade do pensamento político dos séculos seguintes, e servirá em particular como base para as histórias aventurescas do espinosismo. Pelo menos naquela forma, extremamente difundida e cujo estereótipo é representado por Bayle e os autores holandeses do século XVII, que combina a irracionalidade da fé e a certeza do universal natural.[86] A síntese rousseauniana do espinosismo virá mais tarde: mas ela mesma também pressuporá esse paradoxo que se pensou poder ler na hermenêutica espinosista. Entretanto não era jusnaturalismo, senão como retirada tática, afastamento momentâneo da linha fundamental do projeto — e de qualquer modo contraditório, tanto com o desenvolvimento posterior do pensamento de Espinosa quanto com a primeira redação da *Ética*. Não, Espinosa não é um jusnaturalista, senão por acidente.

3. O horizonte da guerra

Este parágrafo também poderia ter-se chamado: para além do jusnaturalismo, para além do "acidente" jusnaturalista. Com efeito, mal se entra no capítulo XVI ("Até aqui tivemos o cuidado de separar a Filosofia da Teologia e de mostrar a liberdade de filosofar que esta concede a todos. Agora é tempo de nos perguntarmos até onde deve se estender, na melhor das repúblicas, essa liberdade deixada ao indivíduo de pensar e dizer o que pensa. Para examinar a questão como método, devemos tratar dos fundamentos da república e, em primeiro lugar, do direito natural de cada um, sem atender, por enquanto, à república e à religião"),[87] logo se evidencia a acidentalidade de uma concepção jusnaturalista, racionalista e idealista, que parecia estar apontando nos capítulos precedentes. "Por direito e instituição da Natureza, não entendo outra coisa senão as regras da natureza de cada indivíduo, segundo as quais concebemos cada ser como determinado a existir e a se comportar de uma certa maneira."[88] Mesmo sendo racionalista, a concepção que se impõe é, entretanto, tendencialmente materialista. "Por exemplo, os peixes são determinados pela Natureza a nadar, os grandes a comerem os pequenos; em consequência os peixes são os donos da água, e os grandes comem os pequenos, em virtude de um supremo direito natural. É certo, com efeito, que a Natureza considerada de modo absoluto tem direito soberano sobre tudo o que está em seu poder, ou seja, o direito da Natureza se estende até tão longe quanto se estende sua potência; pois a potência da Natureza é a própria potência de Deus, que tem sobre todas as coisas um direito soberano. Mas a potência universal da Natureza inteira não sendo nada mais do que a potência de todos os indivíduos tomados em conjunto, segue-se a isso que cada indivíduo tem direito soberano sobre tudo o que está em seu poder, ou seja, o direito de cada um se estende até onde se estende a potência determinada que lhe cabe. E sendo a lei suprema da Natureza que cada coisa se esforce por perseverar em seu estado, tanto quanto possa, e isto não em razão de outra coisa, mas somente de si mesma, segue-se que cada indivíduo tem direito supremo de perseverar em seu estado, ou seja (como eu disse), de existir e se comportar como ele é naturalmente determinado a fazer. Não reconhecemos aqui nenhuma diferença entre os homens e os outros indivíduos da Natureza, não mais que entre os homens dotados de razão e os outros que ignoram a verdadeira razão, nem entre os deficientes, os loucos e os sãos de espírito. Tudo o que uma coisa faz ao agir segundo as leis da sua natureza, com efeito, ela faz com direito soberano, pois ela age tal como é determinada pela Natureza e não pode agir de outro modo."[89] Desejo e força constituem o direito natural individual. Vale a pena se perguntar: é jusnaturalismo, isto? Poderíamos sustentar, em vista do número de analogias e influências diretas que podem ser invocadas aqui, de Grotius a Hobbes,[90] que estamos diante de uma versão pessimista do jusnaturalismo. Não me parece. O específico de Espinosa é que ele evita e refuta aquelas que parecem ser as características essenciais das filosofias jusnaturalistas, ou seja, a concepção absoluta da fundação individual e a concepção absoluta da cessão do contrato — a esses fundamentos absolutos se opõe, no pensamento espinosista, uma física da sociedade, isto é, uma mecânica das pulsões individuais, e uma dinâmica das relações de associação, cuja característica é nunca se fechar sobre um absoluto, mas proceder, ao contrário, por deslocamentos ontológicos. A dificuldade — bem conhecida da historiografia filosófica — em classificar o direito natural de Espinosa entre as diversas espécies de direito natural deriva de uma única razão radical: o pensamento social, jurídico e político de Espinosa não é jusnaturalista. Onde o pensamento do direito natural é, nos fundamentos, uma analítica das paixões, o de Espinosa é uma fenomenologia dessas mesmas paixões; onde o pensamento jusnaturalista, na teoria do contrato e do absolutismo, é percorrido por uma instância dialética, o de Espinosa é aberto a uma problemática da constituição.

A demonstração dessa principal diferença entre o pensamento espinosista e o jusnaturalismo não é tão completa nesta primeira definição do direito natural individual (que já vimos), quanto no trecho seguinte, o contratual. "Se consideramos que os homens, sem a prática do socorro mútuo e sem o culto da razão vivem necessariamente em péssimas condições [...], veremos claramente que eles, para viverem em segurança e da melhor maneira, tiveram necessariamente de se unir e fazer de modo a terem objetivamente o direito que cada um tinha por natureza sobre todas as coisas e que isso fosse determinado, não mais pela força e o apetite de cada um, mas pela potência e a vontade de todos. Mas teria sido inútil que se propusessem a fazê-lo, se quisessem ter continuado a seguir somente o apetite, pois pelas leis do apetite cada um é arrastado pa-

Cesura do sistema

ra seu lado. Por isso tiveram de estabelecer de maneira bem firme e convir entre eles de regularem cada coisa segundo os ditames da razão, à qual ninguém ousa se opor abertamente, para não aparecer como insensato, e de frear o apetite naquilo que este sugere de danoso aos demais, e de não fazer aos outros o que não queriam que lhes fizessem, e finalmente de defender o direito alheio como o próprio. De que modo, depois, esse pacto terá de ser estipulado, para que seja válido e duradouro, é o que devemos ver agora."[91]
À primeira vista, é a utilidade comum, organizada pela razão, que determina o pacto, isto é, a passagem de um estado de natureza, em que reina o antagonismo, ao estado artificial e pacífico constituído pelo contrato. Mas é realmente artificial e fictício esse Estado construído pelo contrato? Se fosse, estaríamos em pleno jusnaturalismo. Na verdade, não o é e portanto não estamos dentro dos esquemas do direito natural. Com efeito, a passagem das individualidades à comunidade não se efetua por transferência de potência ou por cessão de direito, mas no âmago de um processo constitutivo da imaginação que não conhece cesura lógica. O Estado — embora definido sobre uma base contratual — não é fictício, ao contrário, é uma determinação natural, uma segunda natureza, constituída pela dinâmica conflitual das paixões individuais, e recortada para este fim pela ação daquela outra potência natural fundamental que é a razão. Deslocamento da potência. É sobre o fio fenomenológico e sobre o entrelaçar da imaginação e da razão que se compõe essa trama, evitando, assim, seja o individualismo pessimista, seja o dialetismo contratual, seja o organicismo absolutista de Hobbes — com o qual a polêmica se torna direta.[92]
Retomemos então a leitura do texto de Espinosa, com cuidado para não nos deixarmos confundir pelas terminologias que pesadamente cobrem, com palavras jusnaturalistas, aquilo que não é jusnaturalista — terminologias que no entanto, contemporaneamente, quase de surpresa, readquirem um sentido metafísico preciso e uma denotação contraditória com a coerência do direito natural, justamente até identificar a tensão constitutiva. E então: "Como já demonstramos que o direito natural tem por único limite a potência de cada um, segue-se a isso que, quando um transfere a um outro, espontaneamente ou pela força, parte da própria

204   A anomalia selvagem

potência, outro tanto lhe cede necessariamente do próprio direito; e aquele que detém o pleno poder de constranger a todos pela força e controlá-los com a ameaça da pena capital, que todos universalmente temem, diz-se que tem o supremo direito sobre todos: direito que terá somente enquanto conservar essa potência de fazer aquilo que quer; de outro modo, seu poder será precário, e ninguém que seja mais forte que ele será obrigado a lhe obedecer se não quiser. Com este critério, uma sociedade pode ser constituída sem nada que contrarie o direito natural, e qualquer pacto pode sempre ser observado de boa-fé: isto é, com a condição de que cada um transfira toda a própria potência para a sociedade, a qual, sozinha, deterá assim o supremo direito natural sobre tudo, ou seja, o supremo poder, a que cada um, ou livremente, ou por temor dos castigos, deverá obedecer. Este direito da sociedade se chama democracia, a qual se define, por isso, como a união de todos os homens que tem, em conjunto, pleno direito a tudo o que está em seu poder. Daí a consequência de que o poder supremo não está sujeito a nenhuma lei, mas todos lhe devem obedecer em tudo; já que isto deve ter sido tácito ou expressamente pactuado entre todos, quando transferiram para a sociedade todo o próprio poder de se defender e assim todo o próprio direito".[93] Primeiro paradoxo terminológico: poder absoluto = democracia. Mas isto significa uma única coisa: é que a passagem não comportou (senão de maneira simulada) uma transferência de direitos, mas apenas um deslocamento de potências, não uma destruição, mas uma mais complexa organização de antagonismos. A relação entre exercício do poder e expressão do consenso não está achatada sobre nenhuma síntese de poder: é entretanto uma relação aberta — "o pacto não pode ter nenhuma força, senão em razão da utilidade, desaparecida a qual o próprio pacto fica completamente anulado e destruído".[94] Ora, o governo democrático é "o mais natural e o mais conforme à liberdade que a natureza concede a cada um. Em democracia, com efeito, ninguém transfere a outrem o próprio direito natural de modo tão definitivo que depois não possa mais ser consultado; mas o transfere à maioria do todo social, da qual ele é membro. E por esse motivo todos permanecem iguais, como eram antes no estado de natureza".[95] Mas dizer isto (além de sobrede-

Cesura do sistema

terminar a profundíssima distância que separa Espinosa do mecanicismo e do organicismo hobbesianos) significa exatamente outra coisa: voltar para trás, retomando o discurso a partir da natureza da ação individual, de onde o processo começara, e reafirmando a continuidade, ou de todo modo a falta de solução de continuidade que o processo registra — significa bem definir o significado (revertê-lo?) daquela precipitada passagem da individualidade ao contrato descrita pelas primeiras páginas do capítulo XVI, abafada dentro de uma terminologia jusnaturalista. Aquele antagonismo das individualidades, ponto de partida do processo, mantém então sua natureza, mesmo no nível da sociedade desdobrada. O indivíduo nela se apresenta novamente como direito absoluto. "Ninguém poderá jamais transferir sua potência, e consequentemente seu direito, a ponto de deixar de ser um homem; e tampouco haverá jamais um soberano que possa fazer tudo o que quiser."[96] E ainda: "Para conhecer bem até onde se estendem o direito e o poder do governo, é preciso notar que ele não está limitado ao uso da coerção apoiada no medo, mas compreende todos os meios de fazer com que os homens obedeçam a seu comando; não é o modo de obedecer, de fato, mas a própria obediência que faz o súdito".[97] De maneira que não é o absolutismo que constitui a sociedade política, mas a organização da potência das individualidades, a resistência ativa que se transforma, pelo uso da razão, em contrapoder, o contrapoder que se desdobra coletivamente como consenso ativo, a prática consensual que se articula em constituição real. O antagonismo natural constrói a historicidade concreta do social — seguindo a potência constitutiva da imaginação coletiva e sua densidade material. Não o absoluto, nem o democrático, é o resultado do processo, mas uma constituição coletiva do real.

Recapitulemos, e coloquemos os problemas novos que nascem dessa primeira leitura. O desenvolvimento da indagação espinosista — é a primeira observação a ser feita —, longe de retomar os esquemas do direito natural, tenta, ao contrário, nessa primeira definição explícita da doutrina política, regular-se sobre uma dinâmica constitutiva. A tese da socialização, sustentada antes através da análise dos percursos da imaginação, procura no terreno político uma verificação e uma solução de suas múltiplas antinomias. O ritmo genético do social, em cima dos antagonismos individuais, é representado de maneira particularmente versátil, e os vários deslocamentos de potência se afirmam com muita força no âmbito de um projeto constitutivo. Desse ponto de vista não há dúvida de que o que lemos até agora é o primeiro anti-Hobbes que a história do pensamento político ocidental nos apresenta. Um anti-Hobbes que se demora, até namora, com o realismo hobbesiano da descrição da sociedade natural (e talvez, como veremos mais adiante, o aceite como descrição adequada da condição histórica), mas que visa deliberadamente a demolir as funções lógicas desse sistema — em particular o motor dialético que permite uma transferência do direito individual para o absoluto. Mas parar neste ponto e opor-lhe uma dinâmica constitutiva não é apenas fundar um anti-Hobbes, é também, ao mesmo tempo, promover um anti-Rousseau. Já como tínhamos visto,[98] é justamente na transferência dialética do individual para o universal, para o absoluto, que o milagre (e a mistificação) política da ideologia burguesa do Estado se origina. Talvez o misticismo realista de Hobbes e o ascetismo utópico de Rousseau tenham estado ambos presentes na ideologia do círculo espinosista: agora, é a mesma autocrítica que os ataca e os risca do horizonte especulativo espinosista — agora e para sempre.[99] Inútil voltar a isto. Mais importante é insistir no fato de que Espinosa, ao atacar esse incipiente filão ideológico, reivindica uma experiência política igualmente forte e teoricamente alternativa: a experiência que remete aos homens de Maquiavel e de Althusius.[100] Maquiavel: "É certo que os Príncipes, para oprimir o povo, têm necessidade de uma força armada paga por eles e que além disso ainda eles receiam, tanto quanto a liberdade de uma milícia de cidadãos, autores, com sua coragem, seu labor e o sangue que derramam em abundância, da liberdade e da glória do Estado".[101] Althusius: é só a resistência, ou seja, o desenvolvimento e a organização de seu direito, que constitui a soberania — com isto, é evidente, o conceito de soberania está implicado no de constituição (no sentido jurídico).[102] Estas fontes, com a carga de lutas revolucionárias e libertárias que as caracteriza, do pensamento republicano do humanismo aos antimonarquistas protestantes, ressoam dentro da definição espinosista do contrato social como "poder e vontade de todos"[103] — quase a antecipação de uma violenta e polêmica contraposição à "vontade geral"!

Isto posto, surge entretanto uma série de graves problemas. E são todos inerentes àquele mesmo conceito de constituição que começa a emergir com tanto vigor. Efetivamente, o processo de constituição aqui é evidente sobretudo como função negativa: ou seja — e a própria forma de exposição o demonstra, em seus laboriosos vaivéns, no incerto andamento lógico da definição (e na consequente imprecisão terminológica, tão pouco habitual em Espinosa) —, isto então quer dizer que, observado em filigrana, o processo funciona: a) como colocação do problema da figura da relação entre individualidade e socialidade, e como alusão a seu percurso abstrato; b) como destruição de toda possibilidade de hipóstase da síntese, como insistência na sua eventualidade histórica e nas características versáteis do consenso; c) como indicação de uma dificuldade fundamental na solução do problema: pois na verdade o mecanismo do deslocamento ontológico da potência, do nível individual ao social, está indicado, mas essa indicação por enquanto reside no vazio de uma imaginação metafísica que possa reger o processo em seu conjunto. Donde a insuficiência atual da tematização (que, veremos, afeta a totalidade do *Tratado teológico-político*) e o surgimento de novos problemas. Mas para identificá-los é bom acompanhar, por assim dizer, de dentro, os limites do processo constitutivo. É sempre o tema contratual que devemos ter em mira: e a dificuldade surge essencialmente diante da insuficiência do contrato para criar uma obrigação eficaz.[104] Ora, muitos autores têm indicado esse "limite" interno do pensamento espinosista:[105] mas é um limite? Se, como acontece frequentemente, esse "limite" é assinalado em relação à finalização conceitual operada pelo pensamento político para produzir uma definição jurídica do Estado moderno (com Hobbes e Rousseau como arquétipos), essa etiqueta não cabe sobre Espinosa: ele está buscando outra coisa. O pensamento de Espinosa não é um pensamento "liberal", em sentido nenhum, não é fundador do Estado de direito, de maneira alguma, não tem nada a ver com a "sublime" linha Hobbes-Rosseau-Kant-Hegel! O limite agora, e desta vez sem aspas, é então unicamente relativo à impossibilidade atual de fechar a essência contratual num sistema dinâmico adequado: é na cesura, ainda não superada, do sistema, na dificuldade de reatar o contrato com a força constitutiva da imaginação.[106] Quando, nos últimos anos de sua vida, que não deixam de ser o momento de maior maturidade do sistema, no *Tratado político* (1675-1677), Espinosa elimina da argumentação constitutiva a teoria do contrato exposta no TTP, a organização do sistema, com isso, torna-se coerente — quaisquer que sejam os limites da nova formulação. Mas é preciso ir bem além da sistematização atual! Neste momento, em compensação, temos sob os olhos apenas dois elementos: de um lado uma relação de potências fundada sobre o antagonismo, refinado mas ainda não definitivamente integrado ao processo constitutivo (ao projeto deste), e em segundo lugar a rigorosa exclusão de qualquer concepção hipostática dessa relação. Atenção: eu não disse que a concepção antagônica da realidade social seja deixada de lado quando da posterior maturação do sistema — antes, acontecerá até o contrário. O que é abandonada é a figura do contrato e a ilusão de óptica que ela produzia: o jusnaturalismo espinosista. Mas para que isso acontecesse era preciso que o discurso político espinosista perdesse sua relativa autonomia e voltasse a ser um aspecto, uma consequência do desenvolvimento do sistema: a verdadeira política de Espinosa é sua metafísica.

Por enquanto estamos ainda bem aquém dessa conclusão. Os problemas colocados pelo *Tratado teológico-político*, depois da temática da fundação reexaminada até aqui, são enfrentados de maneira adequada à ambiguidade e à imprecisão atuais do projeto. É preciso entretanto distinguir entre a dimensão de um projeto constitutivo, agora solidamente adquirida, e as dificuldades concretas de sua execução. Essas dificuldades seguem um esquema descontínuo, nos capítulos seguintes do TTP, isto é, elas partem de um problema único — impossível de resolver no plano político, dele se irradiam mantendo a autonomia do nível político da argumentação, para fracassar uma por uma, não seguindo um ritmo coerente, mas, a cada vez, na própria singularidade da tentativa. No fim, nenhuma dessas tentativas será útil para a continuação da análise. Mas, como elas provêm todas de um único problema, o da constituição ontológica do real, contribuem para enriquecer a

Cesura do sistema

essência lógica deste, para descrever sua complexidade no sistema. Quais são essas tentativas? São: 1) uma proposta positivista (no sentido jurídico); 2) um aprofundamento da fenomenologia histórica do contratualismo; 3) uma proposta abertamente política, que queria ser realista e acaba sendo regressiva, de teor conservador e inspiração oligárquica; 4) uma afirmação de laicismo na temática do *"jus circa sacra"*; 5) uma bela reivindicação ético-política da *"libertas philosophandi"*. Vejamos estes temas um a um, lembrando-nos novamente de que eles não se colocam absolutamente numa sucessão lógica, mas só ganham sentido a partir do problema a que se referem, do ponto de onde emanam e não dos resultados a que chegam, de qualquer modo em sua parcialidade e em sua inconsequência em relação ao sistema.[107]

O positivismo jurídico de Espinosa é tentador, pelo menos na forma em que surge nessa última parte do TTP. "Justiça é uma disposição constante de ânimo para atribuir a cada um aquilo que lhe cabe segundo o direito civil. Injustiça, ao contrário, consiste em retirar de alguém, sob a falsa aparência de direito, o que lhe compete segundo a verdadeira interpretação das leis."[108] A validade da lei é estabelecida como fundamento da justiça.[109] Neste momento, então, o convencionalismo positivista é expressamente colocado como a solução que permite ultrapassar o limite ontológico encontrado pelo desenvolvimento da perspectiva constitutiva. Em que aspecto, para mim, essa solução é ao mesmo tempo parcial e estimulante? É parcial porque o positivismo jurídico que se afirma aqui é puramente legalista — enraizado num horizonte fenomenológico estéril, representa uma positividade do comando que ganha validade num plano única e absolutamente formal.[110] O limite ontológico repercute no plano da historicidade e empobrece o conteúdo do discurso teórico jurídico. Ao mesmo tempo, esse positivismo é tentador na medida em que alude a uma positividade do direito que se move sobre as articulações e os movimentos ontológicos do processo constitutivo. A abordagem espinosista do problema do direito exige este complemento da análise.

Complemento da análise que Espinosa, nas páginas imediatamente seguintes, tenta abordar.[111] Se, diz ele, o estado de natureza, que devemos conceber "sem religião e sem lei", passa a "estado de religião" — e vimos a imaginação produzir essa passagem —, devemos além disso captar a norma dessa passagem histórica, e identificá-la no "contrato explícito" que constitui também o estado de religião. "E essa promessa ou transferência de direito para Deus ocorre do mesmo modo como concebemos que se faz numa sociedade comum, quando os homens decidem renunciar ao próprio direito natural. Com um pacto explícito e com juramento."[112] Contrato, então, como norma da transformação da sociedade? História como fluxo e substituição de fases contratuais diferentes, cada vez mais caracterizadas pelo domínio da razão? O quanto a proposta é abstrata salta imediatamente aos olhos. Mas também o quanto esses atos são bem pouco espinosistas, justamente lá onde o pensamento de Espinosa é considerado como instância fenomenológica e como vontade constitutiva. De modo que também nesta abordagem de uma fenomenologia histórica do contratualismo fica uma tentativa malsucedida, uma indicação excêntrica. No entanto ela também enriquece o quadro. Pois, com efeito, desse modo estamos novamente colocados diante da indomável riqueza do mundo da imaginação, dessa laica e voraz concepção da diversidade e da versatilidade do ser fenomenológico — do reaparecimento potente da concepção do ser unívoco, como riqueza, indomável reino da vida.

Neste terreno do ser indomável, porém na falta de uma alternativa ontológica suficiente para dirigir sozinha a continuação da indagação, a pesquisa espinosista vai e vem. Agora retorna, muda de quadro, depois de aludir aos trajetos da potência ontológica, para na fenomenalidade do existente, na casuística do político. No capítulo XVIII "deduzem-se alguns princípios políticos a partir da estrutura da República dos Hebreus e da sua história".[113] Aqui a erraticidade do raciocínio, sobre um assunto desconexo, onde a analogia ocupa o lugar do encadeamento de ideias, se perde. Fingindo uma reorganização da experiência história do Estado judaico, exprime-se uma série de máximas que mais lembram as coletâneas eruditas da época que o estilo lógico do pensamento de Espinosa.[114] Se nisto devesse consistir a passagem da teoria política à análise política, essa tentativa se concluiria por um completo fracasso. A própria exaltação do regime político dos Países Baixos também é inteiramente conservadora nessas páginas. E depois, de maneira geral, "com esses exemplos fica inteiramente confirmado aquilo que dissemos, ou seja, que cada Estado deve conservar sua forma de governo, que não pode ser mudada sem o perigo de uma total ruína do próprio Estado".[115] Pode ser que, por exemplo, a desproporção que se verifica entre a exaltação — um pouco retórica, na verdade — das experiências republicanas e a posição muito nitidamente regressiva das propostas políticas se deva à preocupação, fortemente sentida por Espinosa, de corresponder às expectativas do meio oligárquico ao qual, a partir de Voorburg, ele estende a mão! E não há dúvida de que justamente naqueles anos se está desgastando, por trás da fachada cada vez mais caduca da ilusão republicana, o regime dos de Witt — de modo que a analogia entre o texto espinosista e os fatos políticos, e portanto a função do texto, são efetivas.[116] Mas é verdade também que com isso (no plano teórico) o discurso não apenas não avança, mas ele recua. Positivamente, é preciso assinalar nesse capítulo uma efêmera volta do interesse pelos momentos históricos reais, sua descrição e estudo.[117] Novamente o caráter indomável da historicidade concreta? Talvez, mas aqui a história se tornou opaca.

Finalmente, é quase com um suspiro de alívio, então, que lemos os dois últimos capítulos do *Tratado teológico-político*, o XIX ("onde se demonstra que o direito de regulamentar as coisas sacras pertence inteiramente aos soberanos e que, se quisermos obedecer a Deus, o culto religioso externo deve adequar-se à paz do Estado"),[118] e o XX ("onde se mostra que num Estado livre é lícito a cada um pensar o que quiser e dizer o que pensa").[119] Não porque o problema da constituição seja mais bem abordado nesses capítulos, não porque o fio do sistema seja retomado e desenvolvido, mas porque positivamente, livremente se alargam aqui as tendências progressistas do pensamento espinosista. Uma opção política radical a favor do Estado laico e da liberdade de pensamento conquista um espaço definitivo. Capítulos iluministas, combativos, de engajamento pessoal. "Quer consideremos então a verdade ou a segurança do Estado, ou enfim o incremento da piedade, somos obrigados a admitir que até o direito divino, ou seja, relativo às coisas sacras, depende absolutamente do decreto do soberano e que este é intérprete e defensor daquele. Donde se segue que os ministros da palavra de Deus são aqueles que ensinam a piedade reconhecendo a autoridade do soberano e conformando-se com o decreto pelo qual ele a adequou ao interesse público."[120] Quanto à liberdade de pensamento, "demonstramos que: I) É impossível retirar dos homens a liberdade de dizerem o que pensam. II) Que essa liberdade pode ser concedida a cada um sem perigo para o direito e a autoridade do soberano, podendo cada um conservá-la sem perigo para esse direito, se ele dela não tirar licença para mudar o que quer que seja aos direitos reconhecidos no Estado ou para agir contra as leis estabelecidas. III) Cada um pode ter esta mesma liberdade sem perigo para a paz do Estado e que ela não gera inconvenientes que não se possam facilmente eliminar. IV) Cada um pode tê-la sem prejuízo para a piedade. V) Que as leis promulgadas a respeito de matérias especulativas são completamente inúteis. VI) Mostramos enfim que não apenas essa liberdade pode ser concedida sem que a paz do Estado, a piedade e o direito do soberano sejam ameaçados, mas que, para conservação deles, ela deve sê-lo."[121]

Com isto chegamos ao ponto de poder fazer uma avaliação de conjunto desses capítulos de Espinosa. Do ponto de vista do sistema, estamos no meio da cesura metafísica, do paradoxo teórico. O projeto constitutivo, no *Tratado teológico-político*, tentou forçar a crise, mas não consegue. A imaginação constitui um terreno percorrível, mas — na falta de uma refundação ontológica — ela não suporta o peso da tarefa. No entanto, dentro da cesura acumularam-se possibilidades e condições de uma superação. Entre a primeira camada da *Ética* e o *Tratado teológico-político* não se registra progressão teórica senão no sentido de uma acumulação metodológica e de uma síntese homogênea de momentos analíticos que se haviam formado separadamente: certamente, mas como essa acumulação é importante! Pela primeira vez, com efeito, o construtivismo geométrico se ligou à densidade ontológica da física espinosista, e isto em vasta escala, e se provou num desenho constitutivo do qual toda influência do velho dedutivismo panteísta está eliminada.[122] E com ela toda possibilidade de deslizar para as virtudes e as morais provisórias da crise do Renascimento,

Cesura do sistema

da dupla verdade à tática heurística, da doutrina dos dois tempos à ideologia da mediação burguesa. Uma metodologia corpulenta, fundamentada no rigor da causalidade produtiva, agressiva e indomável, é a que aparece agora. Mas, e isto é ainda mais importante, na cesura registrada pelo TTP se materializam e se aprofundam o sentido e a definição do ser. A cesura não é, não pode ser somente metodológica. As características versáteis do ser unívoco, sobre as quais a metodologia se experimentou, voltam a se destacar agora, em todos os níveis e em todos os sentidos. É um ser polêmico aquele que surge no fim do *Tratado teológico-político*, é um horizonte de guerra que aparece. Às vezes, quando o projeto constitutivo não consegue apoio na realidade, é como se nos encontrássemos numa situação que só uma teoria dos jogos poderia caracterizar: e "na solidão do campo" não é estranho que Espinosa se divirta com esse pensamento.[123] Trata-se justamente de um jogo: partidos, antagonismo, alternativas estratégicas — "um jogador é leal quando fundamenta suas possibilidades de ganho ou de perda, ou seja, suas probabilidades, nas mesmas bases que seu adversário". Mas é um jogo bem mais consistente que nos é proposto aqui, resultante dos múltiplos fracassos do ensaio constitutivo do *Tratado teológico-político*. Horizonte da guerra, foi dito — ou seja, horizonte ontologicamente denso de contínuas incursões da potência em direção à constituição, de cruzamentos e tensões e antagonismos descritos por uma física da historicidade. Descritos sobre a superfície do ser unívoco, que faz pressão — não satisfeito com sua horizontalidade atingida, com sua bela e movimentada planura: aqui, desta nova base, é reconstruído o horizonte da liberação. O caminho que leva da utopia à crise foi impavidamente percorrido por Espinosa, que destruiu o quadro inicial, a imagem centrípeta do ser, mas sem, de modo algum, renunciar à iniciativa revolucionária de que aquele ideal se alimentara. "Dos fundamentos do Estado, tais quais os expusemos acima, segue-se de modo bastante evidente que seu fim último não é dominar os homens nem coagi-los pelo medo e submetê-los ao direito alheio; mas, ao contrário, liberar a cada um do temor, a fim de que possa viver, na medida do possível, em segurança, e isto a fim de que possa gozar do melhor modo do próprio direito natural de viver e agir sem dano a si nem aos outros. O escopo do Estado, digo, não é converter em animais os homens dotados de razão nem fazer deles autômatos, mas, ao contrário, fazer com que sua mente e seu corpo possam com segurança exercer suas funções, e que eles possam usar da livre razão e não lutem um contra o outro com ódio, ira ou ardil, nem se deixem arrastar por sentimentos iníquos. O verdadeiro fim do Estado, portanto, é a liberdade."[124] Agora, é esta liberdade que é reconstruída, constituída. Dentro e a partir de um horizonte que não nos garante nada mais além da absolutez da multiplicidade modal, e coloca o indomável reino da imaginação como o único ser a realizar. A crise da metafísica obrigou a indagação a fazer uma volta, a uma verificação no político. Mas os problemas fixados pelo político, o horizonte da guerra no qual a indagação se bloqueou, remetem novamente para a ontologia. Nenhum problema, e menos ainda o da liberação, pode encontrar espaço de solução fora da ontologia. Todos os termos agora estão colocados, nesta articulação fundamental do desenvolvimento do sistema — ainda que na forma da cesura — que é representado pelo *Tratado teológico-político*. A política é a alma da crise e do desenvolvimento da filosofia de Espinosa. Mas sua solução, a retomada e a realização da instância constitutiva remetem necessariamente à ontologia. De novo.

Notas

[1] *Carta* XVII (G., IV, pp. 76-77; P., pp. 1115-1116).

[2] *Ibid.* (G., IV, p. 77; P., p. 1116).

[3] *Ibid.*

[4] *Ibid.*

[5] R. Descartes, *Œuvres*, ed. Adam-Tannery, t. VII, pp. 23-24.

[6] Tal é por exemplo a posição de Gueroult, *op. cit.*, t. II, pp. 572-577, em polêmica com Ch. Appuhn, in *Chronicum Spinozanum*, IV, 1924-1925, p. 259 sq.

[7] *Cartas* XVIII, XIX, XX, XXI, XXII, XXIII, XXIV e XXVII (G., IV, pp. 79-157 e 160-162; P., pp. 1118-1167 e 1170).

[8] *Carta* XVIII (G., IV, p. 83; P., p. 1120).

[9] *Carta* XIX (G., IV, p. 88; P., p. 1123).

[10] *Carta* XIX (G., IV, pp. 89-90).

[11] *Carta* XXI (G., IV, p. 128).

[12] *Carta* XXI (G., IV, p. 129).

[13] *Carta* XXI. Nas sucessivas cartas entre Espinosa e Blyenberg não se lê nada de novo: a troca se esgota na repetição das posições respectivas. Sobre esse conjunto de cartas a Blyenberg, muito insistiu F. Alquié, *Servitude et liberté selon Spinoze*, cit., particularmente às pp. 20-25, onde adota essa correspondência como emblemática da posição ética de Espinosa. A tese de Alquié é decididamente a de que a ética de Espinosa, como demonstram as respostas a Blyenberg, se opõe à moral, à concepção do homem como contingência e como liberdade. A base naturalista da ética não permite que os efeitos morais se liberem em sua plenitude. Naturalmente, como já vimos, essa leitura de Alquié repete a simpatia pela moral aberta de Descartes (deste ponto de vista, a leitura das cartas de Blyenberg, que se refere explicitamente a Descartes, é importante) contra a posições de Espinosa. Desnecessário tornar a destacar como os pressupostos de Alquié impedem uma correta leitura do problema de Espinosa. É bem verdade que, nos últimos capítulos de seu trabalho, Alquié reconhece pelo menos a paradoxalidade e a problematicidade das posições éticas de Espinosa: mas não quer, nem pode, dados os pressupostos de seu pensamento, diminuí-los numa interpretação que colha, dessa paradoxalidade, a feliz abertura construtiva. De todo modo, devemos voltar à leitura de Alquié quando examinarmos a quinta parte na *Ética* (G., IV, p. 130).

[14] A. Koyré, no Prefácio de sua edição, cit., do TEI, p. XVII, se surpreende com essa afirmação espinosista que voltamos a encontrar em cartas a Bouwmeester, a Tschirnhaus e na advertência às *Opera posthuma*. Se na verdade, como parece pensar Koyré, Espinosa tivesse mantido intacto o esquema de sua primeira lógica (idealista), não se compreenderia o porquê do bloqueio da redação do TEI.

[15] *Carta* XXIII (G., IV, p. 149).

[16] *Carta* XIX (G., IV, pp. 92-93).

[17] Pelo menos em duas perspectivas, imediatamente presentes em Espinosa: a da Reforma holandesa e do meio protestante e sectário em que vive (a esse respeito, ter sempre em mente o livro de Kolakowski), e a do pensamento dos "políticos" e dos libertinos — desde Maquiavel, também sempre presente para nosso autor. Mas mais adiante falaremos da relação Maquiavel-Espinosa.

[18] Trata-se da segunda guerra de navegação anglo-holandesa, que dura de 1665 a 1667; ela é muito malvista, principalmente na Inglaterra. De maneira geral, ver, sobre essa guerra, a bibliografia histórica já dada.

[19] *Carta* XXIX (G., IV, p. 165; P., p. 1174).

[20] *Carta* XXX (G., IV, p. 166; P., p. 1175).

[21] *Ibid.* (G., IV, p. 166; P., pp. 1175-1176).

[22] Espinosa publica anonimamente o *Tractatus teologico-politicus* em Amsterdã, em 1670. Como indica a carta anteriormente citada, ele já está trabalhando nisso em 1665.

[23] A novidade da abordagem do TTP é sentida por todos aqueles que o estudaram por ele mesmo. Podemos lembrar, dentre os textos mais importantes: L. Strauss, *Spinoza's Critique of Religion*, Nova York, 1965 (tradução inglesa de *Die Religionskritik Spinozas als Grundlage seiner Bibelwissenschaft*, Berlim, 1930), assim como "How to study Spinoza *Theological-political treatise*", in *Proceedings of American Academy for Jewish Research*, XVII, 1948, pp. 69-131; G. Bohrmann, *Spinozas Stellung zur Religion*, Giessen, 1914; M. J. Bradshaw, *Philosophical Foundations of Faith*, Nova York, 1941; P. Siwek, "La révélation d'après Spinoza", in *Revue universitaire*, 1949, XIX, pp. 5-46; S. Zac, *Spinoza et l'interprétation de l'Ecriture*, Paris, 1965; e finalmente, além da introdução de E. Giancotti Boscherini à tradução italiana de A. Droetto, Turim, 1972, o ensaio de Droetto, "Genesi e struttura del *Trattato teologico-politico*", in *Studi urbinati*, XLII, n. 1, 1969. Esse sentimento da novidade do texto raramente os leva, entretanto, a considerá-lo a viravolta metafísica do pensamento de Espinosa. Esse ponto me parece muito bem visto, em compensação, por S. Rosen, "Baruch Spinoza", in *History of Political Philosophy*, Chicago, 1963, pp. 413-432, e sobretudo por W. Eckstein em seu velho, mas sempre importantíssimo "Zur Lehre vom Staatsvertrag bei Spinoza", in B. Altwicker, *Texte*, cit., p. 372 sq. (o ensaio de Eckstein é de 1933).

[24] Ver sobre essa questão as obras já citadas, que descrevem a biblioteca e a escrivaninha de Espinosa. As *Opera posthuma* contêm além disso um ensaio intitulado *Compendium grammatices linguaes hebraeae*, incompleto, mas extremamente interessante.

[25] TTP (G., III, p. 3; P., p. 606).

[26] Cap. I (G., III, pp. 15-29; P., pp. 617; 634); cap. II (G., III, pp. 29-44; P., p. 634; 651); cap. III (G., III, pp. 44-57; P., pp. 651-666); cap. IV (G., III, pp. 57-68; P., pp. 666-679); cap. V (G., III, pp. 69-80; P., pp. 679-692); cap. VI (G., III, pp. 80-96; P., p. 693; 711).

[27] Tanto Giancotti Boscherini quanto S. Zac propõem dividir o TTP em quatro partes: parte polêmica, cap. I-VI; exposição do novo método crítico

de interpretação, cap. VII-X; cap. XI-XV, fase construtiva, sobre a essência da filosofia e a da fé; cap. XVI-XX, parte política. Cada parte sendo dotada de uma certa unidade interna e uma articulação própria.

[28] TTP, cap. I (G., III, p. 28; P., p. 633).

[29] TTP, cap. II (G., III, p. 30; P., p. 635).

[30] TTP, cap. III (G., III, pp. 45-46; P., p. 653; 654).

[31] TTP, cap. III (G., III, pp. 46-47; P., p. 654).

[32] A esse respeito está estabelecido todo um sistema de remissões ao *Curto tratado*, ao TEI e às primeiras Proposições da *Ética*. Com efeito, nada mais simples do que estabelecer tais quadros de referência. Mas com que objetivo? O TTP não é uma aplicação da *Ética*, e menos ainda das obras mais antigas de Espinosa.

[33] TTP, cap. I (G., III, pp. 16-18; P., pp. 619-621).

[34] TTP, cap. I (G., III, p. 29; P., p. 634).

[35] A crítica aos *idola* baconianos, já compreendida no TEI, é longamente retomada nessas páginas, onde a imaginação, inclusive em seu aspecto obscuro e como conhecimento mutilado, conserva seu estatuto de realidade.

[36] TTP, cap. II (G., III, pp. 43-44; P., pp. 650; 651). Cf. as Notas à tradução italiana já citada.

[37] TTP, cap. III (G., III, p. 47; P., pp. 654-655).

[38] *Ibid.* (G., III, pp. 48-49; P., pp. 656-657).

[39] TTP, cap. II (G., III, pp. 39-41; P., pp. 645-647).

[40] TTP, cap. III (G., III, p. 48; P., p. 656).

[41] TTP, cap. IV (G., III, p. 57; P., p. 666).

[42] TTP, cap. IV (G., III, pp. 61-62; P., pp. 670-672).

[43] O estudo das fontes jusnaturalistas do TTP exigiria um longo e minucioso trabalho, que deveria essencialmente retraçar o caminho do estoicismo holandês e, por outro lado, o da escolástica reformada. Por enquanto, o que importa apesar de tudo é lembrar a *Defensio fidei catholicae* de Grotius. Contra as asserções de Dunin-Borkowski a respeito de uma pretensa ignorância do pensamento católico da parte de Espinosa, cf. as Notas de E. Giancotti Boscherini à edição italiana citada, pp. 40-42.

[44] TTP, cap. IV (G., III, p. 58; P., pp. 666-667).

[45] Teológica e metafísica: tal é a posição, perfeitamente justa, de Carl Schmitt, principalmente em seu livro sobre Hobbes, mas também, de modo geral, em toda a sua analítica da legitimação. L. Strauss, *Persecution and the Art of Writing*, Glencoe, 1952, insiste de maneira igualmente convincente no

caráter fundamental desses critérios, em sua centralidade metodológica. É estranho ter de lembrar isso com tanta frequência, diante das reiteradas tentativas de explicar o pensamento do século XVII a partir de outras grades de leitura. O que não quer dizer que o problema da legitimação do poder não esteja no centro do dispositivo social; isso quer dizer simplesmente que ele não pode ser lido no século XVII senão em termos de metafísica e de teologia. Os referentes do problema da legitimação mudam com as épocas.

[46] Cf., para tomar apenas um exemplo, M. Gueroult, *op. cit.*, t. II, pp. 572-577, 578-580, 583-586.

[47] Os comentadores têm longamente dissertado sobre o grau de verdade da imaginação profética, sem grandes resultados. Dentre eles: A. Guzzo, *Il pensiero di Spinoza*, Turim, 1964, p. 79 sp.; S. Zac, *L'idée de vie dans la philosophie de Spinoza*, Paris, 1963; e, recentemente, M. Corsi, *Politica e saggezza in Spinoza*, Nápoles, 1978, pp. 66-67. Já a abordagem da problemática da imaginação feita por F. Meli, *Spinoza e due antecedenti*, cit., é bem mais importante e bem mais útil. Tendo começado por aprofundar a questão dos vínculos entre a concepção espinosista da liberdade e da tolerância e as correntes heréticas do século XVI, e portanto tendo podido avaliar a densidade religiosa dessas teorias, Meli pode então colocar sem nenhuma dificuldade o tema da imaginação numa perspectiva totalmente diversa das platitudes racionalistas: ele mostra, ao contrário, sua função de mediação entre religião e razão. A imaginação se articula com o desenvolvimento do "amor" dos heréticos. Notar aqui a possibilidade de ler a relação entre o pensamento de Espinosa e o dos deístas dos séculos XVI e XVII (principalmente ingleses), longe dos caminhos batidos do espinosismo — leitura tentada justamente por Meli. Nas Notas à tradução italiana da *Ética*, Radetti, integrando o discurso de C. Gentile, e se referindo explicitamente a Meli, destaca (p. 724: comentário de *Ética* II, Definição 3) a possibilidade de resolver a querela aberta pela confrontação entre teoria da passividade da mente (encontrada no *Breve tratado*) e teoria da atividade da mente (que a teoria da imaginação justamente começa a desenvolver a partir do TTP e do livro II da *Ética*). A dimensão constitutiva adquirida pelo saber surge da plenitude da imaginação, da reversão da compacidade da ética, considerada no *Breve tratado* como um campo reservado do conhecimento. Cf. as Notas de Gentile e Radetti; sobre a imaginação, comentário e referência, p. 746.

[48] TTP, cap. VII (G., III, pp. 97-98; P., p. 712).

[49] TTP, cap. VII (G., III. p. 98; P., pp. 712-713).

[50] *Ibid.* (G., III. p. 99; P., p. 713).

[51] *Ibid.* (G., III. p. 99; P., p. 714).

[52] Além dos textos já mencionados a respeito do TTP em geral, ver, a

Cesura do sistema

propósito da exegese bíblica de Espinosa: H. Bonifas. *Les idées bibliques de Spinoza*, Mazamet, 1904; O. Biedermann, *Die Methode der Auslegung und Kritik der biblischen Schriften in Spinozas Theologisch-Politischem Traktat im Zusammenhang mit seiner Ethik*. Erlangen, 1903: E. Pillon, "Les origines de l'exégèse moderne, Spinoza", in *Critique philosophique*, vol. 22, 1876, p. 337 sq. Lembrar-se de uma maneira geral da importância do TTP na Alemanha, nos séculos XVIII e XIX, na criação do método exegético moderno, para toda a tradição que vai de Schleiermacher a Tothacker. Ver, de qualquer maneira, H. Gadamer, *Vérité et méthode*, trad. fr., Paris, 1976. Lembrar-se que algumas das técnicas propostas por Espinosa são de aplicação constante hoje em dia.

[53] TTP, cap. VII (G., III. p. 102: P., p. 717).

[54] TTP, cap. VII (G., III p. 112; P., pp. 728-729).

[55] Cf., sobre este ponto, as Notas de E. Giancotti Boscherini à edição italiana do TTP. Duas séries de observações devem ser levadas em consideração aqui: as que se referem à dimensão política da interpretação (o autor se refere aqui ao relato de Sir William Temple); as referentes à tradição humanista e reformada em matéria de interpretação (a dimensão religiosa), a ser reportada ao ensinamento dos socinianos. Mas cf. também o livro de Kolakowski.

[56] Influência notável de Bacon, muitas vezes recusada por Espinosa em outros contextos. Influência de Hobbes acima de tudo. Cf., aqui também, as Notas de E. Giancotti Boscherini.

[57] TTP, cap. VII (G., III. p. 116; P., p. 733). Sobre os aspectos do pensamento de Espinosa relativos à defesa da liberdade de pensamento, a bibliografia é imensa. Limitamo-nos a remeter às obras já mencionadas de Feuer e de Strauss.

[58] TTP, cap. VII (G., III, pp. 113-116; P., pp. 729-733). Sobre este ponto em particular, cf. J. Husic, "Maimonides and Spinoza on the interpretation of the Bible", in *Philosophical Essays*, Oxford, 1952.

[59] Cf., a esse respeito, as Notas de E. Giancotti Boscherini, pp. 281-282 da edição italiana do TTP. Cf. também a obra de F. S. Mirri, *Richard Simon e il metodo storico-critico di B. Spinoza*, Florença, 1972.

[60] Se tivesse sido possível, gostaríamos de ter redigido aqui uma nota sobre as teorias contemporâneas da interpretação: com efeito, pode-se encontrar nos textos de Espinosa estudados aqui a atitude construtivista tão característica das técnicas operacionais de interpretação hoje em dia tão difundidas.

[61] Tanto do ponto de vista da análise da relação do pensamento de Espinosa com a tradição do ontologismo hebraico quanto do ponto de vista da determinação dos momentos histórico-constitutivos do pensamento de Espi-

nosa, e mais particularmente no TTP, é fundamental o livro de A. Matheron, *Individu et communauté chez Spinoza*, Paris, 1969. Teremos oportunidade de voltar longamente a isto.

[62] *Cartas* XXXIV, XXXV e XXXVI (G., IV, pp. 179-187; P., pp. 1185-1194).

[63] *Ética* I, Proposição XI. Escólio (G., II, p. 54; P., p. 319).

[64] *Carta* XXXV (G., IV, p. 182; P., p. 1188).

[65] *Carta* XXXVI (G., IV, pp. 185-186; P., p. 1192).

[66] *Carta* XXXVII de Espinosa a G. Bouwmeester, de Voorburg, a 10 de junho de 1666 (G., IV pp. 188-189; P., p. 1195).

[67] TTP, cap. V (G., III, p. 73; P., p. 684).

[68] *Ibid.* (G., III, p. 73; 75; P., p. 684; 685).

[69] *Ibid.* (G., III, p. 74; P., p. 685).

[70] TTP, cap. XII-XV (G., III, pp. 158-188; P., pp. 786-824).

[71] Tal é, por exemplo, a interpretação da palavra *"Constitutio"* dada e repetida por M. Gueroult, *op. cit.*, t. II, p. 196 e 572. Contra esse tipo de interpretação, os argumentos de Matheron têm muita força.

[72] TTP, cap. V (G., III, p. 74; P., p. 685).

[73] TTP, cap. XII (G., III, p. 165; P., p. 794).

[74] TTP, cap. XIII e sobretudo cap. XIV (G., III, pp. 168 e 177-178; P., p. 797 e 809-810).

[75] TTP, cap. XIII (G., III, p. 172; P., p. 802).

[76] TTP, cap. XIV (G., III, p. 175; P., p. 806).

[77] TTP, cap. XIV 9 (G., III, p. 176; P., p. 807).

[78] *Ibid.* (G., III, p. 176; P., p. 808).

[79] *Ibid.* (G., III, p. 179; P., p. 811).

[80] O capítulo XV do TTP é dedicado à separação da fé e da filosofia. A separação da teologia e da filosofia, e a consequente liberdade da razão constituem o *Leitmotiv* da interpretação dada para L. Strauss do TTP. Essa abordagem de Léo Strauss é importantíssima e extremamente rigorosa: efetivamente, ele não se perde numa exaltação abstrata da liberdade da razão, mas pensa essa liberdade da razão como instrumento de constituição, constituição da política em particular, de uma política concebida como um instrumento da Reforma. Cf. o resumo da interpretação de Léo Strauss nos *Texte* de Altwicker, cit., em particular p. 330, 333 e 359-361.

[81] TTP, cap. XV (G., III, pp. 173-174; P., pp. 804-805). Cf. as Notas de

Cesura do sistema

E. Giancotti Boscherini a respeito dessas passagens: esses textos são importantes, pois vê-se nascer, em torno do tema da superstição, o da situação da religião na Holanda, das teses deístas e do espírito pacifista que as move e as legitima.

[82] TTP, cap. XV (G., III, p. 185; P., p. 819).

[83] Cf. *supra*, cap. III.

[84] Sobre as "noções comuns", excelente comentário de M. Gueroult, *op. cit.*, t. II, p. 324 sq.

[85] Esse destaque da função metafísica das noções comuns é realizado sobretudo por Deleuze, *op. cit.*, pp. 252-267.

[86] Sobre este ponto, ver principalmente a análise das correntes religiosas da segunda metade do século XVII feita por L. Kolakowski, *op. cit.* — ele chega também a tratar longamente do problema Bayle, mas, na perspectiva que é a nossa aqui, sua análise do pensamento de Bredenburg (pp. 250-280) é para nós muito mais importante. Sobre o papel de Bayle, cf., além do texto, antigo mas sempre útil, de E. Pillon ("La critique de Bayle du panthéisme spinoziste", in *Année philosophique*, 1899, IX, pp. 85-143), as obras de E. Labrousse, *Pierre Bayle*, 1963 e 1964, e de W. Rex, *Essays on Pierre Bayle and Religious Controversy*, Haia, 1965.

[87] TTP, cap. XVI (G., III, p. 189; P., p. 824).

[88] *Ibid.*

[89] TTP, cap. XVI (G., III, p. 189; 190; P., p. 824; 825).

[90] Como com muita justeza observa E. Giancotti Boscherini, ed. cit., particularmente pp. 393-395. Mas ver também outras bibliografias. Os especialistas italianos no pensamento político de Espinosa têm sido sempre particularmente atentos às relações entre o pensamento político-jurídico de Espinosa e as teorias do direito natural; cf. em particular os dois textos fundamentais na matéria: A. Ravà, *Studi su Spinoza e Fichte*, cit., e G. Solari, *Studi storici di filosofia del diritto*, cit. Note-se que nenhum desses dois autores se perde numa pesquisa das influências possíveis ao ponto de desconhecer a absoluta originalidade da teoria espinosista. É também verdade, entretanto, que tal acúmulo de elementos, tal insistência sobre as origens do pensamento espinosista se paga sempre com uma grande imprecisão quanto à definição da especificidade do pensamento espinosista. Como emblema da ambiguidade da leitura de Espinosa, que desde esses velhos mestres se perpetuou na tradição histórico-filosófica italiana, cf. aquele que talvez seja o mais recente dos produtos de escola: C. Pacchiani, *Spinoza tra teologia e politica*, Pádua, 1979; trabalho onde uma abundante bibliografia e uma leitura atenta nunca desembocam numa definição precisa do pensamento revolucionário de Espinosa.

[91] TTP, cap. XVI (G., III, p. 191; P., pp. 827-828).

[92] TTP, cap. XVI, *nota* (G., III, p. 263; P., p. 832). Sobre a posição geral de Espinosa em relação ao pensamento político de Hobbes, ver também a *Carta* L (G., III, p. 263).

[93] TTP, cap. XVI (G., III, p. 193; P., p. 830; 831).

[94] *Ibid.* (G., III, p. 192; P., p. 829).

[95] *Ibid.* (G., III, p. 195; P., p. 833).

[96] TTP, cap. XVII (G., III, p. 201; P., p. 842).

[97] TTP, cap. XVII (G., III, p. 201; 202; P., p. 843).

[98] *Supra*, cap. IV, primeira parte.

[99] Já vimos longamente a autocrítica de Espinosa relativa à ideologia do círculo. Mas estamos vendo se abrirem problemas de enorme importância para a história da filosofia. Seria preciso, em particular, examinar aqui, a respeito justamente da crítica espinosista ao pensamento hobbesiano, a questão das relações entre o pensamento de Espinosa e os de Hobbes, Rousseau e sobretudo Hegel. De meu lado penso, como procurei mostrar acima, que essas relações existem. No entanto, penso também que a crítica por Espinosa da utopia inicial do círculo possui tal amplitude filosófica que ela funda ao mesmo tempo, da maneira mais clara possível, a possibilidade de uma crítica dessa tradição inimiga. Parece-me importante insistir sobretudo na ideia de uma crítica (antecipada) a Hegel. Explico-me. Se há mistificação direta quando se tenta fazer do pensamento espinosista um hobbesianismo malsucedido, parece-me muito mais grave procurar jogá-lo indiretamente nos braços de Hobbes através de uma subsunção sob a crítica hegeliana. Sobre isso tudo, cf. *infra*, cap. VII. Sobre a leitura hegeliana, cf. M. Gueroult, *op. cit.*, t. I. Apêndice 4, p. 462 sq. Para uma inversão da relação Hegel-Espinosa, P. Macherey, *Hegel ou Spinoza*, pp. 3-13, 17-40.

[100] Para situar o problema das alternativas às correntes idealistas e racionalistas do direito natural, podemos continuar a nos referir ao livro de O. Von Gierke, *Johannes Althusius*, 1880, 6ª ed., reimpr. Scientia, Aalen, 1968. Naturalmente, seria necessário falar do caráter às vezes bastante equívoco do dispositivo teórico de Gierke: nem por isso deixa de ser um belo livro, e um livro útil.

[101] TTP, cap. XII (G., III, p. 213; P., p. 860). Fica claro que há aí uma referência a um tema fundamental do pensamento de Maquiavel. Seria preciso percorrer aqui, e criticar a (vasta) literatura referente às relações Maquiavel-Espinosa. Contentamo-nos em remeter aos artigos de A. Ravà. "Spinoza e Machiavelli", in *Studi*, cit., que examina com uma precisão filológica toda particular as relações entre esses dois autores (trata-se sem dúvida alguma do

Cesura do sistema

melhor estudo sobre a questão, apesar da extraordinária modéstia do autor), assim como às observações de C. Signorile, *op. cit.*, p. 138 sq. (que propõe, como é de seu hábito, uma boa bibliografia geral, principalmente sobre a tradição do "Maquiavel republicano"). Ver também a obra recente de U. Dotti, *Machiavelli: la fenomenologia del potere*. Milão, 1979, texto fundamental para uma leitura contemporânea do radicalismo revolucionário do secretário florentino. Na leitura do livro de Dotti, resolvem-se muitas das dúvidas suscitadas pela leitura de Espinosa (dúvidas a respeito da verdadeira interpretação espinosista de Maquiavel, de até que ponto ele forçou): é realmente difícil ler Maquiavel de outro modo que como um escritor republicano.

[102] Cf. principalmente L. Mugnier-Pollet. *La philosophie politique de Spinoza*, cit., pp. 65-67, onde o discurso sobre o "constitucionalismo" de Espinosa, no sentido jurídico do termo, é referido ao pensamento de Althusius e de Bodin. Mas de maneira geral, sobre o conjunto das fontes constitucionalistas do pensamento espinosista, cf. L. Arénilla, "Le calvinisme et le droit de résistance", in *Annales E. S. C.*, XXII, 1967, pp. 350-369. Este artigo analisa com grande precisão a corrente de pensamento centrada no direito de resistência, dos pressupostos religiosos do calvinismo até aqueles, políticos, do constitucionalismo. Cf. sobretudo uma série de observações sobre a questão do *eforato* (p. 360 sq.) e sobre outros temas relativos a projetos de constituição, que voltaremos a encontrar no *Tratado político*.

[103] TTP, cap. XVI (G., III, p. 191; P., p. 827). Sobre as fontes da ideia de contrato social em Espinosa, cf. W. Eckstein, *Zur Lehre vom Staatsvertrag*, cit., p. 373. P. Di Vona, *op. cit.*, p. 578 sq., insiste na importância das influências da escolástica da Contrarreforma sobre a formação do conceito de direito de resistência e de contrato.

[104] C. E. Vaughan, *History of Political Philosophy Before and After Rousseau*. Londres, 1925, t. I: "Spinoza's theory stands or falls by his identification of rights with powers, in other words by his refusal do admit the idea of Right into the life of the State" (p. 92). Tem-se dito com excessiva frequência que o limite da concepção de Vaughan consiste no fato de ter considerado o pensamento político de Espinosa independentemente de sua metafísica. Mas se retomar a metafísica de Espinosa significa modificar essas conclusões de Vaughan (a respeito do conceito de obrigação), eu discordo. Em suma, é perfeitamente exato que o conceito de obrigação em Espinosa não é *enforced* pela autoridade do Estado.

[105] Além do artigo de Eckstein, citado, cf. o ensaio de G. Solar e o de G. Menzel, "Sozialvertrag bei Spinoza", in *Zeitschrift für privat- und öffentliche Recht der Gegenwart*, 34, 1907, pp. 451-460.

[106] Salvo erro, essa ideia de uma centralidade do movimento constitutivo da imaginação foi indicada por W. Dilthey, em seu *Die Autonomie des*

224   A anomalia selvagem

Denkens, der konstruktive Rationalismus und der pantheistiche Monismus nach ihrem Zusammenhang im 17. Jahrhundert, que se encontra hoje em *Gesam. Schriften*, t. III. Essa ideia foi retomada de maneira infeliz por E. Husserl (a *Ética* espinosista como *"die ersteuniversale Ontologie"*, in *La crise des sciences européennes et la phénoménologie transcendantale*, trad. fr., Paris, 1976, p. 75), e retomada com mais felicidade, mas de maneira bem escolástica, por R. Hönigswald, *Spinoza. Ein Beitrag...*, cit.

[107] Donde o caráter, em minha opinião, igualmente errôneo de dois comentários sobre esses trechos do TTP, de inspiração no entanto contrária: o de M. Corsi. *Politica e saggezza in Spinoza*, Nápoles, 1978, que considera a filosofia de Espinosa como um artifício naturalmente fundamentado, assumindo com coerência uma função de *emendatio* da consciência através de diferentes graus de liberação; e o de A. Matheron, *op. cit.*, sobretudo na terceira parte, que considera a sociedade política como uma simples alienação dirigida, sempre numa perspectiva de *emendatio*. O indivíduo em Corsi, o coletivo em Matheron: mas o problema não é esse, pelo menos por enquanto. O problema aqui não é julgar o caráter mais ou menos artificial desses trechos, desses momentos da filosofia política de Espinosa, mas simplesmente reconhecer seu relativo fracasso: o artifício decorre do fracasso, decorre do fato de que o objetivo constitutivo e ontológico não foi atingido. Trata-se, para Matheron, de uma situação transitória, dotada no entanto de uma lógica dialética própria; mas desde quando as cambalhotas dialéticas se adequam ao andamento linear do pensamento de Espinosa?

[108] TTP, cap. XVI (G., III, p. 196; P., pp. 834-835).

[109] TTP, cap. XVI (G., III, pp. 195-197; P., pp. 833-837). Comentários notáveis de E. Giancotti Boscherini, pp. 405-408.

[110] A. Matheron, *op. cit.*, aponta claramente esse caráter formal do positivismo espinosista.

[111] TTP, cap. XVI (G., III, pp. 197-198; P., pp. 837-840).

[112] TTP, cap. XVI (G., III, p. 205; P., p. 848). Mas, de modo mais geral, ver o conjunto do capítulo.

[113] TTP, cap. XVIII (G., III. p. 221; P., p. 872).

[114] Ver as coletâneas de máximas contidas na biblioteca de Espinosa. Cf., além disso, *Carta* XLIV (G., IV. pp. 227-229; P., pp. 1222-1224).

[115] TTP, cap. XVIII (G., III, p. 228; P., p. 881).

[116] Os anos 1665-1670 são os da derradeira e decisiva fase do embate, sobre a questão das instituições, entre as forças oligárquicas dirigidas por De Witt e a reação orangista. No momento em que o regime aristocrático parece definitivamente assentado, é na verdade a monarquia que renasce. As guer-

ras externas, em particular a guerra de navegação contra a Inglaterra, enfraquecem acentuadamente o regime. Tudo isso, como veremos, é vivido por Espinosa de maneira dramática. Cf. as obras históricas já citadas, particularmente *supra*, cap. I, n. 23.

[117] Para além do fato de que assistimos em Espinosa a uma elaboração da tipologia histórica característica da cultura protestante (referência à Bíblia em matéria política mais que aos clássicos do Renascimento político: *Décadas*, de Tito Lívio etc.; notar o uso puramente teórico de Tácito, de modo algum tratado por Espinosa como fonte histórica), essas páginas do cap. XVIII são interessantes pela retomada que nelas é feita da análise hobbesiana da revolução inglesa.

[118] TTP, cap. XIX (G., III, p. 228; P., p. 882).

[119] TTP, cap. XX (G., III, p. 239; P., p. 896).

[120] TTP, cap. XIX (G., III, p. 236; P., p. 893). Sobre a temática do *jus circa sacra*, ver as notas de E. Giancotti Boscherini, pp. 473-477, assim como, naturalmente, o famoso artigo de G. Solari sobre o assunto, in *Studi storici*, cit.

[121] TTP, cap. XX (G., III, p. 246; 247: P., p. 907).

[122] Isso já foi várias vezes lembrado, trata-se de um *Leitmotiv* do livro de P. Macherey.

[123] Faço alusão à *Carta* XXXVIII (G., IV, pp. 190-193; P., pp. 1196-1197), dirigida "ao muito honrado Van der Meer" e datada de 1º de outubro de 1666, relativa ao jogo de dados. Sobre o jogo de dados, cf. Huygens, *De ratiociniis in ludo aleae*, 1656. Haveria evidentemente muita coisa a ser dita a esse respeito: jogo de dados e mercado. Pensemos apenas que quando Descartes reflete sobre os jogos e os campos de força, ele ainda está falando da espada. Os tempos mudaram!

[124] TTP, cap. XX (G., III, pp. 240-241; P., p. 899).

Capítulo VI
A ANOMALIA SELVAGEM

1. Medida e desmedida

Quando Espinosa, em 1670, escreve o Prefácio do *Tratado teológico-político*,[1] que publica anonimamente, e ao mesmo tempo transfere residência para Haia, podemos considerar como terminada a fase intermediária que se abriu depois da crise da primeira redação da *Ética*. Fase intermediária, mas central no desenvolvimento do pensamento espinosista. A intenção declarada do TTP é a luta contra o absolutismo monárquico e a defesa e extensão da liberdade da República. "Se o grande segredo do regime monárquico e seu interesse maior são enganar os homens e desfarçar com o nome de religião o medo que deve dominá-los, a fim de que eles combatam por sua servidão como se se tratasse de sua salvação, e que julguem, não vergonhoso, mas honrado ao mais alto ponto, derramar seu sangue e sua vida para satisfazer a vaidade de um só homem, em compensação, não se pode conceber nem tentar nada de mais infeliz numa república livre, pois é inteiramente contrário à liberdade comum que o livre julgamento próprio esteja submetido aos preconceitos ou sofra alguma coerção."[2] Mas sabemos, e esse Prefácio o confirma, que a destruição da unidade preconstituída requer uma norma de reconstrução do social, e que a norma de constituição do social tem de ser ontologicamente fundada. Sabemos que o velho mundo — a reação orangista faz pressão para restaurá-lo — baseia sua legitimidade popular numa certa igreja e numa certa teologia, a da severa escolástica do calvinismo, e que o interesse monárquico organiza o fanatismo popular e sua imagem teológica, o finalismo religioso: o que significa, segundo Espinosa, que a base de legitimação consiste na imaginação corrupta e com certeza na "*superstitio*". "Se os homens pudessem, em todas as circunstâncias, decidir pelo seguro, ou se a fortuna se lhes mostrasse sempre favorável, jamais seriam vítimas de alguma superstição."[3] Superstição, condição imediatamente política. "O medo é a causa que gera, mantém e favorece a superstição."[4] E os homens, tomados pelo "desmedido desejo dos bens incertos da fortuna", tornam-se presa da loucura e do fanatismo, o que os entrega ao poder absoluto do monarca. Abater a reação, então, é solapar os alicerces da relação *metus-superstitio* — mas é sobretudo constituir a segurança da sociedade, desfraldando um projeto de liberdade e razão. "Assim demonstrada a liberdade que a lei divina revelada concede a cada um, passo ao outro lado da questão: ou seja, que essa mesma liberdade pode, até deve ser concedida sem prejuízo para a paz da república e do direito da suprema autoridade, e que não pode ser retirada sem grave perigo para a paz e sem grave dano para toda a república: e para demonstrá-lo, parto do direito natural individual, que se estende até onde se estende o desejo e o poder de cada um, ninguém sendo obrigado por direito de natureza a viver segundo a vontade alheia, mas sendo, ao contrário, cada um dono da própria liberdade. Demonstro em seguida que ninguém abandona essse direito, a menos que delegue a outrem a faculdade de defendê-lo, caso em que esse direito que cada um tem de viver a seu modo, juntamente com o poder de se defender, é necessariamente exercido de modo absoluto pela pessoa para a qual foi delegado; e assim demonstro que aqueles que detêm o poder soberano têm direito a tudo o que cabe em seu poder e que só esses são defensores do direito e da liberdade, enquanto que todos os outros só podem agir em conformidade com o decreto deles. Entretanto, como ninguém pode se privar da faculdade de se defender a ponto de deixar de ser homem, segue-se a isso que ninguém pode se privar de modo absoluto do próprio direito natural e que os súditos mantêm quase por direito natural algumas prerrogativas que não lhes podem ser retiradas sem grave perigo para o Estado e que lhes são tacitamente reconhecidas e por eles expressamente estipuladas com os detentores do poder supremo."[5]

Dois projetos se afrontam: de um lado, a relação *medo-superstição* se apresenta como barbarismo e servidão ao poder, e é exatamente como se dissesse: teologia-imaginação corrupta-monarquia; do outro, a *"cupiditas"* se desenvolve em *"libertas"* e em *"securitas"*, o que equivale a: filosofia-imaginação produtiva-República. Certamente não se pode negar que Espinosa tenha aceito escolher seu campo. Toda a sua filosofia exprime aqui um ponto de vista, uma tomada de posição de partido sobre a realidade. A escolha política baseia, condiciona e faz avançar o projeto metafísico: legitimar a república mundana é fundar a cidade de Deus, a república do espírito. Para quem conhece a tradição revolucionária do humanismo, dos chanceleres florentinos aos republicanos protestantes, isso não é de estranhar: é uma continuidade, a que Espinosa está renovando. A anomalia e a desmedida do projeto de Espinosa estão em outro ponto: no fato de que essa *"spes"* oposta ao *"metus"*, que essa *"libertas"* oposta à *"superstitio"*, que essa república oposta ao absoluto monárquico, ele as coloca e renova quando o século inteiro as combate. De modo que a medida racional que constitui o conteúdo revolucionário do discurso de Espinosa se apresenta como uma desmedida em relação ao concreto histórico. Medida e desmedida da instância espinosista: a teoria política absorve e projeta essa anomalia no pensamento metafísico. A metafísica, levada para as primeiras linhas da luta política, contém em si a proporção desproporcionada, a medida desmesurada que é próprio de todo Espinosa. Mas a partir de que ponto de vista definir medida e desmedida, proporção e desproporção? Quem detém o conceito de razão, quando a razão serviu para destruir a medida do mundo encontrada no Renascimento? Quem age na desproporção — aquele que nega a relação entre infinito e indefinido e se larga ao desenfreado barroco, ou aquele que afirma e exalta a potência dessa síntese? É então evidentemente anômala a filosofia de Espinosa em seu século, e selvagem aos olhos da cultura dominante. É a tragédia de toda filosofia, de todo testemunho selvagem de verdade que se coloca contra o tempo: contra este tempo e contra esta realidade. Mas a tragédia pode-se abrir, potente, sobre o porvir.

A publicação do *Tratado teológico-político* suscita ferozes polêmicas.[6] O judeu de Voorburg ou de Haia está no centro delas, reconhecido por trás do pseudônimo.[7] Não que essas polêmicas não fossem esperadas, e bem o demonstram as infinitas precauções tomadas por Espinosa já enquanto projetava a obra, o anonimato da publicação e a tentativa de impedir sua tradução holandesa.[8] Mas a violência da resposta pública é particularmente chocante e desagradável: esses professores que o atacam lhe "parecem expor sua mercadoria à venda à maneira dos belchiores, que sempre oferecem em primeiro lugar o que têm de menos valor. Dizem que o diabo é espertíssimo, mas minha impressão é de que esta raça o supera de longe".[9] Na realidade, é a revelação da anomalia que é inesperada para o próprio Espinosa, a revelação de sua profundidade, de sua espessura. É uma revelação para a consciência teórica de Espinosa. E então: não há nada mais potente que a rebelião de um inocente, nada mais desmesurado que o contra-ataque da serenidade ética e da medida racional. Tudo estava teoricamente pronto, mas é difícil imaginar "*la réfonte de l'Ethique*" — como diz A. Koyré analisando esses anos[10] — fora da emoção desse encontro, dessa revelação da desmedida do projeto.

"Lamberto de Velthuysen ao doutíssimo e preclaríssimo Jacob Ostens", de Utrecht, a 24 de janeiro de 1671:[11] um professor de Utrecht resenha o *Tratado teológico-político*. Não esquecer que Velthuysen é um republicano e um partidário de De Witt, sua recensão é extremamente importante porque ultrapassa os limites da divisão dos partidos atrás da qual Espinosa, com toda a boa-fé, tem tendência a se mascarar. É uma carta importantíssima porque é um furioso ataque que revela a desmedida do TTP e a discriminação da época, não só teórica ou política, que se opõe a ele. E então, "não sei qual é a origem desse homem, ou seu princípio de vida; e não importa sabê-lo. Seu livro é prova suficiente de que ele não tem o espírito tacanho e que não é nem superficial nem leviano nesse estudo sobre as controvérsias religiosas que se agitam na Europa cristã. Esse autor está convencido de que teria mais sucesso no exame das ideias que dividem os homens em facções e em partidos se afastasse e rejeitasse qualquer preconceito. Por isso é que trabalhou mais do que o necessário para se liberar de qualquer superstição: querendo se garantir contra ela, ele se lançou no contrário, e por querer evitar o pecado da superstição, é a religião inteira que ele rejeitou. Pelo menos ele não se elevou acima da religião dos deístas que estão em toda parte, e que são particularmente numerosos na França (tais são os costumes deste século perverso); Mersenne publicou contra eles um tratado que me lembro de ter lido antigamente. Mas não acredito que um desses deístas tenha escrito para essa péssima causa com tanta maldade, habilidade e finura quanto o autor dessa dissertação. Aliás, se não me engano, esse homem não inclui a si mesmo entre os deístas e não permite que ainda sejam deixados aos homens os mínimos elementos do culto".[12] Este é o início, mas também o *refrain* e a conclusão do ataque, sustentada — é forçoso reconhecer — por notáveis qualidades demonstrativas. E não valeria a pena prosseguir na análise dessa carta se, nela, o nível da mera recensão não fosse rapidamente ultrapassado e alguns elementos substanciais, neste momento já trabalhando para a segunda fundação da *Ética*, não fossem revelados — e criticados. Aquilo que Velthuysen destaca e denuncia é, com efeito, a reversão do ponto de vista metafísico, ocorrida no TTP e agora destinada a mais amplos desenvolvimentos: um ponto de vista que, por trás do respeito formal do culto, propugna uma concepção de religião que surge e se desenvolve "espontaneamente e sem nenhuma instituição",[13] de uma prática da liberdade tão extensa que reduz o papel do magistrado a "ter como única preocupação defender a justiça e a probidade na comunidade civil".[14] E portanto um ponto de vista metafisicamente ateu, ou seja, ontologicamente constitutivo. Conclusão: Espinosa "introduz surrepticiamente o ateísmo", "através de argumentos velados e disseminados, é o puro ateísmo que ele ensina":[15] reconstrói o mundo longe do temor a Deus, longe da regra — no entanto substancial para a experiência e o pensamento religiosos — da transcendência divina e da contingência humana. E é preciso acrescentar — e é o conceito que Velthuysen obscuramente percebe — que, nesta base, o TTP produziu também o instrumento do ateísmo constitutivo — a *"cupiditas"* ética se articula com a *"potentia"* ontológica e, juntas, constituem (não hobbesianamente, isto é, em termos falseados pela tendência absolutista, pelo preconceito da transcendência da obrigação, mas em termos francos e decisivos) o conceito de apropriação — esse termo fundamental da revolução da relação entre homem e natureza, entre homem e Deus.[16] Veremos isso mais tarde.

A anomalia selvagem

Por enquanto vejamos antes a resposta de Espinosa.[17] Ele reage com extrema violência. A ironia de outras respostas polêmicas está completamente desaparecida aqui. "Libelo", o de Velthuysen, "sinistra interpretação", engendrada "por malícia e ignorância". Toda a minha vida é um testemunho de minha virtude: continua Espinosa — então não sou um ateu! Estranha argumentação, na verdade, e no entanto comum naquele século, e sobretudo prudente. Ao contrário, "penso perceber a baixeza em que vive esse homem. Ele não encontra na virtude e no intelecto nada que lhe agrade por si mesmo, e preferiria viver segundo os impulsos de suas paixões se não houvesse esse obstáculo: ele tem medo das sanções. Abstém-se das más ações e observa os mandamentos divinos com a mesma relutância de um escravo e com ânimo titubeante. Por esse serviço, espera que Deus o honre com recompensas bem mais doces que o próprio amor de Deus, e isso tanto mais quanto é mais relutante e mal disposto a fazer o bem que faz; assim, pensa que todos os que não são freados por esse medo vivem de maneira descontrolada e recusam qualquer religião".[18] "E onde é que o senhor Velthuysen viu que eu assujeito Deus ao destino? E onde, meu anarquismo em matéria religiosa?" Devemos imediatamente nos perguntar se essa resposta se refere realmente à crítica do TTP feita por Velthuysen, ou se, antes, ela não atende mais à preocupação de expor a necessidade de uma defesa global do projeto. Não é por acaso que a polêmica insiste sobretudo contra o finalismo da concepção religiosa de Velthuysen, contra esse último ouripel racional da superstição teológica! Mas também, justamente, o último obstáculo à proposta espinosista de empreender uma "via ascendente", de elaborar uma prática constitutiva. É justamente nesses episódios polêmicos que os fundamentos de tal prática nos são revelados em toda a sua extensão: espontaneidade e gratuidade do agir, determinação divina imediata da abordagem, estatuto ontológico da separação do justo. "A que ponto eram mais belas e nobres as reflexões de Tales de Mileto, em relação às do dito escritor, é o que demonstra este seu raciocínio. Todas as coisas dos amigos, dizia ele, são comuns; mas os sábios são amigos dos deuses e todas as coisas são dos deuses; então, todas as coisas são dos sábios. Assim, apenas com uma palavra, aquele homem de grande sabedoria se fez riquíssimo, mais com generoso desprezo que com sórdida avidez pela riqueza..."[19] Espontaneidade, gratuidade, riqueza do ser infinito, já tínhamos podido apreciá-las na utopia inicial do pensamento espinosista; mas de maneira indeterminada, como selos da totalidade e da perfeição da síntese ontológica do mundo. Aqui é bem diferente. Aqui, sob o estereótipo do sábio, é o ponto de vista da subjetividade, da construção do ser que se propõe inteiramente. A plenitude da concepção do mundo do renascimento se põe a serviço de uma filosofia ontológica da práxis.

Mas, com tudo isto, ainda avaliamos pouco a profundidade da mudança operada por Espinosa, se não a pusermos, por assim dizer, em tensão com a dramaticidade da crise cultural e política que os Países Baixos atravessam nesses anos. Não que a crise política de 1672, a restauração dos Orange — e o bárbaro assassinato, a 20 de agosto, dos De Witt — possam ser considerados como elemento decisivo e desencadeador da segunda fase do pensamento de Espinosa, ainda que a emoção sentida por nosso autor pareça ter sido grande: "*ultimi barbororum!*".[20] Também não penso que seja possível dar importância mais do que anedótica ao encontro de Haarlem e à imagem que ele poderia dar de uma reinserção de Espinosa nos *milieux politiques*.[21] Bem mais importante e mais profunda, parece-me, é a reflexão desses anos sobre as desgraças causadas pela guerra, por essa guerra interminável que mina o regime oligárquico e a própria democracia holandesa.[22] Decisiva, enfim, é a reflexão sobre as lutas religiosas e sua inerência ao regime político, que percorre todo o TTP e opõe, como demônio e Deus, o abuso religioso e sectário à convivência democrática organizada.[23] Todos esses elementos são considerados em conjunto, justamente postos em tensão com a maturação interna do pensamento espinosista, com sua nova projeção sobre a realidade, não mais em termos de contemplação, mas de reconstrução. O que quer dizer que a crise do mundo exterior representa analogia com a crise do mundo interior. Mas no mesmo momento em que se coloca, essa analogia se rompe: o curso dos acontecimentos políticos vai no sentido de uma estabilização geral do *ancien régime* na Europa, enquanto que a filosofia de Espinosa, verdadeira filosofia de *Krisis*, combate e ultrapassa essa pacificação repressiva,

A anomalia selvagem

esse equilíbrio da acumulação primitiva e do mercantilismo, que corta a esperança e no fim degrada e institucionaliza a revolução humanista.

O tempo histórico se aparta do tempo real da filosofia espinosista. A desmedida, que a crise tornou consciente de si mesma, reorganiza os termos de seu projeto. E se define como tal, justamente, por diferença, por corte: método realmente novo num autor que declarara "não ter por hábito apontar os erros dos outros". Agora, três são os pontos sobre os quais se consolidou a nova base de construção. Numa carta a J. Jelles, um pouco tardia (2 de junho de 1674), mas extremamente densa em sua brevidade, e importante como resumo detalhado de momentos críticos, Espinosa expõe esses pontos. O político é o primeiro, mesmo se o pensamento de Espinosa agora esteja inteiramente voltado para a reconstrução de ordem metafísica. "No que se refere à política, a diferença entre mim e Hobbes, sobre a qual me perguntais, consiste em que eu continuo a manter íntegro o direito natural e afirmo que ao poder supremo, em qualquer cidade, não cabe sobre os súditos direito maior do que a potência que ele tem sobre os próprios súditos, como sempre ocorre no estado natural."[24] Isto é uma reafirmação dos resultados do TTP. Contém um enorme potencial: liberando-se do contrato de sujeição, o mecanicismo muda de natureza, o pensamento genético torna-se pensamento produtivo, sobre um horizonte que a *potentia* mantém aberto. Mas essa afirmação só alcança sua plena significação e seu adequado desenvolvimento em referência a um quadro metafísico que torne possíveis suas condições. Realmente, o segundo ponto é logo colocado: se só um quadro metafísico de superfície permite a liberdade, então a fundação da potência deve colher em si a expansividade global da divindade no mundo. "No que se refere à demonstração pela qual, no Apêndice dos Princípios de Descartes geometricamente demonstrados, eu estabeleço que Deus só muito impropriamente pode ser dito uno ou único, respondo que uma coisa só pode ser dita uma ou única em relação à existência, e não em relação à essência: com efeito só podemos conceber as coisas numericamente depois de tê-las reduzido a um gênero comum. Quem tem na mão, por exemplo, um sestércio e um escudo, só pensa no número dois se coloca o sestércio e o escudo sob uma mesma denominação, a de moeda. Só então poderá dizer que tem duas moedas, sendo o sestércio e o escudo, ambos, denotados por esse termo. Daí se segue manifestamente que uma coisa não pode ser dita una e única antes que se tenha concebido outra com a mesma definição que a primeira. Mas já que a existência de Deus é sua própria essência, e que não podemos formar de sua essência uma ideia universal, é certo que dizer de Deus que ele é uno ou único mostra que não se tem dele uma ideia verdadeira e que se fala impropriamente a seu respeito."[25] A divindade é tal que a declaração de sua unidade se torna pleonástica. Assim desaparece até o último sinal da figura teológica tradicional da divindade. Aquilo que correspondentemente aparece é, no lugar, o contexto da infinita potencialidade produzida pelo divino. Um horizonte total que não reconhece mais nem mesmo transcendência lógica. O divino é o conjunto da força potencial. Aqui o pensamento de Espinosa se fez inteiramente pensamento de superfície. Terceiro ponto: a explosão extensiva da ideia da divindade implica — e aqui a perspectiva política é fundamental na sugestão e na organização da abordagem — o deslocamento do ponto de inserção metódica. Sobre esta totalidade divina, é a determinação concreta que está em jogo. E, "para a ideia de que a figura é negação e não algo de positivo, é manifesto que a pura matéria considerada como indefinida não pode ter figura e que só há figura nos corpos finitos e determinados. Então, quem diz que avista uma figura, não está dizendo senão isto: ele concebe uma coisa determinada, e de que maneira ela o é. Essa determinação então não pertence à coisa segundo seu ser, mas, ao contrário, segundo seu não-ser. A figura não é outra coisa senão uma determinação, e sendo toda determinação uma negação, a figura não pode ser outra coisa senão uma negação".[26] O paradoxo do mundo, entre unidade e multiplicidade, já não é tal: sua dilatação metafísica dá lugar à determinação concreta. O concreto, como único terreno da realidade, é fruto da determinação paradoxal. Que se atente bem: aqui, a importância do trecho não vem absolutamente do fato de que a negação especifique o princípio de determinação. Esta relação negação-determinação é nossa conhecida desde o *Breve tratado*. O elemento fundamental da passagem que acontece aqui (já antecipado, mas apenas alusivamente, na *Carta* XXXVII)[27] é o seguinte: que "negação" não é mais submetida a privação, que a determinação não é mais captada como elemento de um mecanismo de degradação e/ou de oposição metafísica, seja como for, não dentro da relatividade dos segmentos da totalidade. "*Non opposita sed diversa.*"[28] O mal e o erro tinham sido sempre esmagados no terreno, preconstituído pelo ritmo emanativo, de uma negação compreendida como relação, como relatividade, como privação. O método agora permite voltar-se para a determinação em sua imediatez concreta, para depois se voltar para a totalidade. A negação é absoluta: determinação, justamente — não transferência de significados metafísicos.

Como pode o ser se tornar transparente, diante de nós! Mas desta vez não são a transparência e a versatilidade de uma totalidade objetiva, como era no reino da utopia: é, ao contrário, a hipótese da conexão metódica e ontológica construída, do conhecimento clarificador e constitutivo. Através disso, "os espectros e os espíritos", que o vulgo imagina revelarem a matéria e sua vitalidade, podem ser afastados: pois chamamos "espectros às coisas que ignoramos"[29] mas, assim que a razão entra em campo, qualquer concepção do mundo que seja menos que necessária e rigorosa para adequar constitutivamente a razão e o ser nos aparece como objeto de superstição e ignorância. O ser é transparente porque o conhecimento é adequado. Não há nenhuma mediação entre o finito e o infinito, não há nenhum livre-arbítrio que separe o necessário e o fortuito, não há nenhum anteparo entre a verdade e o existente. Aqui, então, o ser é transparente em sua determinação, enquanto é sempre determinado e exclui toda mediação produtiva da determinação. "A autoridade de Platão, de Aristóteles, de Sócrates etc., não tem grande valor para mim. Eu teria ficado surpreso se tivésseis citado Epicuro, Demócrito, Lucrécio ou um dos atomistas e partidários dos átomos. Não é de espantar que homens que acreditaram nas qualidades ocultas, nas espécies intencionais, nas formas substanciais e mil outras tolices tenham imaginado espectros e espíritos e acreditado nas sílabas para enfraquecer a autoridade de Demócrito. Eles tinham tanta inveja de sua glória que queimaram todos os livros publicados por ele. Se estivéssemos dispostos a acreditar neles, que razões teríamos para negar os milagres da Santa Virgem e de todos os santos contados por tantos filósofos, teólogos e historiadores dos mais ilustres, que podem ser citados a cem contra um dos outros?"[30] Um verdadeiro horizonte propriamente materialista constitui, com a transparência do ser e sua "superficialidade", a possibilidade de agi-lo laicamente.

O discurso pode se encerrar aqui. A desmedida que — na relação com a evolução geral do pensamento político e filosófico do século — caracteriza de maneira relativa o pensamento espinosista começa na verdade a emergir em termos absolutos. O movimento metafísico da constituição, aprofundando as próprias condições, chega a definir um horizonte materialista. Mas, justamente, constitutivo. Não é preciso esperarmos a "descoberta" da dialética para alcançarmos a síntese da produtividade natural, histórica e humana com as condições materiais de existência.[31] Aquilo que uma primeira abordagem analítica da definição dos movimentos da imaginação revelou, ou seja, a complexidade das articulações reais e materiais da razão, a consciência filosófica começa a sentir como primeiro, exclusivo problema metafísico. A ética é o terreno onde função constitutiva e condições reais — ou antes, fora de qualquer tentação idealista, ainda que longínqua, materiais — devem se recompor.[32] A primeira redação da *Ética*, nesta situação, não é criticada: é simplesmente revertida. Realiza-se a possibilidade de que ela possa ser lida como a base problemática de uma representação de "superfície", que quer dizer materialista, e de uma reconstrução prática do mundo. Se a primeira camada da *Ética* continha uma alternativa, esta agora se resolveu: só a "via ascendente", o caminho constitutivo, é percorrível. Nada mais verdadeiro, numa análise estrutural da *Ética*, nem mais fácil, que nela recortar planos diversos, portadores e multiplicadores da alternativa inicial.[33] Não é isso, então, o que se nega. Afirma-se, ao contrário, que essa "duplicação" (e réplica) de planos é resolvida por uma escolha teórica: o materialismo, e por uma determinação prática: a tensão constitutiva. A segunda camada da *Ética* e a forma definitiva da obra (pelo menos aquela que nos é deixada pelas *Opera posthuma*), elaboradas entre 1670 e 1675, constituem a realização desse projeto. E aqui se observa novamente sua anomalia. Pois esse projeto está realmente fora das medidas em relação às determinações culturais da época: em seu ateísmo, em seu materialismo, em seu construtivismo, representa a filosofia maldita, selvagem, a permanência do sonho revolucionário do humanismo, organizada como resposta à sua crise, como antecipação de novo movimento de luta, como projeção de uma grande esperança. Insistir neste ponto: a desmedida não deriva da relação — relativamente — desproporcionada com o tempo da crise, quanto da organização absoluta que a consciência da crise imprime ao projeto de superá-la. A mais alta fé na divindade é revertida — organizada na reversão material sobre o horizonte histórico. A mais alta percepção da potência, recusando toda mediação, tornando-se pura e simples forma material, começa já não mais apenas a percorrer as trajetórias da imaginação produtiva, mas a reconstruir o tecido determinado delas, a transformar as faculdades em força constitutiva, em segunda natureza. Com a segunda fundação da *Ética*, a *natura naturata* conquista total hegemonia sobre a *natura naturans*. O que pode ser isto, senão obra do demônio?

2. Apropriação e constituição

A transformação do pensamento espinosista é representada a partir daquele ponto no qual a continuidade teórica, que ocorrera no desenvolvimento (do horizonte emanativo à constituição sincrônico-estrutural) da primeira colocação metafísica da *Ética*, se interrompe: o sistema se volta agora para uma constituição diacrônico-ética. A primeira organização do infinito, insistindo na espontaneidade da relação entre multiplicidade e unidade e na perfeição de tipo panteísta de tal tensão, ficara bloqueada entre utopia e paradoxo: a reconstrução do sistema não nega a espontaneidade, mas nega o problema da relação, toma o infinito como base da multiplicidade e considera a perfeição como um horizonte aberto, materialista. Aqui se coloca a fundamental anomalia do pensamento espinosista nos confrontos de seu século, ou seja, na eliminação do problema da relação entre infinito e indefinido, que está na base de todas as filosofias racionalistas de tendência idealista. A anomalia está na perspectiva radicalmente antifinalista da filosofia de Espinosa, onde por finalismo se entende — como Espinosa entende — todo projeto metafísico que submeta a iniciativa do múltiplo a uma síntese transcendental. Ainda que essa transcendência seja puramente lógica! É uma condição histórica que assim se rompe: é uma operação revolucionária que se realiza. O finalismo é sempre a hipóstase de um projeto preconstituído, é a projeção, sobre a ordem indissolúvel da natureza, do sistema de relações consolidado no mundo histórico, é apologia da ordem e do comando.[34] Tudo isso já vimos, e estamos nos aproximando do momento em que será preciso reconstituir a segunda fundação da *Ética* em toda a sua complexidade. Neste parágrafo, para concluir a parte preliminar, resta-nos apenas ver como os elementos prontos para a nova fusão, neste momento incandescente do processo, ficam, por assim dizer, espontaneamente predispostos.

O problema é o dos vários elementos, predispostos, fixados um por um, mas ainda não combinados. O método ainda não se apropriou do conjunto das figuras ontológicas que entretanto, em sua separação, contribuiu para constituir. E é uma situação difícil, pois, por um lado, a unidade metódica (ontologicamente enraizada) é uma urgência fundamental do pensamento de Espinosa, por outro, falta ainda o ponto de apoio a partir do qual essa unidade se torne praticável na nova perspectiva. Nem a temática até aqui enfrentada, em sua própria origem, ofereceu um tecido sólido sobre o qual recompor materialmente o projeto. A imaginação! É certo que ela representa, em Espinosa e em todo o século, aquele terreno ambíguo e flutuante no qual o método comprova suas capacidades de aplicação e de síntese, aquela mescla de natureza e razão que dá lugar à paixão: o estoicismo renovado do século XVI havia imposto e privilegiado esse quadro, o XVII segue seus passos.[35] A paixão, portanto. Em relação à temática da imaginação, a problemática das paixões chega perto da determinação prática, pois no conjunto confuso de natureza e razão ela insere a vontade, daí abre-se à dimensão da escolha, de alternativa, eventualmente de ruptura. Este é então o ponto sobre o qual pode-se organizar uma perspectiva de constituição, tendo definido não só o âmbito e o ponto de vista, mas também o sujeito constituinte: o homem, em sua imaginação e em sua passionalidade, intermediárias do conhecimento e da vontade — o homem como atividade. O método aqui é aplicável à ontologia. Na razão, inteligência e vontade se identificam, não existe ideia que não seja um ato de afirmação ou de negação. O método é apropriação.[36]

E, todavia, nem mesmo com isso se podia declarar resolvido o problema do ponto de apoio. Efetivamente, se tornarmos a olhar o século, notamos que o pensamento do século XVII, de Descartes a Hobbes, desenvolve a temática da apropriação passional do mundo dentro de perspectivas que, imediata ou mediatamente, anulam o próprio conceito de apropriação. Para Descartes a apropriação é confinada ao reino mecânico e torna-se inessencial para a libertação do homem. O dualismo é apenas hipoteticamente mediatizado ao nível das paixões, e relança seu desafio no terreno da teologia mais do que no da antropologia.[37] "Sei que embora o celebérrimo Descartes tenha acreditado que a Mente possui potência absoluta sobre suas ações, procurou, no entanto, explicar os Afetos humanos por suas causas primeiras, e, ao mesmo tempo, mostrar o caminho pelo qual a Mente pode ter um domínio absoluto sobre os Afetos; mas, pelo menos em minha opinião, não mostrou outra coisa senão a agudeza de seu grande engenho..."[38] Já para Hobbes, a apropriação é fundamental e sua física é efetivamente base de uma metafísica. Mas é adequada, esta metafísica? Não acaba ela por negar, reintroduzindo a transcendência da obrigação — se não a inteira física — pelo menos uma imagem crível do homem? A relação entre paixão e constituição inteiramente submetida — como que receosa das sugestões trazidas — à reorganização da separação do horizonte humano?[39] O problema consiste então no fato de que, em um nível ou no outro, a filosofia do século XVII introduz o critério da mediação das paixões como fundamento para a própria definição delas. A ambiguidade e a flutuação das paixões não constituem um caminho a ser percorrido, mas uma dificuldade a ser superada. Enquanto reintroduziam a temática materialista das paixões, as correntes neo-estoicas reinterpretavam a temática idealista do controle das paixões. "A maior parte daqueles que escreveram sobre os Afetos e a maneira de viver dos homens parecem tratar, não de coisas naturais que seguem as leis comuns da natureza, mas de coisas que estão fora da natureza. Na verdade, parecem conceber o homem na natureza como um império em um império. Creem, efetivamente, que o homem perturba a ordem da natureza mais do que a segue, que tem potência absoluta sobre suas próprias ações e que não seja determinado senão por si mesmo. Atribuem, então, a causa da impotência e da inconstância humanas, não à potência comum da natureza, mas a não sei que vício da natureza humana, da qual, por essa razão, se queixam, escarnecem, desprezam ou, como acontece mais geralmente, amaldiçoam; e aquele que sabe mais eloquente ou mais argutamente censurar a impotência da Mente humana é tido como Divino."[40] A filosofia do século XVII em geral aceita este terreno. A apropriação passional da natureza — essa metáfora ideológica do mercado capitalista e da acumulação primitiva — tinha de se curvar às necessidades da organização social e estatal dos fluxos de valor. Diz-se que essa concepção laiciza a filosofia! E quem o nega? Mas ela implica ao mesmo tempo uma imagem determinada do poder — e assim implicada nega a criatividade do tecido materialista até aqui descoberto, ou pelo menos dá uma visão mistificada de sua natureza e seus efeitos. Imaginação, paixão e apropriação tornam-se elementos consubstanciais da ideologia burguesa de mercado — criatividade subordinada à ordem —, valor subordinado ao mais-valor?[41] Um finalismo, diferente daquele tradicional da teologia, mas não menos eficaz, vem se instituir desse modo: a ambiguidade passional se resolve numa prática mediatizante da apropriação, a apropriação num esquema social ordenador que a sobredetermina — é mesmo verdadeira dialética, esta, um processo de mediação que não constitui nada porque sua norma é implícita, é constituída, é "causa formal" e não "causa eficiente". A transcendência domina a mediação, mesmo que seja em formas lógicas, transcendentais; a apropriação é "*legitimada*" (submetida ao universal), ou seja, desviada e mistificada em sua própria definição. Não é por acaso, então, que em torno dessa reinvenção da mediação, dessa atualização do finalismo, dessa restauração da transcendência, se coloca o filão anti-humanista e reacionário da filosofia do século XVII: aquele que, saído diretamente da apologética católica ou reformada, encontra no cartesianismo teológico e no hobbesianismo político uma base adequada para a reivindicação da tradição — da teologia como da razão de Estado.[42]

Quando, em Espinosa, o método é definido como apropriação, é um mundo filosófico inteiro que deve ser posto de lado. A premissa é a concepção redicalmente unívoca do ser, a argumentação (no terreno da ideologia) é o radical ateísmo, a conclusão é uma concepção materialista do homem. Não vale a pena voltar aqui à concepção do ser. Nem à crítica da teologia, se não para mencionar o fato de que as tensões internas das "experiências" de liberação religiosa mais radicais do século parecem encontrar soluções em Espinosa: tanto do lado do hebraísmo quanto do lado do protestantismo. Experiências, não ideologias, não doutrinas — foi dito: que, justamente, a própria abordagem é que recusa a mediação teológica, que a assume como hostil e estrangeira — as experiências religiosas que se aproximam, ou cruzam, ou se identificam com o pensamento de Espinosa são, elas também, apropriação, apropriação da divindade.[43] O antiplatonismo ontológico de Espinosa faz par com seu anticristianismo teológico. Donde a concepção materialista do homem, como atividade, como potência de apropriação. No homem deve se verificar aquela fusão dos elementos, ou antes, aquela implosão das premissas que, ao esfriar e se clarificar, nos oferecem o instrumento do projeto constitutivo. A relação entre homem e horizonte constitutivo é preparada por uma série de condições metafísicas agora resolvidas. Colocando-as uma ao lado da outra, veremos como elas preparam a definição do homem como atividade de apropriação. Em primeiro lugar, a colocação do homem na natureza; a reversão da perspectiva metafísica nos confirmou a união indissolúvel do homem e da natureza, mas reverteu-a, em seu sentido, seu encaminhamento, fazendo do homem não mais a expressão da natureza, mas o produtor do mundo. A potência do universo e da divindade, experimento-as agora na potência constitutiva do mundo, encontro-as como qualificação da existência. "Parecerá surpreendente que eu procure tratar os vícios e as fraquezas dos homens à maneira dos geômetras e queira demonstrar com um raciocínio rigoroso aquilo que eles estão sempre proclamando contrário à razão, vão e digno de horror. Mas eis meu motivo. Nada acontece na natureza que possa ser atribuído a algum vício existente nela; ela é efetivamente sempre a mesma; sua virtude e sua potência de agir são uma e a mesma em toda parte [...]. Tratarei então da natureza dos Afetos e de suas forças, da potência da Mente sobre eles, seguindo o mesmo Método que nas partes anteriores de Deus e da Mente, e considerarei as ações e os apetites humanos como se se tratasse de linhas, planos ou corpos."[44] Em segundo lugar, a colocação do homem no conhecimento: descrevo o mundo de maneira convencional por meio de noções comuns, mas logo — na medida em que minhas ideias ficam cada vez mais adequadas à realidade — capto a realidade como um processo unitário ao qual aplico, conscientemente, minha razão. Entre a imaginação e a intuição, não construo assim somente a verdade, mas também minha liberdade. A verdade é liberdade, transformação, liberação. A potência metafísica da colocação humana é a mesma coisa que o método de transformação que provém daquela ação unitária que é produzida por razão e vontade. "Por virtude e potência entendo a mesma coisa; isto é, [...] a virtude, enquanto se refere ao homem, é a própria essência ou natureza do homem, enquanto este tem o poder de fazer certas coisas que só se podem entender pelas leis de sua natureza."[45] Dito isto, a potência apropriativa da essência humana começa a se revelar com extrema clareza; as condições se reunificaram — metafísica, formalmente. Têm agora de se unificar atualmente, de maneira determinada, para permitir considerar o processo constitutivo não só como trama geral do ser, mas como gênese, potência em desenvolvimento. De novo imaginação, paixão, apropriação; mas seguras de não caírem no círculo vicioso da filosofia do século XVII, preparadas, ao contrário, para dominar a imediatez e constituir diretamente a realidade do mundo.[46]

A essência do homem. "Este esforço [*conatus*], quando se refere só à Mente, se chama Vontade; mas quando se refere ao mesmo tempo à Mente e ao Corpo, se chama Apetite; isto, então, não é outra coisa senão a própria essência do homem, de cuja natureza deriva necessariamente aquilo que serve para sua conservação; e então o homem é determinado a fazê-lo. Não há, portanto, nenhuma diferença entre o apetite e o desejo, exceto que o desejo se refere em geral aos homens quando têm consciência de seu apetite, e por isso pode ser definido assim: *o Desejo é o apetite quando dele se tem consciência.* Resulta então de tudo isto que não nos esforçamos para coisa nenhuma, nenhuma coisa queremos, apetecemos ou desejamos porque a julgamos boa; mas, ao contrário, que julgamos boa alguma coisa porque nos esforçamos para ela, queremo-la, apetecemo-la e a desejamos."[47] A essência do homem é então *"appetitus"*: o mundo é qualificado pelo *"appetitus"* e pela *"cupiditas"*. A unidade da razão (intelecto e vontade) e a unidade da razão e do corpo são propostas juntas. Por isso o apetite e o desejo qualificam. Mas qualificar é uma potência constitutiva estática. Enquanto que a determinação constitutiva que o homem dá ao mundo é dinâmica. O horizonte sobre o qual se libera a potência constitutiva humana é aberto. O mundo é aquilo que ainda não é. É o porvir. É essa projeção. Isto também é essência humana, elemento fundamental da definição. "O Desejo é a própria essência do homem enquanto é concebida determinada a fazer algo por uma dada afecção sua qualquer."[48] Desejo está em Espinosa como paixão, mas ao mesmo tempo como apropriação: "O apetite é a própria essência do homem enquanto é determinada para algo que serve a sua conservação",[49] o que significa que o desejo explica a essência do homem na ordem dinâmica da reprodução e da constituição. É realmente uma filosofia positiva, duríssima em seu rigor construtivo, aquela que se está formando. Uma filosofia da alegria, como alguns leitores quiseram chamá-la?[50] Provavelmente. O certo é que finalmente chegamos a uma base de reconstrução que dilatou a desmedida de nossa perspectiva, tanto em temos lógicos quanto em termos éticos.[51]

Mas não é só. O homem, como vimos, não é "um Estado dentro do Estado". A natureza não é um Estado confederado e confuso em sua constituição, como são os Países Baixos. Ao contrário, é uma entidade coletiva, um processo no qual a própria individualidade humana se constitui em entidade coletiva. "Por coisas singulares entendo as coisas que são finitas e têm existência determinada. Se vários indivíduos concorrem para uma mesma ação, de sorte que todos sejam ao mesmo tempo causa de um mesmo efeito, nesta medida considero-os todos como uma mesma coisa singular."[52] Este trecho, aliás já logicamente preconstituído no livro II da *Ética*, tem aqui um relevo excepcional. A determinação materialista do processo constitutivo, efetivamente, é caracterizada por esta modalidade ulterior: o coletivo, a multidão. De um ponto de vista histórico, a ruptura com o rígido individualismo das concepções geralmente difundidas no pensamento do século XVII, e em particular com a hobbesiana, torna-se total.[53] Do ponto de vista do sistema, a determinação espinosista do coletivo tem efeitos poderosos; com efeito, ela permite à concepção da potência desenvolver-se de maneira integral. Suponhamos que o desenvolvimento da vida passional e social não seja imediatamente articulado ao desenvolvimento do coletivo; daí resultaria uma configuração ética e social na qual, à eficácia constitutiva da potência, se oporia validamente, como única possibilidade determinada, a unificação lógica ou política, de qualquer modo transcendental, do processo da individualidade. Mas isto é contra as premissas espinosistas; o processo constitutivo não é imaginável fora de alguma qualificação coletiva interna sua. "Ninguém poderá conceber corretamente o que quero dizer se não tomar cuidado para não confundir a potência de Deus com a humana potência dos Reis ou com seu direito."[54] O que significa: não é possível o desenvolvimento da potência divina do mundo, da tensão apropriadora que se exprime pela individualidade, se pensamos — como sugere a metáfora absolutista — que essa potência possa ser governada ou ordenada através de mediações transcendentes ou transcendentais. A metáfora da realeza divina é corrente na filosofia do século, e em particular na cartesiana,[55] para assinalar a impossibilidade de uma mediação ontológica da unidade e da multiplicidade. E tenha-se em mente que o conceito do coletivo não é outra coisa senão uma determinação — ontológica — da relação multiplicidade-unidade. A recusa espinosista da metáfora real, absolutista, é então sinal da aquisição do coletivo como solução ontológica. O "decreto", no qual se unifica — ou, muito melhor, se exprime — a unidade originária, a "simultaneidade da Mente e do apetite"[56] — esse autodecretamento (sincrônico) da natureza que põe de lado todo paralelismo, vale também no plano diacrônico, onde o coletivo é forma "simultânea" da constituição temporal do homem. É fundamentalmente a vontade, em sua síntese dinâmica com o intelecto, que

A anomalia selvagem

impõe essa revelação do procedimento da razão, a partir do individual para o coletivo, sem soluções de continuidade que não participem da mecânica interna da passagem, da física da qualificação, pelo próprio fato de que a essência do processo é ativa e expansiva.[57] O materialismo constitutivo e expansivo da potência exige então uma determinação coletiva. Com isto o conjunto das condições constitutivas atingiu o mais alto ponto de fusão.

Concluindo. Apropriação em relação à constituição: todas as condições então parecem dadas a um nível de fusão que se torna, ele mesmo, determinante e qualificante da figura da potência e de sua ação no mundo. Se agora examinarmos por um momento aquele que parece ser o documento mais apaixonado da polêmica espinosista contra o finalismo, o Apêndice da parte I da *Ética*,[58] percebemos a relevância que tem a passagem a que estamos assistindo. O *animus* polêmico do Apêndice efetivamente se abre agora, através das ideias de apropriação e de constituição, em *animus* produtivo. A alternativa na concepção da verdade não consiste mais na escolha entre o paganismo finalista e a afirmação da norma em si contida pelas verdades matemáticas — mas consiste numa passagem ulterior: da verdade em si para a verdade constitutiva, da adequação do intelecto e da coisa para a função adequada da constituição material. "As leis da natureza são suficientemente amplas para produzirem todas as coisas que possam ser concebidas por um intelecto infinito":[59] as condições desse augúrio, que representa um dos pontos mais altos a que chegou a primeira camada da *Ética*, são dadas agora como pressupostos operativos.

3. Força produtiva: uma antítese histórica

Voltemos ao conceito de apropriação, vendo-o desta vez estreitamente em referência à dupla "paixão-interesse" que, com o nascimento da economia política, virá se colocar no centro da teoria de maneira exclusiva. No momento, o peso desta dupla consiste em sua determinação histórica: economia política, burguesia, capitalismo — categorias totalmente impensáveis fora de uma fundação passional ancorada no interesse egoísta e em sua legitimação.[60] Em tempos mais próximos a nós, fomos aos poucos chegando ao ponto de excluir da modernidade o pensamento que não tome o interesse, ou pelo menos a materialidade da paixão, como ingrediente teórico determinante. O que corresponde bem à realidade: se a história moderna é a da gênese e do desenvolvimento do capital, a temática da paixão-interesse a tece estruturalmente e tem como efeito tornar insignificante qualquer pensamento, mais ainda qualquer posição metafísica, que tente se afastar do interesse como trabalho para a totalidade.[61] E no entanto, isto posto, não resolvemos a série de problemas que surgem em torno do conceito de apropriação — nem a abundante bibliografia tem a capacidade de eliminar os problemas. E então: não será a redução de apropriação em interesse uma operação ilegítima, inteiramente apologética, mistificante e, ainda por cima, póstuma? Estamos no ponto: a análise da extensão e da intensidade, a capacidade de aplicação e a determinação histórica da categoria "apropriação".

Se entendemos por apropriação a revolução que se realiza na ordem da ideologia e da própria vida da era moderna, se podemos qualificar com esse termo a concepção humanista de conquista da natureza e de transformação do mundo que explode no fim da Idade Média e se impõe na história da civilização ocidental — no entanto, partindo daquela enorme extensão de época, o termo categorial vem se refinando e determinando, assumindo significados alternativos e qualificando, na parábola histórica que descreve, diferenças não só ideais. No século XVII, encontramo-nos na origem da extensão geral do termo mas, ao mesmo tempo, na origem de sua diversa e alternativa qualificação. Apropriação, de fato, é o transcendental da revolução capitalista, a trama do vínculo de subsunção que a define: a capacidade prática e a força construtiva assumem as condições naturais, tornam-nas abstratas e circulantes, transformam-nas em segunda natureza, em nova força produtiva. Apropriação é sinônimo da nova força produtiva. Mas este novo mundo se apresenta como força unitária e universal apenas em termos ideológicos; de fato, estruturalmente é um mundo cindido. Quando surgem as primeiras crises, quando a ideologia e sua ênfase coletiva se dissolvem, a realidade mostra a apropriação reduzida ao interesse egoístico e a revolução capitalista como con-

A anomalia selvagem

servação política ou mera transformação funcional das estruturas de dominação. A revolução se dobra à mediação, e a mediação é submetida à reconstrução da dominação. Enquanto que a apropriação permanece sendo o transcendental das forças produtivas, a temática dos interesses registra com eficácia o nível das novas relações de produção. No avanço cíclico do desenvolvimento capitalista, forças produtivas e relações de produção acabam por se dispor em contradição; uma contradição que, só ela, permite ler os séculos seguintes.

Mas a filosofia não se perturba com isso! Esta contradição fundamental, que a realidade registra cada vez mais dramaticamente, corre ao lado da estrada real da historiografia filosófica. A racionalidade, o valor e a criatividade encontram-se todos na exaltação das relações de produção capitalistas; as forças produtivas e as contradições que delas emanam são compreendidas apenas como marginalidade ao processo filosófico. Teremos naturalmente formas de mistificação mais ou menos abrangentes e potentes: o idealismo tenta a mistificação *tout court* da identidade de forças produtivas e de relações de produção, repete sem interrupção — hipostaseando-a fraudulentamente diante da crise estrutural da relação — a ilusão, originária e revolucionária, da unidade da produção capitalista. Já o empirismo produz desencanto para com a ideologia, mas cinicamente aceita a inversão da terminologia explicativa e tenta justificar as contradições das relações de produção através da consideração da eficácia do desenvolvimento delas. Do outro lado: é possível descrever uma continuidade de recusa e rebelião diante dessas sínteses históricas bem-comportadas? É possível ver o avanço real da luta de classes, do sempre necessariamente reemergente movimento das forças produtivas, desenhar (no âmbito da própria metafísica) um caminho de recusa e desvio, de destruição da mistificação e de alternativa teórico-prática? Existe uma linha de pensamento que, partindo da revolução humanista, assumindo a centralidade antropológica do conceito de apropriação, nega a crise da revolução e recusa-se a dobrar a apropriação à ordem do interesse capitalista, à individualização ideológica de seu movimento? E em vez disso reafirma a potência material, coletiva, constitutiva da apropriação? Se nos atemos à historiografia filosófica consagrada, nada disso é admissível, nem mesmo como questão elegante. E no entanto, com toda a sua bazófia, com todo o contínuo e febril trabalho de ajustamento crítico que realiza, a história da filosofia não consegue tapar os buracos negros, os vazios excessivos de sua capacidade de demonstração. E até a retórica filosófica tropeça nesses buracos negros, quando não se precipita neles![62]

Ainda mais diante de Espinosa. A metafísica de Espinosa, efetivamente, é a declaração explícita, em todas as dimensões, da irredutibilidade do desenvolvimento das forças produtivas a qualquer ordenamento. Ainda mais ao ordenamento da burguesia. A história das relações de produção deve, necessariamente, privilegiar o século XVII, pois nesse século a pureza das alternativas ideológicas que acompanham a gênese capitalista é total. Ora, como se sabe, no século XVII a linha que vence é aquela que, mais tarde, será chamada "burguesa". O desenvolvimento capitalista — diz-se —, diante das primeiras sublevações da luta de classes, deve entrar em entendimento com o Estado: de fato, ele entra em entendimento com as velhas camadas de governo, impondo-lhes uma nova forma — racional e geométrica — do comando — o absolutismo.[63] Ao mesmo tempo, a burguesia nascente realiza outra fundamental, complementar operação, tornar dinâmicos os termos da mediação, definindo uma articulação diante do Estado: a sociedade burguesa,[64] como terreno da independência, da autonomia ou da separação relativas do desenvolvimento capitalista e da própria burguesia como classe. Pretende-se a essência antes da existência. Uma abstração total, a divisão da sociedade em relação ao Estado, é afirmada com o objetivo de determinar a dinâmica do desenvolvimento burguês. A essência da burguesia estará sempre separada do Estado: até quando houver determinado o máximo da hegemonia sobre o Estado — portanto não para que ela possa efetivamente se colocar contra o Estado (mas tem algum sentido pôr em termos de realidade um problema cuja base é pura ficção?), mas para que ela não possa se identificar com coisa alguma, senão com a própria forma de mediação potente das forças produtivas. A burguesia estará alternativamente "a favor" ou "contra" o Estado, sempre no ritmo de sua característica de forma improdutiva (ou seja: relação de produção) da organização para a dominação das forças produtivas. Porque, então, ela é desde sempre classe da exploração. Mas a exploração capitalista é comando de uma relação, e função de uma organização — é mediação, sempre e só mediação das forças produtivas. É a individualidade do interesse que se sobrepõe ao processo coletivo da apropriação — transformação mais constituição — da natureza por parte das forças produtivas. É mistificação do valor que privatiza a realidade da extração do mais-valor. É fetichismo contra força produtiva.

Hobbes-Rousseau-Hegel. Como já assinalamos,[65] é fundamentalmente através desses três ápices que a mistificação burguesa atinge sua perfeição. Em Hobbes a categoria de apropriação associativa (coletiva) se traduz, tanto paradoxal quanto eficazmente, na sujeição autoritária ao soberano, o mecanismo de produção do mais-valor se entrega ao fetichismo do valor. Em Rousseau a transferência autoritária das forças produtivas para a soberania é democraticamente mistificada e a alienação absolutamente santificada. Daqui se desencadeia a conjunção do direito privado e da forma absoluta do direito público, a fundação jurídica da ditadura do capital. Hegel suprime o paradoxo, dialetiza-o, distribui-o entre momentos de autonomia relativa, restitui a cada um sua margem de trabalho para exaltar no absoluto a condição alienada, para recompor na totalidade da exploração a ilusão da liberdade de cada um. De qualquer maneira, a distinção prévia entre sociedade burguesa e Estado torna-se um enfeite da teoria; exatamente uma ficção que o processo histórico da teoria teve de admitir, e de que se livra agora, tendo chegado à maturidade da dominação: é então o Estado que produz a sociedade civil. Nada mudaria se, como nas correntes empiristas, a distinção entre sociedade burguesa e Estado fosse mantida, pois a maior ou menor autonomia da sociedade burguesa não incide sobre a natureza da definição da burguesia; em todos os casos, classe de mediação para a exploração — não força produtiva, mas relação de produção.

O pensamento de Espinosa é a desmistificação prévia de tudo isso. Não apenas porque é a mais alta afirmação metafísica da força produtiva do homem novo, da revolução humanista, mas também porque é a negação específica de todas as grandes ficções forjadas pela burguesia para mascarar a organização de sua própria dominação. No caso específico, em Espinosa não existe a possibilidade de fixar a relação de produção independentemente da força produtiva. A recusa do próprio conceito de mediação está na base do pensamento espinosista. E isto no momento de seu desenvolvimento utopista, nele registrando a generalidade e a qualidade do pensamento moderno em sua gênese revolucionária. Mas lá está também em sua forma madura, não utópica, naquilo que chamamos a segunda camada da *Ética* — e isto torna única e anômala a filosofia de Espinosa em seu século. Os comentadores que tanto insistem na identidade da descrição espinosista e da hobbesiana do estado de natureza[66] insistem no óbvio, isto é, naquilo que é comum no século, a descoberta do caráter antagonista da acumulação capitalista diante da utopia unitária que a havia iniciado. Mas já não captam a alternativa que se apresenta no terreno comum de uma filosofia da apropriação e a oposição radical que aí se determina, através da qual Espinosa é o anti-Hobbes por excelência. Ele mantém o tema da apropriação como tema central e exclusivo, recusa-se a desvirtuá-lo num horizonte de interesses egoístas — consequentemente nega e refuta o instrumento imaginado por Hobbes para transferir o conceito de força produtiva na de relação de produção, ou seja, o conceito de obrigação, e utiliza o contrato — social somente numa primeira fase, aliás — como esquema de um processo constitutivo (mais do que como motor de uma transferência de poder). Além disso Espinosa nega a distinção sociedade civil-Estado, esta outra ficção funcional para a ideologia da relação de produção. Para Espinosa a sociedade constrói em si mesma as funções de comando, que são inseparáveis do desenvolvimento da força produtiva. Potência contra poder.[67] Não é por acaso que esse pensamento de Espinosa devia aparecer "acósmico" para esse grande funcionário zeloso da burguesia que é Hegel! Hegel vê, e vê com justeza, a força produtiva da substância espinosista como fundamento absoluto da filosofia moderna: "Espinosa constitui um ponto tão crucial para a história da filosofia moderna que se pode de fato dizer que apenas se escolheu entre ser espinosista ou não ser absolutamente filósofo".[68] Por outro lado, na medida em que Espinosa mantém firme o ponto de

A anomalia selvagem

vista da força produtiva, na medida em que não cede ao sórdido jogo da mediação, eis a cínica conclusão de Hegel: "Espinosa morreu a 21 de fevereiro de 1677, em seu quadragésimo quarto ano, de uma ptisia de que sofrera durante muito tempo — de acordo com seu sistema no qual também toda particularidade, toda singularidade, desaparece na unidade da substância".[69] Antigamente se sabia lutar, na filosofia: estavam em jogo alternativas que atacavam o problema da reação ou do progresso, da dominação burguesa e da escravidão proletária; isto vale a pena pelo menos assinalar. E a falsificação é, na luta, um instrumento habitual. Orientalismo da filosofia espinosista: que palhaçada! Extinção da particularidade e da singularidade no absoluto! Certo, no absoluto da força produtiva, Espinosa está até o fundo, assim como Maquiavel estava no absoluto da identidade social do político, como Marx está no absoluto do antagonismo que fundamenta o processo revolucionário do comunismo; mas por certo não para se distinguirem em vão, porém sim para indicar — Maquiavel-Espinosa-Marx — a unidade do projeto humano de liberação diante da mediação burguesa. De Maquiavel tiraram o maquiavelismo, de Marx, o marxismo; como para o espinosismo, tentaram, sem grande sucesso, fazer deles ciências subordinadas da totalidade burguesa da dominação. Quando, ao contrário, em Maquiavel é o enraizamento civil e republicano da categoria do político que resulta em termos fundamentais! E, em Marx, o tema do comunismo antecipa e fundamenta a descrição do desenvolvimento capitalista e categorialmente o define como exploração! Em todos os casos, Maquiavel, Espinosa, Marx, representam na história do pensamento ocidental a alternativa irredutível a qualquer concessão da mediação burguesa do desenvolvimento, de qualquer subordinação das forças produtivas às relações de produção capitalistas. Este "outro" curso do pensamento filosófico deve estar presente como pano de fundo essencial de toda filosofia do porvir — esse "pensamento negativo", que percorre iconoclasta os séculos do triunfo da metafísica burguesa da mediação.

O que mais chama a atenção, quando se estuda a colocação de Espinosa, dentro e contra o desenvolvimento do pensamento filosófico no século XVII, é o fato de que sua metafísica, mesmo percebida como selvagem, não consegue entretanto ser posta de lado. E é assim que, se por um lado o cartesianismo e depois o grande empirismo pré-iluminista continuam em seu esforço de construção da mediação burguesa do desenvolvimento, por outro os problemas políticos e metafísicos colocados pelo pensamento espinosista não conseguem ser suprimidos, pelo contrário, têm sempre que ser controlados de alguma maneira. Não é aqui o lugar para identificar os elementos específicos dessas operações de controle: bastaria, como aliás já se fez, e bem, acompanhar na vertente metafísica a relação Espinosa-Leibniz, como um dos pontos mais importantes desse desenrolar.[70] E aqui captar a impossibilidade de encerrar Espinosa e a concepção metafisicamente fundamental da força produtiva dentro de um sistema — se é que as repetidas abordagens leibnizianas podem ser definidas de tal modo — que não acabe por conceder à concepção constitutiva um espaço muito mais amplo do que aquele que na realidade se estava disposto a dar.[71] Ou então, na vertente política, reconstruir a cansativa gênese do direito público do Estado moderno, onde o contratualismo hobbesiano, geralmente hegemônico e — mais tarde — afortunado em seu encontro com a força da inversão metafísica do rousseaunismo, não consegue entretanto estar em condições — senão justamente em níveis de máxima abstração mistificadora — de destruir, de anular a potência constitutiva da instância de socialidade, desse momento constitutivo e constitucional, dessa resistência antiabsolutista que o pensamento de Espinosa tão violentamente reivindica.[72] É como se a filosofia do século XVII tivesse uma borda escura, mantida para esconder seu pecado original: o reconhecimento da categoria da apropriação como fundamento traído da filosofia moderna — que um lapso contínuo revela.

Espinosa é o lado claro e luminoso da filosofia moderna. É a negação da mediação burguesa e de todas as ficções lógicas, metafísicas e jurídicas que organizam sua expansão. É a tentativa de determinar a continuidade do projeto revolucionário do humanismo. Com Espinosa a filosofia consegue pela primeira vez negar-se como ciência da mediação. Há em Espinosa como que o sentido de uma grande antecipação sobre os séculos futuros e a intuição de uma verdade tão radical da própria filosofia que impede de todo modo não só o achatamento desta sobre o século mas também, parece às vezes, o confronto, a comparação. Na realidade não o entendem e o recusam. O próprio Leibniz, numa carta que trata de óptica e supõe um certo conhecimento, chama Espinosa de "médico".[73] Coisa curiosa: médico, *emendator*, mago, Espinosa é rejeitado naquela geração pré-moderna com a qual já o jovem Descartes, e toda a cultura contrarreformada, católica ou protestante que fosse, pretendia ter definitivamente acertado as contas — gente do Renascimento, revolucionários, magos, em desuso.[74] Para mim, Espinosa evoca mais Shakespeare; um dispositivo dramático que não ganha significados de fora, mas de dentro de si mesmo produz a forma dramática ou o confronto lógico como expressão da própria potência, como demonstração de um revolucionário e independente vínculo com a terra — no caso de Espinosa uma potência que pretende ser como a prefiguração da liberação. No absoluto. Medida e desmedida da obra espinosista, integridade do conceito de apropriação, representação do método como constituição; os contemporâneos, envolvidos na definição da mediação burguesa do desenvolvimento, não podem conceber isto senão como anômalo e selvagem. Quando, ao contrário, trata-se da única, não fingida, leitura do trabalho real daquele curso histórico, em sua densidade de motivos antagonistas e revolucionários. Para o futuro! Enquanto todo o pensamento de um século se dobra sobre a derrota, ao ponto de fixá-la nos grandes jogos metafísicos do cartesianismo e no lúcido oportunismo do *"libertinage"*; enquanto o pensamento do mecanicismo se aplica à reconstrução da imagem do poder, à construção de suas técnicas especializadas de dominação e, com isso, dedica-se a uma obra de anulação das experiências revolucionárias; e quando se entende toda a filosofia para dar existência à essência mediatizadora da civilidade burguesa: "pensamento negativo", nessa situação, é o pensamento espinosista, enquanto crítica e destruição dos equilíbrios da cultura hegemônica — cultura da derrota e da mediação. A definição do pensamento negativo — sabe-se — é sempre relativa. O pensamento espinosista é apologia da força produtiva. Um pensamento negativo cheio de substância?

Notas

[1] TTP, Prefácio (G., III, pp. 5-12; P., pp. 606-616). O caráter fortemente polêmico deste escrito pôde fazer crer que seu autor fosse L. Meyer; contra tal hipótese, sancionando uma opinião agora generalizada, cf. as notas de E. Giancotti Boscherini, pp. 10-12.

[2] TTP, Prefácio (G., III, p. 7; P., p. 609).

[3] TTP, Prefácio (G., III, p. 5; P., p. 606).

[4] TTP, Prefácio (G., III, pp. 5-6; P., pp. 607-608).

[5] TTP, Prefácio (G., III, p. 11; P., pp. 614-615).

[6] Cf., além das obras já mencionadas de Van der Linde, Vernière e Kolakowski, a de E. Altkirch, *Maledictus und Benedictus, Spinoza im Urteil des Volkes und der Geistigen bis auf C. Brunner*, Leipzig, 1924. De uma maneira geral, para as reações de Espinosa, v. as biografias.

[7] "Judeu de Voorburg", era assim que os Huygens o designavam, em sua correspondência familiar.

[8] Cf. sobretudo as *Cartas* XXX e XLIV (G., IV, pp. 166 e 227-229; P., pp. 1175-1176 e 1222-1223).

[9] *Carta* L (a Jelles) (G., IV, pp. 238-241; P., pp. 1230-1231).

[10] No Preâmbulo de sua edição do TEI.

[11] *Carta* XLII (G., IV, pp. 207-218; P., pp. 1205-1217).

[12] *Carta* XLII (G., IV, p. 207; P., p. 1205; 1206.

[13] *Carta* XLII (G., IV, p. 213; P., p. 1212).

[14] *Carta* XLII (G., IV, p. 215; P., p. 1214).

[15] *Carta* XLII (G., IV, p. 218; P., p. 1217).

[16] Ver a segunda parte deste capítulo dedicada justamente a um aprofundamento da definição da ideia de apropriação em Espinosa. É bom, no entanto, lembrar desde agora que foi Macpherson, em seu livro várias vezes mencionado, que introduziu essa categoria no debate sobre a filosofia política do século XVII.

[17] *Carta* XLIII a Ostens (G., IV, pp. 219-226; P., pp. 1217-1222).

[18] *Carta* XLIII (G., IV, p. 221; P., pp. 1218-1219).

[19] *Carta* XLIV a Jelles (G., IV, pp. 228-229; P., p. 1223). Esclareça-se que o "dito escritor" não é Velthuysen, mas um maquiavelista desconhecido evocado um pouco antes nesta carta.

[20] Conta-se que quando foi anunciada a morte dos De Witt, Espinosa

redigiu um texto de protesto começando precisamente por essas palavras; seu hospedeiro o impediu de afixar o folheto no local do delito. Tem-se muitas vezes considerado o assassinato dos De Witt como um momento fundamental para a elaboração da teoria política de Espinosa. O que talvez seja verdade, veremos ao analisar o *Tratado político*. Parece todavia que não se deva superestimar, no conjunto, a influência dos De Witt e seu círculo sobre a metafísica de Espinosa. No livro de Mugnier-Pollet se encontrará uma tentativa de marcar a importância da crise de 1672.

[21] Sobre a viagem de Espinosa ao quartel-general do exército francês em Haarlem, ver as biografias, e particularmente os documentos produzidos por Van der Linde.

[22] *Correspondência* (G., IV, pp. 158; 164, 165, 166, 168 e 175; P., pp. 1168, 1173, 1174, 1175, 1177-1178 e 1182). Aí se encontra uma quantidade de informações e reflexões sobre o tema, em particular sobre a segunda guerra de navegação anglo-holandesa.

[23] Um único exemplo: a exaltação, pelo fim do TTP, da cidade de Amsterdã (G., III, pp. 245-246; P., p. 806), ao mesmo tempo que a polêmica, em nome da liberdade religiosa, contra as manifestações de fanatismo de então (pensar na polêmica levantada pelos gomaristas).

[24] *Carta* L (G., IV, pp. 238-239; P., p. 1239).

[25] *Carta* L (G., IV. pp. 239-240; P., p. 1230).

[26] *Carta* L (G., IV, p. 240; P., p. 1230; 1231).

[27] Cf. *supra*, cap. V, nota 66.

[28] Tal é, com perdão da palavra, o *slogan* da interpretação de G. Deleuze sobre esse ponto, inteiramente retomada e confirmada por P. Macherey.

[29] *Carta* III (G., IV, p. 244; P., p. 1233). Ela faz parte do grupo de cartas trocadas em 1674 por Espinosa e H. Boxel. *Cartas* LI-LVI, em torno da questão do animismo natural, por iniciativa de Boxel. Espinosa está extremamente polêmico, e essa correspondência tem um fim abrupto.

[30] *Carta* LVI (G., VI, p. 261; 212; P., p. 1247; 1248). Theun de Vries, *Baruch Spinoza*, Hamburgo, 1970, lembra que desde a escola de Van der Enden o pensamento de Lucrécio e de Gassendi, e o epicurismo de um modo geral, eram familiares a Espinosa. Cf. também M. Rubel, *Marx à la rencontre de Spinoza*, cit.

[31] Já me debrucei sobre essa tese de P. Macherey, para aprová-la; mas voltarei a este ponto mais longamente depois.

[32] Segundo Deleuze, o caráter materialista da fundação do mundo em Espinosa apareceria sobretudo nos Escólios da *Ética*. Posição correta, mas redutora. Deleuze expõe sua tese principalmente no Apêndice de seu livro.

[33] Tal é a contribuição fundamental de Martial Gueroult aos estudos espinosistas, principalmente no segundo tomo de seu livro tão abundantemente utilizado aqui.

[34] Remeto, para essas definições, ao último livro de Feyerabend.

[35] Para uma bibliografia sobre a difusão do estoicismo no século XVI, e sua continuação e fortuna no século XVII, e para uma discussão sobre o sentido de toda essa tradição cultural, permito-me remeter a meu *Descartes politico*, cit.

[36] Tal é, como vimos, a conclusão geral da análise espinosista da relação vontade-inteligência no livro II da *Ética*.

[37] Sobre essa questão, cf. principalmente S. Zac, *L'idée de vie...*, cit., p. 104 sq.

[38] *Ética* III, Prefácio (G., II, pp. 137-138; P., p. 412).

[39] Tal é a tese longamente exposta por Macpherson, que liga a temática das paixões e da apropriação, e a forma única que ela toma em Hobbes, aos novos desenvolvimentos dessa mesma categoria produzidos pela luta de classes na Inglaterra no século XVII. (Na Introdução à tradução italiana de seu livro, retomada no Apêndice da edição italiana da presente obra, faço algumas observações a esse respeito, que julgo pertinentes: permito-me remeter a elas.) Ao contrário, para uma apologia do capitalismo, cf. A. Hirschman, *The Passions and the Interests*, Princeton (NJ), 1977.

[40] *Ética* III, Prefácio (G., II, p. 137; P., pp. 412-412).

[41] Sobre a temática do mercado, existe então acordo entre praticamente todos os comentadores, da esquerda como da direita. As coisas se complicam um pouco quando se passa da temática do mercado à da organização capitalista como tal, introduzindo assim categorias mais determinadas. Aqui também não falta matéria. O livro de Borkenau é particularmente exemplar da crítica histórica dos anos 1920-1930 e das concepções materialistas que abundavam na época; sobre essa obra, e sobre as polêmicas levantadas, por outro lado, por tal abordagem metodológica, ver meu artigo em Borkenau, Grossmann, Negri, *Una polemica degli anni Trenta*, Roma, 1979, retomado no Apêndice da edição italiana da presente obra.

[42] Reportar-se a Malebranche e a Geulinox, assim como à literatura sobre a razão de Estado. Isto para as referências diretas. Mas seria necessário examinar também, paralelamente, o desenvolvimento das escolas de mediação dentro da teoria do jusnaturalismo do século XVII, ampliando assim para a metafísica a documentação fornecida sobre esse ponto por O. Von Gierke em seu *Johannes Althusius*, cit. (de ordem exclusivamente filosófico--jurídica, relativa somente ao direito público), cobrindo os séculos XVII e XVIII. Evidente que leio nessas teorias uma atitude anti-humanista e às ve-

A anomalia selvagem

zes francamente reacionária; a abordagem de Gierke é muito comedida. E no entanto...

[43] Reportar-se essencialmente a Kolakowski, *op. cit.*, e em particular às pp. 227-236, nas quais ele coloca o problema fundamental da experiência religiosa do século. Cf. também a Introdução desse livro, onde o caráter fenomenológico e estrutural da abordagem do problema é particularmente nítido. S. Zac, *L'idée de vie...*, cit., mas mais particularmente no capítulo VII, além do fato de que amplia o discurso à experiência religiosa judaica, insiste longamente no caráter vivo da filosofia espinosista da religião.

[44] *Ética* III, Prefácio (G., II, p. 138; P., p. 412).

[45] *Ética* IV, Definição VIII (G., II, p. 210; P., p. 491).

[46] Cf. em particular S. Zac, *op. cit.*, pp. 130-133, nas quais insiste — como aliás fará mais adiante — na extinção do paralelismo, no realismo da imaginação, e sobretudo na não-ambiguidade da concepção espinosista da consciência. Este último ponto é dirigido principalmente contra F. Alquié, contra as teses sustentadas em seu *Servitude et liberté chez Spinoza*, Paris, Cours de Sorbonne, 1958. Mas foi principalmente A. Matheron, em seu volume sobre *Le Christ et el salut des ignorants chez Spinoza*, Paris, 1971, que apontou essa materialidade das posições metafísicas de Espinosa; ele a apontou sobretudo no TTP, a propósito do desenvolvimento da religião popular programada pelo TTP. O discurso de Matheron incontestavelmente é cheio de falhas; veremos algumas delas. Mas por enquanto estamos nos preocupando essencialmente em percorrer essa capacidade constitutiva da imaginação, que é criação de história sob a forma específica assumida pela história no século XVII: sob a forma da afirmação histórica da verdade e da salvação. Num comentário conduzido com muito cuidado e inteligência, A. Igoin, "De l'ellipse de la théorie politique de Spinoza chez le jeune Marx", in *Cahiers Spinoza*, I, pp. 213-228, retomando algumas das teses de Matheron, se pergunta se a constituição de uma via de salvação eterna percorrida pela imaginação da coletividade — da *multidão* (desde o mundo dos pobres e dos ignorantes) — não é o verdadeiro fim da teoria política de Espinosa. Voltarei a esses problemas (já percebidos por L. Strauss, ao menos em parte); o importante não é tanto exibir a finalidade da imaginação quanto seu processo, quanto sua potência. Por fecundas que sejam, teses como as de Zac também caem dentro da objeção seguinte: o resultado da unificação do modo finito no decorrer do processo da *multidão*, no decorrer do processo da imaginação, não é dado no terreno da consciência abstrata e espiritual, mas no da consciência material e histórica. Esta função materialista da imaginação espinosista constitui o centro em torno do qual se resolve a crise da metafísica que havia tomado forma no fim do livro II da *Ética*. Donde a enorme importância do

TTP. Foi mais uma vez Matheron que apontou essa dimensão do momento metafísico; cf., em particular, p. 252 sq.

[47] *Ética* III, Proposição IX, Escólio (G., II, pp. 147-148; P., pp. 422-423).

[48] *Ética* III, Definição dos afetos, I (G., II, p. 190; P., p. 469).

[49] *Ibid. Explicatio.*

[50] Tanto G. Deleuze quanto S. Zac empregam essa expressão, se bem que interpretando-a de maneira muito diferente.

[51] Para uma interpretação oposta, cf. M. Gueroult, *op. cit.*, t. II, pp. 547-551; ele sustenta em primeiro lugar que a definição da essência do homem em Espinosa, longe de poder ser reduzida somente ao desejo, deve ser referida à ordem dos atributos dos quais, numa ordem decrescente, deriva a definição concreta. É evidente que, na ordem perfeita do panteísmo, a *"cupiditas"* só pode ser um fenômeno subalterno e marginal. Prevenindo as objeções, Gueroult sustenta, em segundo lugar, que qualquer outra concepção da *"cupiditas"*, e em particular a identificação de sua capacidade constitutiva, pode achatar Espinosa sobre Schopenhauer.

[52] *Ética* II, Definição VII (G., II, p. 85; P., p. 355).

[53] Para uma documentação sobre o individualismo do pensamento político no século XVII, reportar-se mais uma vez ao livro de Macpherson. Do ponto de vista do espinosismo, devo lembrar aqui que emprego o termo "coletivo" para evidenciar a especificidade da superação espinosista do pensamento individualista do século XVII — reservando-me para chamar essa superação pelo seu próprio nome, o de multidão, assim que o conceito de multidão tiver sido plenamente elaborado por Espinosa. Como notamos com frequência, é próprio das obras de A. Matheron (de *Individu et communauté* como do *Christ...*) insistir sobre a especificidade do coletivo e sobre a formação do conceito de multidão. Quando se fala do coletivo em Espinosa, não se pode esquecer, naturalmente, que ele se conjuga de um lado a uma atitude possessiva, de outro à imaginação: a reunião desses três elementos: coletivo, apropriação e imaginação, constitui a figura da reversão espinosista do individualismo possessivo. É na dimensão possessiva e passional que há identidade entre individualismo e coletivismo no século XVII; mas eles se opõem justamente por sua perspectiva de síntese, individual ou coletiva, e a oposição é absolutamente radical. Desse ponto de vista, Espinosa representa a reversão de Hobbes, a ruptura (no âmago da gênese do Estado moderno e da ideologia burguesa) com toda a tradição encarnada por ele. Isto posto, não se deve deixar de insistir, mesmo assim, de um ponto de vista genético, no enraizamento da sua filosofia na dimensão da imaginação (da ordem passional) e da apropriação, característica do pensamento do século XVII em seu conjunto.

A anomalia selvagem

[54] *Ética* II, Proposição III, Escólio (G., II, p. 88; P., p. 358).

[55] Em meu *Descartes politico*, assinalei várias vezes o recurso de Descartes à metáfora da realeza, sempre positivamente conotado.

[56] *Ética* III, Proposição II, Escólio (G., II, p. 144; P., p. 418).

[57] Encontra-se essa fundação essencialmente em *Ética* II, Proposição XLIX, Escólio (G., II, pp. 131-136; P., pp. 405-411).

[58] *Ética* I, Apêndice (G., II, pp. 77-83; P., pp. 346-354).

[59] *Ética* I, Apêndice (G., II, p. 83; P., pp. 353-354).

[60] Será suficiente referir aqui a bibliografia estabelecida por Albert O. Hirschman, *op. cit.* Que me seja permitido remeter também à excelente obra de C. Benetti, *Smith. La teoria economica della società mercantile*, Milão, 1979.

[61] A força desse gênero de interpretações, de origem marxista e de reelaboração (a ser entendida no sentido de heresia) weberiana, torna-se hegemônica sobretudo com a escola de Frankfurt: cf. os estudos de Horkheimer sobre a filosofia moderna.

[62] Ver as considerações sobre a história da filosofia contidas na coletânea dirigida por Châtelet.

[63] Cf. a bibliografia comentada contida em minha apresentação da história da gênese do Estado moderno, in *Rivista critica di storia della filosofia*, 12-1967, pp. 182-220.

[64] Johannes Agnoli lembrou recentemente, com razão, que a tradução de "bürgerliche Gesellschaft" não é "sociedade civil", mas "sociedade burguesa".

[65] Cf. *supra*, cap. IV, primeira parte.

[66] Para um quadro geral das ocorrências dessa polêmica e das relações Hobbes-Espinosa, para indicações sobre as leituras de Espinosa de inspiração hobbesiana, enfim, para uma documentação completa sobre a questão, cf. E. Giancotti Boscherini, Introdução à edição citada do TTP, pp. XXVII--XXXIII.

[67] Potência contra poder: Espinosa contra Hobbes. L. Strauss, *op. cit.*, pp. 229-241, e M. Corsi mostram bem as diferenças consideráveis entre os pensamentos políticos de Hobbes e de Espinosa: mas o fazem em termos excessivamente abstratos, que não convêm à vitalidade da definição espinosista da política. Boa análise, sobre este ponto, de S. Zac, *L'idée de vie*, cit., pp. 236-240, mas ver também aquela, mais antiga, de M. Francès. "La liberté politique selon Spinoza", *Revue philosophique*, 1958, 148, pp. 317-337.

260   A anomalia selvagem

[68] G. W. F. Hegel, *Leçons sur l'histoire de la philosophie*, Frankfurt, 1971, p. 163.

[69] *Ibid.*, p. 160. Sobre o conjunto da questão, cf. a minuciosa análise filológica de P. Macherey, *op. cit.*

[70] Sobre as relações Espinosa-Leibniz, reportar-se, naturalmente, ao livro de G. Friedmann, *Leibniz et Spinoza*, Paris, nova edição, 1962. Ver também as múltiplas alusões disseminadas nos diversos estudos leibnizianos de Y. Belaval. Para uma análise um pouco à margem, mas referindo-se a alguns dos temas que nos interessam aqui (se bem que excluindo misteriosamente Espinosa de sua reflexão), cf. a obra já citada de J. Elster, *Leibniz et la formation de l'esprit capitaliste.*

[71] Depois de ter insistido talvez demais sobre as analogias entre Espinosa e Leibniz, G. Deleuze, *op. cit.*, p. 310, exclama — com razão, em minha opinião (mas à custa de uma grave contradição): "Esta é a verdadeira oposição entre Espinosa e Leibniz: a teoria das expressões unívocas de um se opõe à teoria das expressões equívocas do outro".

[72] Reportar-se à extraordinária documentação apresentada na obra já citada de O. von Gierke.

[73] *Carta* XLV (G., IV, p. 231).

[74] Para uma documentação sobre este aspecto da cultura do Renascimento, reportar-se aos livros de Paolo Rossi e de F. Yates.

Capítulo VII
SEGUNDA FUNDAÇÃO

1. A espontaneidade e o sujeito

"Considerarei as ações e os apetites humanos como se fosse questão de linhas, planos ou corpos."[1] A intenção declarada é redutora: o universo espinosista é bem mais físico que geométrico, galileano que mecanicista.[2] Implica uma presença tão corpórea dos elementos do quadro, um conjunto tão complexo de ações-reações, que torna esse horizonte um horizonte de guerra. Tudo isso implantado numa estrutura de conjunto do ser que não tem mais nada a ver com algum projeto que extrapole, por um mínimo que seja, o nível da modalidade, o terreno do mundo. "Os modos são expressivos em sua essência: eles exprimem a essência de Deus, cada um segundo o grau de potência que constitui sua própria essência. A individualização do finito em Espinosa não vai do gênero ou da espécie ao indivíduo, do geral para o particular; vai da qualidade infinita à quantidade correspondente, que se divide em partes irredutíveis, intrínsecas ou intensivas."[3] A existência em Espinosa é extensão, pluralidade de partes e sobretudo mecanismo causal. A existência do modo é pluralidade, é conjunto de partes, definida por uma certa relação de movimento e repouso. Do *Breve tratado* ao livro III da *Ética*, passando pela Proposição XIII do livro II, a doutrina da existência do modo é contínua e coerente. "A teoria da existência comporta em Espinosa três elementos: a *essência singular*, que é um grau de potência e de intensidade; a *existência particular*, sempre composta por uma infinidade de partes extensivas; a *forma individual*, ou seja, a relação característica ou expressiva, que corresponde eternamente à essência do modo, mas também sob a qual uma infinidade de partes se reportam temporariamente àquela essência."[4] Mas tudo isto deve ser visto por dentro: nem mesmo a filosofia pode transcender a modalidade. O escopo do livro III da *Ética* é o de chegar, justamente, à síntese dinâmica, constitutiva da espontaneidade do mundo da modalidade, vista no indefinido movimento de sua causalidade, ou da Mente, como imputação interna, simultânea, da potência infinita. "Digo, primeiramente, que o Afeto ou paixão do ânimo é uma ideia confusa. Pois mostramos [...] que a Mente padece apenas enquanto tem ideias inadequadas, ou seja, confusas. Digo, em seguida, pela qual a Mente afirma de seu Copro ou de uma de suas partes uma força de existir maior ou menor do que antes":[5] assim termina o livro III, pondo a atividade subjetiva como elemento constitutivo do ser, resolvendo — através de reversão e de redução axiomática — o paradoxo do mundo no qual a física ficara bloqueada.[6]

Como se determina esta total aderência da espontaneidade e da mente, da modalidade e da subjetividade? As premissas gerais metafísicas que conduzem, com aceleração cada vez maior, a filosofia a imergir no ser, já as estudamos longamente. O livro III, *De affectibus*, apresenta-nos agora uma proposta sistemática. Os ingredientes são conhecidos, a dimensão é a da física, o corte é de superfície: qual a dinâmica? Trata-se, nem mais nem menos, de percorrer a genealogia da consciência, como peça ativa da constituição do mundo e como base da liberação. Agora o mecanismo causal deve se tornar tendência e a tendência se tornar projeto constitutivo — a física passar para a fisiologia e esta para a psicologia (o livro IV integra e completa o processo). O procedimento demonstrativo é axiomático: ou seja, para este como para a dialética, é só a totalidade que explica — mas, diferentemente da dialética, aqui o ser não é idealmente determinável nem manipulável pelo método: o ser está lá, potente, indestrutível, versátil. A axiomática mostra o ser como princípio, a si mesma como abstração determinada.[7] Devemos então nos colocar em situação, voltar a descer até aquele grau do ser a partir do qual começamos a subir novamente.

Esse grau do ser é desde o início definido como aquele que, ao mesmo tempo, detém a qualidade formal da indefinida mobilidade[8] e a direção paradoxal desta — no sentido de que o movimento é dirigido pelo grau de sua maior ou menor adequação ao ser: "I. Denomino causa adequada aquela cujo efeito pode ser percebido clara e distintamente por ela mesma. E inadequada ou parcial chamo aquela cujo efeito não pode só por ela ser entendido. II. Digo que somos ativos quando acontece em nós ou fora de nós alguma coisa da qual somos a causa adequada, isto é (pela definição anterior), quando de nossa natureza segue-se em nós ou fora de nós alguma coisa que só pode ser entendida clara e distintamente por meio dela. Digo, ao contrário, que somos passivos quando em nós acontece alguma coisa, ou quando de nossa natureza segue-se alguma coisa, da qual somos apenas uma causa parcial".[9] Mas, dito isto, devo integrá-lo problemática e realmente: "III. Entendo por Afeto, as afecções do Corpo, pelas quais a potência de agir do próprio Corpo fica acrescida ou diminuída, favorecida ou impedida, e ao mesmo tempo as ideias dessas afecções".[10] Estamos novamente num ponto que conhecemos: é o paradoxo do mundo, elevado ao nível da consciência, é de novo o horizonte da guerra. E o paradoxo volta a ser insistido aqui: "Certas coisas são de natureza contrária, isto é, não podem estar no mesmo sujeito, enquanto uma pode destruir a outra".[11] Mas, então, o que pode significar adequação? O que são graus de adequação? Como se pode romper, dando direção ao movimento, a indefinida mobilidade e a possibilidade de contraste do ser modal? A tensão é extrema, mas ainda formal, excessivamente formal, colocada à margem de um nível absoluto de contraste que corre o risco de se tornar destrutivo.

De novo, não é uma *Aufhebung* dialética, mas um aprofundamento axiomático dos termos do discurso que nos permite reajustar — iniciar — a análise constitutiva. "Cada coisa, tanto quanto está em si, se esforça para perseverar em seu ser."[12] "O esforço (*conatus*) com o qual cada coisa se esforça para perseverar em seu ser, não é outro senão a essência atual da própria coisa."[13] "O esforço com o qual cada coisa se esforça para perseverar em seu ser, não implica nenhum tempo finito, mas indefinido."[14] "A mente, seja enquanto tem ideias claras e distintas, seja enquanto tem ideias confusas, esforça-se para perseverar em seu ser por uma duração indefinida, e tem consciência desse esforço."[15] Estas quatro Proposições são fundamentais. O *conatus* é força do ser, essência atual

Segunda fundação   265

da coisa, duração indefinida e consciência de tudo isso. O *conatus* é vontade, quando se refere à mente, é apetite quando se refere à mente e ao corpo. O desejo é o apetite com a consciência de si mesmo. O *conatus* tende a se realizar na adequação.[16] A modalidade se articula, através da teoria do *conatus*, propondo-se como potência que é capaz de ser tocada pela passividade na medida em que é ativa, e nisto se apresenta como conjunto de afecções inscritas na potência. O mundo do modo finito se torna subsumível na teoria das paixões. E se apresenta como um horizonte de oscilações, de variações existenciais, como contínua relação e proporção entre afecções ativas e passivas, como elasticidade. Tudo isto é regido pelo *conatus*, elemento essencial, motor permanentemente ativo, causalidade puramente imanente que transcorre para além do existente. Não essência finalista, em todo caso: mas ele próprio é ato, dado, emergência consciente do existente não finalizado.[17]

Estamos finalmente dentro da dinâmica constitutiva do ser. Do ser em seu conjunto revelado pela consciência e o mundo humanos. A simultaneidade não é só dada, mas mostrada. "A ideia de tudo o que aumenta ou diminui favorece ou reduz a potência de agir de nosso Corpo, aumenta ou diminui, favorece ou reduz a potência de pensar de nossa Mente."[18] O paradoxo do mundo, que as primeiras Proposições do livro III haviam tornado a propor no nível da consciência, está definitivamente superado. Ou antes, revertido: porque, anteriormente, o paradoxo conduzia a uma oposição estática de elementos residuais, potenciais, e agora o paradoxo tensiona o contraste até colocar am ato a "via ascendente", põe em movimento a tensão construtiva. O tema da perfeição não é um atributo do ser senão na medida em que é o trajeto do corpo e da mente. Através das paixões singulares a mente passa a graus maiores de perfeição.[19] "A Mente, o quanto pode, se esforça para imaginar aquilo que aumenta ou favorece a potência de agir do Corpo."[20] Mas é preciso dizê-lo em latim: *Mens, quantum potest, ea imaginari conatur, quae Corporis agendi potentiam augent, vel juvant*. O latim na verdade mostra melhor a conexão que se determinou aqui: "*potentia-conatus-mens*". É um todo do qual a imaginação e a paixão são a passagem perfectível. Uma progressão da "*potentia*", impelida pelo *conatus*, apreciada e fixada pela "*mens*", se põe então em movimento.[21] E é dentro dessas relações, sempre oscilantes, mas enraizadas no real, móveis, mas de cada vez constitutivamente dirigidas, que a perfeição vem se constituindo como tensão interna à superação que o *conatus* opera sobre o existente. Os grandes pares "alegria-tristeza", "amor-ódio" fazem aqui sua aparição como sinais, chaves de leitura do processo constitutivo do mundo dos afetos: por ora são tais, ou seja, elementos construtivos, formais, de um esquema de projeção ontológica. "Por *Alegria*, então, entenderei *a paixão pela qual a Mente passa a uma perfeição maior. Por Tristeza*, ao contrário, *a paixão pela qual ela passa a uma perfeição menor.*"[22] "O *Amor* não é outra coisa senão *Alegria acompanhada pela ideia de causa externa*, e o *Ódio* não é outra coisa senão *Tristeza acompanhada pela ideia de causa externa.*"[23]

A relação entre espontaneidade e subjetividade se fecha assim numa síntese real, pela primeira vez no desenvolvimento do pensamento espinosista — verdadeiro momento central da *Ética*, ponto fundamental da segunda fundação. E naturalmente o processo tem a dimensão ontológica fixada no desenvolvimento anterior: uma dimensão, portanto, coletiva, geral, exuberante — mas isto veremos mais tarde.[24] Destaque-se, ao contrário, outra importante consequência: a imediatez ontológica — que ficou tão complexa neste grau de constituição — torna-se capaz de normatividade.[25] Porque, com efeito, o *conatus*, — isto é, a imediatez existencial — exprime a tensão da essência, em termos tendenciais. Essa superação é normativamente qualificada, a norma se dá como efeito de uma ação tendencial que retoma em si sistematicamente a generalidade dos impulsos materiais que a movem. A complexidade de composição, de potência do *conatus* torna possível a produção da norma. Assistimos a dois processos: um que acumula os elementos de perfectibilidade do *conatus*, outro que os exprime como perfeição. A existência coloca a essência, dinâmica, constitutivamente, portanto a presença coloca a tendência: a filosofia, desequilibrada, lança-se para o porvir. Aquilo que a física hobbesiana e de modo geral o pensamento mecanicista haviam proposto em parte, e aquela tendência que a política hobbesiana e de mo-

Segunda fundação 267

do geral o pensamento do absolutismo haviam certamente negado no momento da refundação transcendente da norma — e isto constituía o maior problema do século: bem, este problema é desmistificado e eliminado pela reivindicação espinosista do fato e do valor, simultaneamente colocados de frente na complexidade da composição. A passagem da física do modo à física das paixões modela o mecanicismo dentro da continuidade vital do projeto revolucionário. Mecanicismo-crise-absolutismo: a sequência é revertida por Espinosa — a crise está compreendida no projeto da liberdade. O horizonte da guerra se reverte e se constitui em horizonte de liberação.

Assim colocado o esquema geral do projeto, Espinosa passa a tratar especificamente da genealogia da consciência, da passagem do *conatus* ao sujeito, em termos analíticos. Todas as aproximações que vimos aos poucos virem se formando no desenvolvimento do pensamento espinosista, aqui estão explicitadas e sinteticamente ordenadas. O livro III da *Ética*, daqui para a frente, pode ser subdividido do seguinte modo: a) Proposições XVI-XXVIII, analítica dos afetos na perspectiva do imaginário: b) Proposições XXIX-XLII, analítica dos afetos na perspectiva da socialidade — e da socialização: c) Proposições XLIII-LIII, constituição dos afetos na perspectiva da negação (do enfrentamento e da destruição): d) Proposições LIII-LIX: constituição dos afetos na perspectiva da liberação. O livro III se conclui pela lista de 48 definições dos afetos que servem para recapitular, exteriormente, a complexidade da figura constitutiva exposta.

Entretanto, antes de entrar no mérito da analítica constitutiva e das Definições, vale a pena acrescentar uma observação sobre o procedimento espinosista. Isto é, quero observar que a classificação que acaba de ser definida não pode em caso algum ser lida deixando-se sugestionar pelo curso posterior da história da filosofia. Em Kant, com efeito, o esquema espinosista é retomado, ao organizar a analítica e a dialética da função transcendental, e a relativa falência da proposta kantiana é revisitada e o projeto ontologicamente refundado pelo idealismo clássico, através mesmo do apelo a Espinosa.[26] Mas este procedimento é indevido: Espinosa na verdade assume o projeto constitutivo como projeto estru-

268   A anomalia selvagem

tural, ontologicamente eficaz: em nenhum caso a dialética para ele funciona qual (kantiana) ciência das aparências ou (hegeliana) ciência da oposição; em Espinosa a relação entre continuidade e descontinuidade fenomenológicas do ser se atém à efetividade axiomática dos princípios e em nenhuma caso acede ao terreno da manipulação transcendental dos momentos dialéticos. Isto deve ser preliminarmente declarado e observado com atenção, porque o remoinho feito pelo "espinosismo" nos confrontos do pensamento de Espinosa foi tão forte e eficaz que impediu, até agora, uma correta reapropriação — com o texto — do procedimento constitutivo de sua filosofia. Assim prevenidos, voltemos ao processo de constituição, atentos então para não dissipar sua intensidade numa analítica ou dialética idealistas: é, ao contrário, uma fenomenologia da prática coletiva que está agindo aqui.

"Só pelo fato de imaginar que uma coisa tem alguma semelhança com um objeto que costume afetar a Mente com Alegria ou Tristeza, embora aquilo em que a coisa é semelhante ao objeto não seja a causa eficiente desses afetos, nós todavia a amaremos ou a odiaremos."[27] A imaginação, portanto, prolonga no tempo e no espaço (mas aqui sobretudo no tempo, pois só da Proposição XXIX em diante a dimensão espacial se torna fundamental no curso da análise da socialização) os afetos fundamentais, começa a concretizar o esquema constitutivo. O tecido do imaginário ressalta em sua imediatez constitutiva. A Proposição XV ("Qualquer coisa pode ser, acidentalmente, causa de Alegria, Tristeza ou Desejo")[28] nos havia deixado em uma definição sincrônica da estrutura: a Proposição XVI estira a estrutura diacrônica da imaginação e evidencia sua função constitutiva — metafísica, ou melhor, metaindividual, ontologicamente densa: "sem nenhuma causa conhecida por nós" o imaginário se estira, mostrando uma autonomia produtiva que, dinamizando tão forte e interiormente o ser, agora pede especificação. Não importa que, do ponto de vista do conhecimento individual, a imaginação chegue a resultados parciais e confusos: o que importa é essa sua tensão — coletiva — para além do existente, essa sua ontológica função constitutiva. Tanto que o elemento gnoseológico — a confusão, a parcialidade, a incerteza, a dúvida — é dobrado e transfigurado em função cons-

Segunda fundação 269

titutiva, ele também, e de maneira fundamental. Um "estado da Mente que nasce de dois afetos contrários se chama flutuação de ânimo, a qual por isso é, em relação ao afeto, aquilo que a dúvida é em relação à imaginação; e a flutuação de ânimo e a dúvida não diferem entre si se não entre o mais e o menos".[29] A flutuação do ânimo representa o primeiro elemento do ritmo constitutivo: é uma potência incerta, mas é potência real, uma ampliação significativa e eficaz do dinamismo previsto pela física espinosista (há aqui remissões constantes à Proposição XIII do livro II). A multiplicidade é dinamismo e a flutuação (mesmo na forma da dúvida) perde toda conotação residual exterior, gnoseológica, metódica, para se tornar elemento substancial, chave constitutiva do mundo. Se é método, é o método do ser. E eis em ação, de fato, apenas para dar alguns exemplos, a flutuação — desta vez na figura da inconstância: "Pelo que já dissemos, entendemos o que são Esperança, Medo, Segurança, Desespero, Gozo, Remorso. A Esperança, na verdade, não é outra coisa senão uma Alegria inconstante, nascida da imagem de uma coisa futura ou passada, de cuja ocorrência duvidamos. O Medo, ao contrário, é a Tristeza inconstante, também nascida da imagem de uma coisa dúbia. Agora, se destes afetos se retira a dúvida, a Esperança se torna Segurança e o Medo, Desespero, isto é, Alegria, ou Tristeza, nascida da imagem de uma coisa que anteriormente tememos ou esperamos. O Gozo, depois, é uma Alegria nascida da imagem de uma coisa passada de cujo êxito duvidáramos. O Remorso, enfim, é a tristeza oposta ao gozo".[30] Ou ainda a flutuação como relação entre medida e desmedida: "Por aí se vê facilmente acontecer que o homem estime além da medida a si e à coisa amada e, ao contrário, menos do que o justo a coisa que odeia; e essa imaginação, quando se refere ao próprio homem que faz de si mais caso do que é justo, se chama Soberba, e é uma espécie de Delírio, pois o homem sonha com os olhos abertos que pode todas as coisas que só realiza em imaginação, e que, portanto, considera como reais e com as quais exulta enquanto que não pode imaginar aquilo que exclui a existência delas e limita sua própria potência de agir".[31] Um plano do ser, em sua complexidade crítica, é identificado, posto em movimento, dirigido, no processo constitutivo. A extrema riqueza da análise fenomenológica produzida é efetivamente uma escavação construtiva do ser: a analítica revela aquilo que o ser constitui, participa do movimento da colocação de uma complexidade cada vez maior — articulação flutuante, mas cada vez mais complexa da composição dos indivíduos reais.[32]

E eis que se abre uma nova dimensão da pesquisa, o terreno da socialização dos afetos. "Esforçar-nos-emos então para fazer tudo aquilo que imaginamos que seja visto com Alegria pelos homens (N. B.: entenda-se aqui e em seguida aqueles homens em relação aos quais nunca experimentamos nenhuma espécie de afeto), e ao contrário, evitaremos fazer aquilo que imaginamos causar aversão aos homens."[33] O *conatus* se estende para a dinâmica interindividual, intra-humana.[34] A passagem, à primeira vista, parece bastante fraca: a exemplificação do processo de socialização é dada, no Escólio da Proposição referida, pela análise das afecções de Ambição e de Humanidade — afetos que se colocam em um âmbito ético fatigado e arcaicamente motivado, quaisquer que sejam as elegantes análises que a esse respeito possam ser feitas.[35] Entretanto, para além da fraqueza da exemplificação, a nós interessa destacar o fato de que é outro sucessivo plano do ser que é atingido aqui. Se a teoria da imaginação se moveu deslocando sobre o terreno da consciência a física dos corpos elementares, aqui o posterior deslocamento se move ao nível dos indivíduos formados. Começa então a se tornar realmente claro esse mecanismo de racionalização que é adequação da razão, ao percorrer de grau em grau, cada vez mais complexo, a composição ontológica. Mas, maior grau de composição/complexidade ontológica significa também maior dinamismo e maior conflitualidade: o vínculo composição-complexidade-conflitualidade-dinamismo é um vínculo contínuo de sucessivos deslocamentos (não dialéticos nem lineares no entanto) descontínuos. Vejamos com efeito amor e ódio mudarem de lugar dinamicamente neste primeiro nível de socialização: os afetos fundamentais quando se voltam para os outros constituem novos afetos, pelo simples fato de que aos outros se voltaram, que outrem os tenha posto em movimento; amor e ódio, acompanhados por uma causa externa, se modificam.[36] E ainda: podem, na relação com a causa externa, até se revirarem em sua tensão inicial

Segunda fundação   271

e se tornarem momentos contraditórios[37] — de qualquer modo, no entanto, expansivos. Então, na mesma medida em que se desenvolve o amor como instância de socialidade, desenvolvem-se a conflitualidade e a luta que nascem do próprio amor: mas é um novo terreno este no qual estamos agindo agora, um novo terreno, expansivo, dinâmico. A versatilidade do ser metafísico se fez exuberância do ser ético. De modo que não só do amor nasce conflitualidade, mas por isso ele desenvolve a constituição do ser, em quantidade e qualidade, e quanto mais forte é o afeto tanto mais compreende variedades diversas de sujeitos. "O Desejo, que nasce da Tristeza ou da Alegria, do Ódio ou do Amor, é tanto maior quanto maior é o afeto."[38] Estamos portanto diante não só de um mecanismo genético da conflitualidade, mas de um mecanismo expansivo dela. A dinâmica social do conflito de amor se expande em termos cada vez mais complexos e móveis. A natureza ética do processo é então assim definida: "Por bem entendo aqui todo gênero de Alegria, e, além disso, tudo aquilo que conduz a ela, e principalmente aquilo que satisfaz a carência, qualquer que seja. Por mal entendo todo gênero de Tristeza, e principalmente aquilo que frustra a carência. Acima, efetivamente, mostramos que desejamos uma coisa não porque a julgamos boa, mas, ao contrário, chamamos boa à coisa que desejamos; e, consequentemente, chamamos má à coisa pela qual temos aversão; assim cada um julga ou estima, segundo seu afeto, que coisa é boa e que coisa é má, que coisa é melhor e qual é pior, e enfim que coisa é ótima e qual é péssima".[39] Confundir esta determinação ontológica com a moral do utilitarismo é, no mínimo, míope: aqui, com efeito, o dinamismo e a articulação da individualidade estabeleceram um mecanismo constitutivo irreversível. É um horizonte coletivo e materialista, este: não se volta à individualidade nem como a um princípio nem como a um valor, volta-se a ela simplesmente como a um elemento da estrutura do ser que se desenrola continuamente em direção e através da socialidade.

Deslocamento não significa continuidade, senão justamente como continuidade descontínua, série de descontinuidades. Uma vez que a descontinuidade se comprovou na constituição do indivíduo e na primeira seção da comunidade interindividual, a análise volta a levar em consideração o processo inteiro. O vínculo das condições de síntese de necessidade e de liberdade, até aqui constatado, vai mais além, procura uma chave expansiva mais adiante. "O Ódio é aumentado por um Ódio recíproco, e pode, em compensação, ser destruído pelo Amor."[40] As bases conflituais da dinâmica até aqui analisada são sobredeterminadas por um grau quantitativo ulterior. Isto significa que a complexa dinâmica dos afetos não desconhece, à medida que vai atingindo graus superiores do ser, a força do antagonismo e da destruição recíproca, ao contrário, assume-a como central e a exalta. Expansividade também é destruição: mas isto num crescimento e numa superabundância do processo vital, numa contínua recolocação em graus mais elevados do ser. O dinamismo é deslocamento — e, por isso, reversão repentina, recolocação sistemática dos afetos, e de sua determinidade ontológica, atingindo níveis de complexidade ontológica cada vez mais altos. Essas páginas são shakespearianas! A tragédia do ético é triunfo do ético! Mais um lampejo daquele caráter selvagem da anomalia espinosista! Mas o deslocamento contínuo do descontínuo é de todo modo tendencial: e o é tanto quanto deve sê-lo um processo constitutivo, marcado pela força do *conatus*, pela vivacidade da acumulação dos estímulos e da mecânica resolutiva das flutuações. Nem isso configura — sobretudo neste momento, em que a emergência dos momentos antagonistas está evidenciada desse modo — nenhuma tensão teleológica: a tendência é ato do *conatus*, desenvolvido em série, construído quantitativamente — resolução positiva de conflitualidade. Em nenhum caso, entretanto, essa tendencialidade (que se determina por sobre sucessivos graus do ser, atravessando o antagonismo) se achata. Cada construção de um grau do ser é uma constituição e quanto mais o ser se articula e se afina, tanto mais carrega a responsabilidade inteira do processo constitutivo, dos antagonismos resolvidos, da liberdade conquistada. Por isso "a Alegria que nasce de imaginarmos a coisa que odiamos destruída ou afetada por outro mal não se origina sem uma certa Tristeza do ânimo".[41] Por isso "o Amor e o Ódio a uma coisa que imaginamos livre devem ser ambos, por uma causa igual, maiores que em relação a uma coisa necessária".[42] Consideremos estas duas Proposições: elas mostram

Segunda fundação 273

justamente o sinal pesadamente humano que o processo constitutivo impõe ao ser constituído. A fase antagônica do processo constitutivo mergulha cada vez mais profundamente no ser o indeterminado da vida, vai transformando a flutuação em dúvida e oposição ética, e sente estas como sofrimento e *pietas*: a prática constitutiva do ser é arriscada, porque é livre, ou melhor, porque só através do antagonismo atinge níveis cada vez mais altos de liberdade. "Os homens se alegram todas as vezes que se recordam de um mal já passado, e têm prazer em narrar os perigos de que foram liberados. Pois mal imaginam algum perigo, consideram-no como ainda futuro e são determinados a temê-lo; mas essa determinação é de novo reduzida pela ideia da liberdade que eles uniram com a ideia desse perigo, quando foram liberados dele, o que os torna novamente seguros, e por isso se alegram novamente."[43] E o processo continua: dilatando-se e encolhendo, percorrendo o plano do antagonismo enquanto se esforça em direção ao plano da socialidade. Novamente — a coisa é sublinhada com clareza — a dimensão espacial, social no sentido próprio, volta a emergir: "Se alguém foi afetado por outro, de uma classe ou nação diversa da sua, por uma Alegria ou uma Tristeza acompanhada, como causa, pela ideia daquele outro sob o nome geral da classe ou da nação, ele amará ou odiará não só àquele, mas também a todos aqueles da mesma classe ou da mesma nação".[44] E isto significa justamente que o antagonismo multiplica, em todas as dimensões devidas, a exuberante expansividade do ser constituinte. O ser que se constrói é, em Espinosa, uma realidade explosiva. Estamos agora longe das primeiras abordagens à temática da imaginação, quando a incerteza do projeto se movia como entre sombras da realidade! Aqui o ser crítico, o ser conflitual, o ser antagônico se torna chave, ao mesmo tempo, de maior perfeição ontológica e de maior liberdade ética. Sem que nunca essas potências se achatem, ao contrário, impondo um crescimento seu, uma difusão sua que é medida da potência do próprio antagonismo, da vida.

A última direção da argumentação do livro III é representada pelo grupo de Proposições que colocam diretamente a temática da liberação. Não se disse que a este nível do processo constitutivo do ser tenha sido atingido o objeto da busca! No entanto a busca é livre, livre no sentido de que tira aqui as últimas consequências da potência do processo sobre o qual se constituiu — constituindo graus cada vez mais plenamente adequados de conexão ontológica. "Quando a Mente considera a si mesma e à sua potência de agir, se alegra; e tanto mais quanto mais distintamente imagina a si mesma e à sua potência de agir."[45] "A Mente se esforça para imaginar apenas o que põe sua potência de agir."[46] O esclarecimento ontológico não podia ser mais explícito, e na demonstração, com efeito, soa assim: "O esforço da Mente, ou sua potência, é a própria essência da Mente. Mas a essência da Mente (como é conhecido por si) só afirma aquilo que a Mente é e pode, mas não aquilo que ela não é e não pode; e então ela se esforça em imaginar só aquilo que afirma, ou seja, coloca sua potência de agir".[47] A sequência *conatus, potentia, potentia mentis, essentia mentis, conatus sive essentia* é uma cadeia constitutiva que estende um fio contínuo através do ser. A reversão de qualquer hipótese emanativa é total. É potentíssimo o ritmo constitutivo. É certo que estamos ainda na física dos afetos e da multiplicidade, portanto no reino da flutuação: "Existem tantas espécies de Alegria, de Tristeza, e de Desejo, e portanto de cada um dos afetos deles compostos, como a flutuação de ânimo, ou deles derivados, como o Amor, o Ódio, a Esperança, o Medo etc., quantas são as espécies de objetos pelos quais somos afetados".[48] E na realidade o livro III nunca supera o horizonte da flutuação e da multiplicidade. É uma passagem. Mas, uma vez recordado isto, aprecia-se do mesmo modo esse incrível dinamismo do ser. Um dinamismo que se articula com a versatilidade ontológica e a liberdade ética, de modo que nessa perspectiva constitui o caráter singular e único do processo: "Qualquer afeto de cada indivíduo difere tanto do afeto de outro quanto a essência de um difere da essência do outro".[49] De maneira que no fim o processo transborda. Essa soma de condições — que pretendiam ser afetos passivos, fruto de reações mecânicas — transborda em direção ao horizonte da liberdade total, da atividade pura. "Além de Alegria e do Desejo, que são paixões, há outros afetos de Alegria e de Desejo que se referem a nós enquanto agimos."[50] O *conatus* físico se transfigurou definitivamente na *cupiditas*, como apetite dotado de consciência: "Q. E. D.".

Segunda fundação

Vale a pena agora pararmos um momento nesta primeira conclusão. A *cupiditas* se apresenta como paixão parcialmente, mas radicalmente, racional. Talvez que essa sua condição de "parcialmente" racional represente um elemento de negatividade, de insuficiência ontológica e ética? A este ponto da busca está excluída uma resposta positiva à interrogação. A *cupiditas* é a própria essência do homem.[51] O desenvolvimento analítico e constitutivo da passionalidade identificou, na base da espontaneidade do ser, o ponto de consolidação subjetiva. É um relevo descontínuo, um ser que se impõe como singularidade, acima do fluxo das condições e dos movimentos constitutivos. Sua materialidade determinada está absolutamente fixada. A racionalidade dessa emergência também está absolutamente fixada em sua relação com a materialidade dos componentes e do movimento constitutivo. A simultaneidade é identidade. Não se dá, portanto, definição da racionalidade que possa ser destacada da síntese orgânica e material que ela determina com a corporeidade. Os mesmos termos, corporeidade e racionalidade, se tornariam vagos se apenas uma relação os definisse. De modo que a tradicional temática dualista perde força, e quase se extingue, neste ponto da pesquisa, não só — como é evidente — do ponto de vista da análise ontológica, mas também do ponto de vista terminológico. Manter Espinosa dentro dessa tradição e de maneira geral, como faz a história da filosofia moderna, manter fixos os parâmetros do racionalismo e do dualismo cartesiano como fundamentais para a leitura do século filosófico, são agora rabiscos sem valor e uma mistificação patente.[52] As "Definições dos afetos" que encerram o livro III da *Ética*,[53] levam essa identificação materialista de corporeidade e racionalidade às últimas consequências. O método da escavação da realidade é central e exclusivo. A correspondência é tão estreita que qualifica como abstração toda distinção. Um horizonte materialista. Um horizonte "pleno".

E isto, o "pleno", é certamente um tema de grande importância para a qualificação desta camada do pensamento espinosista. A polêmica espinosista contra o vazio efetivamente tem imediato relevo metafísico: cabe dizer que não é simplesmente uma polêmica física, mas que se refere à definição do próprio tecido materialista da análise. O pleno espinosista é uma qualificação metafísica de materialismo. E se vimos o pleno definir o campo das forças que constituíam a física, se o tomamos como o tecido sobre o qual se estendia a imaginação, agora ele se mostra a nós como característica do ser: o processo constitutivo é um processo de enchimento do pleno, de construção de uma plena gradualidade — não de emanação, mas singular em cada uma das suas emergências — do ser. O horizonte da totalidade é pleno. Um horizonte que também é um limite. Não porque o horizonte seja uma borda para além da qual, misticamente, se abre o abismo, mas porque o horizonte é o limite pleno sobre o qual a *cupiditas* — como síntese humana do *conatus* físico e da *"potentia"* da mente — prova sua transgressão do existente — construindo novo pleno, expondo metafisicamente a potência do ser e fixando-a sobre a atualidade da tensão construtiva da *cupiditas*. Não há alternativa entre o pleno e o vazio, como não há em Espinosa alternância entre ser e não ser: não há nem mesmo — por fim, e isto é determinante — uma simples concepção do possível, como mediação do positivo e do negativo. Há somente a plenitude construtiva do ser diante da inconceptibilidade metafísica e ética do vazio, do não ser e do próprio possível. A perturbação e o espanto filosófico que o pensamento humano sofre no limite do ser se revertem em Espinosa no ser construtivo, em sua infinita potência: não têm necessidade dos afagos da ignorância, ao contrário, vivem do saber e da força construtiva da essência humana. Estamos agora então em condições de entender o conceito de *cupiditas* e de excluir em qualquer caso uma definição negativa dele. Em que sentido se poderia dar, a este respeito, negatividade? Não se dá possibilidade alguma: com efeito, diante da potência constitutiva, só existe a tensão da essência dinâmica, não a vertigem de uma exterioridade, qualquer que seja. A *cupiditas* não é uma relação, não é uma possibilidade, não é um implícito: é uma potência, sua tensão é explícita, seu ser pleno, real, dado. O crescimento, em ato, da essência humana é então colocado como lei de contração e expansão do ser na tensão da espontaneidade a se definir como sujeito.

Segunda fundação

2. O infinito como organização

Com a conclusão do livro III a ética espinosista aparece completamente à luz do dia. Em outros termos: os pressupostos metafísicos agora estão dados — consequentemente o caminho ético, em sentido próprio, pode começar a ser percorrido. O horizonte da potência é o único horizonte metafísico possível. Mas se isto é verdade, só a ética — como ciência da liberação, da constituição prática do mundo — é adequada para explorá-lo. O infinito ativo se nos apresentou até agora como potência, agora o infinito ativo deve ser organizado pela ação ética. Mas já que a ação ética é constituída pela mesma potência que define o infinito, não será simplesmente "organizado" pela ação ética, como um objeto por um sujeito: porém se apresentará como organização estrutural do ético, do sujeito e do objeto em sua adequação — infinito, expressão da potência infinita, organização da potência: são elementos intercambiáveis na grande perspectiva do agir humano. Na realidade, até o início do livro IV, já estivemos no terreno da organização do infinito, da análise que articulava a infinita potência, fazendo, de seus elementos componentes, momentos de clarificação da estrutura do ser. Os componentes agora estão inseridos na perspectiva da reconstrução ontológica, tendo a ação do homem, em sua complexidade de mente e corpo, atingido plena eficácia constitutiva e centralidade ontológica. O infinito é, a partir de agora, organização da liberação humana: ele se enuncia como potência na perspectiva da liberação do homem, na determinação da possibilidade de o homem agir eticamente.

Liberação, então, não liberdade — só mais tarde conseguiremos voltar a levar em consideração o conceito de liberdade, se ele ainda tiver sentido. Liberação, porque o mundo se nos apresenta como horizonte construído pelo homem, mas é um mundo de escravidão e imperfeição. Em Espinosa o termo liberação, aqui, é substituível e intercambiável com o termo perfeição. Na verdade, o que é a perfeição? Numa primeira instância definitória, por perfeição e imperfeição só podemos entender aqueles "modos de pensar, ou seja, aquelas noções que costumamos forjar quando comparamos entre si indivíduos da mesma espécie ou gênero".[54] É uma estipulação, convencional e relativa, do conteúdo destas categorias. Mas, numa segunda instância definitória, isto é, quando engajamos a ação na verificação da noção comum, sabendo bem que esta é uma verificação de adequação, portanto de realidade — assim, então, entenderemos como "bem" aquilo que sabemos com certeza ser um meio de se aproximar cada vez mais do modelo que nos propomos da natureza humana, e como "mal" entenderemos o contrário.[55] Enfim, por perfeição, no terreno da adequação real, entenderemos "a essência de qualquer coisa enquanto existe e opera de uma certa maneira",[56] portanto entenderemos perfeição como liberação da essência.

É importante, aqui, destacar a forma da argumentação que vê a passagem de uma definição convencional para uma definição real. Isso acontece porque, através do convencionalismo, reformula-se a crítica de toda concepção, mesmo que finalista, do mundo ético: toda ideia de causa final deve ser desfeita. A remissão ao Apêndice do livro I, feita aqui, relaciona a necessidade de agir com a necessidade de ser. Não a causa final, mas a causa eficiente constitui então o ser ético: o *"conatus-appetitus-cupiditas"* forma o trâmite através do qual se irradia a tensão da essência para a existência. A *cupiditas* é mecanismo de liberação. Se o horizonte metafísico construído no livro I, e de qualquer maneira determinante da primeira fundação do sistema espinosista, é novamente contatado aqui, certamente não é para tirar a poeira da específica articulação categorial (os atributos) da organização do infinito:[57] pelo contrário, aquela colocação categorial aqui é posta de lado e o método só configura uma tensão de escavação fenomenológica e constitutiva, no absoluto da relação entre substância e modalidade. A perfeição se instaura como percurso no território da prática humana — prática constitutiva, prática de liberação.

Com isto está definido o projeto do livro IV. A análise espinosista abre o sistema no mundo da contingência, do possível, da prática enquanto ciência da contingência e do possível. É verdade que as Definições do contingente e do possível sofreram uma metamorfose essencial, em relação à tradição filosófica. "III. Chamo contingentes as coisas singulares, enquanto, considerando só sua

Segunda fundação

essência, não encontramos nelas nada que coloque necessariamente sua existência, ou a exclua necessariamente."[58] "IV. Chamo possível as mesmas coisas singulares enquanto, considerando as causas pelas quais devem ser produzidas, não sabemos se estas estão determinadas a produzi-las."[59] É que a revolucionária concepção espinosista do ser chegou a englobar o negativo que constitui contingência e possibilidade: engloba-o como elemento da organização do ser existente e sua borda, como grau subordinado do ser expansivo, portanto como espaço a ser ocupado a partir da positividade, como alguma coisa a ser construída para integrar o infinito. A contingência é o porvir, é o indefinido que a prática humana, como *"potentia"*, integra ao infinito positivo. "VIII. Por virtude e potência entendo a mesma coisa: isto é, a virtude, enquanto se refere ao homem, é a própria essência ou a natureza do homem, enquanto este tem o poder de fazer certas coisas que só se podem entender através das leis da sua natureza."[60] A escravidão é o mal que a potência humana reduz à contingência, deslocando o ser sobre aquela determinidade da ordem do mundo que nos torna escravos — com isto a potência do homem anula, com uma operação ontológica, a escravidão e põe em ato o processo real da liberação.

É importante destacar o fato de que o radicalismo ontológico do ponto de vista constitutivo, tal como aparece nestas páginas de Espinosa, tendo atingido a maturidade de uma solução consolidada, representa na história do pensamento ocidental uma ruptura, uma mudança no desenvolvimento. Na história da filosofia moderna, a afirmação de um ponto de vista ontológico e materialista constitui uma alternativa não subestimável. Ela escapa à ordem do desenvolvimento da ideologia burguesa e ao jogo das diversas possibilidades do desenvolvimento capitalista. Não representa uma diversidade ideológica no âmbito da perspectiva da revolução capitalista, já que esta, pelo menos a partir da crise dos anos 30 do século XVII, colocou definitivamente a mediação no centro da definição de categoria "burguesia": as alternativas para ela então só são possíveis dentro da constituição da mediação. Espinosa nega a relação constituição-mediação e com isso a própria base do conceito de burguesia. A alternativa espinosista não se refere à definição de burguesia, mas à essência da revolução — o caráter radical da liberação do mundo.

Esta (que vimos até agora) é, por assim dizer, a introdução do livro IV. Mas antes de entrar no mérito do projeto constitutivo e de seus desenvolvimentos temos ainda que considerar alguns elementos. Com efeito, no início de cada parte da *Ética*, Espinosa passa um certo tempo reorganizando os instrumentos de análise. Se fosse uma simples reorganização poderíamos deixar de lado a passagem. O fato é que, ao contrário, por trás dessa "prolixidade metódica", operam-se modificações não desprezíveis. Aqui, por exemplo, entre o Axioma do livro IV e a Proposição XVIII, é inteiramente retomado o processo sistemático que havia conduzido do *conatus* ao sujeito no livro III. A modificação que intervém, porém, é importante — é um verdadeiro deslocamento de análise. Efetivamente, pelo fato de que a passagem do *conatus* ao sujeito não seja descrita como processo, mas seja dada como resultado, o potencial global da análise fica extremamente enriquecido. O que significa que a potência constitutiva não é simplesmente reconstruída, mas exposta no terreno amplo e riquíssimo que deve ocupar. O indefinido é subsumido sob a potência positiva do infinito. "Nenhuma coisa singular é dada na Natureza, sem que seja dada outra mais potente e mais forte. Mas, se é dada uma coisa qualquer, é dada outra mais potente que pode destruí-la."[61] Juntamente com a Proposição XIII do livro II e a Proposição XLIII do livro III, este Axioma constitui o centro dinâmico da filosofia espinosista. Nestes pontos a guerra está submetida à prática humana. A hipótese mecanicista e hobbesiana que, exatamente a este propósito, exatamente numa passagem análoga, impõe uma solução transcendente, nestes trechos está completamente descartada. Mas que riqueza oferece essa ligação à análise da vida! Que profundíssima recusa da ideologia é colocada com isso! O Axioma em questão é um poderoso salto para a frente, que repropõe o projeto constitutivo num altíssimo nível de potência: aquele proposto por uma permanente reabertura do ser. Verdade que de um deslocamento tão forte da análise derivam também efeitos negativos, sobretudo no plano expositivo. Ao começar o Apêndice do livro IV Espinosa confessa, com efeito: "As coisas que expus nesta parte

Segunda fundação

sobre a reta maneira de viver não foram dispostas de modo a poderem ser vistas em conjunto, mas foram sendo demonstradas por mim na ordem dispersa, pela qual fui podendo deduzir mais facilmente uma coisa da outra".[62] E é bem verdade que o livro IV pode facilmente se prestar à ironia, não só pela pretensa "geometria" do método que o regeria, mas também — e nisto está a sensível diferença em relação aos outros livros — pela "ordem" (*sic*! isto é, pela efetiva dissimetria, como veremos) das deduções. Entretanto a crítica é irrisória quando confrontada à força com a qual explode a projetualidade no novo terreno da liberação.[63] Projetualidade que o primeiro grupo de Proposições do livro IV acentua mais adiante, sempre dentro do mesmo jogo argumentativo da mudança, do aprofundamento de signo na recapitulação e na reexposição do processo constitutivo tal como se desenrolou anteriormente. Quase que se poderia dizer que a síntese de uma tríade dialética é reproposta agora como primeira posição afirmativa de uma tríade sucessiva: a primeira é uma conclusão, a segunda é um novo projeto. Mas esta aproximação tem apenas um fim exemplificativo: na verdade a dinâmica da passagem para um sucessivo, mais alto grau do ser, em Espinosa, não prevê a negação, e nem a rígida continuidade formal do processo dialético.

Em que sentido são então manobradas as primeiras Proposições do livro IV? Movem-se com a finalidade de acentuar a potencialidade do ser. Não se trata de definir um estado, porém uma dinâmica, não um resultado, mas uma premissa. A. Proposições III-VIII: o homem na vida ética, definição adequada do campo de força dentro do qual se constitui a vida ética. B. Proposições IX-XIII: a contingência na vida ética, ou seja, a imaginação e o possível como qualificação alternativa e tendencial da constituição humana do mundo. C. Proposições XIV-XVIII: a "*cupiditas*" como motor, como dinâmica da tendência, como diluir-se da constituição em transição. Em cada uma dessas passagens é a tensão que é posta em primeiro plano, é a relação constitutiva que é mostrada como fundamental. Mas vejamos essas etapas uma por uma.

A primeira recapitulação abre a potência humana para a dimensão da natureza e da vida em sua integridade. O campo de força que até aqui havia constituído o microcosmo é virado às avessas na tensão em direção ao macrocosmo. "É impossível que o homem não seja uma parte da Natureza e não possa sofrer outras mudanças senão as que podem ser entendidas por sua só natureza e das quais ele é causa adequada."[64] "A força e o crescimento de uma paixão qualquer e sua perseverança em existir não são definidos pela potência pela qual nos esforçamos para perseverar na existência, mas pela potência da causa externa comparada à nossa."[65] O antagonismo do mundo propõe a extensão em direção ao mundo do potencial recolhido na individualidade humana e nela determinado como limite interno do processo. A segunda recapitulação insiste nessa potência e a requalifica como superação da determinidade do existente, no terreno do possível. É a essência ultrapassando a existência, é a realidade do inexistente colocada como esquema do desenvolvimento da individualidade ética para com o mundo ético. "O afeto em relação a uma coisa que imaginamos como necessária é mais intenso (sendo iguais as outras condições) do que o afeto em relação a uma coisa possível ou contingente, isto é, não necessária."[66] Não basta portanto que o homem seja um campo de forças, fundamental é encarnar este campo de forças na extensão das tensões que formam o tecido geral do humano. A imaginação estende a tensão da essência para a existência sobre um terreno, como nunca, amplo e decididamente corpóreo — material, possível. O nada que — atualmente — constitui o vínculo entre essência e existência torna-se fluido, fantasmático. É a urgência real do inexistente, colocada como esquema expansivo da eticidade. Finalmente — terceira recapitulação — a "*cupiditas*" intervém mostrando as condições formais da realidade da superação da mera tensão. É assim que, se o "Desejo que se origina do conhecimento verdadeiro do bem e do mal pode ser extinto ou reduzido por muitos outros Desejos que nascem dos afetos com que nos defrontamos",[67] no entanto "o Desejo que se origina da Alegria é mais forte, em igualdade de condições, que o Desejo que se origina da Tristeza".[68] Com isso a recomposição do dinamismo da realidade humana, o potencial organizativo que o infinito exprime por si mesmo e para si mesmo é reproposto em um alto nível de potencialidade constitutiva. É a Alegria que assinala positivamente o processo constitutivo. E quando se diz "po-

Segunda fundação

sitivamente" se diz "ser", isto é, construção do ser, eliminação do inexistente.

Com isso se abre o processo de liberação. Este é colocado antes de mais nada como projeto de conjunto (Proposições XIX--XXVIII). Estende-se depois pela sociedade (Proposições XXIX--XXXVII), e finalmente (Proposições XXXVIII-LXXIII) alcança a concretude da determinação corpórea, mostra a realização da "*cupiditas*" como sua transição do reino da escravidão para o da potência aberta, como sua liberação. Vamos percorrer essas etapas.

"Quanto mais alguém se esforça e quanto mais é capaz de procurar o próprio útil, isto é, de conservar o próprio ser, tanto mais é dotado de virtude, e, ao contrário, quanto mais se negligencia a conservação do próprio útil, isto é, do próprio ser, tanto mais é impotente."[69] "Nenhuma virtude se pode conceber anterior a esta (isto é, ao esforço de se conservar a si mesmo)."[70] É então a escavação da realidade que põe em movimento as forças da liberação. Estas estão implicadas à realidade, e sem contradição, liberam a positividade do real, sua gradualidade constituída em níveis sucessivos de perfeição. Aquilo que aparece como confuso ou falso só é definível dentro do movimento intelectual do verdadeiro — isto é, da maior intensidade do ser — que destrói a falsidade. As duas realidades da relação de liberação, o termo *a quo* e o termo *ad quem*, constituem problema apenas na medida em que dessa problematicidade é constituído o real. O homem se desembaraça dessa problematicidade desenvolvendo a força do intelecto como guia para a construção de níveis cada vez mais avançados e cheios de ser. "Agir absolutamente por virtude não é outra coisa em nós senão agir, viver, conservar o próprio ser (estas três coisas significam o mesmo) sob a direção da razão, isto baseando-se na busca do útil próprio."[71] "Qualquer esforço nosso que procede da razão não é outra coisa senão conhecer, e a Mente, enquanto usa a razão, não julga que lhe seja útil outra senão aquilo que conduz ao conhecimento."[72] "O bem supremo da Mente é o conhecimento de Deus, e a suprema virtude da Mente é conhecer Deus."[73] A partir da discriminação que o ser individual opera no existente, até à virtude absoluta da Mente que se adequa o objeto supremo que é Deus, desenrola-se então o processo da liberação, como é formalmente proposto pelo projeto. Evidentemente é possível que esse projeto seja colocado, neste ponto: de fato, o esquema formal foi recomposto e relançado a partir do altíssimo potencial da razão que a ciência das paixões havia produzido. Mas o fato de que seja possível não significa que seja real. Essa imediatez da tensão do concreto para o absoluto não mostra, com igual imediatez, a necessidade concreta, imediata do processo. Modo individual e absoluto divino constituem um paradoxo que retém a síntese, a homologia deles, no plano de uma abstração que agora, se for para ter valor, deve ser determinada. O processo da determinação é o próprio processo constitutivo. Vimos como o ritmo da emanação foi expulso da teoria do conhecimento e como só a determinidade das noções comuns, essas obras da Mente, pode determinar etapas de conhecimento. Ou seja, vimos como o conhecimento procura a intensidade do concreto. É preciso então passar do esquema abstrato da liberação para aquele, concreto, da constituição.[74] Nem, em caso algum, pode esse processo de pensamento ser dissociado da continuidade material da acumulação do conhecer. O acúmulo do conhecimento, como ato adequado do ser, constitui o concreto. Neste caso como em nenhum outro o assim chamado misticismo espinosista se mostra a nós em toda a sua potência — e nisso é bem mais ascese do que atitude propriamente mística: como incansável caminho para o concreto e tentativa de abraçá-lo, de cingi-lo, de identificá-lo de maneira cada vez mais nítida. A instrumentalidade da mente em direção a essa "finalidade" é total. A abstração se dirige para o concreto para lhe ceder, uma vez alcançado este, a dignidade do conhecer. Deus é a coisa.

Do abstrato para sua determinação, portanto: esta é a etapa seguinte da construção. Inicialmente, a ordem gnoseológica (do abstrato ao concreto) corresponde à ordem ontológica de constituição apenas em termos funcionais, não se dá homologia — só na ordem constitutiva, em seu processo, o conhecimento se torna, ao contrário, instrumento orgânico do acúmulo do ser. Mas então deve ser confirmada essa passagem. Como se determina a passagem da noção comum à apreensão do verdadeiro como constituição-modificação-integração do ser? As noções comuns são formas sociais do conhecimento que são afinadas e conduzidas em direção

Segunda fundação 285

ao concreto à medida que a sociedade vai se formando.[75] Voltamos a acentuar que esta genealogia das formas sociais em correspondência com o afirmar-se das formas de conhecimento, do abstrato para o concreto, não é um processo dialético, não implica negatividade senão no sentido em que esta é colocada como inimigo, como objeto a ser destruído, como espaço a ser ocupado e não como motor do processo; que, ao contrário, o motor do processo está na instância contínua do ser em direção à liberação.[76] Nem esta continuidade anula o contraste, mas o coloca justamente como antagonismo e não como banal e cínica justificação da imperfeição. Conhecer e mover-se em direção à perfeição, em direção à liberação, é pura e simplesmente uma operação de anexação de ser. "Qualquer coisa singular, cuja natureza seja inteiramente diversa da nossa, não pode favorecer nem reduzir nossa potência de agir, e, em termos absolutos, nenhuma coisa pode ser para nós boa ou má, se não tiver algo em comum conosco."[77] Mas a anexação do ser é uma discriminação do ser — uma discriminação dominada pelo sentido da positividade do ser individual e da necessidade e urgência de sua valorização. "Na medida em que uma coisa está de acordo com nossa natureza, é necessariamente boa."[78] Mas também vice-versa: "quanto mais uma coisa nos é útil, tanto mais ela está de acordo com nossa natureza".[79] De modo que a anexação e a discriminação do ser se dão agora num terreno decididamente conflituoso — como são conflituosos o abstrato e o concreto, a imaginação e a realidade, a instância constitutiva e o fato de que o mundo é dado existencialmente. Conduzir o caminho de liberação até a solução desse contraste é a tarefa da filosofia, e a dimensão social é o primeiro terreno no qual a operação deve ser realizada.

Retomemos o discurso, acentuando o contraste. "Na medida em que os homens estão sujeitos às paixões, não se pode dizer que concordem por natureza."[80] A partir da definição utilitarista se deduz então a íntima contradição da comunidade humana. Essa contrariedade entre os móveis de associação é aumentada pela diversidade, a inconstância, a mutabilidade, a versatilidade das emergências individuais[81] e pela passionalidade que sobredetermina a heterogeneidade das singularidades individuais.[82] "Só enquanto os homens vivem sob a direção da razão concordam sempre por natureza";[83] assim intervém Espinosa na primeira percepção do contraste. Mas trata-se de tautologia: "é utilíssimo ao homem aquilo que concorda ao máximo com sua natureza, ou seja, o próprio homem".[84] E a tautologia não resolve o contraste. Ela determina uma solução puramente formal. O homem, colocado como conceito, neste trecho não é um concreto, mas uma simples noção comum. Esta primeira passagem através da socialidade, então, funda a noção comum bem mais do que funda a socialidade como terreno e âmbito onde desenvolver o processo de liberação. À tautologia corresponde uma definição real da sociedade e do Estado em termos convencionais e positivistas. Os Escólios I e II da Proposição XXXVII cortam curto a instância ontológica que, no entanto, é expressa pela Proposição a que se referem ("O bem que cada um que segue a virtude apetece para si, ele o desejará também para os outros homens, e tanto mais quanto é maior o conhecimento de Deus que tiver"):[85] parece até que os Escólios ironizam propositalmente. O justo e o injusto só podem ser predicados "no estado civil, onde se decreta por consentimento comum o que é destes e o que é daqueles";[86] o consentimento comum é sobredeterminado pela obrigação de obedecer ao Estado e portanto pelo reforço da coação dos acordos.[87] Caiu também o pressuposto contratual. A solução formal do problema da superação dos contrastes é correspondente à existência das noções comuns. Nem a passagem nem esses termos da solução espinosista parecem incidentais: de modo que devemos nos perguntar qual é o lugar deles no sistema do desenvolvimento do processo constitutivo.

Se, então, a essência se faz existência — existência social e civil neste caso — aceitando por um lado as contrariedades dialéticas do utilitarismo e conseguindo mediá-las apenas formalmente através da razão, se os Escólios I e II da proposição XXXVII definem em seguida, na medida mais ampla, "os fundamentos do Estado" como "renúncia ao direito natural deles", compromisso de não se prejudicar reciprocamente, e terminam na reivindicação central e coletiva do direito positivo; finalmente, se tudo isso resulta numa clara fundação positivista do direito e do Estado — o problema não se atenua. Com efeito, Espinosa assim conclui a ar-

Segunda fundação

287

gumentação: "Do que resulta evidente que o justo e o injusto, a culpa e o mérito, são noções extrínsecas e não atributos que expliquem a natureza da mente".[88] Colocação extrínseca? Mas o que significa?

Em minha opinião — tenha-se em mente que exatamente a esse respeito devem-se destacar aquelas confusões e dissimetrias no desenrolar argumentativo do livro IV que havíamos assinalado —, em minha opinião, então, a situação que aqui se determina no sistema é situação de crise. Não é suficiente, na verdade, para resolver, nem mesmo para aprofundar a temática constitutiva, a reproposição da equivalência entre "noção comum" e "sociedade civil". O *Tratado teológico-político* já havia ido bem mais longe. E agora? Não há dúvida de que existe uma incerteza no sistema. Está fortemente indicada. Se por um lado, de fato, está estabilizada a alternativa anti-hobbesiana como definição de um terreno de pesquisa política onde a instância de apropriação se apresenta na forma da liberdade e prevalece em relação à exigência formal da segurança, é igualmente claro que essa exigência é desarticulada e inerente antes aos mecanismos lógicos (de aproximação com a verdadeira natureza do processo constitutivo) que à operatividade desse processo. E cabe acrescentar que, na *Ética*, não se supera esse nível. O problema político, como problema constitutivo, é remetido ao *Tratado político*.

No entanto, se percebe o vazio da exposição. Desordenada, mas eficazmente, Espinosa volta ao tema político nas páginas que se seguem, até a conclusão do livro IV. Volta a ele insistindo nos elementos constitutivos dessa área de pesquisa. No momento só podemos considerar essas abordagens a título indicativo, recordando a linha de argumentação que em geral aparece: reproposta da indicação formal ética da concórdia ("As coisas que conduzem à Sociedade comum dos homens, ou seja, que fazem com que os homens vivam na concórdia, são úteis; e más, ao contrário, as que introduzem discórdia na Cidade"),[89] reproposta do horizonte da guerra como terreno de onde surge a potência ética da recomposição social, e portanto funcionalização da oposição à liberação em relação ao medo e à ignorância.[90] Pode-se observar que o fim iluminista se sobrepõe ao constitutivo? Certamente. Mas há algo mais. Há o fato de que nessa dissimetria do processo constitutivo, nesse fechamento sobre um horizonte predominantemente gnoseológico, Espinosa está pagando sem avanço sobre o tempo histórico. A revolução e sua borda, ontem; a crise e sua borda, hoje: a concretude do lance revolucionário não é perceptível aos olhos da teoria. A sociedade que se apresenta a Espinosa não é dominada por uma constituição gobal da produção. Forçar a imagem da liberação sobre o pressuposto da produção corresponde então a um corte em relação ao real. E é este corte que, voltando-se sobre a forma argumentativa da *Ética*, nela determina este e outros vazios, esta e outras suspensões.

A sociedade é ainda uma perspectiva, um fim da busca e da transformação. Não consegue ser mais que isso. A determinidade das relações sociais bloqueia a perspectiva. Manter-se no horizonte do possível, e aí determinar o caminho do abstrato ao concreto, é então uma tarefa teórica que se coloca como alternativa. É uma alternativa específica — uma alternativa que não exclui, mas retém como implícita a dimensão não resolvida da socialidade. A ordem do sistema se dobra à ordem da pesquisa possível, sem no entanto desaparecer. No atual horizonte da possibilidade, são então o corpo e sua realidade determinada — histórica, ontológica, intelectualmente — que devem ser considerados. O corpo como organização da "*cupiditas*", portanto o corpo como pulsão material percorrida pela consciência. A articulação da consciência e do corpo é colocada como dinâmica. A possibilidade que, no terreno da hipótese da socialização, é limitada pela dificuldade histórica de determinar um desenvolvimento da ruptura e fica então fechada num projeto formal de constituição, já se torna — no terreno da corporeidade — real. "Aquilo que dispõe o Corpo humano de modo que este possa ser afetado de muitas maneiras, ou que o torna apto a afetar de muitas maneiras os corpos externos, é útil ao homem; e tanto mais útil quanto mais, assim, o Corpo se torna apto a ser afetado de muitas maneiras e a afetar os outros corpos; e, ao contrário, é nocivo aquilo que torna o Corpo menos apto a estas coisas."[91] Mas essa mobilidade do corpo, essa emergência de necessidades, é também o desdobramento da razão. "Pois o Corpo humano é composto de muitíssimas partes de natureza diversa, as

Segunda fundação

quais têm continuamente necessidade de um alimento novo e variado a fim de que todo o Corpo esteja igualmente apto a tudo o que pode seguir-se de sua natureza, e, consequentemente, a fim de que a Mente esteja igualmente apta a compreender mais coisas ao mesmo tempo. Este método de vida está em perfeito acordo, tanto com nossos princípios quanto com a prática comum; assim, esta maneira de viver, mais que qualquer outra, é a melhor de todas, e deve ser recomendada de todos os modos, e não há necessidade de tratar mais clara nem mais amplamente este assunto."[92] O desdobrar da razão na articulação e no equilíbrio com o corpo constitui a verdadeira passagem do *"appetitus"* à *"virtus"*. O conteúdo consciente da *"cupiditas"* dispara para a frente, implicando o corpo, constituindo a possibilidade da virtude através de uma tensão entre essência e existência que é também plenitude e unidade do corpo e da razão humana. Trata-se, finalmente, de um processo constitutivo completamente expresso. Extremamente laborioso — com recuos, e frequentemente, discutindo sobre banalidades! O peso das casuísticas morais do século XVII se faz sentir. E no entanto o processo constitutivo avança. É uma moral da generosidade a que surge, em primeira instância, dentre os pontos polêmicos — por adequados e inadequados que sejam: "quem vive sob a direção da razão se esforça, o quanto pode, para compensar o Ódio, a Ira, o Desprezo etc., de outro homem para com ele, com o Amor, ou seja, com a Generosidade".[93] Uma moral da generosidade, perfeitamente materialista, que é uma primeira constituição do corpo em pulsão virtuosa, dentro da determinação social. A busca visa à constituição, ao preenchimento do espaço da existência. É-me difícil encontrar as palavras para ampliar e rearticular o restritíssimo vocabulário espinosista: cheio de ser, expulsão do mal através da invasão do vazio de ser que este constituía. Talvez, nessas páginas, seja mais o desprezo polêmico contra as virtudes cristãs do negativo (a humildade, o arrependimento etc.),[94] seja mais a reivindicação de um socrático conhecimento de si, o que dá antes de mais nada o tom do avanço constitutivo. Sobre o terreno do materialismo, sobre o terreno da plenitude do ser. Até que na segunda instância, o discurso se concretiza com maior potência. A afirmação da *"cupiditas"* é aqui absoluta: ela se apresenta como exaltação de uma função racional completamente desfraldada: "A todas as ações a que somos determinados por um afeto que é uma paixão, podemos, sem ele, ser determinados pela razão".[95] A razão não transcende nem altera o corpo. Completa-o, desenvolve-o, preenche-o. A afirmação é total e absoluta quando soa assim: "o Desejo, que nasce da razão, não pode ter excesso".[96] A demonstração acentua a afirmação: "o Desejo [...], considerado de modo absoluto, é a própria essência do homem, enquanto é concebido como determinado de um modo qualquer a fazer alguma coisa; e por isso o Desejo que nasce da razão, isto é, que se gera em nós enquanto somos ativos, é a própria essência ou natureza do homem, enquanto ela é concebida como determinada a fazer aquelas coisas que só são concebidas adequadamente através da essência do homem. Se, portanto, esse Desejo pudesse ter um excesso, a natureza humana então, considerada por si só, poderia se exceder a si mesma, isto é, poderia mais do que aquilo que pode, o que é uma contradição manifesta; e então esse Desejo não pode ter excesso".[97] Os efeitos dessa totalidade e intensidade da ação do desejo, preenchido pela razão, são, eles mesmos, absolutos. As passagens constitutivas são agora revividas e reexpostas como atualidade. As funções da imaginação, e as figuras da temporalidade constituídas sobre ela, são levadas à presença, a duração é vivida na intensidade de seu presente constitutivo. Todas as passagens da constituição ética em sentido próprio são também reexpostas na potência do desejo realizado: "através do Desejo que nasce da razão, nós seguimos diretamente o bem, e indiretamente fugimos ao mal".[98] De modo que "o homem livre em nada pensa menos que na morte; e sua sabedoria não é uma meditação sobre a morte, mas sobre a vida".[99]

A liberação se fez liberdade. O processo atinge o resultado. O infinito não é organizado como objeto, mas como sujeito. A liberdade é o infinito. Qualquer intermediário metafísico no caminho para a liberdade se resolveu na decisão constitutiva da liberdade. A série inteira de condições sobre as quais o mundo se construiu é agora dada como presença. Presença refundadora da ação. Este é o tom mais alto que conclui a construção espinosista: esta não resolveu o mundo de maneira sistemática, mas na verdade o

Segunda fundação

291

dissolveu de maneira sistemática, para conduzi-lo para a verdade da ação ética, como afirmação da vida contra a morte, de amor contra o ódio, de felicidade contra tristeza, de socialidade contra embrutecimento e solidão. Aqui então começa a vida. Na liberdade reside a certeza do conhecer e do progredir. O tempo se dissolveu como dimensão que rouba a vida e a dissolve na ilusão. Aqui mais do que nunca o barroco ficou longe. O tempo se estende em esperança. A prisão do mundo se rompeu em suas grades e suas trancas. O mundo é um presente plano, predisposto e hábil para acolher a tensão futura e plena, projetual do ser ético. Não há concretude que não consista numa incidência pontual desse ser livre sobre si mesmo: tanto em termos gnoseológicos quanto em termos éticos. Todo o sistema espinosista tende para esse ponto, para essa exaltação da plenitude do existente, da doçura do projeto ético de felicidade. O absoluto materialismo da concepção é extraordinariamente cortês, e essencialmente transfigurado pelo subjetivismo do ponto de vista — não mais simplesmente metafísico, mas fenomenológico, constitutivo. Aquela espontaneidade do ser que se concluiu no sujeito é agora novamente percorrida pela ação ética do sujeito. No meio, a espessura do ser que foi devolvido a seus antagonismos essenciais, e a constituição do mundo: desse mundo que, através desses antagonismos, foi dissolvido e reconstruído. O projeto de constituição se tornou dessa maneira um verdadeiro projeto da transição. A liberação é essencial para a construção da liberdade e a liberdade se exprime como liberação. Não há relação dialética possível, nesse horizonte, não há implicação do preconstituído senão como barreira a ser atravessada e derrubada. O horizonte da liberdade é o da afirmação absoluta porque a liberdade passou através da negação absoluta. Extinguiu o vazio construindo o pleno do ser. Esse ser é a substancialidade de tudo aquilo que a subjetividade coloca, constrói, determina projetualmente. Uma subjetividade compacta e plena, como o é o ser substancial, resgatado e reconstruído dentro da projetualidade. Finalmente um mundo inteiro, num século em que o dualismo racionalista e idealista lacera a realidade!

3. Liberação e limite: a desutopia

O livro IV da *Ética* não assinala o triunfo do mundo senão no sentido de que forma e exalta a constituição materialista da possibilidade, o ser ético do mundo: portanto a determinidade e o limite da liberação. Uma verdadeira desutopia é proposta aqui. Com isto, nesse sentido realista do limite, a filosofia espinosista da liberação e a segunda fundação metafísica atingem seu ápice. A liberação é uma definição de possibilidades determinadas. O horizonte ontológico da superfície, reconstruído pela atividade humana constitutiva e sublimado na *"cupiditas"*, é determinado e limitado para todos os lados. Claro que a constituição do mundo em geral não está terminada, a mobilidade da *"cupiditas"* e da corporeidade humana constitutiva ainda tem de se desdobrar: mas dentro desse limite. "A potência do homem é bastante limitada, e é infinitamente superada pela potência das causas externas, e portanto não temos um poder absoluto de adaptar a nosso uso as coisas que estão fora de nós. Entretanto, suportaremos com ânimo igual os acontecimentos contrários ao que é pedido pela consideração de nossa utilidade, se tivermos consciência de termos cumprido nossa função, que nossa potência não podia se estender até o ponto de evitá-los, e que somos parte da natureza inteira, cuja ordem seguimos. Se compreendermos isto clara e distintamente, aquela parte de nós que é definida pela inteligência, isto é, nossa melhor parte, o aceitará com plena satisfação e se esforçará para perseverar nessa satisfação. Realmente, enquanto entendemos, não podemos ter apetite senão pelo que é necessário, nem em geral encontrar satisfação senão no verdadeiro; e por isso, na medida em que entendemos isto de maneira reta, o esforço da melhor parte de nós concorda com a ordem de toda a natureza."[100] E agora, então, para além desse limite. É preciso insistir no vínculo liberação-limite porque o limite, dentro da tensão liberatória do livro IV, fixa o horizonte e a dimensão da liberação. E configura o problema: se o processo de liberação, no livro IV, construiu o sentido do limite, é a partir dessa dimensão determinada do limite que devemos — no livro V — reconstruir o processo de liberação, tornar a verificar e eventualmente ultrapassar o limite, conhecendo-o, possuindo-o. O livro V da *Ética*, então. O processo de liberação é instaurado pelo livro V como um processo de transição. Como um deslocamento do ser. O panteísmo espinosista encontra inteiramente, e de modo penetrante, o sentido da contingência: sua definição ontológica, determinada. Aquilo que na primeira redação da *Ética* havia-se apresentado como paradoxo do mundo — de um lado o ser substancial, do outro, o modo — se apresenta agora como ética do modo: ética é absoluto, ética do modo é transformação liberatória do ser finito, transição de um grau a outro, mais alto, do ser, constituição dinâmica, coletiva e prática ontológica. No livro V, o limite funda o novo curso da liberação.

"Passo finalmente à outra parte da *Ética* que trata da maneira ou do caminho que leva à Liberdade. Nesta parte, então, tratarei da potência da razão, mostrando o poder que a própria razão tem sobre os afetos e o que é a Liberdade da Mente, ou seja, a beatitude; assim veremos o quanto o sábio supera em potência ao ignorante. De que modo e por que caminhos o entendimento deve ser levado à perfeição e também com que arte o Corpo deve ser cuidado para poder cumprir adequadamente seu ofício são questões que não cabem a esta obra: a segunda, com efeito, depende da Medicina e a primeira da Lógica. Aqui, então, como já disse, tratarei somente da potência da Mente, ou seja, da razão, e antes de tudo mostrarei qual e quanto domínio ela tem sobre os afetos para freá-los e moderá-los."[101] A tarefa está clara. As condições também. Aprofundemos. O pressuposto fundamental é que não temos domínio absoluto sobre nossos afetos: e por isso devemos recusar o absolutismo voluntarista dos estoicos — essa nostálgica, e agora retórica e maneirista, reproposta da instância revolucionária e renascentista. Mas, assim como a esse absolutismo, devemos também recusar toda mediação ética que, como a cartesiana, não tenha capacidade de pesquisar dentro do ser. O dualismo cartesiano é rígido e impotente, entrega-se — para a solução do problema ético — ou a um *escamotage* fisiológico (a glândula pineal: "hipótese mais oculta que toda qualidade oculta")[102] ou a uma transcendente mediação: um barroco *Deux ex machina* ideológico. Não, é necessário liberar-se dessas ilusões; pela experiência da Mente e pela inteligência temos a possibilidade de colocar o problema da liberação como projeto de deslocamento do ser humano. Não se trata de mediação de substâncias, mas do movimento da única substância, de sua potência.

Este é o eixo central, fundamental, do projeto. Mas é necessário, desde já, levar em conta um dado e algumas consequências que dele derivam. O dado é que o livro V da *Ética*, bem mais que os livros III e IV que o procedem, se liga ao tronco imaginário da pesquisa espinosista, ao terreno da primeira fundação. Tem-se a nítida sensação de que o trabalho de redação do livro V se distribuiu em vários períodos e fases. De que antecipou, em boa parte, a própria redação dos livros III e IV. Tudo isto é demonstrado pelo reaparecimento, é verdade que residual, mas não menos efetivo, de cenários metafísicos que pareciam completamente ultrapassados e expulsos do desenvolvimento do sistema.[103] Mas, sobretudo, é demonstrado por uma forte tensão ascética que volta a percorrer o texto. Quase como se o limite ontológico fosse apenas um horizonte metafísico e não uma qualidade do modo e da ação humana! A ascese quer forçar de modo cognoscitivo e moral aquilo que está ontologicamente fixado. Muita atenção aqui: essa tensão ascética está longe de ser exclusiva, ao contrário, é nitidamente subordinada à tensão constitutiva. Mas está presente e veremos que ela determina um desequilíbrio interno no livro V — desequilíbrio que é específico em seu desenrolar e sua tonalidade. Assim é que o livro V se apresenta como percorrido por duas tensões: uma ascética, a outra novamente constitutiva e materialisticamente determinada. As dissimetrias, as articulações, a aparição de contradições, a tentativa de síntese, as dissonâncias, e de novo as dissimetrias do livro V, fazem com que ele se apresente a nós como a adequada fase conclusiva — por um período — de um pensamento vivo.

O início do livro V representa, de todo modo, uma continuidade com o processo constitutivo analisado nas partes centrais (III e IV) da *Ética*. Começa, como se para dar o sentido dessa continuidade, com o deslocamento axiomático — neste novo nível da ética desdobrada — dos princípios da constituição ontológica. "I. Se no mesmo sujeito são excitadas duas ações contrárias, deverá ocorrer necessariamente uma mudança em ambas ou em uma só, até que deixem de ser contrárias. II. A potência de um efeito é de-

Segunda fundação 295

finida pela potência de sua causa na medida em que sua essência se explica ou se define mediante a essência de sua causa."[104] Como não insistir na excepcional importância desse corte axiomático que torna a propor a relação entre *potentiae* no centro do sistema? Parece, aqui, que a colocação metafísica típica do livro I, da utopia revolucionária e panteísta, está sendo novamente exposta tal e qual. Mas isso é pura aparência. Pois o *ens realissimum* e sua potência são retomados, na verdade, mas já considerados dentro da sublimação (negação) do atributo, e das outras categorias metafísicas da emanação, dentro do horizonte real, e absolutamente singular, do modo. A dinâmica plural do campo de forças se torna quadro metódico exclusivo e a tradição do racionalismo fica completamente aplainada — banido todo dualismo, mesmo sendo gnoseológico — sobre o horizonte da superfície, sobre a superfície do mundo. Donde a possibilidade para o processo constitutivo de prosseguir, desenrolando a potência, da *"cupiditas"* até a inteligência. O processo argumentativo é simples. Através da ideia clara e distinta toda afecção pode ser depurada e sublimada. Não existe nenhuma afecção do corpo sobre a qual não seja possível apor o sinal da clareza e da distinção. A mente destrói as causas externas, os excessos, regula os apetites e os desejos, ordena e concatena as afecções do corpo segundo a ordem exigida pelo intelecto. Neste quadro, alegria e amor pela liberdade podem se tornar, e se tornam, forças agentes, diretrizes das afecções do corpo. Que fique claro: a sublimação que se opera aqui é imanente, cumulativa, progressiva. "Quanto mais numerosas forem as causas simultaneamente concorrentes pelas quais um afeto é excitado, mais este é forte."[105] E o sentido do processo é dado pela intensidade da adequação da mente ao real: "O afeto em relação a uma coisa que imaginamos simplesmente, e não como necessária, nem como possível, nem como contingente, é, em circunstâncias iguais, o mais forte de todos".[106] "Na medida em que a Mente conhece todas as coisas como necessárias, ela tem sobre os afetos uma potência maior, ou seja, sofre menos com eles."[107] Adequação: ou seja, dinâmica unitária da mente e da realidade? Essa afirmação também é fundamentalmente incorreta, porque coloca a solução do problema do racionalismo e não, antes, a originalidade do problema espinosista: que é o da expressão da potência. O paralelismo espinosista é, neste ponto, a eliminação de qualquer concepção do ser que não seja absolutamente unívoca e progressiva. "Paralelismo" é apenas uma palavra marcada pela ideologia do século, um estereótipo cultural: o elemento substancial é a unidade do projeto constitutivo, da potência. O encadeamento, articulado à destruição, é um esforço do ser, um projeto, solução de um horizonte de guerra, construção do ser. Não ordem nova, mas ser novo. Inteiramente positivo. Portanto, aumento da liberdade. "Então, aquele que trabalha para governar seus afetos e apetites só por amor da Liberdade, se esforçará, o quanto possa, para conhecer as virtudes e suas causas e para encher sua alma com a alegria que nasce desse conhecimento verdadeiro, mas nem um pouco de considerar os vícios dos homens, rebaixar os homens e gozar de uma falsa aparência de liberdade. E quem observar com diligência essas regras (na verdade, não são difíceis) e se exercitar para segui-las, poderá certamente, num breve espaço de tempo, dirigir suas ações de modo geral segundo o comando da razão."[108] O próprio método se tornou construção de ser. A "geometria" do método — que é simples *fumus* — mostra na verdade sua substancialidade, sua inerência ao ser como método da liberdade. Como totalidade do positivo construída pela liberdade. A ética do modo é então uma operação sobre o ser, no ser, para o ser. A ética da liberação é uma ética constitutiva, ontologicamente constitutiva.

Neste ponto a intensidade do projeto constitutivo encontra as primeiras alternativas e dissimetrias. Depois que foi desenvolvida, nas treze primeiras Proposições do livro V, a instância constitutiva no sentido da continuidade do projeto, eis que explode a Proposição XIV: "A Mente pode fazer de modo a que todas as afecções do Corpo, ou seja, todas as imagens das coisas, se refiram à ideia de Deus".[109] Mas isto também pode significar: 1) A referência à ideia de Deus sublima a "*cupiditas*", fazendo-a saltar para um nível de compreensão superior do real. 2) A referência à ideia de Deus absolutiza ontologicamente o processo constitutivo. A alternativa de interpretação não se colocaria, ou se colocaria com menos força, se a continuação sistemática da análise não fosse dissimétrica. Duas séries de proposições se defrontam. "A coisa

Segunda fundação   297

é Deus" e "Deus é a coisa" assinalam dois horizontes: o primeiro é o despertar da utopia da primeira fundação, o segundo é a confirmação da positividade do projeto da segunda fundação. Vejamos como se abrem as duas trajetórias.

Em primeiro lugar, então: como o entendimento, que está no corpo, constrói sua relação com a ideia de Deus. Ou ainda, como se produz uma saída ascética do processo constitutivo. Agora, depois de determinada a possibilidade de se definir em termos claros e distintos qualquer afecção da alma e do corpo, assistimos a uma segunda passagem: a mente pode fazer de modo a que todas as afecções do corpo, ou seja, as imagens das coisas, se refiram à ideia de Deus. Segundo gênero do conhecimento? Sim, na base do esquema gradualista e, no conjunto, calcado sobre a temática da emanação da primeira fundação metafísica. A argumentação então insiste na passagem necessária da ideia clara e distinta à ideia de Deus: "Quem conhece a si e a seus afetos de modo claro e distinto, ama a Deus, e tanto mais quanto mais conhece a si e a seus afetos".[110] E aqui o caráter dianoético da argumentação de Espinosa (ou pelo menos desta argumentação) se torna ascético. Em outras palavras, tanto na definição da mente quanto na de Deus — elas se tornam cada vez mais homogêneas — triunfa um caráter intelectual peculiar que impõe a separação em relação a qualquer nível de afeto. "Este amor para com Deus deve ocupar a Mente acima de tudo. Deus não tem paixões e não experimenta nenhum afeto de Alegria ou de Tristeza. Ninguém pode odiar a Deus. Quem ama a Deus, não pode se esforçar para que Deus o ame por sua vez."[111] O processo da paixão é sublimado, a inteligência se dá como abstração das coisas e do tempo. A mente impõe remédios ao corpo e a sua vitalidade. Ascética, no sentido clássico. O Escólio da Proposição XX[112] arrola os remédios que, no processo de ascese, a mente impõe aos afetos. O conhecimento dos afetos, então, se deve articular com a capacidade de separar o pensamento deles de suas causas externas, com o controle do tempo durante o qual os afetos se desenrolam, com a compreensão da multiplicidade de causas dos afetos, com a discriminação destas e com a análise do dinamismo que elas impõem à ascese em direção à divindade — ascese que no entanto só ocorre completamente quando, aos afetos e a seus efeitos, tiverem sido impostos ordem e encadeamento.

Em segundo lugar, entretanto, a tensão ascética — paralelamente, simultaneamente, é aplacada, é trazida novamente para a relação intrínseca com a corporeidade. A mente é ligada ao corpo, está vinculada com sua duração. "A Mente não exprime a existência atual de seu Corpo e nem mesmo concebe como atuais as afecções do Corpo senão enquanto durar o Corpo [...]; e consequentemente [...] não concebe nenhum corpo como existente em ato, senão enquanto durar o seu Corpo; e portanto não pode imaginar nada [...], nem recordar-se das coisas passadas senão enquanto durar o Corpo."[113] Pode-se objetar: mas isto só pode ser resíduo de um caminho ascético, ou mesmo uma condição sua! Efetivamente, a colocação só se torna total e radicalmente antiascética, fora de qualquer dúvida, quando Espinosa retoma e conjuga as duas afirmações ontológicas fundamentais: a) "Quanto mais conhecemos as coisas singulares, mais conhecemos Deus";[114] b) "Em Deus, todavia, é necessariamente dada uma ideia que exprime a essência deste e daquele Corpo sob o ponto de vista da eternidade".[115] O mundo é restaurado como totalidade irredutível. Deus é a coisa. A teoria do mundo retoma inteiramente em si e sem resíduo algum a potência divina, a causalidade eficiente, dá radicalidade ontológica à existência. Deus vive inteiramente a vida da singularidade e sua potência, a versatilidade do ser: não é nada mais além disso. Implicitamente, a ética consiste em alcançar a eternidade do existente, do modo. Essa eternidade é construída em sua determinidade singular. Não é em relação ao problema da imortalidade da alma que Espinosa exclama: "A Mente humana não pode ser absolutamente destruída junto com o Corpo, mas dela permanece alguma coisa que é eterna".[116] Quando o exclama, é para sobredeterminar de maneira absoluta o existente, seu ser dado e sua singularidade divina.

As duas trajetórias são imediatamente contraditórias. Mas qual dos dois termos prevalece? Parece-me que a polaridade, residual e explicável pela descontinuidade das redações, é, no fim das contas, útil para esclarecer o sentido fundamental do pensamento espinosista. Ou seja, só ao se encontrar diretamente com a utopia

Segunda fundação

é que a desutopia espinosista tem força para se autodefinir plenamente. É só criticando, explicitamente e como totalidade, a primeira fundação que a segunda fundação atinge o cume de sua expressão. É então a instância constitutiva que tem uma nítida prevalência no desenvolvimento do livro V e a contradição, que vive ao longo do livro todo, serve para fazê-la ressaltar. Com efeito, quando volta para o âmbito do sistema, neste livro V, aquela distinção progressiva entre diversos graus de conhecimento (que era predominante na tradição do racionalismo), isto já não significa mais — como acontecia no início do pensamento de Espinosa — que a problematicidade do mundo e seu paradoxo possam encontrar solução apenas no plano gnoseológico. Essa influência e esse resíduo do pensamento do século XVII, do dualismo em sua forma mecanicista, de seu exasperado gnoseologismo, estão agora ultrapassados pela colocação e pela dimensão ontológicas da *Ética*: radicalmente superados. Isto é tão verdade que a instância constitutiva penetra até nos pontos mais altos da instância ascética, de sua reformulação madura. "Este Amor em relação a Deus não pode ser contaminado nem por um afeto de Inveja nem por um afeto de Ciúme; mas é tanto mais alimentado quanto mais numerosos são os homens que imaginamos unidos a Deus pelo mesmo vínculo de Amor."[117] Esta proposição, que surge no centro da construção ascética do processo cognoscitivo, inverte o sentido deste: o conhecimento só se eleva até a divindade, até um grau superior do ser na medida em que atravessa o imaginário e o social e é constituído por estes. O amor em relação a Deus, no momento em que é proposto novamente como tensão vertical acima da mundanidade, é contido e aplainado na dimensão horizontal da imaginação e da socialidade que, só elas, o alimentam.

E então, qual é o lugar da instância ascética? É apenas um lugar residual — e eficaz somente em definir funções de contraste? É isso, sem dúvida, é sem dúvida o elemento de claro-escuro sobre o qual se destaca a desutopia espinosista. Mas é também algo mais, e algo diferente. É em primeiro lugar uma espécie de "moral provisória" — a reafirmação da tensão lógica do sistema em sua relação com o absoluto, reafirmação que tem de viver na sociedade comum assim como nas comunicações dos homens. Uma moral provisória que afirma a validade de alguns altíssimos critérios morais para conduzir, de maneira ainda extrínseca, a vida humana até que o processo constitutivo esteja completado. O espírito ascético é, por assim dizer, um complemento e uma sobredeterminação da imaginação e de suas funções constitutivas de realidade. É uma justificação, uma motivação extrínseca do processo ético, mantida até que a completude do processo ético atinja a solidez da relação imediata, e que se justifica a si mesma, de essência e existência, da identidade delas. É uma operação existencial.

Mas, em segundo lugar, outra operação ocorre. É a última tentativa que se pode reconhecer no sistema de Espinosa de jogar o jogo da contradição, como tal, sem deixar de conhecê-la, mas em função de um salto gnoseológico. É uma tentativa que dura um brevíssimo período. "O supremo esforço da Mente e sua suprema virtude são conhecer as coisas através do terceiro gênero de conhecimento."[118] "Quanto mais a Mente está apta a conhecer as coisas através do terceiro gênero de conhecimento, mais ela deseja conhecer as coisas através desse gênero de conhecimento."[119] "Deste terceiro gênero de conhecimento nasce a maior satisfação possível da Mente."[120] Com a postulação de um "terceiro gênero" de conhecimento, parece que a contradição se rompeu, do lado e a favor da ascetismo. Reaparecimento do misticismo utopista do círculo espinosista? Reflexo ascético deste no território da prática? Sim: mas de qualquer modo é um processo incapaz de se reger sobre uma dimensão média e construtiva. Proposições sumárias, repetições do TEI ou até do *Breve tratado*. Reaparecimento que afeta o desejo e a esperança mais que o processo sistemático.[121] Realmente, as três Proposições citadas são seguidas por outras três que redimensionam materialmente a abordagem ascética, mediatizam-na reduzindo-a e reconduzindo-a à dimensão ontológica material: o "terceiro grau" de conhecimento é confrontado com a *cupiditas* ("O esforço, ou seja, o Desejo de conhecer as coisas com o terceiro gênero de conhecimento, mas do segundo")[122] e a *cupiditas* é elevada a um nível de constituição em que a racionalidade serve como esquema de conexão entre corporeidade e divindade. Depois a corporeidade é elevada à eternidade: isto não se dá na forma da existência determinada, mas novamente na forma da atração da essência, da inteligência, sobre a existência: "Tudo aquilo que a Mente conhece sob o ponto de vista da eternidade, ela conhece não porque concebe a existência presente atual do Corpo, mas porque concebe a essência do Corpo sob o ponto de vista da eternidade".[123] Então, a própria concepção da divindade é reconduzida à dimensão da superfície, Deus e eternidade são colocados no mesmo nível do corpo. "Nossa Mente, enquanto conhece a si e ao Corpo sob o ponto de vista da eternidade, tem necessariamente o conhecimento de Deus, e sabe que está em Deus e que se concebe por meio de Deus."[124] "Em suma, a tentativa gnoseológica — a ascese aqui é um momento da gnoseologia — permanece uma tentativa, não supera o nível da abordagem, da extremização da pulsão. A ascética, depois que se desenvolveu uma dinâmica do ser tão completa e complexa, não consegue se reformular. O ser tem espessura demais, peso demais, para poder se resolver num ato de conhecimento.

No entanto, há uma razão para esse desvio do discurso. Enquanto a desutopia é colocada na relação entre liberação e limite, a rigidez e a repetição de uma tentativa de solução gnoseológica — no próprio momento em que esta se revela um mero resíduo do sistema — têm uma função. Esta consiste em tornar a propor, ao lado do processo sistemático, a história interna do sistema, em mostrar — em um momento, em um ato, em uma situação — a incontroversa necessidade terminal de uma solução não gnoseológica. A conclusão dessa tentativa de mediação é o reconhecimento da Mente como mera "causa formal": "Enquanto a Mente é eterna, o terceiro gênero de conhecimento depende da Mente como causa formal".[125] Causa formal! Depois que todo um desenvolvimento sistemático havia construído em todos os movimentos do ser a potência ou a presença da causa eficiente! Estamos diante da reprodução da cesura teórica do pensamento de Espinosa, simulada para ser sublimada. Com efeito, o que aconteceu num período da história do sistema é pontualmente reproduzido em um episódio teórico. Com que para estipular definitivamente, na continuidade de uma experiência, a diferença de fases ou de conteúdos, de propósitos e de soluções. A diferença histórica. Mas se inicialmente a diferença entre tempo teórico e tempo histórico se dava como contradição, inteiramente a favor do tempo teórico — que antecipava, que rompia, com força de prefiguração utópica, o real —, aqui a situação se repete a partir de uma perspectiva de vantagem preliminar do tempo histórico, da dimensão ontológica, da desutopia. A liberação renascentista, que já se apresentara como utopia, só pode ser real se reduzida a desutopia, a proposição realista do universo ético da revolução, só inscrevendo em si mesma o fim da utopia. Deve haver um modo de reconhecer uma derrota sem ser derrotado, deve haver um modo de aceitar o limite da vontade sem negar a força construtiva do entendimento. O incidente do sistema que leva para dentro do livro V o mito da primeira redação tem uma função catártica. Novamente uma função moral provisória. Não é difícil, depois de tudo o que se disse, identificar os elementos estruturais desse processo. Se a utopia metafísica era uma transcrição da ideologia de mercado, a desutopia ética é a proposta da ruptura do mercado, aqui transposta e projetada na dimensão material e prática de uma filosofia do porvir. A desutopia é a revelação das forças reais que se movem por trás da ruptura da perfeição ideológica do mercado e dentro da crise do desenvolvimento linear do poder da burguesia, é a reivindicação de um projeto que — mesmo sobre estes duríssimos obstáculos — conserva inteira sua potência. Neste jogo interno da *Ética* desenrola-se então uma real e importante alternativa histórica, aquela que temos destacado frequentemente e com insistência, a alternativa entre crise do mercado suportada e crise do mercado vivida e superada na tensão constitutiva. A desutopia é a descoberta de um horizonte revolucionário real e futuro.

Se tornarmos a considerar as Proposições até aqui, se as tomarmos em termos literais e as distribuirmos em um tecido tão objetivo quanto possível, a chave de interpretação disso sai confirmada. O supremo *conatus*, ou seja, a suprema virtude da mente — e com isto se acentua a conotação ativa e moral da mente — consiste em compreender, em passar e em prosseguir, da ideia adequada de certos atributos de Deus ao conhecimento adequado da essência das coisas. A continuidade "*conatus-potentia-mens*" fica assim confirmada e enraizada na própria matéria divina. O conhecimento de terceiro grau consistiria no coroamento desse procedi-

Segunda fundação

mento, e nisto residiriam sua extensão, sua intensidade e sua total satisfação. Mas, logo depois, a pressuposta continuidade não se sustenta: do conhecimento mutilado e confuso, da opinião ou da imaginação, do conhecimento de primeiro gênero, enfim, não pode surgir conhecimento superior. Pode, porém, das ideias adequadas que já nutrem o segundo grau de conhecimento. E qual é então a definição possível do *conatus*? Mas eis que surge uma nova reversão: o conhecimento de terceiro gênero, enquanto compreende tudo sob o ponto de vista da eternidade, compreende também a essência do corpo sob o ponto de vista da eternidade. A ambiguidade literal dessas páginas é a maior possível. Traz-nos a demonstração definitiva de que, dentro desse procedimento, a contradição, a impossibilidade da convivência de uma concepção ascética e de uma concepção constitutiva se torna tão forte que fica insuportável. Ao ponto de mostrar, como em um claro/escuro, a necessidade não só da alternativa trazida pela segunda fundação, mas sua obrigatoriedade, a imprescindibilidade de uma verdade alternativa.

Em boa parte, isto é um drama didático. Quanta retórica se fez, quantas declamações se recitaram em torno da relativa simplicidade desse resumo dramatizado do sistema — que é o livro V! Realmente não valia a pena. Ao contrário, é absolutamente decisivo insistir no outro aspecto, esse essencialmente problemático, que percorre esse livro. Novamente a relação liberação-limite. Novamente a relação e a tensão entre esperança e constituição, novamente a borda não derrotada da revolução que se estende em projeto. O domínio da crítica da utopia tem de se tornar construtivo. O pensamento negativo tem de se conjugar com a perspectiva da constituição. "Então, quanto mais cada um se eleva neste gênero de conhecimento, tanto melhor tem consciência de si e de Deus, isto é, tanto mais é perfeito e feliz [...] Mas aqui se deve notar que, mesmo estando certos de que a Mente é eterna enquanto concebe as coisas sob o ponto de vista da eternidade, todavia, para explicar mais facilmente e para melhor fazer entender o que queremos mostrar, nós o consideraremos, como fizemos até agora, como se ela só agora começasse a existir e só agora começasse a conhecer as coisas sob o ponto de vista da eternidade; o que é possível fazermos sem nenhum perigo de erro, contanto que tenhamos a precaução de nada concluir a não ser a partir de premissas evidentes."[126] Até a fatuidade do método geométrico — esse preço pago ao século — demonstra aqui sua radicalidade ontológica e constitutiva. O pensamento negativo se conjuga efetivamente com a possibilidade do processo constitutivo. O grande parêntese de simulação da história do desenvolvimento do sistema, que percorre o livro V da *Ética*, se fecha assim sobre essa potente projeção. Voltou para trás para tomar impulso, para saltar mais longe. Não foi um verdadeiro retorno, menos ainda uma regressão: foi apenas uma exigência de clareza, uma autocrítica final antes da última declaração metafísica.

Que é a afirmação plena e total da causalidade eficiente, atribuída à divindade no vínculo limite-liberação. Deus é o autor da ética e a ética é a ciência da relação constitutiva limite-liberação. Deus é a desutopia que age sobre essa relação. A problemática religiosa da salvação é completamente reinterpretada dentro daquela, laica e materialista, da liberação.[127] As Proposições conclusivas da *Ética* desenvolvem então a contradição que percorre todo o livro V, impondo esse sinal positivo de liberação e salvação. Liberação da escravidão e salvação como horizonte positivo de felicidade. A tensão constitutiva antecipa, na exposição, a tendência, a esperança, a alegria, antecipa-as definindo o limite delas e sua positividade absoluta e materialista. "Temos prazer em tudo aquilo que conhecemos com o terceiro gênero de conhecimento, e tal prazer é acompanhado pela ideia de Deus como causa."[128] Amor intelectual de Deus: isto não é jargão místico, dentro da configuração atual do sistema. Sua afirmação ("O amor intelectual de Deus, que nasce do terceiro gênero de conhecimento, é eterno")[129] não é um processo, mas uma condição: "Embora esse Amor em relação a Deus não tenho tido início, tem no entanto todas as perfeições do Amor como se tivesse tido um início [...]. A única diferença é que aqui a Mente possuiu eternamente as mesmas perfeições que fizemos como se só agora se tivessem juntado a ela, e isto com o acompanhamento da ideia de Deus como causa eterna. E se a Alegria consiste numa passagem para uma perfeição maior, a beatitude deve sem dúvida consistir no fato de que a Mente é dotada da própria perfeição".[130] Uma condição preconstituída é portanto nega-

Segunda fundação

ção do misticismo. A altura do tiro do sistema não anula no espaço infinito a tendência: coloca-a, simplesmente, no altíssimo nível da perfeição. Que é liberação — por definição. Que é liberação envolvida na estrutura do existente, na alternância de corpo e mente, de presença e de eternidade: "A imaginação é uma ideia mediante a qual a mente considera uma coisa como presente [...]; porém ela indica mais o estado presente do corpo humano do que a natureza da coisa externa. Um afeto é então uma imaginação enquanto indica o estado presente do Corpo; e por isso a mente não está sujeita aos afetos que fazem parte das paixões senão enquanto durar o Corpo".[131] De modo que, com as Proposições XXXV e XXXVI, a absolutez da definição do mundo como atual tendência para a perfeição (ou como tendência para a perfeição atual — o que dá no mesmo) se expõe inteiramente: "Deus ama a si mesmo com um Amor intelectual infinito".[132] "O Amor intelectual da Mente em relação a Deus é o próprio Amor de Deus, com o qual Deus ama a si mesmo, não enquanto ele é infinito, mas enquanto pode ser explicado através da essência da Mente humana, considerada sob o ponto de vista da eternidade; isto é, o Amor intelectual da Mente em relação a Deus é uma parte do Amor infinito com o qual Deus ama a si mesmo."[133]

A tensão exposta até aqui, então, faz o limite se dobrar à tendência. Mas as duas afirmações são complementares. Com efeito, são indistinguíveis. E logo se seguem às anteriores novas Proposições que voltam a se concentrar na substancialidade do processo, ou seja, tornam a propor a tendência dentro da determinidade do limite. A relação entre tendência e limite é constitutiva. A dureza da abordagem ontológica volta imediatamente a propor a prática do agir constitutivo como elemento fundamental e definitório do processo. Assim é que, se "nada se dá na Natureza que seja contrário a esse Amor intelectual, ou seja, que possa destruí-lo"[134] — então "quanto mais a Mente conhece as coisas de acordo com o segundo e o terceiro gêneros de conhecimento, menos ela sofre com os afetos que são maus, e menos teme a morte".[135] Consequentemente, se "quem possui um Corpo apto a muitíssimas coisas, possui uma Mente cuja maior parte é eterna"[136] — então "quanto maior a perfeição que uma coisa possui, mais esta é ativa e menos é passiva, e inversamente, quanto mais ela é ativa, mais é perfeita".[137] A própria necessidade ontológica é constituída pela quantidade de ação, a destruição é articulada — colocada e/ou retirada — pela potência do agir constitutivo e por sua qualidade, por seu grau de perfeição, a mente fica completamente absorvida no processo — gradual, constitutivo, sistemático — do ser. A redução do horizonte ontológico à imanência é de tal maneira radical que já não representa nem mesmo um resultado da busca, mas sim uma condição desta: condição prévia para a definição do projeto de liberação. A dimensão teológica cede à ontológica, o sentido do limite — que tradicionalmente é excluído da ideia de divindade — é atribuído ao horizonte da divindade, o sentido da tendência — negado ao real pela filosofia do século XVII — é identificado na ontologia.

A *Ética* se conclui assim com duas Proposições que são uma pura e simples apologia do materialismo e do dinamismo constitutivo do pensamento espinosista. A primeira é um paradoxo ateu: "Ainda que não soubéssemos que nossa Mente é eterna, daríamos entretanto o primeiro lugar à Moralidade e à Religião e, falando de maneira absoluta, a tudo aquilo que, na quarta parte, mostramos que se refere à força de alma e à Generosidade".[138]

A segunda é um apólogo materialista: "A beatitude não é um prêmio da virtude, mas a própria virtude; e não obtemos esse gozo porque reprimimos nossos apetites sensuais (*libidines*); mas, ao contrário, é porque o obtemos que podemos reprimi-los".[139] A redução da potência divina ao horizonte da liberação humana, ao jogo de seus limites, está completa agora. O perene movimento que constitui a vida humana mostra a ética como perene movimento do limite e da tensão das "*libidines*", das "*cupiditates*" e da "*virtus*". A virtude é amor intelectual enquanto for exibição absoluta desse movimento. O amor intelectual é a resultante de um processo constitutivo da realidade. Na medida em que Deus é a coisa, Deus se torna, na ação, em sua determinidade. A teologia é subsumida pela ontologia, a ontologia pela fenomenologia da prática constitutiva humana.

A *Ética* se conclui com uma solução determinada e radical dos dois pares alternativos que seu desenvolvimento havia produ-

Segunda fundação   307

zido: os pares limite-absolutez e dado-tendência — o que equivale a dizer as articulações do paradoxo metafísico modo-substância, já fixado no livro II — são resolvidos dentro de uma ontologia constitutiva cujo fundamento materialista e prático é radical. Os componentes genéticos do pensamento espinosista se resolveram e se sublimaram numa nova perspectiva, numa nova fundação, totalmente irredutível aos elementos genéticos. O que resta ainda, depois dos livros III, IV e V da *Ética*, do *ens realissimum* escolástico? A ontologia espinosista é aqui a ontologia da tendência sustentada pelo movimento do ser prático. O que resta ainda da utopia renascentista da nova ordem do mundo? A ontologia constitutiva de Espinosa não visa à ordem, ao contrário, destrói e dispensa qualquer ideia de ordenamento que não seja imediatamente expressão de um potencial do ser determinado. E o que resta da ideologia panteísta da necessidade e da emanação? Todo horizonte que não seja o do dado, o do mundo, é eliminado pela ontologia espinosista, e assim qualquer "via descendente", do absoluto para o real, e assim qualquer concepção da necessidade que se coloque como dualista, alternativa, ou simplesmente represente um esquema formal, em relação à necessidade efetiva do ato de liberdade. A teoria do conhecimento se articula com essa específica teoria do ato de liberdade. Esta também materialista e genealógica, desenvolvida como simultaneidade do processo ontológico constitutivo. O limite que se opõe à tendência, tanto na teoria do conhecimento quanto na teoria da liberdade, não é então algo de exterior ao ritmo do ser constitutivo, mas simplesmente a marca determinada da potência atual do processo constitutivo. Toda questão metafísica colocada fora desse território da prática constitutiva, intelectual e prática, remete à superstição, à ideia de Deus como *"asylum ignorantiae"*.

A única verdade que Espinosa aproveita de seu tempo e mantém em sua pureza é essa instância de reconstrução revolucionária do mundo. Ele a mantém intacta. Mantém-na potente. E mesmo essa pulsão revolucionária é levada contra a forma específica assumida no século XVII pela ideologia burguesa do desenvolvimento: contra a forma da nova ordem e da ascese. O reaparecimento, efêmero, de uma prática ascética na ética espinosista é, de todas as maneiras, um elemento ontológico. Sua extinção é a mais clara revelação da determinidade antiburguesa (e anticapitalista) do pensamento espinosista. Ascese, no pensamento da burguesia capitalista, é ordem: é ordem na medida da acumulação. Prática constitutiva, no pensamento espinosista, é subordinação do limite à acumulação, à constituição. O limite fica dentro da prática constitutiva: por isto ela é aberta. O limite não a condiciona, não é transcendente a ela, não tem um espaço exterior no qual se assente — o limite é medida essencial da relação com o existente, lá onde a existência só reconhece a essência como potência, como tensão de superação. A ideia de limite é ontologicamente consubstancial à de superação. A ideia de ordem, ou sua abstração normativa, seu formalismo, a ideia de negatividade que interioriza, não é sequer concebível em Espinosa. Não há ordem, mas liberação. Liberação como contínua conquista, construção de ser. Nenhuma utopia, nenhuma pulsão idealista. Apenas quando conexa, simultânea ao corpo, a mente pensa, não em paralelo, mas simultaneamente. A ordem é uma ideia que prevê o paralelismo formal com a realidade: a forma corresponde à realidade. Não há lugar para ordem em Espinosa porque não há lugar para o paralelismo, porque não há lugar para qualquer desvio e, ainda mais, qualquer "correspondência" entre a realidade e o pensamento. A salvação é um ideal razoável, não porque indica um horizonte superior, mas porque carrega o homem inteiro na liberação, como ator da liberação. A teologia desaparece. As determinações mistificadas produzidas por ela são desmistificadas e incluídas na materialidade do projeto constitutivo, do projeto de liberação, que é projeto de salvação enraizado na autossuficiência do ser, fora de qualquer hipótese da ordem. No século XVII a ideia de ordem interioriza e exprime a ideia de crise: a ética espinosista rompe também esse vínculo. A crise só é predicado da essência, só reside ou se deposita na essência, enquanto é sinal daquele limite que o ser existente, de maneira cada vez mais pesada e material, rompe no sentido construtivo. A negatividade não é um objeto, mas um nada. A crise não é imputável ao sujeito, mas a seu vazio, a sua ausência. O projeto ontológico se ergue contra a crise enquanto, antes de mais nada, quer eliminá-la como realidade ontológica, em outros termos, toma-a

Segunda fundação

como causa externa contra a qual ele luta. Coloca-se uma ética da luta dentro da ética constitutiva na mesma medida em que a ideia formal, a ordem, sua transcendência normativa, são eliminadas pelo horizonte da possibilidade real. A desutopia espinosista é de tal maneira profunda que nega toda possibilidade, qualquer que seja, da hipóstase. Não é uma resistência à crise, é uma luta contra o não ser, contra a potência destrutiva e o vazio da ontologia. Ordem é uma perífrase de crise, crise é perífrase de vazio. Mas a iconografia renascentista, que vive de perífrases e símbolos, e a barroca, que exacerba a função deles, já não têm mais em Espinosa nenhuma razão para existir. O mundo é verdadeiro porque é superfície e porque é dado. E constituição ontológica, material. A iconografia, o simbolismo, a cor também são apenas projeto: não podemos tomá-los por uma descrição do real.

Mas até agora só consideramos as dimensões ontológicas colocadas pela *Ética* numa acepção particular. O terreno do ser é até aqui apenas um espaço. Gostaríamos, deveríamos enfrentar essa temática também na dimensão do tempo. Espinosa, por enquanto, não nos ajuda muito. A analítica do tempo, no Espinosa da *Ética*, está enraizada no paradoxo presença-eternidade e não é articulada na mesma medida que a temática do espaço ontológico. É verdade que seria possível, na reconstrução de uma analítica do tempo, fazer um movimento analógico ao da analítica do espaço. Isso nos daria uma concepção do tempo como supremo ponto limite do problema da liberdade. E quem sabe se tal interpretação seria inadequada ao real desenvolvimento do pensamento espinosista! Mas seria genérica. Além do mais, Espinosa não gosta de analogia. A temática do tempo real é então explicitamente levada em conta pela crítica. Mas o tempo subverte a metafísica. A metafísica do tempo é a destruição da metafísica. Uma ontologia do tempo faz baixar o objeto da análise do horizonte da especulação ao da prática. A prática construtiva, vista no horizonte do tempo, está então por construir — se for possível fazê-lo. Em sua especificidade, em suas articulações, na dramaticidade colocada a esse ponto pela relação limite-tendência. Uma filosofia do porvir? A necessidade histórica da desutopia espinosista parece dar resposta positiva a esta interrogação.

Notas

[1] *Ética* III, Prefácio (G., II, p. 138; P., p. 412).

[2] Sobre este ponto, cf. principalmente S. Zac, *L'idée de vie*..., pp. 104-120.

[3] G. Deleuze, *op. cit*, p. 182.

[4] *Ibid.*, p. 191.

[5] *Ética* III, Definição geral dos afetos (G., II, p. 203; P., p. 465).

[6] *Ética* III, Definição geral dos afetos, *Explicatio* (G, II, p. 204; P, pp. 485-486). Cf, neste texto, a remissão explícita às Proposições XI e XIII do livro II: cf. *supra*, cap, II, segunda parte.

[7] Cabe acentuar aqui a diferença que separa nossa abordagem da de A. Matheron, *Individu et communauté chez Spinoza*, apesar dos notáveis resultados a que ele chega por outro lado (veremos mais adiante). O que me parece criticável em Matheron é essencialmente seu método, sua tendência a introduzir na análise do pensamento de Espinosa esquemas dialéticos, ou paradialéticos, pouco importa a palavra, característicos, em todo caso, do marxismo existencialista dos anos 60. O esquema de Matheron é o de um dinamismo movido por um processo de alienação-recomposição. Isso é justamente o que é excluído pela perspectiva espinosista, que é a de uma continuidade construtiva. Há uma incompatibilidade fundamental entre método dialético e método axiomático, que não deve ser minimizada, como Matheron tem excessiva tendência a fazer. Em sua obra posterior, *Le Christ et le salut des ignorants*, várias vezes evocada, a abordagem de Matheron é diferente, e bem mais madura.

[8] *Ética* III, Postulados I e II (G., II, pp. 139-140; P., pp. 413-414).

[9] *Ética* III, Definições I e II (G., II, p. 139; P., p. 413).

[10] *Ética* III, Definição III (G., II, p. 139; P., p. 413).

[11] *Ética* III, Proposição V (G., II. p. 145; P., p. 420).

[12] *Ética* III, Proposição VI (G., II, p. 146; P., p. 421).

[13] *Ética* III, Proposição VII (G., II, p. 146; P., p. 421).

[14] *Ética* III, Proposição VIII (G., II, p. 147; P., p. 421).

[15] *Ética* III, Proposição IX (G., II, p. 147: P., p. 422).

[16] *Ética* III, Proposição IX, Escólio (G., II, pp. 147-148; P., pp. 422-423).

[17] Cf. principalmente G. Deleuze, *op. cit*, pp. 197-213.

Segunda fundação

[18] *Ética* III, Proposição XI (G., II, p. 148; P., p. 423).

[19] *Ética* III, Proposição XI, Escólio (G., II, pp. 148-149; P., pp. 423-424).

[20] *Ética* III, Proposição XII (G., II, p. 150; P., p. 425).

[21] *Ética* III, Proposição XIII (G., II, p. 150; P., p. 425).

[22] *Ética* III, Proposição XI, Escólio (G., II, p. 149; P., p. 424).

[23] *Ética* III, Proposição XIII, Escólio (G., II, p. 151; P., p. 426).

[24] Matheron, *op. cit*, em particular na segunda parte, p. 82 sq., mostra de maneira excelente a dimensão social da teoria das paixões em Espinosa. Ele considera o desenrolar do pensamento espinosista, sobretudo no livro III, como um desenrolar sistematicamente duplicado: desenrolar da vida passional individual por um lado, desenrolar da vida passional inter-humana de outro. Tudo isso é extremamente importante. Mas Matheron torna sua argumentação singularmente confusa, e um tanto inverossímil, ao insistir no fato de que o esquema dos livros III e IV da *Ética* não seria mais do que uma "variação livre sobre o tema da árvore sefirótica dos cabalistas". Conclusão inteiramente fantasista.

[25] É preciso insistir nisso: trata-se de normatividade no sentido próprio do termo, e não de proposta ou conselho. Falou-se muito, com efeito, numa tendência "terapêutica" da *Ética*, vinculada então ao horizonte do pensamento do Renascimento tardio. Deve ficar claro que tudo isso me parece perfeitamente insustentável, quer se vincule essa dimensão terapêutica aos autores do Renascimento tardio e aos estoicos, quer se vincule a Descartes e à linha traçada por sua ciência das paixões. Em particular, não existe o mínimo traço de individualismo em Espinosa.

[26] Sobre os vínculos entre interpretações kantiana e hegeliana de Espinosa, ver livro de Macherey.

[27] *Ética* III, Proposição XVI (G., II, pp. 152-153; P., p. 428).

[28] *Ética* III, Proposição XV (G., II, p. 151; P., p. 427).

[29] *Ética* III, Proposição XVII, Escólio (G., II, p. 153; P., p. 429).

[30] *Ética* III, Proposição XVIII, Escólio (G., II, p. 155; P., pp. 430-431).

[31] *Ética* III, Proposição XXVI, Escólio (G., II, p. 159; P., p. 435).

[32] É de se destacar aqui, *en passant*, para voltar a esse ponto mais adiante, que a atitude espinosista não pode em caso algum ser reduzida a uma atitude "utilitarista". A dimensão individual do utilitarismo está totalmente ausente do pensamento de Espinosa, inclusive onde ele mais insiste no nível individual e inter-individual. Se fizermos questão de falar de utilitarismo, podemos no máximo evocar a ideia de "moral da simpatia", mas em seus as-

pectos fenomenológicos bem mais que racionalistas. Seria certamente interessante retomar aqui as analogias entre certas posições de Espinosa e certas posições de David Hume, que Vaughan já procurava ressaltar, e sobre as quais voltaram todos os que insistiram nas relações entre Espinosa e o deísmo inglês (o melhor estudo é o de F. Meli).

[33] *Ética* III, Proposição XXIX (G., II, p. 162; P., pp. 438-439).

[34] As indicações de leitura de A. Matheron, evocadas com frequência neste livro, são fundamentais aqui.

[35] Polemizando com Macpherson, Matheron insiste no fato de que, em muitos aspectos, a percepção espinosista do mundo político teria como horizonte a sociedade medieval (cf. em particular, *op. cit*, pp. 221-222). As referências aqui feitas por Espinosa às virtudes de Ambição e de Humanidade parecem evidentemente dar razão a Matheron. Mas então se colocam vários problemas, que com um tratamento correto poderiam nos levar a conclusões opostas. Particularmente: essa referência, esses exemplos, estão eles realmente determinados em Espinosa? Não me parece: são bastante ocasionais — isso é tão verdade que não tornaremos a encontrá-los muitas vezes. Outra pergunta: será que essa retomada da moral cavalheiresca em pleno século XVII não é uma simples cobertura — e bastante grosseira — para falar da nova moral burguesa? Para uma resposta afirmativa, permito-me remeter a meu *Descartes politico*, no qual discuto a abundante bibliografia a esse respeito.

[36] *Ética* III, Proposição XXX, Escólio (G., II, pp. 163-164; P., p. 440).

[37] *Ética* III, Proposição XXXV, Escólio (G., II, p. 167; P., p. 444).

[38] *Ética* III, Proposição XXXVII (G., II, p. 168; P., p. 445).

[39] *Ética* III, Proposição XXXIX, Escólio (G., II, p. 170; P., pp. 447-448).

[40] *Ética* III, Proposição XLIII (G., II, p. 173; P., p. 451).

[41] *Ética* III, Proposição XLVII (G., II, p. 175; P., p. 453).

[42] *Ética* III, Proposição XLIX (G., II, p. 177; P., p. 455).

[43] *Ética* III, Proposição XLVII, Escólio (G., II, p. 176; P., p. 454).

[44] *Ética* III, Proposição XLVI (G., II, p. 175: P., p. 453).

[45] *Ética* III, Proposição LIII (G., II, p. 181; P., p. 459).

[46] *Ética* III, Proposição LIV (G., II, p. 182: P., p. 460).

[47] *Ética* III, Proposição LIV, Demonstração (G., II, p. 182; P., p. 460).

[48] *Ética* III, Proposição LVI (G., II, p. 184; P., p. 463).

[49] *Ética* III, Proposição LVII (G., II, p. 186; P., p. 465).

[50] *Ética* III, Proposição LVIII (G., II, p. 187; P., p. 466).

Segunda fundação

[51] *Ética* III, Definição dos afetos, I (G., II, p. 190; P., p. 469).

[52] É preciso entretanto reconhecer que as mais recentes das interpretações de conjunto do pensamento de Espinosa — a mais importante das quais me parece ser com toda certeza a de Gueroult — estão começando a se afastar desse caminho tradicional de leitura. Mesmo se a interpretação de Gueroult muitas vezes é extremamente literal e pouco preocupada em pôr explicitamente em questão as grandes linhas seguidas pelos historiadores da filosofia. Poderíamos dizer a mesma coisa das leituras que se inspiram na pesquisa de Wolfson.

[53] *Ética* III, Definição dos afetos, I-XLVIII (G., II, pp. 190-202; P., pp. 469-485).

[54] *Ética* IV, Prefácio (G., II, p. 208; P., 489).

[55] *Ética* IV, Prefácio (G., II, p. 208; P., p. 489).

[56] *Ética* IV, Prefácio (G., II, p. 209; P., p. 490).

[57] Cf. *supra*, cap. III, segunda parte.

[58] *Ética* IV, Definição III (G., II, p. 209; P., p. 490).

[59] *Ética* IV, Definição IV (G., II, p. 209; P., p. 490).

[60] *Ética* IV, Definição VIII (G., II, p. 210; P., p. 491).

[61] *Ética* IV, Axioma (G., II, p. 210; P., pp. 491-492).

[62] *Ética* IV, Apêndice (G., II, p. 266; P., p. 553).

[63] Cf., a este respeito, as Proposições I e II do livro IV da *Ética* (G., II, pp. 211-212; P., pp. 492-493).

[64] *Ética* IV, Proposição IV (G., II, p. 212; P., p. 494).

[65] *Ética* IV, Proposição V (G., II, p. 214; P., p. 495).

[66] *Ética* IV, Proposição XI (G., II, p. 217; P., p. 499).

[67] *Ética* IV, Proposição XV (G., II, p. 220; P., p. 502).

[68] *Ética* IV, Proposição XVIII (G., II, p. 221; P., p. 503).

[69] *Ética* IV, Proposição XX (G., II, p. 224; P., p. 506).

[70] *Ética* IV, Proposição XXII (G., II, p. 225; P., p. 508).

[71] *Ética* IV, Proposição XXIV (G., II, p. 226; P., p. 509).

[72] *Ética* IV, Proposição XXVI (G., II, p. 227; P., p. 509).

[73] *Ética* IV, Proposição XXVIII (G., II, p. 228; P., p. 511).

[74] A este respeito, ver essencialmente G. Deleuze, *op. cit.*, pp. 217-281.

[75] G. Deleuze, *op. cit.*, p. 268 sq., sobre a relação entre genealogia das formas de conhecimento e genealogia das formas de sociedade.

[76] É necessário tornar a acentuar o fato de que a posição de Matheron é inaceitável. Ele também acentua, e às vezes com muitíssima finura, a relação entre formas sociais e formas do conhecimento, mas tenta interpretar a genealogia delas por meio de uma leitura de tipo "dialético negativo".

[77] *Ética* IV, Proposição XXIX (G., II, p. 128; P., p. 511).

[78] *Ética* IV, Proposição XXXI (G., II, p. 229; P., p. 512).

[79] *Ética* IV, Proposição XXXI, Corolário; cf. também Proposição XVIII, Escólio (G., II, pp. 230 e 222-223; P., pp. 513 e 504-506).

[80] *Ética* IV, Proposição XXXII (G., II, p. 230; P., p. 513).

[81] Cf. *Ética* IV, Proposição XXXIII (G., II, p. 231; P., p. 514).

[82] Cf. *Ética* IV, Proposição XXXIV (G., II, p. 231; P., p. 514).

[83] *Ética* IV, Proposição XXXV (G., II, p. 232; P., p. 516).

[84] *Ética* IV, Proposição XXXV, Corolário I (G., II, p. 233; P., p. 517).

[85] *Ética* IV, Proposição XXXVII (G., II, p. 235, P., p. 519).

[86] *Ética* IV, Proposição XXXVII, Escólio II (G., II, pp. 238-239; P., p. 523).

[87] *Ética* IV, Proposição XXXVII, Escólio II (G., II, p. 238; P., p. 522).

[88] *Ibid.* (G., II, p. 239; P., p. 523).

[89] *Ética* IV, Proposição XL. Cf. também Proposição XLV, Corolário (G., II, p. 241 e 244; P., p. 529 e 530).

[90] A temática do Estado volta várias vezes no fim do livro IV da *Ética*: ver particularmente Escólio da Proposição LIV, Escólio da Proposição LVIII, Escólio da Proposição LXX, Escólio da Proposição LXXII, Escólio da Proposição LXXIII. Voltaremos ao conjunto desses textos no capítulo seguinte.

[91] *Ética* IV, Proposição XXXVIII (G., II, p. 239; P., p. 523).

[92] *Ética* IV, Proposição XLV, Escólio do Corolário II (G., II, pp. 244-245; P., pp. 529-530).

[93] *Ética* IV, Proposição XLVI (G., II, p. 245; P., p. 530).

[94] *Ética* IV, Proposições LIII, LIV etc.

[95] *Ética* IV, Proposição LIX (G., II, p. 254; P., p. 540).

[96] *Ética* IV, Proposição LXI (G., II, p. 256; P., p. 542).

[97] *Ética* IV, Proposição LXI, Demonstração (G., II, p. 256; P., pp. 542-543).

Segunda fundação

[98] *Ética* IV, Proposição LXIII, Corolário (G., II, p. 258; P., p. 545).

[99] *Ética* IV, Proposição LXVII (G., II, p. 261; P., p. 547).

[100] *Ética* IV, Capítulo XXXII (G., II, p. 276; P., p. 562).

[101] *Ética* V, Prefácio (G., II, p. 277; P., pp. 562-563).

[102] *Ética* V, Prefácio (G., II, p. 279; P., p. 564).

[103] Sobre o reaparecimento da temática do atributo no livro V da *Ética* (e trata-se do sinal mais claro de um ressurgimento de elementos da primeira redação), cf. *infra*, cap. VIII, onde examinamos a crítica do atributo em referência à *Correspondência*. Ver esse capítulo, de modo geral, para uma análise dos elementos residuais que, no livro V, levam-nos à "primeira fundação". Em seu *Servitude et liberté selon Spinoza*, cit., F. Alquié, percebendo esse problema, insiste longamente no que ele chama o paradoxo do livro V da *Ética*. Insiste no fato de que um novo horizonte é aberto pelo livro V, um horizonte de liberdade absoluta: mas a abertura, nesses termos, desse novo horizonte, seria contraditória justamente com a atitude naturalista e determinista da definição do valor nos outros livros. Essa reabertura do horizonte da liberdade, essa postulação de uma potência metafísica absoluta do amor intelectual, constituem aos olhos de Alquié uma retomada do horizonte cartesiano. É claro que rejeitamos essa posição de Alquié, assim como toda a sua reconstrução anterior, baseada na tese "a ética contra a moral"! Isto posto, a análise de Alquié consegue fazer ressaltar a fortíssima diferença que afeta o vocabulário ético no livro V: mas, contrariamente ao que pensa Alquié, não se trata aí da solução feliz (e, por assim dizer, obrigatória) de um drama até então irresolvido, e logicamente insolúvel, vivido pela metafísica de Espinosa. Trata-se do reaparecimento de uma camada problemática que se opõe à conclusão de um longo processo de constituição de uma perspectiva ontológica radical. A metafísica de Espinosa não é feita de um emaranhado inextricável de ideias, sem solução possível; se é verdade que há nela uma realidade emaranhada, como em toda metafísica, a linha que vence, inclusive em relação à utopia da primeira fundação (que parcialmente volta a aparecer no livro), se não corta o nó, nem por isso deixa de puxar os fios de um discurso constitutivo. O que não impede que o livro V seja o mais contraditório da *Ética*: isso foi muito bem visto por Alquié.

[104] *Ética* V, Axiomas I e II (G., III, p. 281; P., p. 565).

[105] *Ética* V, Proposição VIII (G., II, p. 286; P., p. 571).

[106] *Ética* V, Proposição V (G., II, p. 284; P., p. 569).

[107] *Ética* V, Proposição VI (G., II, p. 284; P., p. 569).

[108] *Ética* V, Proposição X, Escólio (G., II, p. 289; P., p. 574).

[109] *Ética* V, Proposição XIV (G., II, p. 290; P., p. 575).

[110] *Ética* V, Proposição XV (G., II, p. 290; P., 576).

[111] *Ética* V, Proposições XVI, XVII, XVIII e XIX (G., II, pp. 290-292; P., pp. 576-577).

[112] *Ética* V, Proposição XX, Escólio (G., II, pp. 292-294; P., pp. 578-580).

[113] *Ética* V, Proposição XXI, Demonstração (G., II, pp. 294-295; P., p. 581).

[114] *Ética* V, Proposição XXIV (G., II, p. 296; P., p. 582).

[115] *Ética* V, Proposição XXII (G., II, p. 295; P., p. 581).

[116] *Ética* V, Proposição XXIII (G., II, p. 295; P., p. 581).

[117] *Ética* V, Proposição XX (G., II, p. 292; P., p. 578).

[118] *Ética* V, Proposição XXV (G., II, p. 296; P., p. 583).

[119] *Ética* V, Proposição XXVI (G., II, p. 297; P., p. 583).

[120] *Ética* V, Proposição XXVII (G., II, p. 197; P., p. 583).

[121] Sobre as dificuldades e os problemas da síntese gnoseológica, sobre a problemática relativa à continuidade entre os graus de conhecimento, ver, além do famoso artigo de Martinetti na *Rivista de filosofia*, 1916, F. Meli, *Spinoza e due antecedenti italiani dello espinosismo*, Florença, 1934, cap. IV.

[122] *Ética* V, Proposição XXVIII (G., II, p. 297; P., p. 584).

[123] *Ética* V, Proposição XXIX (G., II, p. 298; P., p. 584).

[124] *Ética* V, Proposição XXX (G., II, p. 299; P., p. 585).

[125] *Ética* V, Proposição XXXI (G., II, p. 299, P., p. 585).

[126] *Ética* V, Proposição XXXI, Escólio (G., II, p. 300; P., pp. 586-587).

[127] Como já destacamos várias vezes, A. Matheron, *Le Christ et le salut...*, propõe desse ponto uma análise muito elaborada, insistindo sobretudo na perspectiva religiosa.

[128] *Ética* V, Proposição XXXII (G., II, p. 300; P., p. 587).

[129] *Ética* V, Proposição XXXIII (G., II, p. 300; P., p. 587).

[130] *Ética* V, Proposição XXXIII Escólio (G., II, p. 301; P., pp. 587-588).

[131] *Ética* V, Proposição XXXIV, Demonstração (G., II, p. 301; P., p. 588).

[132] *Ética* V, Proposição XXXV (G., II, p. 302; P., p. 588).

[133] *Ética* V, Proposição XXXVI (G., II, p. 302; P., p. 589).

[134] *Ética* V, Proposição XXXVII (G., II, p. 303; P., p. 590).

Segunda fundação

[135] *Ética* V, Proposição XXXVIII (G., II, p. 304; P., p. 591).

[136] *Ética* V, Proposição XXXIX (G., II, p. 304; P., p. 592).

[137] *Ética* V, Proposição XL (G., II, p. 306; P., p. 593).

[138] *Ética* V, Proposição XLI (G., II, p, 306; P., p. 594).

[139] *Ética* V, Proposição XLII (G., II, p. 308; P., p. 595).

Capítulo VIII
A CONSTITUIÇÃO DO REAL

1. *"Experientia sive praxis"*

Como verificar a possibilidade real de uma prática constitutiva? Os adversários de Espinosa — tanto na frente protestante quanto na católica[1] — sustentam que o problema político é central em Espinosa, e substitui o religioso. E claro está que fazem um julgamento negativo dessa inversão. "Vós referis todas as coisas à segurança pública, ou melhor, àquilo que, para vós, é o fim da segurança pública [...] o que equivale a reduzir todo o bem do homem à bondade do governo civil, ou seja, ao bem-estar material."[2] No decorrer de uma cerrada discussão que assume, talvez, pela primeira vez dentro dessa correspondência, tons de polêmica, até o bom Oldenburg acaba sustentando essa posição. Finalmente recebi o *Tratado teológico-político*, comunica ele a Espinosa em 1675, e vos escrevi. "Receio que minha carta não vos tenha chegado. Nela expressava minha opinião sobre esse tratado; mas agora, tendo examinado e considerado a coisa mais de perto, acho-a precipitada. Parecia-me então que fosse algo nocivo para a religião, pois julgava-a segundo os princípios geralmente fornecidos pelos teólogos e pelas fórmulas confessionais habituais, as quais me parecem demasiadamente influenciadas pelas paixões partidárias. Mas, refletindo mais profundamente sobre toda a questão, convenço-me por várias razões que, longe de prejudicar a verdadeira razão e a sólida filosofia, vós, ao contrário, contribuis para enfatizar o verdadeiro fim da religião cristã e para consolidar a divina sublimidade e a excelência da fecunda filosofia."[3] Perplexidade forte e imediata, portanto, e ainda confirmada por uma nova carta, na qual Oldenburg escreve: "Tendo sabido que pretendeis pu-

A constituição do real   319

blicar vosso tratado em cinco partes, que me seja permitido aconselhar-vos, com a sinceridade da estima que tenho por vós, a não misturar nela nada que pareça, de qualquer modo que seja, atacar a prática da vida religiosa, principalmente porque esta época degenerada e corrupta vive avidamente à caça de tais doutrinas cujas conclusões parecem favorecer a expansão do vício".[4] Por que esse grande apoio de Espinosa, esse *laudator* da liberdade de pensamento teria se tornado tão prudente, se não tivesse sido atingido pela força radical da crítica espinosista? Não muito tempo depois, ele mostra seu ponto de vista: "Não posso deixar de aprovar vossa intenção de explicar e aplainar as dificuldades encontradas pelos leitores do *Tratado teológico-político*. E como tais avalio sobretudo as noções ambíguas que ele contém relativamente a Deus e à natureza, que muitos consideram que confundis. Além disso, muitos são de opinião de que destruís a autoridade e o valor dos milagres, quando quase todos os cristãos estão persuadidos de que só aqueles podem garantir a certeza da revelação divina. Dizem, finalmente, que escondeis vossa opinião a respeito de Jesus Cristo redentor do mundo e única mediação dos homens, além de sua encarnação e sacrifício, e pedem que declareis abertamente vossa ideia sobre estes três pontos. Se o fizerdes e com isto tiverdes a aprovação dos cristãos sinceros e razoáveis, penso que estareis em segurança".[5] Mais adiante, aprofunda ainda: "Esperáveis, como vejo, que eu vos expusesse as opiniões que, em vossos escritos, parecem aos leitores subverter a prática da vida religiosa. Dir-vos-ei o que os choca mais. Vós pareceis submeter todas as ações e todas as coisas a uma necessidade fatal, a qual, se afirmada e admitida, faz ruir a base de todas as leis, de todas as virtudes e religiões, torna inútil todo prêmio e toda punição. Tudo o que constrange ou obriga a uma necessidade é compreendido por eles como uma desculpa, e daí concluem que ninguém ficaria sem desculpa diante de Deus. Se estamos conduzidos pelo destino e tudo segue a trama inelutável predeterminada por uma mão de ferro, não veem como ainda possa haver lugar para o delito e a pena".[6] A subversão da religião é subversão da política, porque a política se baseia na justiça, no prêmio e na pena: Espinosa, ao constituir a justiça, a destrói, ao construir o mundo, destrói a possibilidade de dominá-lo.

A resposta espinosista não se faz esperar e é perfeitamente adequada às acusações que lhe são feitas. Depois de alguns momentos de tergiversação (Espinosa finge polemizar contra o materialismo vulgar, como se fosse esse o problema!),[7] ele reivindica totalmente a prática constitutiva. Sua determinação política é igualmente radical e subversiva. É verdade a acusação que me fazem: o político é central e fundador, em relação à religião — mas positivamente. A velha e oportunista antropologia religiosa do libertinismo é vencida e também, provavelmente, suas derivações deístas.[8] O velho *"bene vixit qui bene latuit"* é varrido pela inversão espinosista da prática. "Compreendo finalmente o que me pedíeis para não divulgar; mas como se trata exatamente do fundamento principal do tratado que pretendia publicar, desejo explicar aqui em poucas palavras em que sentido afirmo uma necessidade fatal de todas as coisas e todas as ações. Pois não subordino de modo algum Deus ao destino, mas penso que tudo procede com inevitável necessidade da natureza de Deus, do mesmo todo que todos admitem que provenha da natureza de Deus que Deus conheça a si mesmo; pois ninguém nega que isto procede necessariamente da natureza divina, e no entanto ninguém pensa que Deus conheça a si mesmo porque a isso é obrigado por algum destino, mas de maneira inteiramente livre, se bem que necessária. Além do mais, essa necessidade inevitável das coisas não destrói nem os direitos de Deus nem os direitos do homem. Com efeito, as mesmas sanções morais, quer recebam quer não da parte de Deus a forma de lei ou de direito, são do mesmo modo divinas e salutares; e o bem que decorrer da virtude e do amor de Deus não será nem mais nem menos desejável, quer o recebamos de Deus, concebido como juiz, quer emane da necessidade da natureza divina; assim como os males que derivam das más ações e das paixões não são menos temíveis pelo fato de que delas derivam necessariamente; enfim, quer façamos por necessidade quer por contingência o que fazemos, somos sempre conduzidos pela esperança ou pelo temor. Por nenhum outro motivo, então, os homens são responsáveis perante Deus, senão porque estão em seu poder, assim como o barro em poder do oleiro, o qual utiliza a mesma matéria para fazer vasos ora decorativos ora triviais. Se refletirdes um pouco sobre estas

A constituição do real

coisas, tenho certeza de que tereis como responder facilmente a todas as objeções que se costumam fazer a esta opinião, como muitos já experimentaram comigo."[9] O mundo é barro nas mãos do oleiro. No terreno metafísico da superfície, a modalidade é construtiva. A ordem da construção é interna à constituição. A necessidade é interna à liberdade. O político é o tecido sobre o qual, de maneira central, se desenrola a atividade constitutiva do homem. Os frutos da *Ética* estão ainda mais maduros que os do *Tratado teológico-político*: este tratado havia representado uma cesura crítica que tinha de ser reformulada em um novo projeto. Agora temos o resultado do esforço: devemos desenvolvê-lo. A possibilidade real de uma prática constitutiva é o político percorrido pela liberdade. A religião não funda o Estado, a verdadeira religião respira onde há liberdade.[10]

Como percorrer o tecido do real, como constituir efetivamente o real? A definição do terreno cede lugar à definição do método. O *Tratado teológico-político* e a segunda redação da *Ética* nos conduziram até o ponto no qual o *Tratado político* — redigido entre 1675 e a morte de Espinosa em 77, e que permaneceu inacabado[11] — aparece como um produto necessário.[12] Mas necessário não significa linear. A constituição é um processo complexo. Liberamo-nos em primeiro lugar dos pontos de vista errôneos sobre o político, para podermos colher a vivência da realidade. O primeiro capítulo do *Tratado político* constitui a introdução metodológica à constituição do real, representada pela política.

Acompanhemos essa polêmica metodológica. No primeiro parágrafo,[13] ela é dirigida contra a filosofia escolástica: mas não só — contra a filosofia em geral, contra a ciência dos transcendentais, contra todos os que não consideram as paixões como a única realidade efetiva a partir da qual se faça uma análise do concreto. A política não é o reino do dever ser, mas é prática teórica da natureza humana em sua efetividade. O Maquiavel do capítulo XV do *Príncipe* é quase parafraseado aqui.[14] Mas não só o grande secretário é envolvido aqui: está envolvida toda a crítica seiscentista da utopia, de Hobbes a Descartes, está envolvido todo o espírito do século. Que diferença, no entanto! Em Espinosa, a crise não constitui um horizonte, mas uma condição, não caracteriza o ser, mas só sua efetividade. A hegemonia do ser sobre o dever ser o torna tanto efetivo quanto dinâmico e tendencial, isto é, capaz de compreender em si mesmo o desenvolvimento, de se conhecer como causa eficiente. Os filósofos se perdem na utopia, sonham com a idade de ouro: acumulam dano e inutilidade. A segunda tendência analítica é a representada pelos "políticos".[15] Estes procuram fundamentar sua ciência na experiência da natureza humana e assim fazendo se encontram principalmente em posição contrária aos teólogos e à sua pretensão de subordinar a política à moral: mas fazem tudo isto mais por habilidade que por sabedoria. "É fora de dúvida que os políticos escreveram sobre questões políticas com muito maior sucesso que os filósofos, pois, baseando-se na experiência, não ensinaram nada que não tivesse uma referência prática": mas a prática não é linear, não é por si mesma emancipadora. A crise coloca o problema da prática, bem mais do que simplesmente remete a ela. Os políticos são a expressão mais aguda da crise, não representam sua superação. "E estou convencido de que a experiência já indicou todas as espécies de organização política que se possam conceber para uma convivência humana organizada, assim como os meios que se devem adotar para governar a multidão, ou seja, para contê-la dentro de certos limites: de modo que não acredito que a esse respeito nos possa ocorrer no pensamento qualquer coisa comparável com a experiência ou com a prática que já não tenha sido descoberto e experimentado. Os homens são feitos de tal modo que não podem viver sem algum direito comum; mas os direitos comuns e os negócios públicos foram, respectivamente, estabelecidos e ordenados por homens de grande agudeza, penetração e habilidade de espírito, de modo que é difícil crer que se possa conceber algo de útil à sociedade comum que a contingência ou o acaso já não tenham sugerido e que os homens atentos aos negócios públicos e à própria segurança já não tenham previsto."[16] Os políticos então já disseram tudo: em relação à oportunidade e ao acaso. Mas é exatamente este o elemento problemático: a relação entre a prudência dos políticos e governantes e a *multitudo*, como realidade viva que tem de ser contida dentro de determinados limites. Oportunidade e acaso são os elementos formais da mediação, vivem o terreno da imaginação: co-

A constituição do real

mo se faz, por outro lado, a constituição crítica da mediação? Como se constitui ela, recuperando o conteúdo de liberdade que todo processo constitutivo deve necessariamente exprimir? *"Experientia sive praxis"*: é o terreno comum no qual se movem os políticos e Espinosa. Mas é também o terreno no qual a divisão se torna radical. Na minha política, acrescenta com efeito Espinosa,[17] não há nada de novo, senão o fato de que eu a fundamento "com argumentos certos e irrefutáveis", em cima da *"conditio humanae naturae"*, e que procuro "os princípios que combinem perfeitamente com a prática". Tudo isto com método matemático, considerando as paixões humanas "como propriedades da natureza humana", propriedades necessárias, mesmo quando são danosas, do mesmo modo que todos os outros fenômenos naturais, e, como estes, "efeitos de causas determinadas", "através das quais procuramos entender a natureza deles, e nosso espírito tem tanto prazer nessa contemplação rigorosa quanto na percepção do que é agradável aos sentidos". De maneira imperceptível, porém inequívoca, a experiência (ou ainda, a prática humana) sofre uma discriminação em nome de uma "condição humana". Mas a própria multidão é uma condição humana. A condição é uma modalidade, é ser determinado. Mas o ser é dinâmico e constitutivo. A condição humana é portanto constituição humana. A passagem da linguagem dos políticos à da verdadeira filosofia, como ciência da experiência e da prática e não simples descrição destas, é então a passagem para a análise da necessidade da liberdade humana, dentro do ritmo progressivo e coletivo da constituição.

Materialidade, coletividade, progressividade do processo real da constituição são explicitamente os objetos dos parágrafos seguintes a respeito do método. Como expliquei na *Ética*, recomeça realmente Espinosa,[18] o homem é naturalmente sujeito às paixões, entendendo-se por paixões, essencialmente, ação vinculada e provocada pela *"cupiditas"*. Nem a religião tem alguma eficácia contra o egoísmo e o comportamento de apropriação. A religião tem valor próximo da morte, quando as paixões foram vencidas pela doença, ou então na igreja, fora da relação humana direta, mas não tem valor como potência de reparação "no tribunal ou na corte, onde seria mais necessária". De seu lado, a razão seria certamente capaz de dominar as paixões, mas o caminho indicado por ela é o mais árduo. "De maneira que vive na poética idade de ouro, ou seja, no mundo das fábulas, aquele que realmente acredita que toda uma massa [multidão] ou os responsáveis pela coisa pública possam ser levados a viver unicamente segundo os ditames da razão." O fundamento do processo constitutivo social insiste, então, na materialidade dos desejos apropriativos. A política é o reino da imaginação material. Os próprios políticos, a própria prudência deles, estão submetidos a isso, do mesmo que a multidão. A lei constitutiva da associação política é absolutamente material, e irredutível à moral e à razão — isto quando essas mesmas não fazem parte do processo constitutivo. O processo é então material e coletivo. Um regime político ("*imperium*"), especifica Espinosa,[19] não pode se basear na virtude individual de seus administradores, não pode se basear no projeto da individualidade. Quem administra, não importando a intenção que o anime — paixão ou razão —, tem de se ver posto em condições de ser fiel, de administrar dignamente. "*Libertas, seu fortitudo animi*": esta mesma também é uma virtude individual, neste caso, e portanto inadequada. Virtude privada: em compensação, só "*imperii virtus securitas est*". A prática humana coletiva, tornando-se política, supera e compreende as virtudes individuais em um processo constitutivo que se pretende geral. A dialética entre multidão dos cidadãos, dos súditos e prudência dos administradores, dos políticos, que parecia constituir o problema, é realizada ao mesmo tempo que é negada como fórmula dialética: é novamente proposta como problema da dimensão coletiva da constituição. A prudência não é em si mesma uma virtude privada, ela só pode, ao contrário, viver e se desenvolver como elemento da constituição coletiva. O conceito de "segurança" não nega o de "liberdade". Espinosa poderia, como fará dentro de pouco, repetir o adágio do *Tratado teológico-político*: "*Finis revera Reipublicae libertas est*". Se ele prefere aqui o conceito de segurança, é para exprimir o caráter coletivo da liberdade civil. Vamos então concluir esta análise, tornando a propor a centralidade exclusiva da proposta constitutiva. Já que todos os homens, sejam bárbaros ou desenvolvidos, se relacionam e dão origem a um estado civil, a um ordenamento político, "a origem do

A constituição do real   325

Estado e seu fundamento natural não devem ser procurados entre os ensinamentos da razão [*ex rationi documentis*], mas devem ser deduzidos da natureza ou condição comum dos homens".[20]

Assim se conclui o encaminhamento, insistindo na complexidade do processo constitutivo. Espinosa apenas se explicou. Colocou as condições que a *Ética*, em sua segunda redação, havia aprofundado de maneira decisiva. Ele agora vai procurar a síntese, a união indissociável da liberdade e da necessidade, no terreno da constituição real, que é o da materialidade e da dimensão coletiva da existência política. Mas é preciso estar atento. Aqui, diante da concretude do problema, as condições metafísicas não apenas se repetem: elas se esclarecem e se deslocam. O método não se separa da realidade que ele abraça. A solução dos pares contraditórios do realismo político: *prudentia-multitudo*, *libertas-securitas*, *conditio-constitutio*[21] — essa solução se deve a um avanço teórico explícito no desaparecimento da contradição aparentemente fundamental entre liberdade e necessidade. As aporias encontradas no livro V da *Ética* a esse respeito se dissolvem definitivamente. A "livre necessidade" não é mais um resultado, mas um pressuposto. A liberdade, insiste Espinosa, aprofundando nesse período a discussão com Tschirnhaus,[22] não consiste "no livre-arbítrio mas na livre necessidade" — em outras palavras, então, não na ignorância das causas que a determinam, não na "ficção da liberdade", mas sim na consciência de seu movimento. Neste ponto, a liberdade então não é mais um resultado, mas também não só um pressuposto formal: é um sujeito. A consciência vive a ideia como concordância da ideia com seu ideato: neste caminho se estende a liberdade. Mas a própria concordância não é um mero sinal extrínseco? "Para poder saber a partir de que *ideia* de uma coisa, entre as muitas que dela tenho, se podem deduzir todas as propriedades de um *sujeito*, não observa senão uma única regra: a ideia ou definição da coisa que deve exprimir a *causa eficiente* dela."[23] Desse modo, sujeito e causa eficiente tendem à identidade. E a liberdade não é um caminho por sobre a concordância entre ideia e ideato, mas causa eficiente. A livre necessidade é a atualidade do processo constitutivo que se torna explícita como potência ontológica dinamicamente estendida.

Com isto o horizonte da *Ética* se completa. Estaríamos quase tentados a falar de uma nova fundação do projeto. Mas seria algo extrínseco. Estamos apenas diante de uma extensão temática da segunda fundação. Podemos então dizer que, dentro dessa extensão, Espinosa enfrenta pela primeira vez uma analítica do tempo depois de ter tão amplamente desenvolvido aquela física do espaço? A coisa parece evidente, a potência constitutiva ou expressiva do ser pede ao tempo que se qualifique como essência real. Isto não elimina o fato de que esta reivindicação teórica e a prática dessa dimensão são apenas implícitas. É verdade que, nesses anos, debatendo com Tschirnhaus — um interlocutor ótimo, estimulante —, Espinosa torna clara a crítica do atributo e de qualquer possível leitura do sistema como uma filosofia da emanação.[24] Uma nova avaliação da dimensão temporal não constitui apenas o fundo dessa reafirmação crítica. Além disso, como que determinando uma condição da extensão da força e da dimensão do processo constitutivo, Espinosa chega a uma série de afirmações que mostram o quanto está madura, inclusive sua ruptura em relação à forma do pensamento e da problemática cartesianos, dos quais no entanto, e de maneira fundamental, Espinosa fizera seu ponto de partida. "A partir da extensão tal como Descartes a concebe, ou seja, como uma massa inerte, [...] é totalmente impossível demonstrar a existência dos corpos. A matéria em repouso, enquanto depender de si mesma, persistirá em repouso, e só será posta em movimento por uma causa externa mais potente. Por isso não hesitei, em outra época, em afirmar que os princípios cartesianos da natureza são inúteis, para não dizer absurdos."[25] Entretanto, tendo reconhecido tudo isso, é preciso repetir que a qualificação temporal do processo constitutivo permanece implícita. A constituição do real, em sua força e em sua dinâmica, compreende o tempo como dimensão implícita do real. Duração e eternidade se baseiam na livre necessidade.

A livre necessidade é então a fundação da política espinosista. É este o cerne de seu método de trabalho. Experiência ou então prática: o que é fundador é a inerência constitutiva da prática à experiência, ao dado modal. "Ou então" é sinal de implicação. E isto é válido também para os outros pares aparentemente antinômicos: a inerência da *"libertas"* à *"securitas"*, da *"prudentia"* à *"multitudo"* é igualmente íntima e envolvente. Mas isso é válido principalmente para o par "condição humana"-"constituição da liberdade": aqui, o realismo político é conquistado (*à la* Maquiavel e portanto em forma não maquiavélica) como elemento e perspectiva dinâmica de liberdade. Tudo isto conduz, como logo veremos, para um último par, desta vez não aparentemente, mas realmente antinômico: *"potentia"* e *"potestas"*, potência contra poder. Potência como inerência, dinâmica e constitutiva, do uno e da multiplicidade, da inteligência e do corpo, da liberdade e da necessidade — potência contra poder — lá onde o poder se projeta como subordinação da multiplicidade, da inteligência, da liberdade, da potência. Desta concepção potencial e potente do político, tentou-se dar com excessiva frequência, na história das interpretações a respeito de Espinosa, uma tranquilizadora qualificação determinada, em sentido realista ou liberal ou democrático. Talvez cada uma dessas conotações seja verdadeira, mas só parcialmente. A totalidade da potência espinosista, como base da constituição do real através da forma do político, só é conotável de um modo: contra o poder. É uma conotação selvagem, uma determinação subversiva, uma fundação materialista. O início metodológico do *Tratado político*, e o deslocamento metafísico dos resultados da *Ética* produzidos por ele, já nos põem nessa situação. Potência contra poder.

2. *"Tantum juris quantum potentiae"*

As Proposições XXXIV e XXXV do livro I da *Ética* colocam a diferença entre *"potentia"* e *"potestas"*, entre potência e poder. "A potência de Deus é sua própria essência",[26] "Tudo o que concebemos estar no poder [in potestate] de Deus, é necessariamente."[27] Como se vê, essa diferença — e nisso Gueroult insiste, com razão[28] — se baseia inteiramente na duplicação cognoscitiva oriunda do mecanismo produtivo dos atributos. A *"potestas"* é dada como capacidade — conceptibilidade — de produzir as coisas; a *"potentia"*, como força que as produz atualmente. Segundo Gue-

328   A anomalia selvagem

roult, essa diferença é colocada por Espinosa com um fim argumentativo: demonstrar, "graças à identificação da potência de Deus com a necessidade interna de sua essência, a falsidade das concepções aberrantes que se referem ao exercício de sua potência". Daí a imediata negação da distinção, assim que o fim argumentativo foi alcançado: o poder, com potência virtual, é negado na Proposição XXXVI. ("Não existe coisa alguma de cuja natureza não resulte algum efeito.")[29] A Proposição XXXV, ou seja, a distinção entre poder (*"potestas"*) e potência, tem meramente um significado polêmico contra todos aqueles que, afirmando o livre-arbítrio, afirmam uma desproporção entre o que é possível a partir da essência divina e quanto é atualmente dado no mundo. Ora, esta leitura de Gueroult é indubitavelmente correta. Ela reproduz a especificidade do quadro utopista da primeira redação. Mas, como acontece frequentemente com a interpretação de Gueroult, a situação teórica fica achatada nesse terreno da utopia. Com efeito, em outro ponto,[30] mostramos que a redução da *"potestas"* à *"potentia"* não agia somente no sentido de tirar razão da ordem da degradação e da emanação do ser (e portanto de tirar força organizativa do dinamismo dos atributos), mas também e sobretudo no sentido de tornar a abrir um paradoxo do mundo, uma oposição não resolvida entre totalidade do ser e determinidade atual da modalidade. Quando depois, nos livros seguintes da *Ética*, essa oposição se transforma em impulso constitutivo, a distinção *"potentia-potestas"* perde também as funções polêmicas que lhe eram atribuídas no livro I. Ou seja, o termo *"potestas"*, se não é para ser completamente riscado do quadro de uma terminologia (espinosistamente) significativa, não pode ser entendido — enquanto horizonte de conceptibilidade — senão como função subordinada à potência do ser elemento — portanto — inteiramente determinado e submetido ao contínuo deslocamento, à contínua atualização determinada pelo ser potencial. Não apenas, então, não é possível jogar com a diferença em termos de eminência do poder (*"potestas"*), como já acentuam o Espinosa da primeira redação e Gueroult, mas — como quer o Espinosa da segunda redação — ela deve ser utilizada no sentido oposto, como base do relevo de superfície da *"potentia"* — real, concreta, determinada — diante de

A constituição do real

qualquer possibilidade e de qualquer ideato. Nesta reversão consiste a realização da própria utopia humanista, mas reconduzida ao horizonte do materialismo. "*Potestas*", poder, desse ponto de vista, só pode significar: "*potentia*" em direção à constituição — um reforço que o termo poder não representa, mas apenas indica, pois a potência do ser o fixa ou o destrói, o coloca ou o ultrapassa, dentro de um processo de constituição real. O reforço que o conceito de poder propõe ao conceito de potência só é relativo à demonstração da necessidade para a potência de sempre se colocar contra o poder. Mas, dito isto, volta a ressurgir a verdadeira dimensão da política espinosista — seu procedimento que prepara as condições do agir determinado no mundo real.[31]

O capítulo II do *Tratado político* parte dessas premissas. Inicia-se a partir da liberdade metafísica da potência. A liberdade metafísica deve ser, como vimos no capítulo I, uma analítica dessa realidade. É imediata a remissão ao *Tratado teológico-político* e à *Ética*,[32] e o que foi sustentado nesses trabalhos deve agora ser reexposto através de uma demonstração apodítica.[33] A demonstração apodítica é a exibição que a potência do ser faz de si mesma, evidenciando a necessidade divina de seu fundamento e de sua expansividade. "Se, portanto, a potência pela qual as coisas naturais existem e agem é a própria potência de Deus, é fácil compreender-se o que seja o direito natural. Na verdade, já que Deus tem direito sobre todas as coisas, e já que o direito de Deus não é outra coisa senão a própria potência divina considerada como absolutamente livre, daí se segue que cada coisa natural tem por natureza tanto direito quanto potência a existir e a agir: já que a potência pela qual cada coisa natural existe e age não é outra senão a própria potência de Deus, a qual é absolutamente livre."[34] *Potentia-jus-libertas*: o vínculo não poderia ser mais estreito nem mais determinado[35] — e, sobretudo, sua potencialidade e sua espontaneidade não poderiam ser mais evidenciadas. A análise volta à origem, procura a densidade do ser para revivê-lo em imersão. A potência selvagem da natureza espinosista é, como sempre, o primeiro cenário no qual se move o projeto constitutivo. O direito natural é então a própria lei da natureza, em sua imediatez, expressão direta da "*cupiditas*", prolongamento, projeção do *conatus*. "Então, se a natureza humana fosse de tal modo que os homens vivessem de acordo com os ditames unicamente da razão e não procurassem outra coisa, o direito natural, enquanto próprio ao gênero humano, seria constituído só pela potência da razão. Mas os homens seguem antes o cego desejo do que a razão, e por isso a potência ou direito natural deles ser definida, não pela razão, mas por qualquer apetite que determine as ações deles e lhes ofereça um meio de conservação. Reconheço, é verdade, que esses desejos que não surgem a partir da razão são antes paixões que ações humanas. Mas, como se trata aqui da potência ou direito universal da natureza, não podemos reconhecer diferença alguma entre os desejos que são em nós gerados pela razão e aqueles que provêm de outras causas, já que tanto estas quanto aquelas são produtos da natureza e desenvolvem a força natural pela qual o homem se esforça por perseverar no seu ser. O homem, com efeito, seja o sábio seja o ignorante, é parte da natureza, e tudo aquilo pelo qual cada um é determinado a agir deve ser referido à potência da natureza, enquanto esta pode ser definida através da natureza deste ou daquele homem. Pois o homem, seguindo seja a razão seja unicamente o desejo, age apenas segundo as leis e regras da natureza, isto é, segundo direito natural."[36] O mundo humano natural é constituído em sua expressão imediata: nada mais errôneo do que considerar a humanidade em relação à natureza como um Estado dentro do Estado: *"imperium in imperio"*.[37] A humanidade, até, multiplica o potencial natural de imediatez e violência, mas também interpreta a tensão constitutiva inerente ao *"aeternus ordo totius naturae"*:[38] uma ordem feita de graus sucessivos de perfeição, tecidos pela positividade do ser. "A liberdade na verdade é uma virtude, isto é, uma perfeição: e então aquilo que para o homem é motivo de impotência não pode ser referido à sua liberdade."[39] "O direito e a instituição natural, sob o qual todos os homens nascem e vivem em sua maior parte, só proíbe aquilo que ninguém deseja ou pode fazer."[40] A liberdade procede dentro dessa densidade do ser. Direito, e não lei — assim como potência e não poder.[41]

Mas este processo é envolvido no paradoxo da modalidade: a autonomia dos sujeitos, exigida pela definição do direito natural, à antagonística. Desenvolvendo o conceito de direito natural em

A constituição do real

sua autonomia, chega-se com efeito à definição seguinte: "que cada um está sob jurisdição de outrem na medida em que está sob o poder de outrem, e está sob juristição de si próprio na medida em que está em condições de rechaçar toda violência, de exigir a seu juízo o ressarcimento do dano sofrido, e, em uma palavra, de viver segundo seu próprio engenho".[42] O estado natural é um cenário antagonístico e a autonomia dos sujeitos nele se apresenta como antagonismo, violência, confronto de autonomias, de *cupiditates*, quando não simplesmente de *libidines*, contrapostas. Esse é o terreno da mistificação e do engano, da irrealidade que procura colocar relações de escravidão. Observe-se bem: seria fácil considerar esta passagem a premissa negativa dialeticamente negativa, diante da definição inicial da potência — de um processo argumentativo que se encaminha — como efetivamente ocorre para uma solução de pacificação. Mas não é assim. Esse cenário antagonístico não se coloca dentro de um desenvolvimento dialético, mas dentro de uma operação de deslocamento do ser. O antagonismo é um segundo cenário — necessário diante do primeiro —, o da potência: integra-o, opondo a potência à determinação negativa da ordem do ser, ao seu limite — que é, no próprio ser, instaurado. De modo que o problema da solução não toca a impossíveis pacificações, mas abre-se ao risco da construção do ser. Do político. Repete-se aqui o processo já identificado nos livros III e IV da *Ética*, quando as condições antagonísticas do político se formaram dentro da explícita tensão do processo fenomenológico.[43] Esse antagonismo é então, ele mesmo, constitutivo. A autonomia do sujeito se abranda, deve se abrandar na relação inter-humana. Mas "se dois homens concordam e conjugam suas forças, aumentam sua potência e em consequência também seu direito sobre a natureza", então "quantos mais se juntam nessa relação, tanto maior será o direito que todos adquirirão juntos".[44] Esta passagem é fundamental: a dimensão coletiva desloca o processo antagonístico do ser. A *multitudo* não é mais uma condição negativa, mas a premissa positiva do constituir-se do direito. O argumento cético que nega o direito zombando da verdade dos muitos é perfeitamente derrubado: esse direito é tal não por ser força dos mais numerosos, mas por ser constituição dos mais numerosos. Os mais numerosos, a partir justamente da natural inimizade que forma seu comportamento, começam a constituir corpo político e jurídico. É uma física política, a que a partir deste ponto se concentra e se desenvolve.[45] A teoria do contrato social, já proposta no *Tratado teológico-político* diante de dificuldades iguais, não tem mais espaço dentro da definição desse antagonismo progressivo. A física substitui qualquer hipótese voluntarista. Se a sociedade é inerente ao ser, é constituída pelo ser no ser: nenhuma artimanha pode substituir o mecanismo, duplo, mas idêntico, do deslocamento ontológico e da constituição coletiva, para o horizonte físico, material do mundo.

É nessa ordem física que se explicita a passagem constitutiva ulterior. "A esse direito, que vem a ser definido pela potência da multidão, costuma chamar-se poder público [imperium]. E é exercido de modo absoluto por aquele que por comum consenso administra a coisa pública, promulgando, interpretando ou abolindo leis, fortificando cidades, decidindo da guerra e da paz etc. Quando essa administração cabe a uma assembleia de elementos saídos da multidão comum, então o direito público toma o nome de Democracia; se, ao contrário, é constituída por poucos elementos escolhidos, se chama Aristocracia; e finalmente, quando a administração da coisa pública, e em consequência o poder supremo, se encontra nas mãos de um só, então se chama Monarquia."[46] A determinação constitutiva é então dada no horizonte da *multitudo*. A *multitudo* se tornou uma essência produtiva. O direito civil é a potência da *multitudo*. O contrato é substituído pelo consenso, o método da individualidade pelo da coletividade. A realidade do direito encontra ao mesmo tempo, nessa constituição, sua dinâmica e suas determinações: em outras palavras, o direito civil constitui o justo e o injusto, que são a mesma coisa que o legal e o ilegal. "O pecado então só é concebível num Estado constituído, no qual seja decretado com base no direito comum de uma sociedade inteira o que seja o bem e o que seja o mal, e onde ninguém (pelo art. 16 deste cap.) tenha direito de fazer nada fora daquilo que está estabelecido pelo decreto comum ou consenso. Com efeito, é pecado aquilo que não se pode fazer com direito, ou seja, que é proibido pelo direito; enquanto que a obediência é a vontade constante de fazer aquilo que pelo direito é o bem e que por decreto

A constituição do real

333

comum deve ser feito."[47] "E, assim como o pecado e a obediência num sentido estrito, assim também a justiça e a injustiça só podem ser concebidas num ordenamento jurídico. Com efeito, nada existe na natureza de que se possa dizer com direito que seja mais de um que de outro; mas tudo é de todos: entenda-se de todos aqueles que têm o poder de reivindicá-los. Mas num ordenamento em que se estabelece por direito comum o que seja de um e o que seja do outro, chama-se justo àquele que tem a constante vontade de dar a cada um o seu, e injusto, ao contrário, àquele que tenta tornar própria a coisa alheia."[48]

Pura afirmação positivista e legalista do direito, esta? E, neste caso, qual é a coerência com a concepção metafísica da potência, de cuja base partira o processo? Será que esta afirmação do positivismo legalista não é o reverso daquela subordinação da lei ao direito que parecia constituir o ponto de vista da análise? Todas essas perguntas, com excessiva frequência surgidas na história das interpretações espinosistas,[49] não têm direito de aparecer e de se perpetuarem. São simplesmente produzidas pelo vício da leitura parcial de um sistema, pela incurável imbecilidade da especialização e pela perda do gosto pela metafísica. O positivismo espinosista é puramente aparente, se o entendemos em termos rigorosos e modernos: com efeito, é mera positividade da potência. Historicamente, é fruto daquela colossal reversão dos termos operada pelo assim chamado paralelismo espinosista: o paralelismo afirma a identidade dos dois polos, nega absolutamente a separabilidade deles. Assim a relação *multitudo*-direito civil nega a separabilidade dos dois termos e reporta o dualismo à identidade. Mas esta identidade é sempre a da potência. O direito civil espinosista destrói o direito natural, destrói qualquer afirmação separada da lei, reintroduz a normatividade na processualidade constitutiva do humano. Ou seja, nega as próprias condições nas quais é possível falar de positivismo jurídico: condições que preveem a transcendência do valor da lei dentro do processo de produção jurídica, que supõem uma orgânica potência da normatividade enquanto tal — separada, portanto, eminente.[50] O positivismo legalista não ocorre em Espinosa porque não pode ocorrer, porque é contraditório e aberrante em relação a todas as condições do sistema e à sua forma metafísica. O justo é um processo constituído pela potência. As leis, as definições singulares do delito, do legal e do ilegal são filtros formais de uma progressão material e coletiva do humano. O positivismo espinosista é a positividade da potência, segue a força desta, organiza seus limites — de qualquer modo é arrastado e subordinado ao projeto dela, é submetido à dinâmica do antagonismo na qual a potência se desdobra. Só a refinada ciência burguesa da mistificação pode pretender negar criatividade à matéria coletiva que age na história e pode pretender deter a norma do domínio sobre esta matéria: este é o positivismo, este é o legalismo. Em Espinosa não se trata sequer da lei. O positivismo de Espinosa é a criatividade jurídica, não da lei, mas do consenso, da relação, da constituição.

Potência contra poder, então, novamente. E não é por acaso que o desenvolvimento do *Tratado político* se concentra logo nas premissas da construção burguesa da doutrina do Estado. Se os capítulos I e II haviam enfrentado esse problema colocando os princípios da política como constituição em função alternativa, e portanto em termos positivos — os capítulos III e IV colocam o problema crítico em termos negativos, polemicamente, nos confrontos dos dois temas fundamentais do pensamento jusnaturalista e absolutista moderno, o que significa, nos confrontos da própria ideia da transferência transcendental do direito natural e do caráter ilimitado do poder soberano. Em sua progressão, não linear, mas contínua, a máquina espinosista tritura o horizonte ideológico burguês, pondo em destaque todas as suas contradições e novamente construindo, através dessa passagem pelo negativo, a alternativa — a alternativa republicana. O que temos diante de nós é uma espécie de dialética transcendental kantiana, ou seja, o desenvolvimento de uma dialética das aparências, que incide sobre as determinações da razão, demonstrando ao mesmo tempo a exigência da qual provêm e que interpretam, e a discriminante de realidade e de irrealidade, na qual a exigência é envolvida e bloqueada. Oposta a isso, a alternativa republicana ocorre no terreno da filosofia da afirmação pura.[51]

Primeiro ponto, portanto: crítica da ideia da transferência transcendental do direito natural, crítica da gênese jurídica do po-

A constituição do real

der. É colocado o problema da diferença súdito-cidadão.[52] Dentro dos preceitos consolidados do jusnaturalismo, essa diferença é mediada e organizada pelo contrato, nas várias formas em que este é proposto, mas que em cada caso sobredeterminam o simples fenômeno associativo. Mas em Espinosa o contrato já está eliminado, assim como está eliminada sua caracterização individualista. Aqui, então, a eliminação do contrato funciona de maneira positiva. A passagem do individual ao geral é negada por Espinosa por princípio. A passagem se dá em termos coletivos. Não se trata então de transferência de direito, mas de sua constituição coletiva. "Do artigo 15 do capítulo II torna-se evidente que o direito de soberania ou dos supremos poderes não é senão o mesmo direito natural determinado pela potência, não mais dos indivíduos singulares, mas da multidão, que é guiada como por uma só mente; ou seja, como os indivíduos no estado natural, assim também aquele composto de corpo e mente que é o Estado tem tanto direito quanta é a potência que desenvolve; e portanto cada cidadão ou súdito tem um direito tanto menor quanto maior é a potência que dele deriva para o Estado; e então, ainda, cada cidadão não tem direito de fazer nem de possuir nada fora daquilo que lhe cabe por decisão comum do Estado."[53] Constituição absoluta, mas sempre relativa: com efeito, se "não é de modo algum admissível que os cidadãos singulares possam, por direito civil, viver como lhes apraz, e portanto o direito natural, por força do qual cada um é juiz de si mesmo, cessa necessariamente no estado civil", no entanto "eu disse expressamente *por direito civil*, pois o direito natural de cada um, se observarmos bem, não cessa no estado civil. Tanto no estado natural quanto no civil, com efeito, o homem age segundo as leis da sua própria natureza e defende seus interesses. Ou seja, num estado como no outro, o homem é levado pela esperança ou pelo temor a fazer ou deixar de fazer este ou aquele ato; mas entre um e outro estado existe a diferença essencial que é a de que no estado civil todos têm os mesmos temores, assim como uma só e idêntica para todos é a garantia de segurança e iguais as regras de vida: sem que por isso seja retirada aos indivíduos sua faculdade de julgamento".[54] Constituição absoluta, mas sempre relativa: mesmo quando a tendência absolutista se desdobra no máximo de sua potência,[55] repete-se nela o paradoxo habitual: "assim como no estado natural [...] maior é a potência e maior a autonomia daquele que segue a razão, assim também é mais potente e mais autônomo aquele Estado que tem a razão como orientação e fundamento. O direito do Estado, com efeito, é determinado pela potência da multidão, que se conduz como se tivesse uma só mente".[56] Paradoxo que encontra sua origem no fato de que a continuidade não é fundada, mas é constituída, não é mediada, mas é desenvolvida, não é um resultado, mas um pressuposto. "Mas, para não ter de interromper a cada vez o fio do discurso e parar para resolver dificuldades desse tipo, desejo avisar que demonstrei todas essas coisas deduzindo-as da necessidade da natureza humana como quer que esta seja considerada, ou seja, do esforço universal de todos os homens para a própria conservação: esforço que se manifesta em cada homem, seja ele ignorante ou sábio; e portanto, como quer que consideremos os homens, como escravos das paixões ou como vivendo segundo a razão, a coisa não muda, sendo a demonstração disso, como dissemos, universal."[57] A soberania, o poder ficam assim reduzidos e achatados sobre a *multitudo*: atingem até onde atinge a potência da *multitudo* organizada.[58] Este limite é orgânico, é elemento ontológico da dinâmica constitutiva. Nada de transferência, portanto. Nada de Hobbes, nem de Rousseau. Nem no terreno político: e isto exclui qualquer recuperação, e mais ainda valorização, por parte de Espinosa, das temáticas da razão de Estado; nem no terreno jurídico: e com isto novamente é ressaltada a suspeita teórica de Espinosa diante de qualquer teoria legalista e positivista. De modo que o político e o jurídico, o súdito e o cidadão (as acepções terminológicas não são, neste caso, correspondentes nem correlatas) constituem diferenças inteiramente relativas e só mensuráveis dentro das variáveis da continuidade que vai da autonomia à *multitudo* e à soberania. Mas em outros termos, e bem mais sugestivos, se pode dizer: do *appetitus* à imaginação e a razão. Aqui, neste desenvolvimento metafísico, o processo se aclara. Intensamente, profundamente. E isto serve sobretudo para excluir qualquer interpretação vitalista ou organicista desse desenvolvimento filosófico espinosista:[59] encontramo-nos, antes, diante de uma análise do Estado que o restitui em toda a sua ambiguida-

A constituição do real

de, reino de mistificação e de realidade, de imaginação e de desejo coletivo. Realmente, o pensamento negativo se tornou projeto de constituição.

E agora chegamos ao segundo ponto da crítica de Espinosa ao absolutismo burguês: a crítica da ilimitação do poder soberano. Essa crítica já está em grande parte contida no que Espinosa disse dentro do capítulo III do *Tratado político*. Mas lá ela é conduzida numa função jurídica, isto é, contra o mecanismo de legitimação (mediante contrato, mediante transferência do direito) do absolutismo. Já no capítulo IV a polêmica é qualitativa, ou seja, ela não centra a ambiguidade constitutiva da relação — embora real — entre *multitudo* e Estado (como ocorre no capítulo III), mas, ao contrário, investe todo o conjunto das relações constitutivas. Se o capítulo III eliminava o contrato como função lógica, o capítulo IV o interpreta como função material e mostra sua contraditoriedade como instrumento, apesar de tudo, utilizável. A argumentação é inteiramente paradoxal. Mas ninguém diz, como de resto todo o desenvolvimento do sistema de Espinosa está demonstrando, que a argumentação paradoxal seja, entre outras, menos eficaz! O limite fundamental da ação do Estado consiste, como se demonstrou, na extensão e na continuidade infra-estrutural dos direitos naturais. "Existem certas condições, postas as quais se impõem aos súditos o temor e o respeito para com o Estado, e eliminadas as quais não apenas desaparecem o temor e o respeito, mas o próprio Estado deixa de existir. Para conservar a própria autoridade, em suma, o Estado deve estar atento para que não desapareçam os motivos de temor e de respeito, sob pena de perder seu ser de Estado. É tão impossível, para alguém que está investido de poder, sair pelas ruas em estado de embriaguez ou nu em companhia de meretrizes, comportar-se como palhaço ou violar ou desprezar abertamente as leis que emanaram dele mesmo, e conservar, apesar disso, sua dignidade soberana, quanto é impossível ser e não ser ao mesmo tempo. Quando um soberano mata e espolia os súditos, rapta as donzelas etc., a sujeição se transforma em indignação e, portanto, o estado civil se converte em estado de hostilidade."[60] O que quer dizer, e este é o sinal paradoxal da argumentação, que quanto mais a ilimitação (a absolutez) do poder soberano se tiver desenvolvido em cima da continuidade das necessidades sociais e políticas da *multitudo*, tanto mais o Estado se encontra limitado e condicionado à determinidade do consenso. De modo que a ruptura da norma consensual desencadeia imediatamente a guerra, a ruptura do direito civil é por si mesma um ato de direito de guerra. "As regras e os motivos de respeito e temor que o Estado deve conservar para sua própria garantia não são do direito civil, mas do direito natural, pois não podem ser reivindicadas por direito civil mas por direito de guerra, e o Estado só é obrigado a elas pela única razão pela qual também o homem no estado natural é obrigado, se quiser se manter livre e não quiser se tornar inimigo de si mesmo, a evitar se matar: dever, este, que não implica sujeição, mas denota a liberdade da natureza humana."[61] O assombroso, nestas páginas espinosistas, é a sutileza do limite que separa o direito civil do direito de guerra. Mas certamente não seremos nós a nos surpreendermos excessivamente, pois sabemos bem que só através do antagonismo o processo constitutivo desloca o ser para níveis de perfeição cada vez mais alta. O Estado, a soberania, a ilimitação do poder são então filtrados pelo antagonismo essencial do processo constitutivo, da potência. Como já no *Tratado teológico-político*, mas com refinado amadurecimento do problema, o horizonte do Estado é horizonte da guerra.[62] O aperfeiçoamento da estrutura formal da constituição do Estado estira, até um extremo limite de tensão, os antagonismos de sua constituição material. Donde uma consequência teórica a mais: o conceito de "sociedade civil", como momento intermediário no processo que leva do estado natural ao Estado político, não existe em Espinosa. O estado civil é ao mesmo tempo sociedade civil e Estado político. Examinados sob diversos prismas: a primeira como consenso e constituição material, o segundo como comando e constituição formal. Mas nenhum dos dois elementos pode existir separadamente. A hipóstase burguesa e capitalista da sociedade civil como camada sobre a qual, qualitativamente, se baseia o direito, não se encontra em Espinosa. Não que não seja concebida, mas é só como passagem não formalizável. Os termos da passagem só seriam formalizáveis se Espinosa distinguisse potência e poder, fundamento de legitimação e exercício do poder — como a burguesia tem de fazer para mistificar seu poder, como a sublime linhagem Hobbes-Rousseau-Hegel tem de fazer para garantir a mistificação! Já em Espinosa, sociedade civil e Estado político se imbricam completamente, como momentos inseparáveis da associação e do antagonismo que se produzem na constituição. O Estado não é concebível sem a simultaneidade do social, nem inversamente a sociedade civil. A ideologia burguesa da sociedade civil então é só ilusão.

A tensão da potência é recuperada em toda a sua força constitutiva. O adágio *"tantum juris quantum potentiae"* começa a ser demonstrado como chave de um processo complexo. Depois de liberar o terreno do fetichismo absolutista, mas não do caráter absoluto da constituição da *multitudo* — agora cabe reabrir o processo político da liberdade em toda a sua extensão, considerar qual seja "a melhor constituição de um governo civil".[63] "E qual seja a melhor constituição de qualquer governo, isto se torna evidente a partir da finalidade do estado civil, que não é outra senão a paz e a segurança da vida. E portanto o melhor governo é aquele graças ao qual os homens vivem na concórdia e na fiel observância das leis. Sabe-se, com efeito, que as revoltas, as guerras e o desprezo ou a violação das leis não são imputáveis tanto à maldade dos súditos quanto à má constituição do governo. Os homens não nascem, mas se tornam civilizados. Além disso, suas paixões naturais são as mesmas em toda parte; e, se em um Estado a maldade reina mais que em outro, e são cometidos mais delitos que em outro, isso certamente se deve ao fato de que aquele Estado não tomou as providências suficientes para a concórdia e não organizou com sabedoria os direitos e, em consequência, nem sequer segurou totalmente as rédeas do governo. Efetivamente, um estado civil que vive em contínuo temor de guerra e que sofre frequentes violações das leis não é muito diferente do estado de natureza, no qual cada um vive como lhe apraz e em contínuo perigo de vida."[64] E finalmente: "A respeito de um Estado cujos súditos não recorrem às armas porque estão subjugados pelo medo, deve-se dizer que está sem guerra, antes do que em paz. A paz, realmente, não é a ausência da guerra, mas uma virtude que nasce da força da alma".[65] Só a liberdade fundamenta a paz, e com ela o melhor governo. Mas, veja-se bem, a liberdade não é simplesmente liberdade de pensamento, mas expansividade do corpo, sua força de conservação e de reprodução, como *multitudo*. É a *multitudo* que se constitui em sociedade com todas as suas necessidades. Nem a paz é simplesmente segurança, mas é a situação na qual o consenso se organiza em república. É regulamentação interna entre antagonismos. A melhor constituição se coloca, para Espinosa, no limite entre direito civil e direito de guerra, e a liberdade e a paz são feitas por um e por outro direito. A única imagem verdadeira da liberdade republicana é a organização da desutopia e a projeção realista das autonomias dentro de um horizonte constitucional de contrapoderes. A demonstração dada por Espinosa dessa asserção, a mais forte e convincente, é uma demonstração por absurdo, como lhe acontece muitas vezes. "De que meios deve se utilizar para fundar e manter seu Estado um príncipe movido exclusivamente pela sede de domínio, isso foi exaustivamente explicado pelo penetrantíssimo Maquiavel; mas não fica claro, absolutamente, qual era seu objetivo. Se era um bom objetivo o que o autor se propunha, como é de se esperar de um homem sábio, parece ter sido o de demonstrar com quanta imprudência frequentemente se tenta derrubar um tirano, enquanto que as causas pelas quais o príncipe se torna tirano não podem ser eliminadas, mas, ao contrário, se consolidam ainda mais, quanto mais se dá ao príncipe motivo para temer, como acontece quando um povo demonstra hostilidade para um príncipe e se gaba do parricídio como de uma nobre empresa. Além disso, talvez ele tenha tido intenção de demonstrar como um povo livre deve tomar cuidado para não confiar de modo absoluto a própria sorte a um só homem; pois este, se não é um iludido que acredita que pode agradar a todos, tem bastante motivos para se sentir cotidianamente exposto a traições; razão pela qual é obrigado a se defender e a nutrir pelo povo sentimentos de desconfiança mais do que de afeição. E que esta tenha sido a intenção daquele sábio, sou induzido a pensar principalmente pelo fato, conhecido de todos, de que ele foi partidário da liberdade, em defesa da qual deu também conselhos salutares."[66]

Só nos resta tirar as conclusões da interpretação do adágio *"tantum juris quantum potentiae"* no terreno de uma filosofia da

A constituição do real   341

afirmação pura. Parece-nos que o pensamento republicano de Espinosa se determina, nos primeiros cinco capítulos fundamentais do *Tratado político*, em torno de alguns elementos importantes. São eles: 1) uma concepção do Estado que nega radicalmente a transcendência deste — ou seja, desmistificação da autonomia do político; 2) uma determinação do poder como função subordinada à potência social da *multitudo*, e portanto constitucionalmente organizada; 3) uma concepção da constituição, ou seja, da organização constitucional, necessariamente movida pelo antagonismo dos sujeitos. Com isso Espinosa se vincula, *em 1*, à corrente de crítica anticapitalista e antiburguesa que percorre a modernidade, negando que o Estado absoluto, o Estado da acumulação primitiva possa se representar como transcendência em relação à sociedade — assim como é pura mistificação pretender que o valor econômico se autonomize em relação ao mercado. *Em 2*, Espinosa assume inteiramente o impulso radical da oposição popular ao Estado, particularmente forte no período da crise do século XVII: e então torna sua a reivindicação das necessidades sociais contra o Estado, a afirmação da hegemonia das forças produtivas, do associacionismo, do realismo jurídico contra o comando. *Em 3*, Espinosa assume e torna sua a tradição que fundamenta a melhor constituição (e também a possível) no direito de resistência, de oposição ao poder, de afirmação da autonomia.[67] Dito isto, no entanto, deve-se dizer também que estes elementos não são suficientes para definir o conjunto, a totalidade do projeto político de Espinosa. Pois o que disso deriva, em Espinosa, não é uma concepção quase anárquica do Estado. Pelo contrário: Espinosa tem uma concepção absoluta da constituição. Mas nisto reside o caráter revolucionário de seu pensamento: em exprimir de maneira absoluta na constituição uma relação social produtiva, a produtividade das necessidades naturais, e tudo isto como hegemônico em relação ao político — em subsumir de maneira absoluta qualquer função abstrata de domínio sob a positividade da expressão da necessidade de felicidade e liberdade. A destruição de toda autonomia do político e a afirmação da hegemonia e da autonomia das necessidades coletivas das massas: nisto consiste a extraordinária modernidade espinosista da constituição política do real.

3. Constituição, crise, projeto

O *Tratado político* é uma obra inacabada. Na *Carta* LXX-XIV "a um amigo",[68] Espinosa assim expõe o plano da obra: "Agradeço cordialmente o afetuoso cuidado que tendes por mim. Não perderia a oportunidade [...] se não estivesse tão ocupado com uma coisa que considero mais útil e que, penso, vos agradará, ou seja, com a preparação do *Tratado político*, que iniciei há algum tempo atrás por vossa sugestão. Já fiz seis capítulos. O primeiro contém como que a introdução da obra; o segundo trata do direito natural; o terceiro, do direito do poder supremo; o quarto, dos negócios políticos que dependem do poder supremo; o quinto, do bem derradeiro e mais alto que a sociedade possa ter em consideração; e o sexto, da maneira como se deve instituir um regime monárquico para que não degenere em tirania. Estou agora trabalhando no capítulo sétimo, no qual demonstro metodicamente todas as partes do capítulo sexto anterior, referentes ao ordenamento de uma monarquia bem constituída. Passarei então ao *Governo aristocrático e popular*; finalmente às leis e às outras questões particulares referentes à política". Esta carta foi posta pelos organizadores da *Opera posthuma* como prefácio do *Tratado*, com a seguinte nota: "Aqui está exposto o plano do Autor. Mas, impedido pela doença e levado pela morte, ele não pôde executá-lo senão até o fim da Aristocracia, como o próprio Leitor poderá ver".[69] O *Tratado político* é então uma obra inconclusa — inconclusa justamente naquele ponto central ao qual as páginas já redigidas do próprio *Tratado*, mas sobretudo todo o desenvolvimento do pensamento espinosista, deviam conduzir como a um termo necessário: a análise do regime democrático, ou melhor, o projeto da República. Mas o *Tratado político* não é apenas um livro inacabado. É também um trabalho em curso. A redação das partes que nos ficaram deixa muito a desejar. Depois dos capítulos I a V, que já apresentam alguns desvios internos de argumentação que não se podem reduzir apenas à versatilidade do método fenomenológico, as ambiguidades do texto se tornam muito frequentes. A exemplificação histórica é incerta. A tipologia estrutural da forma-Estado e da forma-governo é determinada demais, às vezes decididamente "provinciana", ligada a contingências características do desenvolvimento político dos Países Baixos.[70] Um trabalho mais completo teria certamente melhorado o texto também em sua parte já redigida. Mas a morte alcança Espinosa: no ápice do trabalho, no momento mais alto de uma atividade engajada no testemunho do real histórico, da liberdade e de sua constituição. Exatamente o contrário da imagem frouxa e vulgar, digna de alguma novelinha filosófica romântica, dada por Hegel da morte do judeu maldito: "morreu de uma tísica de que sofrera durante muito tempo — em concordância com seu sistema no qual também toda particularidade, toda singularidade desaparece na unidade da substância".[71]

O conjunto de incompletude e ambiguidade que caracteriza os capítulos VI e XI do *Tratado político*, entretanto, não impede que uma leitura crítica possa percorrer o texto e reconstruir seu eixo geral. Pelo contrário, assim fazendo, teremos algumas vantagens não irrelevantes. As próprias ambiguidades e limites do texto, com efeito, podem se apresentar a nossos olhos, não só como episódio de uma dificuldade de exposição que a urgência e a doença fazem existir, mas como forma de uma nova luta, lógica e política, que se desenrola no texto. O *Tratado político* é de 75-77. A crise de 1672, à qual várias vezes voltamos, e a conversação monárquica e demagógica — com formas de consenso plebiscitário — do regime holandês estão agora realizadas e estabilizadas.[72] Ainda que com um atraso de cinquenta anos — se não de um século — em relação aos fatos políticos dos outros Estados europeus, também nos Países Baixos a revolução humanística está terminada, também suas figuras institucionais mais exteriores e às vezes mistificadas — e no entanto efetivas — estão eliminadas. Com o assassinato dos De Witt, a anomalia holandesa começa a ser recuperada para o trajeto principal e para os tempos continentais da acumulação capitalista e do Estado absolutista. Neste quadro, a luta lógica que sempre se desenrola no sistema espinosista, visando à recuperação das condições reais da constituição, se torna luta política, visando à reconstrução das condições históricas da revolução.[73] Mas voltemos ao texto.

Os capítulos VI e VII tratam da forma monárquica de governo. A divisão entre os dois capítulos é insegura; no sexto a análise toca novamente os princípios estruturais da constituição, para depois descer a uma descrição do regime monárquico; no sétimo capítulo, Espinosa tenta uma demonstração das afirmações feitas. O conjunto é bastante confuso, trata-se evidentemente de uma parte do trabalho não concluída. Mas mesmo assim é importante, pois mostra uma nova avaliação da forma de governo monárquico depois dos anátemas lançados nessa direção no *Tratado teológico-político*.[74] Agora, então, assistimos mais uma vez ao desenvolvimento constitutivo da *multitudo*: o móvel antagônico específico que opera para o deslocamento é o "medo da solidão".[75] O estado de natureza é aspirado pela situação de medo e solidão: mas o medo de solidão é algo mais que apenas medo, é "desejo" da multidão, da segurança como multidão, da absolutez da multidão. A passagem para a sociedade não é representada em nenhum ato de cessão de direito como acontece no pensamento absolutista contemporâneo, mas em um salto à frente, integrativo do ser, da solidão para a "*multitudo*", para a socialidade que, em si e por si, elimina o medo. Estamos, novamente, no centro do deslocamento político do ser que fundamenta a fenomenologia espinosista da prática coletiva. É a linha mestra. A genealogia das formas políticas deveria se desenvolver inteiramente, e sem momentos posteriores de reflexão, nesse sentido. "Mas, ao contrário, a experiência parece ensinar que, para fins de paz e concórdia, convém conferir todos os poderes a um só homem."[76] Se conseguíssemos compreender a natureza de "ao contrário", dessa disjunção, entenderíamos a relação entre ontologia e história em Espinosa! Na realidade não o entendemos: mas não se afirma que isso aconteça por incapacidade nossa. Pode acontecer, antes, porque estamos diante de uma confusão de Espinosa, numa relação confusa entre ordens de realidades diversas que não se conseguem colocar na coerência de um horizonte constitutivo — o governo de um só, a monarquia é um fato, um dado histórico, efetivamente contraditório com a linha mestra da fenomenologia constitutiva do projeto político.

A coerência do dispositivo sistemático é imediatamente depois procurada. Em outras palavras, logo depois de registrar a con-

A constituição do real

tradição do real, Espinosa tenta racionalizá-lo. A forma preferível do regime monárquico é a "moderada". Aquilo que no *Tratado teológico-político* tinha sido considerado como forma de governo absolutamente negativa é dado aqui agora como aceitável, contanto que suas modalidades sejam moderadas, contanto que o absolutismo monárquico não seja considerado em si mesmo, mas como função de bom governo.[77] Mas o bom governo não é imaginável senão como expressão de uma relação com a *multidão*, senão dentro da potência do consenso. "De tudo isto se segue que o rei tem uma autoridade tanto menor e que a condição dos súditos é tanto mais penosa quanto mais absoluto é o poder que lhe foi conferido; e assim, para instituir um bom governo monárquico é necessário lhe dar sólidos fundamentos, a fim de que fiquem asseguradas tanto a segurança do monarca quanto a paz do povo, ou seja, a fim de que o monarca esteja em plena posse de seu próprio direito justamente quando provê mais eficazmente ao bem-estar do povo."[78] Assim, por trás da definição efetiva da forma de governo monárquica, reaparece o eixo central do processo político espinosista: "não é absolutamente contrário à prática que se constituam direitos tão sólidos que nem mesmo o rei possa aboli-los".[79] E se o monarca ordena a seus ministros coisas contrárias às leis fundamentais do Estado, estes têm dever de recusar-se a executar as ordens.[80] "Os reis, na verdade, não são deuses, mas homens, que muitas vezes se deixam fascinar pelo canto das sereias. E se tudo dependesse da inconstante vontade de um só, nada haveria de estável. Por isso o governo monárquico, para que seja sólido, deve ser instituído de modo a que tudo aconteça por exclusivo decreto real, isto é, que todo direito seja a expressa vontade do rei, mas não de modo que toda vontade do rei seja direito."[81] A definição da forma do regime monárquico só pode ser reportada à lógica constitutiva quando se insiste em seus limites.

Uma monarquia constitucional? É difícil aceitar terminologias definitórias, consolidadas por um uso sucessivo e heterogêneo, para fixar o caráter dessa mediação constitucional da monarquia que encontramos no *Tratado político*. E não só por razões de correção filológica. O fato é que em Espinosa existe uma recusa profunda de uma consideração formal do processo constitucional: os limites são forças, os pontos de imputação de poder são potências. Isto para dizer que os limites da função monárquica só são limites jurídicos enquanto são limites físicos, só são determinações formais enquanto estão inscritos materialmente na constituição e em seu desenvolvimento. Se examinarmos a casuística citada por Espinosa em apoio às suas teses, percebemos que todas as formas políticas só valem enquanto explicitadas como processos constitutivos.[82] O governo monárquico (de puro fato histórico) torna-se um elemento racional quanto retirado da abstração da definição jurídica e colocado num quadro de relações de poder e de contrapoder: o absolutismo fica moderado, a moderação é uma relação dinâmica, a relação envolve todos os sujeitos na operação constitutiva. O equilíbrio constitucional é um encontro-mediação-confronto entre potências. E esse processo é o próprio desenvolvimento da *multitudo* como essência coletiva humana. "Esta nossa doutrina talvez seja recebida com um sorriso por parte daqueles que, reservando à plebe os vícios próprios de todos os mortais, dizem que o vulgo é inteiramente desmedido, que é temível quando não teme, que a plebe ou serve de escrava ou domina com arrogância, que não é feita para a verdade, não tem juízo etc. Pelo contrário, a natureza é uma só e é comum a todos [...] é idêntica em todos: todos ficam arrogantes com o poder; todos são temíveis quando não temem, e em toda parte a verdade é mais ou menos maltratada por todos aqueles que ela irrita ou condena, especialmente onde o poder está nas mãos de um ou de alguns que, ao instruir os processos, não têm em mira a justiça ou a verdade, mas a importância dos patrimônios."[83] O limite efetivo da consideração histórica da monarquia é então amplamente forçado, se não mesmo rompido, pelo pensamento espinosista. As equivocidades do processo, a ambiguidade inscrita na própria recepção (realista?) da monarquia como forma de governo aceitável são então submetidas a uma análise que privilegia o eixo da crítica constitutiva. A potência desmistificadora da física política não desaparece no *Tratado político*. A monarquia é dada como condição de fato: a análise a toma enquanto condição de fato, mas começa por negar toda absolutez, depois a define no horizonte da moderação, depois a desarticula na relação consti-

A constituição do real

tucional do poder, finalmente a submete ao movimento constitutivo da *multitudo*.[84]

Se o processo constitutivo encontra algumas dificuldades para aparecer em primeiro plano quando Espinosa enfrenta a forma de governo monárquico, muito mais tênues são as resistências à expressão do eixo fundamental do discurso quando se passa à análise do regime aristocrático. Aqui, com efeito, o discurso parte dos resultados da escavação operada nos confrontos do conceito de monarquia e de sua desarticulação diante do movimento constitutivo que encontra como sujeito a *multitudo*. De modo que assistimos, numa primeiríssima abordagem, a um movimento — por assim dizer — exemplar do método constitutivo. Sujeito: "se existe um poder absoluto, este é na verdade aquele que se encontra nas mãos de toda uma coletividade [*integra multitudo*]".[85] Móvel antagônico: "O motivo pelo qual, na prática, o governo não é absoluto não pode ser outro senão o seguinte, que os governantes têm medo da multidão, a qual, por isso, mantém uma certa liberdade, que, se não é concedida por uma lei explícita, lhe é entretanto tacitamente reconhecida".[86] Operação constitutiva: "a condição desse governo será ótima se ele for constituído de modo a aproximar-se ao máximo do governo absoluto".[87] A determinação dessa aproximação com o absoluto é dada pelos mecanismos de seleção dos governantes e pela forma da assembleia. O aristocrático é um regime em forma de assembleia: "se os reis são mortais, as assembleias são eternas". Em comparação com a forma monárquica, a forma aristocrática de governo é então excelente, na medida em que mais se aproxima da absolutez do governo. Mas absolutez do governo significa coparticipação efetiva do social no político: os princípios estruturais do regime aristocrático devem então ser construídos a partir da análise do social, a partir da fenomenologia determinada da *multitudo*: tais procuram ser justamente os exemplos recolhidos por Espinosa.[88] Mas não é o bastante. Até aqui estamos no terreno da produção do poder: para ser completa, a análise dos princípios estruturais do governo (no caso o aristocrático, como em geral a análise das formas de governo) deve cobrir também o processo de reprodução interna do poder.[89] Finalmente, deve-se conjugar a análise estática dos princípios de produção do poder com a dos princípios de gestão do poder: e teremos uma série de regras para a reprodução social da dominação.[90] O quadro é completado por duas digressões extremamente importantes, embora apenas anotadas, a primeira sobre a forma federativa do governo aristocrático[91] e a segunda sobre as formas degenerativas do governo aristocrático.[92] Que se fique atento: a análise é elegante e tenta dar um quadro adequado dos fenômenos estudados, em toda a sua complexidade — quadro, de qualquer modo, adequado ao nível de pesquisa da época. Mas a elegância da análise refere-se sobretudo aos princípios, aos esquemas de pesquisa, às propostas metodológicas. Quando a linha de pesquisa se confronta com a realidade, e tende para a exemplificação, então a casuística proposta é muitas vezes de segunda ordem.

O que retirar dessa fenomenologia analítica? Inútil esconder que o caráter de incompletude do texto é muito importante. Inclusive no que se refere aos capítulos sobre a aristocracia (como já fora o caso para aqueles sobre a monarquia) encontramo-nos diante de uma série de fortíssimos desvios metodológicos. O pensamento do "governo absoluto", a ideia guia e constitutiva da *multitudo* desempenham um papel metafísico que dificilmente consegue ser proporcional aos conteúdos analíticos e estruturais da análise das formas de governo. Pouca diferença faz quando se parte do princípio metafísico, como no caso do regime aristocrático, ou quando se chega a ele, como no caso da análise do regime monárquico. De qualquer modo a desproporção age no sentido de tornar inteiramente casual a contingência histórica dos princípios estruturais do governo. A avaliação, entretanto, deve mudar quando se considera, não tanto o conteúdo determinado da análise quanto o método que a rege e a dirige: o esquema constitutivo, com efeito, está presente com absoluta perfeição. Seja em termos de escavação, ou em termos construtivos, seja como operação crítica, ou como operação projetual. Talvez a coincidência entre os diversos movimentos da hipótese tivesse podido ocorrer com a análise do regime democrático — "Passo finalmente à terceira forma de governo, ou seja, àquele completamente absoluto que se chama democrático"[93] — mas, como se sabe, o texto para aqui. Será então que é supérfluo estudar essa segunda parte do *Tratado político* (para que fique claro, aquela que começa no capítulo VI)? Realmente não penso assim. A crise do projeto expositivo é na verdade tão importante (e dramática) do ponto de vista teórico quanto sua fundação. E já vimos por que sua fundação (capítulos I a V) o é. Aqui o desequilíbrio entre as condições teóricas do sistema, sua maturação constitutiva e, por outro lado, ao contrário, as condições histórico-políticas da obra, torna-se máximo.[94] É importante ver a luta política no interior do sistema: e ela pode ser apontada na descontinuidade absoluta da casuística diante do princípio constitutivo. A guerra é evidentemente lógica, mas sua importância política é fora de dúvida. O existente político é absolutamente contraditório com a necessidade constitutiva. Por isso é casual. É negação do ser. A casuística nunca consegue dar sentido ou simplesmente responder de maneira própria às interrogações que o princípio constitutivo organiza em esquemas de análise fenomenológica. O princípio constitutivo lança suas redes, mas a pesca é quase nula. Na realidade, tanto no que se refere à casuística estrutural relativa ao regime monárquico quanto à relativa ao regime aristocrático, Espinosa recolhe elementos da literatura contemporânea sua[95] — material frequentemente improdutivo, ou mesmo completamente vazio de qualquer relevância científica. E muitas vezes essa casuística é desorientadora, pois — se, por exemplo, se toma o problema da dinâmica dos contrapoderes como próprio do desenvolvimento constitutivo — oferece-nos uma exemplificação que se pode dizer, no mínimo, ambígua: de um lado exaltando os privilégios municipais ou regionais como autêntica autonomia popular (e a referência é aos ordenamentos do reino de Aragão),[96] de outro, ao contrário, negando como corporativos e inferiores os privilégios das cidades renanas e hanseáticas (e a referência é aos ordenamentos das *Gilden*).[97] O mesmo se aplica a outros assuntos não menos importantes, onde não é impossível ver conviverem o direito e o avesso, o direito e o esquerdo. Os únicos momentos em que o discurso se eleva são aqueles em que novamente é citado "o penetrantíssimo escritor florentino"[98] — e justamente a análise passa logo da casuística para a afirmação dos princípios definitórios da constituição, no caso, à reafirmação da necessidade de que "o Estado seja levado de volta a seu princípio, sobre o qual começou a se constituir". Inútil então pretender — como fazem muitas vezes com suas intervenções os organizadores da *Opera posthuma*[99] — orientar o *Tratado político* para uma batalha política determinada. Além de tudo não se consegue nem mesmo chegar a um acordo quanto à direção, às opções que orientariam essa batalha — que para alguns é liberal e aristocrática, para outras monárquica e constitucional, para outros, finalmente, democrática (quando o capítulo não está sequer escrito) e... rousseauniana! A luta, ao contrário, é interna ao sistema. É a luta entre o princípio que o move e a realidade da reflexão absolutista e burguesa do século que o impede de se tornar historicamente operativo.

O projeto está, assim, exposto num limite real. Não está derrotado, está suspenso. O princípio materialista e radical da constituição vive seu isolamento conspirativo e revolucionário. Não pode amadurecer para além de contradições que não pode compreender, mas pode crescer sobre si mesmo: quanto às contradições, essas participam do não ser, estão mortas. A teoria do positivo e do pleno da potência está suspensa sobre o vazio do negativo e do poder. O *Tratado político* só é uma obra falida se não se entende isto: que sua falência política imediata é o efeito necessário do triunfo do mundo, da *multitudo*, do homem. O projeto constitutivo está agora bloqueado na proporção adequada à potência crítica que havia desenvolvido. A filosofia política se tornou pela primeira vez — depois da experiência maquiavélica que o antecipa — uma teoria das massas. A crise do Renascimento deixa como herança seu significado laico e democrático, mostrando a dimensão de massa como problema histórico da revolução. Estes significados são anotados por Espinosa na constituição do movimento estrutural da *multitudo*. Representam um desejo desta: do governo absoluto, da absolutez da liberdade. A absolutez racional de uma relação material das massas com elas mesmas. A suspensão da obra, devida à morte de Espinosa, coincide com um bloqueio real seu, interno, positivo. Mas o projeto vive: está aí, presente, tenso, pronto para ser recolhido como mensagem. A dimensão temporal, futura, o conceito de porvir, se forma — antecipação que o desejo e a imaginação contêm, à borda de um bloco histórico determinado. Mas contingente. A necessidade do ser, submetida

A constituição do real
351

a essa tensão, não pode fingir nenhuma parada. Continua a crescer sobre si mesma, à espera da revolução, da forçosa reabertura da possibilidade filosófica. Espinosa não antecipa o iluminismo — ele o vive e o desdobra integralmente. Para ser compreendido, porém, Espinosa precisa que se deem novas condições reais: só a revolução coloca essas condições. O complemento do *Tratado político*, o desenvolvimento do capítulo sobre a democracia, ou melhor, sobre a forma absoluta, intelectual e corpórea, do governo das massas, só se torna problema real dentro e depois da revolução. A potência do pensamento espinosista tem a medida universal de seu florescimento dentro dessa atualidade da revolução.

NOTAS

[1] Do lado protestante, essa acusação já havia sido formulada na carta de Velthuysen (*Carta* XLII, analisada acima). Do lado católico, ver as *Cartas* LXVII e LXVII *bis*, respectivamente escritas por Albert Burgh e Niels Stensen. A Burgh, anteriormente aluno de Espinosa, membro de uma família holandesa influente, e agora convertido ao catolicismo, este responde com a *Carta* LXXVI. Sobre tudo isto, ver *Correspondência* (G., IV, pp. 280-291, 292-298 e 316-324; P., pp. 1265-1274 e 1288-1293).

[2] *Carta* LXVII *bis* (G., IV, p. 292). (Brevemente resumida na p. 1274, esta carta não está traduzida na edição da Pléiade.)

[3] *Carta* LXI de Oldenburg a Espinosa (G., IV, p. 272; P., p. 1258).

[4] *Carta* LXII de Oldenburg a Espinosa (G., IV, p. 273; P., p. 1259). Sobre as dificuldades políticas encontradas por Espinosa quando este tenta publicar a *Ética*, ver a *Carta* LXVIII de Espinosa a Oldenburg, onde estão longamente expostas (G., IV, p. 299; P., pp. 1275-1276).

[5] *Carta* LXXI de Oldenburg a Espinosa (G., IV, p. 304; P., pp. 1279-1280).

[6] *Carta* LXXIV de Oldenburg a Espinosa (G., IV, pp. 309-310; P., pp. 1283-1284).

[7] *Carta* LXXIII de Espinosa a Oldenburg (G., IV, pp. 306-309; P., pp. 1282-1283).

[8] Sobre as relações entre libertinismo, ceticismo e deísmo, refiro-me sobretudo aos trabalhos de Popkin. Sobre esta problemática, e para uma dis-

cussão crítica da bibliografia, permito-me remeter também a meu *Descartes politico*, cit.

[9] *Carta* LXXV de Espinosa a Oldenburg (particularmente G., IV, pp. 311-313; P., pp. 1285-1286).

[10] Tal é o sentido da resposta de Espinosa a Burgh na *Carta* LXXVI perfeitamente à altura do assunto: trata-se de uma das mais altas reivindicações a favor da liberdade de pensamento e da liberdade religiosa.

[11] Para a história da formação do texto do *Tratado político* refiro-me sobretudo aos trabalhos de L. Strauss e de A. Droetto já evocados, e em particular (no que toca a este) à sua Introdução à tradução italiana do *Tratado político*, Turim, 1958. Além disso, serão consultados também os livros já citados dedicados ao pensamento político de Espinosa, e muito particularmente o de Mugnier-Pollet.

[12] Será citado por nós sob a forma abreviada TP.

[13] TP, cap. I, par. 1 (G., III, p. 273; P., p. 918).

[14] Cf., sobretudo, L. Strauss, *Spinoza's critique of Religion, op. cit.*, p. 224.

[15] TP, cap. I, par. 2 (G., III, pp. 273-274; P., pp. 918-919).

[16] TP, cap. I, par. 3 (G., III, p. 274; P., p. 919).

[17] TP, cap. I, par. 4 (G., III, pp. 274-275; P., pp. 919-920).

[18] TP, cap. I, par. 5 (G., III, p. 275; P., pp. 920-921).

[19] TP, cap. I, par. 6 (G., III, p. 275; P., p. 921).

[20] TP, cap. I, par. 7 (G., III, pp. 275-276; P., pp. 921-922).

[21] Os comentadores não deixaram de ver essas alternativas, imediatamente presentes no trabalho político de Espinosa. Ver particularmente o livro de Mugnier-Pollet, cujas observações são, entretanto, bastante banais. A abordagem de A. Matheron é bem melhor.

[22] *Cartas* LVII e LVIII, entre 1674 e 1675 (G., IV, pp. 262-264 e 265-268; P., pp. 1248-1250 e 1251-1254).

[23] *Carta* LX (G., IV, p. 270; P., pp. 1256-1257).

[24] Cf. principalmente as *Cartas* LXIII, LXIV, LXV e LXVI (G., IV, pp. 274-289; P., pp. 1259-1265). Essas cartas, entretanto, ainda contêm muitas ambiguidades a respeito da teoria do atributo. Há como que uma fidelidade de Espinosa à totalidade de seu sistema "escrito", à totalidade de sua obra, que persiste mesmo quando ele está se encaminhando para soluções inteiramente diversas.

A constituição do real

[25] *Carta* LXXXI (G., IV, p. 332; P., p. 1299). Mas ver também a *Carta* LXXXIII de Espinosa a Tschirnhaus, de 15 de julho de 1676 (G., IV, p. 334; P., p. 1301), na qual Espinosa declara que "se (lhe) for dado viver o suficiente, ele voltará a enfrentar o problema da extensão e do atributo", e sua crítica a Descartes.

[26] *Ética* I, Proposição XXXIV (G., II, p. 76; P., p. 345).

[27] *Ética* I, Proposição XXXV (G., II, p. 77; P., p. 345).

[28] M. Gueroult, *op. cit.*, t. I, pp. 387-389. Posição idêntica de A. Igoin. "De l'ellipse de la théorie politique de Spinoza chez le jeune Marx", in *Cahiers Spinoza*, I, Paris, 1977, p. 213 sq. Mas sobre tudo isso ver *supra*, cap. III, 3ª parte. Não esquecer, além disso, que esses temas também são levantados por M. Francès, art. cit., e isto de maneira bastante explícita.

[29] *Ética* I, Proposição XXXVI (G., II, p. 77; P., p. 346).

[30] Cf. *supra*, cap. III, segunda parte, onde justamente são comentadas as Proposições em questão.

[31] Para a colocação desses problemas, cf. *supra*, cap. V, segunda parte.

[32] Particularmente no TTP, cap. XVI, e *Ética* IV, Proposição XXXVII, Escólio 2.

[33] TP, cap. II, par. 1 (G., III, p. 276; P., p. 922).

[34] TP, cap. II, par. 3 (G., III, pp. 276-277; P., p. 923).

[35] A. Droetto cita aqui o livro de I. P. Razumovski, *Spinoza and the State*, escrito em 1917, tornado por ele a fonte da interpretação materialista de Espinosa desenvolvida mais tarde na filosofia soviética. As fontes da leitura de Espinosa como pensador materialista são, naturalmente, bem mais antigas, inclusive na tradição do materialismo histórico. Mas talvez seja interessante estudar mais profundamente do que o faz Kline, *op. cit.*, a gênese do desenvolvimento "escolástico" da leitura materialista de Espinosa na filosofia soviética. Seja como for, tal leitura se apoia essencialmente nas passagens do TP analisadas aqui.

[36] TP, cap. II, par. 5 (G., III, p. 277; P., pp. 923-924).

[37] TP, cap. II, par. 6 (G., III, p. 277; P., p. 924).

[38] TP, cap. II, par. 8 (G., III, p. 279; P., p. 926).

[39] TP, cap. II, par. 7 (G., III, p. 279; P., pp. 925-926).

[40] TP, cap. II, par. 8 (G., III, p. 279; P., p. 926).

[41] Numa intervenção apresentada no colóquio *Spinoza, nouvelles approches textuelles* (Paris, 25 de maio de 1977), retomada in *Raison présente*, 43, Paris, 1978, P.-F. Moreau expõe os resultados de uma pesquisa informá-

tica sobre as recorrências das palavras *jus* e *lex* no TP. Inútil assinalar que essa análise dá um resultado extremamente favorável a *jus*. Nas traduções de Espinosa, e principalmente em inglês, dá-se, ao contrário, vantagem a *lex* (*law*). Sobre toda essa questão, cf. *Cahiers Spinoza*, II, Paris, 1978, p. 327 sq.

[42] TP, cap. II, par. 9 (G., III, p. 280; P., p. 927).

[43] Essa remissão se refere sobretudo aos trechos da *Ética* citados *supra*, cap. VII, nota 90.

[44] TP, cap. II par. 13 (G., III, p. 281; P., p. 928).

[45] Sobre o dispositivo teórico dessa física do corpo político, cf. principalmente TP, cap. II, par. 14 e 15 (G., III, p. 281; P., pp. 929-930). Ver também as indicações já evocadas de A. Lécrivain, *Spinoza et la physique cartésienne*, *op. cit.*, particularmente II, p. 204 sq., onde ele insiste fortemente na centralidade do modelo físico na elaboração da política espinosista.

[46] TP, cap. II, par. 17 (G., III, p. 282; P., p. 930).

[47] TP, cap. II, par. 19 (G., III, pp. 282-283; P., p. 931).

[48] TP, cap. II, par. 23 (G., III, p. 284; P., p. 933).

[49] A tentação positivista continua a grassar na interpretação do pensamento jurídico e político de Espinosa; e principalmente na Itália, apesar das "interpretações fundamentais" de Ravà e de Solari que, ao concluírem por uma impossibilidade de reduzir o espinosismo a um pensamento positivista, haviam certamente colocado o problema corretamente.

[50] Sobre o positivismo e sobre o legalismo, sobre as características teóricas e as funções de ambos, permito-me remeter ao meu *Alle origini del formalismo giuridico*, Pádua, 1962.

[51] A. Matheron captou com muita inteligência esses caracteres dialético-transcendentais da política de Espinosa. Seu aprofundamento dessa temática, entretanto, parece-me pecar por excesso de dialetismo, isto é, por uma atenção excessiva à determinação concreta dos exemplos estudados. O que produz, como veremos na terceira parte deste capítulo, curiosos efeitos de retrodatação na obra de Espinosa — que pareceria quase dedicada a uma crítica da forma-Estado pré-burguesa.

[52] TP, cap. III, par. 1 (G., III, p. 284; P., p. 934).

[53] TP, cap. III, par. 2 (G., II, pp. 284-285; P., p. 934).

[54] TP, cap. III, par. 3 (G., III, p. 285; P., p. 935).

[55] TP, cap. III, par. 4, 5, 6 (G., III, pp. 285-287; P., pp. 935-937).

[56] TP, cap. III, par. 7 (G., III, p. 287; P., p. 937).

[57] TP, cap. III, par. 18 (G., III, p. 291; P., p. 944).

A constituição do real

355

[58] TP, cap. III, par. 9 (G., III, p. 288; P., p. 939).

[59] Os estudos de W. Dilthey e de sua escola não estão isentos de tendências vitalistas (mais que organicistas). Permitimo-nos aqui remeter a nosso *Studi sullo storicismo tedesco*, Milão, 1959.

[60] TP, cap. IV, par. 4 (G., III, p. 293; P., pp. 926-927).

[61] TP, cap. IV, par. 5 (G., III, pp. 293-294; P., p. 947).

[62] Sobre esta temática em seu conjunto, cf. *supra*, cap. V, terceira parte.

[63] TP, cap. V, par. 1 (G., III, p. 295; P., p. 949).

[64] TP, cap, V, par. 2 (G., III, p. 295; P., pp. 949-950).

[65] TP, cap, V, par. 4 (G., III, p. 296; P., p. 950).

[66] TP, cap. V, par. 7 (G., III, pp. 296-297; P., pp. 951-952). Sobre as relações Maquiavel-Espinosa, ver o que A. Droetto diz a respeito em nota, assim como em sua Introdução. Mas é evidente que será preciso voltar longamente a tratar essas relações, absolutamente fundamentais para a história da filosofia política moderna: trata-se, com efeito, da alternativa (Maquiavel--Espinosa-Marx) que se coloca diante do filão "sublime" (Hobbes-Rousseau--Hegel).

[67] Parece-me difícil dar referência, na medida em que se trata, nessas afirmações, de um resumo relativamente geral do que foi dito até aqui. É fora de dúvida, no entanto, que se deve levar na mais alta consideração o *Althusius* de Gierke. Poderíamos retomar aqui o que foi dito a respeito da interpretação do "contrato social" em Espinosa, em referência principalmente às interpretações de Vaughan, Solari e Eckstein (cf. *supra*, cap. V, segunda parte).

[68] *Carta* LXXXIV (G., III, pp. 335-336; P., pp. 1302-1303).

[69] TP, Prefácio (G., III, p. 272; P., p. 918).

[70] Para uma análise atenta dos conteúdos específicos do TP, ver, além da Introdução de Droetto, a *op. cit.*, de Mugnier-Pollet, e Jean Préposiet, *Spinoza et la liberté des hommes*, Paris 1967. Ambos enfatizam a correspondência entre os textos de Espinosa e a evolução das instituições nos Países Baixos.

[71] G. W. F. Hegel, *Leçons sur l'histoire de la philosophie* (cf. *supra*, p. 228).

[72] Apesar de todos os seus defeitos, apesar de seus aspectos escolásticos e deterministas, o artigo várias vezes citado de Thalheimer me parece uma referência bastante boa para falar das transformações do regime político da Holanda no século XVII.

[73] Matheron, em sua importante obra "sobre a comunidade" no pensamento de Espinosa, várias vezes evocada, chega a um julgamento próximo ao nosso. A importância do livro de Matheron vem do fato de que ele se libera dos entraves das velhas interpretações acadêmicas da filosofia política de Espinosa, que rejeita a tentativa tradicional de explicar Espinosa no âmbito de uma tipologia que arrole as ideologias e as formas de governo correspondentes. Hoje em dia, esse perigo me parece definitivamente afastado: mas Matheron não tem nada com isso. No fundo, o fato de pensar separadamente a metafísica e a política de Espinosa era apenas um dos aspectos dessa paixão pela história das formas de governo. Pura e simples classificação de "suas" formas de governo, uma história da ideologia e da política como essa não podia deixar de agradar à burguesia do século XIX.

[74] Cf. *supra*, cap. V, terceira parte.

[75] TP, cap. VI, par. 1 (G., III, p. 297; P., p. 952).

[76] TP, cap. VI, par. 4 (G., III, p. 298; P., p. 953).

[77] TP, cap. VI, par. 5-7 (G., III, pp. 298-299; P., pp. 954-955).

[78] TP, cap. VI, par. 8 (G., III, p. 299; P., p. 955).

[79] TP, cap. VII, par. 1 (G., III, p. 307; P., p. 967).

[80] TP, cap. VII, par. 1 (G., III, p. 307; P., p. 967).

[81] TP, cap. VII, par. 1 (G., III, p. 308; P., p. 968).

[82] TP, cap. VI, par. 9-40 e cap. VII, par. 3-31(G., III, pp. 299-307 e 308-323; P., pp. 955-967 e 969-990).

[83] TP, cap. VII, par. 27 (G., III, pp. 319-320; P., pp. 985-986).

[84] TP, cap. VII, par. 31 (G., III, p. 323; P., p. 990).

[85] TP, cap. VIII, par. 3 (G., III, p. 325; P., p. 993).

[86] TP, cap. VIII, par. 4 (G., III, pp. 325-326; P., pp. 992-993).

[87] TP, cap. VIII, par. 5 (G., III, p. 326; P., p. 994).

[88] TP, cap. VIII, par. 8 (G., III, p. 327 sq.; P., p. 995 sq.).

[89] TP, cap. VIII, par. 12 (G., III, p. 329; P., pp. 998-999).

[90] TP, cap. VIII, par. 13 por exemplo (G., III, pp. 329-330; P., pp. 999-1000).

[91] TP, cap. IX, sobre a república federativa. De maneira geral, sobre as relações internacionais, cf. TP, cap. III, par. 11.

[92] TP, cap. X.

[93] TP, cap. XI, par. 1 (G., III, p. 358; P., p. 1031).

A constituição do real

[94] Remeto novamente às obras históricas várias vezes citadas neste livro. Raciocinando em termos deterministas, a interpretação marxista clássica, de Thalheimer a Desanti, ao mesmo tempo em que percebe a transformação interna da problemática espinosista, insiste no lugar que lhe caberia no desenvolvimento da ideologia burguesa. Parece-me, ao contrário, que a ruptura efetiva da continuidade do sistema não pode em caso algum ser conduzida às dimensões ideológicas da época.

[95] A documentação é fornecida por A. Droetto em sua Introdução e em suas notas à edição italiana do TP. Mas cf. sobretudo M. Francès, Notas e Apresentação de *La Balance politique* dos irmãos J. e P. de La Court, que oferece uma ampla documentação sobre o debate político e constitucional próprio à época de Espinosa.

[96] TP, cap. VII, par. 30 (G., III, pp. 321-323; P., pp. 987-989).

[97] TP, cap. VIII, par. 5 (G., III, p. 326; P., p. 994).

[98] TP, cap. X, par. 1 (G., III, p. 353; P., p. 1033).

[99] Notar particularmente a intervenção dos editores, seguramente de filiação aristocrática, no texto do frontispício do TP, onde a palavra "aristocrata" está, com toda certeza, acrescentada; assim também no início do cap. VIII onde, muito provavelmente, os organizadores acrescentaram uma espécie de premissa-sumário sobre a "superioridade do regime aristocrático" (G., III, p. 271 e 323; P., p. 917 e 990).

Capítulo IX
DIFERENÇA E PORVIR

1. Pensamento negativo e pensamento constitutivo

Na filosofia do século XVII, Espinosa realiza o milagre de subordinar a crise ao projeto. Sozinho, figura anômala e irredutível, ele toma a crise da utopia do Renascimento como realidade a ser dominada. A dominação teórica tem de ter o mesmo potencial de absolutez da utopia em crise. A anomalia filosófica de Espinosa consiste nisto: na irredutibilidade de seu pensamento ao desenvolvimento do racionalismo e do empirismo modernos, que são filosofias subordinadas à crise, filosofias sempre dualistas e irresolutas, voltadas para a transcendência como território exclusivo de réplica ideal e de dominação prática do mundo — e portanto filosofias funcionais para a definição da burguesia, para seu definitivo autorreconhecimento como classe da crise e da mediação. Contra Descartes, Espinosa se reapropria da crise como elemento da ontologia; contra Hobbes, Espinosa funcionaliza a crise dentro do construtivismo da ontologia.[1]

A partir dessa ruptura substancial se desenvolve a história filosófica espinosista. Existem "dois" Espinosas? — perguntamo-nos, iniciando este trabalho.[2] Sim, são dois. Há o Espinosa que puxa pela utopia do Renascimento até a crise e que a faz desenrolar-se em paradoxo do mundo, há o Espinosa que intervém no paradoxo do mundo e o investe em uma estratégia de reconstrução ética. Estes dois Espinosa são duas fases de um projeto especulativo unitário, dois momentos de solução de um mesmo problema. Do pensamento negativo para o pensamento constitutivo, podemos dizer utilizando uma terminologia contemporânea. Efetivamente, Espinosa opera uma crítica destrutiva do esquema de homologia do absoluto, partindo do interior do absoluto, conduzin-

Diferença e porvir

do as condições organizativas deste dentro de antinomias insolúveis enquanto as condições da organização não forem revolucionadas: e este é o momento negativo da teoria. Com muita frequência, neste limite de crise teórica guiada, o pensamento para. As condições de vida do organismo teórico criticado parecem representar, apesar de tudo, as condições absolutas do filosofar. O pensamento negativo conclui então — nesse limite — por uma concepção cínica do ser, por um puro pragmatismo projetual que é indiferente a qualquer conteúdo ontológico — com isto hipostasiando formalmente a ordem lógica do sistema criticado.[3] Depois de Wittgenstein vem Heidegger. Espinosa é uma alternativa a essa corrente filosófica. É a refundação das condições de pensabilidade do mundo. Não uma filosofia do começo, nem mesmo um novo começo: recomeçar, aqui, não é selecionar, discriminar, fixar novos pontos de apoio, mas tomar a dimensão inteira do ser como horizonte da constituição, da possibilidade, racionalmente dirigida, de liberação. O espaço da crise é a condição ontológica de um projeto de transformação, o limite é inerente ao infinito como condição de liberação. Esta inserção do pensamento constitutivo no pensamento crítico e negativo representa a solução dos enigmas teóricos colocados pela filosofia burguesa na base de sua específica mistificação do mundo, ou seja, de sua ideologia e da figura de sua atividade apropriadora.

Os pontos aos quais o pensamento espinosista, enquanto filosofia negativa, se prende, são substancialmente todos aqueles que definem homologia e finalismo da multiplicidade. Uma concepção do ser unívoco é colocada contra toda homologia espacial, a favor da versatilidade plural do ser e novamente contra toda finalização temporal de seu desenvolvimento. O mecanicismo espinosista nega toda possibilidade de concepção do mundo que não se represente como emergência singular, plana e superficial do ser. Deus é a coisa. Deus é a multiplicidade. Um e múltiplo são forças equipolentes e indiscerníveis: no terreno do absoluto a sequência numérica não é dada senão como assunção da totalidade dos eventos. Cada um absoluto em si.[4] Os pontos sobre os quais se desenvolve o pensamento constitutivo são aqueles que resultam do processo crítico: pontos, emergências, eventos que — na relação de abertura metafísica definida — são novamente submetidos à tensão, à potência da totalidade do ser. A roconstrução do mundo é assim o próprio processo da contínua composição e recomposição física das coisas — com absoluta continuidade, nessa natureza física se inserem os mecanismos constitutivos da natureza histórica, prática, ético-política.

Esse processo e essas passagens não são dialéticos: a dialética não encontra lugar em Espinosa porque o processo constitutivo da ontologia não conhece o negativo e o vazio senão na forma do paradoxo e da revolução teórica.[5] O processo constitutivo acumula o ser qualitativa e quantitativamente, ocupa sempre novos espaços, constrói. A lógica espinosista não conhece a hipótese, só conhece o traço, o indício.[6] A versatilidade do ser contada por ela está dentro de uma tessitura de atos materiais que, tendo diversas combinações e figuras, vivem mesmo assim um processo de combinação e de autoformação. A ética mostra esse dinamismo finalmente desdobrado. Da Proposição XIII do livro II da *Ética* aos livros III e IV (verdadeiro cerne do pensamento espinosista) a passagem da fisicidade à eticidade se desenrola fora de qualquer finalismo, em termos, ao contrário, axiomáticos e fenomenológicos. Em sua complexa figura e composição, a *Ética* é sobretudo uma axiomática para uma fenomenologia da prática constitutiva. A *Ética* é uma obra metódica, não porque seu prolixo método geométrico seja um paradigma de pesquisa, mas porque é uma obra aberta, definição de um primeiro traçado da obra humana de apropriação e construção do mundo. Uma série de condições absolutamente modernas funcionam assim como termos elementares do discurso espinosista: não só um espírito indutivo que se desdobra até o prazer do saber indiciário, mas um certo materialismo e um coletivismo seguro que funcionam como pressupostos do processo de constituição. Na medida em que a filosofia da emanação (recomposta em termos de Renascimento), a teoria dos atributos e a do paralelismo se atenuam e perdem força sob os golpes do pensamento negativo, o mundo reaparece em seu frescor material e a sociedade em sua determinação coletiva. Materialismo e coletivismo são aspectos fundamentais do pensamento constitutivo. Não há constituição ontológica que não seja apropriação e acumulação de ele-

Diferença e porvir

mentos materiais, tanto físicos quanto sociais. Novamente, aqui, a dialética não encontra lugar: o pensamento espinosista, assim como não conhece o negativo, não conhece a verticalidade dos mecanismos de sublimação e de superação (ou melhor, conhece-os como tentação de que tem de se liberar). O novo, o qualitativamente diverso, é em Espinosa assinalado pela complexidade dos processos constitutivos, na determinação dinâmica (inercial) deles sobre o plano físico, na determinação que eles impõem, *"appetitus"* e *"cupiditas"*, sobre o plano ético e histórico. O dinamismo constitutivo, físico e ético, conclui então essa primeira postura rigorosamente materialista do pensamento moderno.

A relação entre pensamento negativo e pensamento constitutivo, tal como resulta da filosofia de Espinosa, é decisiva também no terreno da teoria da ciência. Em Espinosa a ciência se reconhece como construtividade, liberdade e inovação. Não é, em sentido algum, teleológica ou teologicamente condicionada. O modelo científico que o capitalismo produz para seu próprio desenvolvimento fica envolvido na crítica do pensamento negativo. Se o capitalismo é força histórica absoluta, que produz organização e hierarquia, que impõe a produção na forma do lucro, então sua ciência não pode ser senão teleológica. Aqui a polêmica do pensamento negativo volta-se diretamente contra ele.[7] É verdade que a ciência pode ser considerada somente como força prática e por isso a ciência está em todos os casos vinculada aos mecanismos da dominação: mas a ciência moderna é trama do poder absoluto. Assim como sua vigência é teleológica, sua autoridade absoluta só pode se basear no dualismo, na base transcendental do lucro e do comando. Onde colocar a crítica? Exatamente no cruzamento entre ciência e poder, na absolutez que a determinação científica concede ao poder. Como comando, como hierarquia, como riqueza. A diferença essencial que o pensamento espinosista coloca diante do desenvolvimento do pensamento moderno se fundamenta na crítica da homologia entre ciência e poder, em qualquer sentido em que aquela se apresente, estrutural ou formal, hobbesiana ou cartesiana. Os pressupostos dessa crítica empurram o pensamento espinosista para o terreno de uma filosofia do porvir: de uma antecipação que prospectivamente coloca, na radicalidade do impacto polêmico, a crise de época da ciência e do sistema do capitalismo.[8] Diante disso, o pensamento constitutivo. Isto é, a necessidade e a possibilidade para a ciência de se exercer como máquina de liberação. Este é o ponto fundamental. O cruzamento entre pensamento negativo e pensamento constitutivo determina o transbordamento, por assonância, da totalidade criticada sobre o projeto da liberação. A vastidão do projeto de liberação integra a radicalidade do projeto negativo da crítica. A ciência, com isso, é reportada à dimensão ético-política, é preenchida com esperança. Já o recordamos: o clima cultural holandês, em sua relativa autonomia e anomalia histórica, não vê a dissolução do contexto civil dentro do qual unitária e solidariamente a ciência se desenvolve — as Academias do poder absoluto não se impuseram, a unidade cultural permanece e se representa como convivência de virtudes éticas e cognoscitivas. Não é então um projeto antigo aquele proposto pela concepção espinosista da ciência. É, ao contrário, um aspecto essencial da operação de superação e deslocamento que o tempo projetual de sua filosofia opera em relação ao tempo histórico de sua existência: é um momento de prefiguração, de criatividade, de liberação. O projeto constitutivo deve então colocar a ciência como essência não finalizada, como acumulação de atos de liberação. Coloca a ciência não como natureza, mas como segunda natureza, não como conhecimento, mas como apropriação, não como apropriação individual, mas como apropriação coletiva, não como poder, mas como potência. A *Ethica ordine geometrico demonstrata* é ciência ela mesma — ciência de um ser objetivo que sabe a liberação como sua própria natureza como sua própria tensão.[9]

O que é fascinante, neste quadro de reconstrução, é a enormidade do projeto espinosista. Nós mesmos só poderíamos historicamente motivá-lo como transferência de uma fundação religiosa e metafísica para um projeto humanista e revolucionário. Esclarecendo que os elementos históricos da transferência são incidentais: em sua absolutez, elas têm antes um tal ritmo interno expansivo que a crítica metamorfoseia sua origem, não porque esta diminua a potência deles, mas porque a ajusta e a reorganiza. A síntese dos componentes filosóficos tradicionais se realiza em Es-

Diferença e porvir

pinosa no sentido de rompimento: inútil seguir os pressupostos da filosofia espinosista se não se percebe o salto qualitativo que ela determina. A continuidade do pensamento espinosista em relação ao curso anterior da história da metafísica consiste numa descontinuidade radical, que exalta a utopia da consciência e da liberdade — patrimônio do pensamento ocidental — em projeto de liberação. A perspectiva do mundo não é utopia, o imanentismo não é estético, a liberação não é mais artesanal: mas tudo isto é pressuposto, é basilar. Espinosa requalifica o problema da filosofia moderna, que é a conquista do mundo e a liberação do homem, e destrói suas múltiplas antinomias e a sempre renascente separação (dualista, transcendentalista...) na teoria do conhecimento e da história, do mesmo modo como desde sempre a crítica tem destruído o sofisma de Zenão: caminhando, pondo em movimento a realidade. A filosofia de Espinosa nasce levando ao extremo o paradoxo ontológico do ser: reconhecendo que a hipóstase, a única hipóstase possível, é a do mundo e do desenrolar de sua necessidade entre a física e a prática. Uma concepção do mundo que produz imediatamente, como a partir de sua própria base, uma concepção da ciência e do saber mundano inteiramente moderna: técnica e liberatória. Uma concepção radicalmente materialista do ser e do mundo.

Em nossa opinião essa diferença, representada pelo pensamento espinosista na história da metafísica ocidental, representa um altíssimo ponto para o desenvolvimento teórico do pensamento moderno. Em outros termos, o pensamento espinosista para nós representa uma estratégia de superação das antinomias da ideologia burguesa. Mas já que a ideologia burguesa é essencialmente antinômica, esta superação é superação *tout court* da ideologia. Espinosa nos restituiu o ser em sua imediatez. Espinosa destrói a homologia entre mediação e articulação do ser e mediação e articulação do poder burguês. Espinosa nos restitui o mundo como território de uma alegre construção das necessidades imediatamente humanas.[10] A diferença espinosista impõe uma reviravolta materialista da filosofia que talvez só ao nível da pesquisa amadurecida pela crise de capitalismo tardio tenha adquirido um sentido definido: aquela estratégia é atual, aquele germe desenvolveu sua potencialidade. A história da filosofia do materialismo[11] nos mostra uma corrente fundamentalmente subordinada, às vezes até mesmo parasitária, pelo menos no âmbito do pensamento moderno e contemporâneo: agora, diante do pensamento espinosista e integrada por este, aquela tradição fica potentemente renovada. O espírito inovador provém da fundamentação humanista e prática do pensamento constitutivo espinosista.[12] O pensamento espinosista é perfeitamente idealista quando se apresenta como pensamento negativo, quando desenvolve a utopia burguesa vivendo-a até as extremas consequências abstratas de sua valsa espiritual; em compensação, é perfeitamente materialista assim que se recompõe de maneira construtiva, reverte a impossibilidade de um mundo ideal em tensão materialista de seus componentes e os engloba num projeto prático, num dinamismo violento de liberação mundana. "*Benedictus maledictus*": nunca foi um filósofo com tanta justiça odiado por sua época, burguesa e capitalista. Nunca uma filosofia foi sentida como tão diferente. Efetivamente, ela atacava aquilo que a ideologia e o sentir comum (pilotado pelo poder) viviam, naquele tempo, como sendo-lhes mais próprio e substancial. Leo Strauss anota: "Se é verdade que toda cultura que se respeita coloca necessariamente alguma coisa da qual é absolutamente proibido rir, pode-se dizer que a vontade de transgredir essa proibição faz parte íntima da intenção de Maquiavel".[13] E de Espinosa. Ele rompe de maneira mais decidida com o tempo histórico de sua filosofia. Projeta no sentido adequado a ruptura em direção ao futuro, em direção a condições de pensamento que permitam a hegemonia do projeto de liberação.

E então: como essa diferença espinosista é construtiva, como essa negatividade é constitutiva! O entrelaçamento orgânico desses dois motivos, na história da filosofia europeia, é fundamental. Espinosa é o primeiro a plasmar esse mecanismo lógico que a filosofia burguesa tentará, em seu desenvolvimento posterior, anular com constância e continuidade. No kantismo, como no idealismo clássico, o termo de confronto e polêmica permanece constantemente sendo Espinosa:[14] o que deve ser destruído é justamente o entrelaçamento da negação da ideologia e da construção do mundo, a inerência do limite, da materialidade, ao infinito. Para todas

Diferença e porvir

as tradições e posições idealistas, o pensamento negativo só pode existir como *skepsis*, como *pars destruens* — cuidado para não confundi-lo com o projeto! O pensamento idealista quer a ingenuidade e a pureza da fundação: não pode aceitar a potente, complexa, espúria territorialidade e circulação e versatilidade do ser construídas pelo pensamento negativo espinosista. O amor pela verdade se dissocia no idealismo da paixão pelo ser real. O efeito dessa operação é com toda certeza a mistificação. Em Espinosa, verdade e ser encontram uma exclusividade de efeito recíproco que só a prática constitutiva, material e coletiva, interpreta, articula e produz: em Espinosa o esquematismo transcendental é só prático, material. O mundo só exalta a própria absolutez reconhecendo-se em seu próprio ser-dado. É absoluto em sua particularidade. É racional no processo da liberação. Finito e infinito produzem a tensão da liberação. Não se pode dizer do mundo outra coisa que sua absolutez, e esta vive do que é real. A teoria metafísica e a teoria da ciência encontram em Espinosa, na origem do mundo moderno, uma primeira e total concordância. Elas representam a alternativa fundamental a toda a corrente da metafísica e da teoria burguesa da ciência que vem depois. Espinosa vive como alternativa: hoje essa alternativa é real e atual. A analítica espinosista do espaço pleno e do tempo aberto está se tornando ética da liberação em todas as dimensões que esse discurso constrói e dispõe.

2. Ética e política da desutopia

A verdadeira política de Espinosa é a metafísica. Contra as potencialidades desta se descarregam a polêmica do pensamento burguês e todas as tentativas de mistificação que correm sob a etiqueta de "espinosismo". Mas a metafísica espinosista se articula em discurso político e neste campo desenvolve especificamente algumas de suas potencialidades. Procuraremos aqui identificá-las.

A metafísica nos apresenta o ser como força produtiva e a ética como necessidade, ou melhor, como articulação fenomenológica das necessidades produtivas. O problema da produção e da apropriação do mundo se torna, neste quadro, fundamental. Mas isto não é específico de Espinosa: o século XVII apresenta este mesmo problema e o apresenta resolvido de acordo com um eixo fundamental, o da hipóstase do comando, o da hierarquia da ordem e dos graus de apropriação. Na filosofia do século, podemos destacar duas figuras ideológicas fundamentais, destinadas a fundamentar e a representar, com a ordem burguesa, a ideologia do *ancien régime*: de um lado as várias reformulações do neoplatonismo, de Henry More ao espiritualismo cristão,[15] do outro o pensamento do mecanicismo.[16] Ambas as teorias são funcionais para a representação do novo fenômeno decisivo que intervém: o mercado. Ambas explicam nele a articulação de trabalho e valor, a circulação da produção para a acumulação do lucro, para a fundamentação do comando. O esquema neoplatônico introduz a hierarquia no sistema fluido do mercado, o esquema mecanicista exalta o comando como tensão dualística pedida, exigida, encomendada pelo mercado. Entre uma e outra destas ideologias (a neoplatônica é antes chamada pós-renascentista que propriamente do século XVII) corre a grande crise da primeira metade do século: o mecanicismo é a filosofia burguesa da crise, a forma ideal da reestruturação do mercado e da ideologia, a tecnologia nova do poder absoluto.[17] Nesse quadro a utopia da força produtiva, que é a herança indestrutível da revolução humanista, é despedaçada e reproduzida: despedaçada na ilusão (que lhe era própria) de uma continuidade social e coletiva de um processo de apropriação da natureza e da riqueza; reproduzida, em primeira instância, como ideia do comando, em segundo lugar e sucessivamente, como hipótese de uma apropriação redundante e progressiva na forma de lucro. A ideia de mercado é isto: duplicação (misteriosa e sublime) do trabalho e do valor; otimismo progressivo, direção racional e resultado de otimização, abertos na relação exploração-lucro.[18] A metafísica da força produtiva, rompida pela crise, é reorganizada pelo mercado: a filosofia do século XVII é a representação dela. Este é o pensamento fundamental em torno do qual se assenta a cultura barroca da burguesia: interiorização dos efeitos materiais da crise e reprodução utópica e nostálgica da totalidade como cobertura dos mecanismos de mercado. Muita atenção: a hegemonia desse dispositivo funcional, que atravessa quase todas as filosofias

Diferença e porvir

do século, entre Hobbes, Descartes e Leibniz,[19] é tão forte que impõe, no próprio século e imediatamente depois, uma leitura homóloga também do pensamento espinosista — é este o "espinosismo"! A forçosa redução da metafísica de Espinosa a uma ideologia neoplatonizante, emanacionista, reprodução da imagem do esquema social burguês feita pelo Renascimento tardio. Espinosa barroco? Não, mas se for o caso, neste quadro, uma figura espúria e fatigada, que refuta a crise, que repete a utopia na forma renascentista ingênua: é este o espinosismo.[20] Quando o idealismo clássico retoma Espinosa, na verdade retoma (inventa?) só o espinosismo, uma filosofia renascentista da revolução burguesa do mercado capitalista![21]

O pensamento maduro de Espinosa é a metafísica da força produtiva que recusa a ruptura crítica do mercado como episódio misterioso e transcendental, que, ao contrário, interpreta — imediatamente — a relação entre tensão apropriativa e força produtiva como tecido de liberação. Materialista, social, coletivo. A recusa espinosista não nega a realidade da ruptura crítica do mercado, até intervém na solução determinada que tem ela no século XVII. Toma a crise como elemento do desenvolvimento da essência humana, nega a utopia do mercado e afirma a desutopia do desenvolvimento. O caráter coletivo da apropriação é primário e imediato, é imediatamente luta — não separação, mas sim constituição. Em suma, recusa determinada da organização capitalista e burguesa da relação entre força produtiva e apropriação. Mas veremos isto mais adiante, mais detalhadamente. Aqui vale mais a pena pararmos na espessura da ruptura espinosista, na importância teórica da centralidade da desutopia. Pois é este o ponto em torno do qual se fixa uma alternativa radical e originária do pensamento burguês. Alternativa entre descoberta e exaltação teórica da força produtiva e, do outro lado, sua organização burguesa. A história do pensamento moderno deve ser vista como problemática da nova força produtiva. O filão ideologicamente hegemônico é aquele que é funcional para o desenvolvimento da burguesia: ele se dobra sobre a ideologia do mercado, na forma determinada imposta pelo novo modo de produção. O problema é, como demonstramos amplamente,[22] a hipóstase do dualismo do mercado no sistema metafísico: de Hobbes a Rousseau, de Kant a Hegel. Este é então o filão central da filosofia moderna: a mistificação do mercado se torna utopia do desenvolvimento. Diante dela, a ruptura espinosista — mas já, primeiramente, a feita por Maquiavel, depois, a consagrada por Marx. A desutopia do mercado se torna neste caso afirmação da força produtiva como terreno de liberação. Nunca se insistirá o suficiente nesta alternativa imanente e possível na história do pensamento ocidental: é sinal de dignidade, tanto quanto a outra leva o selo da infâmia. A ruptura espinosista atinge o cerne da mistificação, toma a primeira realidade do mecanismo crítico do mercado como sintoma e demonstração de sua infâmia. O mercado é superstição. Mas superstição instalada para destruir a criatividade do homem, para criar medo contra a força produtiva, entrave e bloqueio à liberação. A espessura da ruptura espinosista não poderia ser maior e mais significativa.

Voltemos então ao conteúdo da desutopia espinosista. Uma metafísica do ser como física da potência e ética da constituição. O trabalho de Espinosa no desenvolvimento dessa hipótese de pesquisa, no processo mesmo da realização de sua definição, isso já vimos. Trata-se agora de retomar a especificidade política desse desenvolvimento. Desutopia: ou seja, entrelaçamento da tendência constitutiva e do limite determinado, crítico. Este entrelaçamento é visto por Espinosa num horizonte de absoluta imanência. Nenhum desnível transcendente está anexo ao conceito de constituição. Qualquer articulação do processo está, então, entregue única e exclusivamente à projetualidade ética: reside numa tensão que corre sem solução de continuidade, da dimensão da fisicidade à dimensão ética. E é uma tensão construtiva de ser. Ser e não ser se afirmam e se negam simples, discreta, imediatamente. Não há dialética. O ser é o ser, o não-ser é nada. Nada: fantasma, superstição, fundo. Oposição. Bloqueio do projeto constitutivo. Diante dele, a metafísica do ser passa diretamente à ética e à política. Ela também vive a tentação e o perigo do nada. Mas, justamente, para dominá-lo de maneira absoluta. Na desutopia de Espinosa a centralidade do político é afirmação da absoluta positividade do ser. Diante de uma teoria política hegemônica que quer o político como reino da astúcia e da dominação, Espinosa afirma o político

Diferença e porvir

como "poder moderado", isto é, como constituição determinada de consenso e organização para a liberdade coletiva. Diante de uma filosofia política que se pretende como teoria absoluta da obrigação, Espinosa coloca no processo da imaginação toda base de normatividade. Diante de uma ideologia que quer a organização da sociedade como simulação do mercado, Espinosa contrapõe a constituição da sociedade como trama de desenvolvimento da força produtiva. A *"potentia"*, a apropriação, são em Espinosa os elementos constitutivos da coletividade humana e as condições de sua progressiva liberação. Contra o individualismo possessivo que é a marca hegemônica da filosofia do século XVII, Espinosa afirma a alternativa de um processo constitutivo, não linear, mas atual, não teleológico, mas determinado e efetivo. Liberdade cujo desenrolar constitui ser, ser cuja constituição determina liberdade. Atualidade que só pode ser prefigurada na medida de sua efetividade, necessidade que se coloca como efeito e medida da liberdade.

Há quem tenha falado de um Espinosa liberal, outros de um Espinosa democrático. Do mesmo modo se poderia falar — e foi feito — de um Espinosa aristocrático ou monárquico constitucional. Ou anarquista? Ninguém nunca o disse. Entretanto é de tal maneira que vão tentar atribuir à figura política de Espinosa as várias determinações da teoria das formas de governo e de Estado, que até se poderia dizer Espinosa "anarquista"! Por outro lado, não é justamente esta a acusação, "ateu" e "anarquista", que lhe imputam os séculos do *ancien régime*? Mas insensatamente. O problema da verdade não é de formas de governo, mas de formas de liberação. O problema político de Espinosa é o de dar à liberdade e à razão a imediatez das necessidades e à sua transcrição social e coletiva, a absolutez da potencialidade do ser. Qualquer definição das formas de governo tem de se haver com a temática da potência do ser: mas, com isso mesmo, se dissolve. A política é função primária da experiência e do saber enquanto fixação de uma relação entre tensão de liberação e limite determinado. Mas esta relação é incessantemente ultrapassada, não por um sistema de negações, não por uma série de comandos, mas por projetos de apropriação posteriores, plenos, materiais. A única acumulação que Espinosa conhece é a da obra coletiva de liberação.

O político está no cerne da metafísica espinosista e evidencia sua proposta alternativa em relação à corrente do pensamento ocidental moderno. Exemplifica essa alternativa metafísica do ponto de vista teórico. Mas, sobretudo, a explicita e demonstra do ponto de vista prático. Séculos de luta das minorias oprimidas, do proletariado explorado, e de busca da liberdade — e os grandes levantamentos sociais que visavam à subversão do novo sistema de dominação imposto pela burguesia, e o amadurecimento e a explosão dos antagonismos que o novo modo de produção desencadeou —, tudo isso pode ser reconduzido ao pensamento espinosista como a um ápice altamente expressivo. O político espinosista, como função de alternativa metafísica, é uma verdadeira e própria antítese histórica ao desenvolvimento do modo de produção capitalista. O fato de que a apropriação seja aqui uma chave constitutiva, e não a base de legitimação de uma norma de dominação, demonstra e prefigura a relação real, que se constitui pelos séculos da história europeia, entre experiência teórica do humanismo e experiência concreta de liberação. A filosofia é grande e bela, nesses caminhos da subversão do real e da sua miséria: Espinosa é seu elogio![23]

Voltemos então à desutopia. Esta não deve ser concebida como momento residual, ou apenas relevante dialeticamente, mesmo quando em confronto com as correntes hegemônicas e dominantes do pensamento moderno e contemporâneo! A desutopia espinosista só é revolta, rebelião, enquanto é, antes de mais nada, riqueza. A tensão entre limite e tendência que a constitui, o impulso metafisicamente apropriativo e constitutivo que a forma, tudo isso é riqueza, é liberação da força produtiva. Poder-se-ia dizer, certamente exasperando os termos do discurso, mas desdobrando-o, mesmo assim, em sua íntima racionalidade, que a força da desutopia se coloca para além da própria exposição da ética e da política, que ela é efetivamente uma filosofia da transição para uma sociedade inteiramente, radicalmente constituída sobre a liberdade! Reconhecer um conteúdo utópico na desutopia? Muitos comentadores[24] acharam que deveriam, sob várias formas, tirar essa consequência definitória. Quando se lê Espinosa, a alma realmente fica inclinada para essa conclusão. Mas a inteligência crítica não pode aceitar a sugestão. No próprio livro V da *Ética*, é com efeito

Diferença e porvir

sempre a tensão constitutiva que leva a melhor, ainda quando a utopia ressurge de maneira vigorosa.[25] Com efeito, o impulso emancipativo do pensamento da desutopia nunca se coloca num horizonte de dispositivo hipostasiante: em caso algum. A emancipação é transição, não porque intua o futuro, mas porque se enraíza no presente e o percorre. A emancipação é uma necessidade, um sistema ontológico de necessidades que se fazem atuais e determinam uma nova composição e uma nova atualidade atravessando o real, estruturando o presente, constituindo aquele paradoxal e efetivo ponto de coincidência de necessidade e possibilidade que é o sinal metafísico do ser espinosista. *Potentia-appetitus-cupiditas-mens*: uma prática constitutiva forma a desutopia. A desutopia é a configuração teórica da determinidade, da fenomenologia, da prática. Desutopia como determinação, como atualidade determinada. A emancipação é a desutopia. Em outras palavras, a exuberância e a formidável produtividade do ser são pressupostos do processo emancipativo e a desutopia mostra sua potência sobre esta base. O ser está maduro para a liberdade. A liberdade e a felicidade, portanto, se constroem como manifestações do ser. Mas esta definição também tem o perigo de ser enganosa: pois sempre, em Espinosa, a relação entre expressão e dado, entre tendência e limite, entre criação e criatura, é tão estreita e tão vinculada às determinações concretas do ser que o simples fato de se falar ou se referir à potência do ser enquanto tal tem o perigo de reintroduzir inaceitáveis dualismos ou aparência de um ser formal. Não, o fato de que é plano e íntegro é o que demonstra a potência do ser, o fato de que é dado é o que mede sua atualidade! Emancipação é então a conjugação da atividade humana como dado e determinação. Emancipação é então organização do infinito, declaração da potência humana como expressão determinada do indefinido. A desutopia é a forma específica da organização do infinito.

A anomalia do pensamento de Espinosa em relação à sua época se torna então anomalia selvagem. Selvagem porque articulada com a densidade e a multiplicidade de afirmações que surgem da extensa afabilidade do infinito. Há em Espinosa o prazer de ser infinito. Que é prazer do mundo. Quando o paradoxo do mundo, a tensão nele aberta entre infinidade positiva e infinidade das determinações, desenvolve-se em atividade e se reconhece no processo constitutivo, então o prazer do mundo começa a se tornar central e a anomalia se faz selvagem. Selvagem porque vinculada à multiplicidade inexaurível do ser, às suas florescências, tão vastas quanto cheias de movimento. O ser de Espinosa é selvagem e sombreado e múltiplo em suas expressões. É versátil e selvagem. Há sempre algo de novo na ontologia espinosista. Não só na ontologia histórica que tem a ver com o desenvolvimento, mas sobretudo na ontologia essencial que, do corte longitudinal do ser, de sua profundidade, promana. Na passagem da potência física para a *cupiditas* moral, para a *mens*. E, então, anomalia selvagem como qualidade da organização do infinito. Como característica principal daquela tensão entre infinito e determinação, entre tendência e limite que constitui o modo de apresentação da potência do infinito. A anomalia selvagem então não é apenas um caráter da colocação histórica do pensamento de Espinosa em sua época e no desenvolvimento da filosofia ocidental, não é apenas uma qualificação da riqueza de seu pensamento e de sua abertura para o porvir: é também um momento fundamental e um modo próprio de expressão do ser. A desutopia espinosista é prazer da anomalia selvagem do ser. E então muitos dos fios que tecem a filosofia de Espinosa voltam a se mostrar na superfície. Como componentes históricos, eles só formam o sistema de Espinosa enquanto se qualificam na atração da complexidade selvagem do sistema. Como todos os produtos de alta indústria, o pensamento espinosista contém a complexidade de sua aparelhagem dentro da potência da força produtiva e, sobretudo, expõe essa complexidade como singularidade irredutível. A desutopia é ao mesmo tempo crítica do existente, dos componentes, e positiva, singular, construção do presente. Complexidade dos componentes e simplicidade da composição. Singularidade de expressão de superfície, até se tornar prazer e doçura do mundo. A irredutibilidade desta conclusão espinosista é total. Em termos muito elementares, talvez um tanto extremados mas certamente intensos, podemos dizer: em Espinosa a força produtiva não se sujeita a nada que não seja a si mesma, e em particular se subtrai à dominação das relações de produção. Quanto a estas, ela quer, ao contrário, dominar, a partir de seu

Diferença e porvir   373

próprio ponto de vista, de sua própria potência. É esta concepção da força produtiva — com seu referente material, ontológico — que dá à filosofia de Espinosa e à sua concepção do ser uma inesgotável riqueza, uma selvagem determinação.

3. Constituição e produção

Força produtiva e relações de produção: a contradição não é metafísica, mas material, determinada. O pensamento de Espinosa, em seu significado universal, pode ser reduzido a esta simples afirmação. A força produtiva emana da infinidade do ser e só sua organização é dada no movimento do infinito. Toda subordinação e ordenamento da força produtiva que não seja o próprio movimento autônomo de sua força constitutiva é negatividade, antagonismo, vazio. A expressão da força produtiva ocorre materialmente, sempre em equilíbrio instável na borda do ser, onde a constituição se apoia e se debruça, como "*potentia*" do porvir. A expressão da força produtiva ocorre cumulativamente no plano físico e coletivamente no plano ético, sempre como resultante de um processo teórico e prático que é o próprio formar-se de ser que é. A força produtiva, a produção é então imediatamente constituição — e a constituição é a forma na qual a força produtiva revela o ser. Produção material, organização política, liberação ética e cognoscitiva se colocam no cruzamento entre força produtiva e constituição positiva do mundo. A relação produção-constituição é então a chave da articulação do ser, um processo unitário que pode ser avaliado a partir de vários pontos de vista, mas que permanece, em sua essência, unitário.

Assim, é possível considerá-lo, no quadro do pensamento e das dinâmicas metafísicas como tais, no lugar onde se trata do ser que se constrói, entre primeira e segunda natureza, entre fisicidade e eticidade: é o terreno da apropriação da natureza e da constituição do mundo. Por antonomásia. Em segundo lugar, a relação produção-constituição é avaliável no plano político, onde a ligação fundamental se expressa na redução da multiplicidade à unidade do coletivo e na definição constitutiva do coletivo como potência prática, como *"potentia"* de formação de civilidade e de normatividade nas relações sociais dos homens. Finalmente, a relação pode ser considerada no plano ético em sentido próprio, ou no da consciência da liberação: aqui, ontologia e política se dobram ao desejo da felicidade, articulam-se na busca, individual e coletiva, da expressão de um pleno ser, de uma emancipação integral em relação à miséria da vida, de uma felicidade que seja alegria, prazer, exaltação do ser que se é.

Produção como ontologia constitutiva. Espinosa fundamenta esta possibilidade da filosofia, ou da destruição da filosofia, com absoluta coerência. A ontologia constitutiva reconhece a produção no interior da estrutura do ser. Não é possível dizer o ser senão em termos de produção. A crítica do ser é a crítica da produção. Em seu constituir-se, o ser produtivo vai avançando ao longo de um caminho que, cumulativamente (isto é, segundo uma lógica rigorosamente quantitativa e mecânica), forma camadas e graus do mundo. Cada evento singular da natureza física é uma condensação determinada do processo cumulativo do ser. A metafísica espinosista descobre uma física que, por sua vez, a produz. A física, ou seja, a negação específica da filosofia enquanto ciência genérica do ser, torna-se embasamento do sistema espinosista. Um embasamento forte, para uma dinâmica aumentada e articulada. Da natureza para a segunda natureza. O fazer humano alonga a potência da natureza. A articulação da natureza amadurece e se recicla na atividade da mente. A relação entre natureza e segunda natureza, esse ponto de articulação fundamental da ontologia constitutiva, é organizado pela inteligência humana. Esta é articulação da natureza. Da natureza ela recolhe e desenvolve a potencialidade construtiva. Quase que indistintamente, nasce a razão. A imaginação, essa potência fundamental do sistema espinosista! Esse ponto discreto e potentíssimo, no qual o problema da filosofia do século XVII, a ambiguidade dualista da indistinção psicológica (sobre o qual se mantém a barroca liquidação da unidade da natureza no século XVII, no próprio momento em que a teoria das paixões lhe lança olhares) —, bem, este é o ponto de inversão da problemática do século: pois, com efeito, Espinosa coloca aqui, na imaginação, a alavanca da construção do mundo. A imaginação é fisicidade que

Diferença e porvir

acede à inteligência, o corpo que se constitui em mente. A imaginação é ao mesmo tempo a declaração da incidentalidade da teoria do paralelismo e seu substituto: a mente vem-se formando ordenadamente — pelo menos segundo aquela ordem constitutiva determinada pela versatilidade selvagem do ser. Não há descontinuidade no pensamento de Espinosa, mas infinitas catástrofes que reformulam a continuidade do ser sobre o fio da imaginação, de uma profundidade de imputação produtiva que, como a água na terra e nos corpos, circula em toda parte. Onipresente. Como um motor que ordenadamente põe em movimento correias de transmissão em todos os sentidos e regula a perfeição de motores que o sucedem. A imaginação está no coração da ontologia constitutiva porque está no centro e é o selo da continuidade, da univocidade absoluta da ordem do ser. Porque é, deste, o motor dinâmico. Mostra o ser como produção. A segunda natureza é o mundo feito pelos homens. Porém o sentido espinosista da unidade do ser, de sua densa compacta realidade, é tal, que às vezes o mundo feito pelos homens parece se esmagar sobre a natureza metafísica como sobre um fundo tão luminoso que não dá relevo. Mas isto é pura e simples aparência. Na realidade, se é verdade que Espinosa sofre a relativa irrelevância que o mundo da indústria ainda mostra, na aurora do capitalismo, em comparação com o mundo da produção natural, mesmo essa irrelevância é apenas ilusória. Porque o conceito de produção não é somente, em Espinosa, o fundamento dinâmico do ser, mas principalmente a chave de sua complexidade, de sua articulação, de sua expansividade. A segunda natureza nasce da imaginação coletiva da humanidade, porque a ciência é isto: a resultante produtiva do espírito apropriativo da natureza que a comunidade humana possui e desenvolve. O processo de civilização é uma acumulação de capacidade produtiva. É destruição de uma necessidade não liberada, portanto destruição da contingência, portanto destruição do não ser. Tocamos assim o paradoxo do pensamento espinosista e de seu humanismo: não há mais natureza, em Espinosa, mas somente segunda natureza, o mundo não é natureza, mas produção. A continuidade do ser não se forma no processo que conduz de um princípio para um resultado, de uma causa para um efeito (com esta ligação e nesta direção), mas se revela, ao contrário, como dado, como produto, como conclusão. O resultado é o princípio. O ser produzido, constituído, é o princípio da produção e da constituição. Toda articulação produtiva deve ser reconduzida à produção como a seu próprio princípio: mas o princípio é a atualidade, é a atual riqueza do movimento do ser. É seu presente constituído. Esta reversão da produção em princípio de uma ontologia constitutiva é o símbolo da liberação das forças produtivas no que toca às relações de produção, embora estas sejam dadas e consistentes. É o princípio da revolução na base da filosofia moderna.

A ontologia constitutiva se faz política. A passagem à política em Espinosa é tão necessária quanto pode e deve ser a fixação da articulação subjetiva do desenvolvimento do ser. A teoria política de Espinosa é uma teoria da composição política da subjetividade. A passagem da natureza para a segunda natureza, da física para o fazer do homem, deve ser mediada pela subjetividade. É inteiramente abstrato perguntar-se que influência sofre a política de Espinosa sem se colocar, antes de mais nada, o problema do lugar da política no sistema, e desde sua necessária colocação de uma articulação teórica. A política espinosista é então a teoria da continuidade "subjetiva" do ser. O sujeito é produto da acumulação física dos movimentos. O sujeito coletivo só pode ser avaliado como física dos comportamentos coletivos. A subjetividade é composição — primeiro física e depois histórica. A teoria do sujeito é uma teoria da composição. E agora acompanhemos esta teoria constitutiva, em toda a sua formidável produtividade! Produção e constituição são dadas aqui a um nível de elaboração que já produziu resultado: a produção é tanto mais eficaz quanto mais complexa é a constituição. O sujeito coletivo procura na política a razão de seu dinamismo. E é um dinamismo ao mesmo tempo produtivo e constitutivo. Também neste caso a relação produtiva está subordinada à força produtiva — o poder à potência. A constituição política é sempre movida pela resistência ao poder, é uma física da resistência: não há complexidade de constituição que não seja complexidade de declarações de potência, de expressão de produção. A constituição política é uma máquina de produção da segunda natureza, de apropriação transformadora da natureza, e

Diferença e porvir

portanto de elisão ou de destruição do poder. O poder é contingência. O processo do ser, a afirmação cada vez mais complexa da potência subjetiva, a construção da necessidade do ser, escavam na base do poder, para demoli-lo. O poder é superstição, organização do medo, não ser: a potência se opõe a ele constituindo-se coletivamente. A apropriação da natureza, aqui, reverteu-se completamente em produção das condições da potência: novamente o paradoxo do resultado, da potência atual, da plenitude do ser! Na composição da subjetividade acumulam-se cada vez mais aquela sociabilidade, aquela inteligência coletiva que erguem a potência contra o poder, que tornam o poder forma cada vez mais subordinada e transitória diante da produtividade humana, intersubjetiva, da composição madura da subjetividade. É na crítica da teologia que a filosofia espinosista começa a escavação do desenvolvimento da subjetividade como potência do ser, como processo de composições cada vez mais desenvolvidas. A teologia é uma teoria da alienação, funcional para o poder: dualismo sempre como função do poder, como linha de legitimação do comando, como separação da relação de produção e da força produtiva. A crítica teológica (e a exegese crítica da tradição religiosa) dissolve as formas mistificadas e mostra sua contingência, sua residualidade histórica. Tudo o que é funcional para o poder é aos poucos dissolvido: o desenvolvimento da potência subjetiva recolhe aquilo que se acumulou sobre o ser, aquilo que o ser produziu, historicamente, através e contra a mistificação, no sentido de uma maior sociabilidade humana e se reapropria disso e se requalifica na destruição da ilusão teológica. Este processo, entretanto, só tem um fim quando a potência insiste completamente sobre si mesma, sobre a própria e absoluta autonomia e produtividade. O tempo da apropriação da primeira e da segunda natureza só tem existência real como forma da plenitude do ser: se tem um antes, este é concluído no ser; se tem um depois, este é novamente medido simplesmente pela potência e por sua tensão. Fora de qualquer quadro finalista.

Este desenrolar da produtividade natural, assim como da subjetividade, em direção à perfeição da composição induz a última camada da problemática espinosista: a perfeição, a ética da liberação, seus pressupostos, sua potência, suas conclusões. Parece entretanto emergir uma contradição aqui: a partir do horizonte ontológico e antifinalista a filosofia espinosista, efetivamente, empurra essa problemática para a interioridade e a intensidade do ser. Por quê? Por que uma filosofia completamente aberta no processo em direção à totalidade do ser, na tensão do micro para o macrocosmo, ordena sua conclusão sobre a perfeição subjetiva? Se a pergunta é legítima, a resposta não é menos clara, e exclui toda contradição. Se há limite, este é antes histórico que teórico. A subjetividade em direção à qual se volta a meditação espinosista é na verdade o limite atual da desutopia ética e política. Não há nela nada de intimista, de individual, de místico. Não há nada nela que derrogue a continuidade do ser e sua expansividade. O sujeito é o ponto sobre o qual, na figura individual ou coletiva, a força produtiva do ser se mostra como identidade com a constituição das figuras do ser. O sujeito é o lugar ontológico da determinação. Logo, da emancipação. O quadro metafísico inteiro se realiza nesta intensidade. Já que não há nada de imóvel nessa síntese final: há antes a atuação da liberação — que se faz densa, pesada, e no entanto sempre aberta, cada vez mais perfeita. É no fio da subjetividade realizada que colhemos a mais alta perfeição metafísica. Colhemo-la como satisfação de uma produção que vê a perfeição da própria composição. Em uma cadeia do ser tecida de infinitos presentes, cuja conclusão é o presente, de novo, sua alegria, todo o ser. É preciso insistir nisso: o limite, essa aparição determinada do sujeito, a este nível de sua composição, são a totalidade do ser dado. A perfeição está nisto, não em qualquer transcendência presente ao ser. A tensão e a superação são necessidades, não ideais, assim como a perfeição é ontológica, não utópica. A própria utopia está contida no ser e sua dignidade consiste em ser materialmente composta no desejo subjetivo. Assim se fecha a ética espinosista.

Para se reabrir a todo momento do ser. A problemática espinosista do ser espacial, da constituição espacial, da produção espacial, quando se fecha, é uma proposta de metafísica do tempo. Não do tempo como devir, como quis a filosofia moderna mais tardia: pois a perspectiva espinosista exclui toda filosofia de devir fora da determinação da constituição. Mas proposta, justamente, de uma metafísica do tempo como constituição. O tempo da cons-

Diferença e porvir

tituição ulterior, o tempo que se estende para além da atualidade do ser, o ser que constrói e escolhe seu porvir. Uma filosofia do porvir. Se até agora temos insistido frequentemente na abertura do pensamento espinosista para o porvir, como correlato de sua anômala potência ideológica e colocação histórica, agora o sinal da temporalidade, no pensamento espinosista, deve ser procurado bem mais profundamente: ou seja, na superfície da ontologia. Aqui, a inscrição da potência no ser abre o ser para o futuro. A tensão essencial quer a existência. O processo cumulativo que constrói o mundo quer um tempo ulterior, um porvir. A composição do sujeito só acumula o passado para estendê-lo para o porvir. O ser é tensão temporal. Se a diferença funda o porvir, aqui o porvir funda ontologicamente a diferança. Essa relação, recíproca, é o tecido da constituição. E então, qualitativamente, o ser é emancipação, ou seja, novamente, perfeição estendida para o tempo futuro. Infinitamente estendida para a infinita perfeição. Transição contínua para uma perfeição cada vez maior. O ser se produz. A relação entre ser, produção e constituição é a dimensão do porvir. O saber não é outra coisa senão contínua analítica dessa progressão, dessa tessitura, dessa acumulação, contínuas, do ser. O ser é tanto mais tensão para o provir quanto maior é o grau de sua densidade presente. O porvir não é uma procissão de atos, mas um deslocamento operado pela massa infinita do ser intensivo: um deslocamento linear, espacial. O tempo é ser. O tempo é o ser da totalidade. Da transformação, da riqueza, da liberdade. Mas tudo isso caminha junto. O ser que se desloca de um ponto a outro do espaço, em sua infinidade, em sua totalidade, realiza uma passagem na ordem da perfeição, isto é, em sua construção. Não em relação a outro, mas só a si mesmo. É portanto liberação, emancipação, transição. O tempo é ontologia. Constituição interna à produção, produção como liberdade.

A metafísica espinosista da produção define no terreno teórico as condições de possibilidade de uma fenomenologia da prática coletiva. Liberando-se da relação de produção e mostrando-se como imediatamente constitutiva, a forma produtiva expõe a possibilidade de que o mundo seja desemaranhado e analisado e transformado segundo o desejo. O paradoxo espinosista consiste na absoluta determinação material desse projeto. A prática coletiva é determinada. Suas figuras constituídas. O conteúdo delas é a liberação. A forma é material e coletiva. O desejo é produzido ao nível da composição do sujeito. Essa articulação subjetiva da complexidade objetiva do ser constitui o que há de mais específico e determinado na situação histórica do pensamento espinosista — e em sua proposta metafísica. Aqui, a relação produção-constituição representa, considerada nesse sentido, o fulcro da projetualidade espinosista. É a superação de toda possibilidade de lógica, ao mesmo tempo, clássica e dialética. E é talvez, até agora, o significado atual de seu pensamento. E é por isso que, ao concluirmos esta primeira exploração do pensamento de Espinosa, vale a pena insistir com extrema clareza nessa dimensão oferecida por ele a nossa consideração. Espinosa, ao levar para a identidade produção e constituição, rompe — na origem da *Civilisation* capitalista — a possibilidade de uma dialética do poder e abre a perspectiva da potência. Cientificamente, essa ruptura exprime a necessidade e mostra a força de uma fenomenologia da prática coletiva. Hoje, em uma época caracterizada pela crise do capitalismo, essa ruptura entre relação de produção (capitalista) e força produtiva (proletária) chegou novamente a um ponto de tensão máxima. Poder e potência se apresentam como antagonismo absoluto. A independência da força produtiva pode então encontrar em Espinosa uma fonte importante a que se referir, pode encontrar no desenvolvimento de sua hipótese uma linha na qual se organizar historicamente. Evidentemente a partir da base de uma hipótese: a de reconhecer que o desenvolvimento da cultura burguesa não tenha deturpado completamente a história de suas origens. "Será ainda possível isolar, do processo de desagregação da sociedade democrática, os elementos que — ligados às suas origens e ao seu sonho — não renegam a solidariedade com uma sociedade futura, com a própria humanidade? Os pesquisadores alemães que abandonaram seu país teriam salvo muita coisa e teriam muito pouco a perder se a resposta a essa pergunta não fosse um 'sim'. A tentativa de lê-lo nos lábios da história não é uma tentativa acadêmica."[26]

Diferença e porvir

Notas

[1] Permito-me remeter mais uma vez a meu *Descartes político*, várias vezes citado. Assim como ao livro de Macpherson sobre o individualismo possessivo, também várias vezes citado. A distância que separa Espinosa de Descartes e de Hobbes é o verdadeiro emblema da anomalia espinosista no pensamento moderno. Seria interessante nos perguntarmos por que, é o mínimo que se possa dizer, não se insistiu suficientemente nesse caráter de anomalia nos anos seguintes (a não ser para as necessidades da polêmica, em termos de demonização). Voltaremos a este ponto na segunda parte deste capítulo. Gostaria apenas de assinalar aqui a força muito particular da perseguição política movida contra o pensamento de Espinosa, da repressão ideológica que visava a adulterá-lo e desonrá-lo. O que me leva aqui a uma observação de ordem geral: na história do pensamento, é principalmente ao nível político que a filosofia de Espinosa é perseguida. Faço questão de insistir nisso: esse fantástico dispositivo metafísico é logo percebido politicamente, faz-se dele imediatamente um pensamento revolucionário. O que confirma minhas hipóteses: a verdadeira política de Espinosa é sua metafísica.

[2] Cf. *supra*, cap. I.

[3] Para algumas observações sobre a crise do pensamento negativo e sobre uma tentativa de definir seus limites teóricos, permito-me remeter à minha recensão do livro de M. Cacciari, *Krisis* (Milão, 1976), publicada na revista *Aut-Aut*, n. 155-156, 1976. Comentando o belo esforço realizado por Cacciari para recuperar em termos de positividade a eficácia do pensamento negativo, acentuo os limites de uma tentativa dessas, e de qualquer outra do mesmo gênero, enquanto ela não alcança o pensamento constitutivo.

[4] É claro que retomo aqui, como fiz amplamente no decorrer do texto, as teses de G. Deleuze (*op. cit.*). Como já destacamos várias vezes, o grande mérito da abordagem de Deleuze é captar a dimensão da singularidade e da superfície no pensamento de Espinosa, atingir aquilo que chamamos o "paradoxo do mundo". Mas, em minha opinião, é preciso alargar essa intuição e essa demonstração, para mostrar como se constitui não apenas a base, mas também o desdobramento de uma "segunda" parte: aquela na qual o pensamento da singularidade se abre como pensamento construtivo e constitutivo. Deleuze não está muito longe de tal concepção quanto insiste no "segundo Espinosa", o Espinosa dos Escólios, das argumentações éticas desdobradas. Mas ele tende a manter essa figura reservada ao terreno da ciência ética como tal e da grande retórica moral, mais do que no terreno de uma nova apreensão do ser. Seja como for, e faço questão de dizê-lo, meu trabalho não teria sido possível sem o de Deleuze.

[5] P. Macherey, *op. cit.*, destacou melhor que qualquer um a distância que separa Espinosa do pensamento dialético. Entretanto, considerando suas preocupações teóricas, ele também não leva sua intuição até o nível de explicitação que ela mereceria. O dispositivo, nitidamente althusseriano, do livro de Macherey o impede de passar de uma definição crítica da dialética, de um aprofundamento do estudo dos eixos analíticos do pensamento espinosista a uma definição do horizonte constitutivo que lhe é próprio.

[6] Ver o artigo de C. Ginzburg na coletânea coletiva *La crisi della ragione*, Turim, 1979. Não me parece estar forçando excessivamente o sentido dado por Ginzburg à sua definição do "saber indiciário" ao referi-lo à minha visão de Espinosa: não pretendo que haja identidade, apenas vejo em Espinosa uma incitação a essa síntese concreta de saber que é o saber indiciário, saber não "menor", mas certamente metafísico.

[7] Sobre o desenvolvimento da ciência moderna e seu caráter perfeitamente funcional em relação ao desenvolvimento do capitalismo, ou melhor, à teologia, vista como agente interno da ciência, cf. Feyerabend, *Contre la méthode*, trad. fr., Paris, 1975. É claro que, quando se atribui a Espinosa uma atividade especulativa implicando uma atitude polêmica contra a ciência moderna, efetua-se uma reflexão de segundo grau sobre seu pensamento. Mas é importante fazê-lo, se for verdade que um dos objetivos essenciais de uma renovação dos trabalhos sobre a história do pensamento moderno é de acabar com a ideia de desenvolvimento unívoco, para captar as alternativas possíveis nele inscritos. Nessa obra, assim como anteriormente em nosso *Descartes político*, procuramos pôr essa ideia em prática a propósito do desenvolvimento do pensamento político da modernidade: seria preciso fazer a mesma coisa para o pensamento científico como tal. Para uma pesquisa desse tipo, Feyerabend é um autor extremamente estimulante.

[8] Seria necessário rever inteiramente todo o pensamento moderno, o pensamento da gênese do capitalismo, do ponto de vista da crise do capitalismo. O trabalho de identificação da síntese particular imposta pelo desenvolvimento capitalista a seus componentes genéticos não conseguiria reduzir tudo a um puro esquema funcional (como, por exemplo, no livro, por outro lado muito importante, de Borkenau sobre a gênese do pensamento da manufatura). O desenvolvimento está hoje completado, a crise do capitalismo está madura: não estamos mais no meio das nuvens, vemo-las à distância, na diversidade de suas formas. É preciso reunir a alternativa possível, pelo menos na medida em que ela se apresentava como revolucionária, e o pensamento teórico emitido do ponto de vista da crise. Penso que A. Sohn-Rethel, *Geistige und körperliche Arbeit. Zur Theorie der gesellschaftlichen Synthesis*, Frankfurt, 1970, às vezes o consegue. É um modelo útil.

Diferença e porvir

[9] Permito-me destacar aqui a importância de tal modelo de pensamento filosófico na história do pensamento revolucionário, remetendo para mais detalhes a meu *Marx au-delà de Marx*, trad. fr., Paris, 1979.

[10] Autores como S. Zac e G. Deleuze, em perspectivas diversas, remetem explicitamente a essa ideia de filosofia das necessidades como tecido de uma parte, ao menos (e não desprezível), do pensamento de Espinosa. O que está diretamente no sentido do pensamento de H. Marcuse e A. Heller.

[11] Só posso remeter aqui à velha obra de Lange, *Geschichte der Materialismus*, nos limites de sua síntese de positivismo e de neokantismo. É um fato, não existe História do materialismo! Donde talvez seu duplo caráter de subordinação nos Tempos Modernos: ao desenvolvimento da grande e sublime filosofia, por um lado, à história das ciências por outro. Enquanto dispomos agora de grandes trabalhos sobre as grandes figuras do materialismo antigo (Demócrito, Epicuro...), não se pode dizer o mesmo para a modernidade.

[12] Sobre a origem prática do humanismo e suas metamorfoses no quadro do espinosismo (e sobre a dimensão transformadora que recebe dele), cf. M. Rubel, *Marx à la rencontre de Spinoza*, op. cit. Mas ver também as belas intuições de R. Mondolfo, "Il concetto marxistico della 'umwälsende Praxis' e suoi germi in Bruno e Spinoza", in *Festschrift für Carl Grinberg*, Leipzig, 1932.

[13] L. Strauss, *Pensées sur Machiavel*, Paris, 1979.

[14] Sobre as relações Espinosa-idealismo clássico, cf. os *Texte zur Entwicklung des Spinozismus*, org. de N. Altwicker, cit.

[15] Apesar das muitas obras sobre este ou aquele autor, a literatura referente a esse momento extremamente importante da filosofia moderna não é, que eu saiba, bastante esclarecedora, bastante precisa. Na verdade, a significação histórica global do Renascimento neoplatônico foi mais percebida na história das ciências (Koyré etc.) que na história da teoria política e da ciência econômica. Lacuna que deve ser rapidamente sanada, é evidente. Sobre More, sobre suas relações com Descartes e, de maneira mais geral, com a filosofia continental, cf. meu *Descartes político*. Um eventual trabalho sobre o neoplatonismo nas origens da civilização industrial deveria, naturalmente, cuidar também das filosofias pós-cartesianas, de tendência fortemente espiritualista.

[16] O pensamento mecanicista foi muito estudado. De um lado a obra importantíssima de Borkenau, de outro a de Lenoble. Embora seus respectivos pontos de partida e metodologias sejam inteiramente divergentes, eles chegam a conclusões singularmente unívocas.

[17] Ver meu artigo "Problemi dello Stato moderno" in *Rivista critica di storia della filosofia*, 1967, no qual apresento as teses essenciais referentes à

reorganização absolutista do Estado e suas ligações com os diversos aspectos da filosofia do século XVII.

[18] Sobre a ideia de mercado, permito-me remeter mais uma vez ao *Adam Smith*, de Carlo Benetti, Milão, Isedi, 1979. É nesse quadro que se deve entender a tentativa exacerbada de reintroduzir o dualismo no conjunto do pensamento espinosista. O melhor exemplo de tal abordagem é o de F. Alquié, que quer ler o tema *"idea"* — *"idea idearum"* em termos idealistas e espiritualistas, como duplicação entre gnoseologia e ontologia.

[19] Cf. Jon Elster, *Leibniz et la formation de l'esprit capitaliste*, Paris, 1979.

[20] Tentemos, por exemplo, imaginar a reação de Descartes diante da filosofia de Espinosa. Em minha opinião, ele teria visto nela um ressurgimento das teorias que ele mesmo havia combatido sem trégua (cf. Gouhier), as dos pensadores do Renascimento. É mais do que provável que tivesse aplainado Espinosa sobre Lulle ou sobre More. Na história das interpretações de Espinosa, tais leituras são corriqueiras.

[21] Não há dúvida de que o espinosismo visto por Hegel é uma filosofia utópica do capitalismo. Objetivismo do ser e início da dialética da negação: Espinosa é definido como o filósofo da utopia da produção e como o primeiro autor capaz de pensar o ritmo crítico do desenvolvimento da produção. Hegel se prepara para completar filosoficamente, para levar ao absoluto esse primeiro esboço. O espinosismo, então, é previamente reduzido a uma filosofia das relações entre força produtiva e relações de produção. Mas o pensamento de Espinosa não tem nada a ver com isso tudo!

[22] Cf. *supra*, cap. IV e VI.

[23] Sobre esse aspecto de luta pela liberdade que faz sua dignidade, que a marca organicamente e a define como grande filosofia, permito-me remeter a L. Strauss, *Persecution and the Art of Writing*, Glencoe, Ill., 1952.

[24] Autores tão diferentes como Zac, Corsi e Alquié chegam a essa conclusão.

[25] Cf. *supra*, cap. VIII, par. 3.

[26] Walter Benjamin, *Gesam. Schriften*, Suhrkamp, B. III, t. 9, Frankfurt, 1972, p. 526.

Diferença e porvir

Posfácio à edição brasileira
DEMOCRACIA E ETERNIDADE

Antonio Negri

À *lembrança de Félix Guattari*

No rastro de minha comunicação no Colóquio "Espinosa: Potência e Ontologia", no Colégio Internacional de Filosofia (maio de 1993), aproveito a edição brasileira de A *anomalia selvagem* para elaborar uma maneira de autocrítica. Uma autocrítica que, embora parcial, não deixa por isso de ser profunda e que toca algumas das orientações interpretativas que eu adotara quando de minha leitura anterior da Parte V da *Ética*.

1. A fim de recordar e definir o que se trata, procederei a um exame das posições de ontem e a uma apresentação das retificações que proponho hoje. Eu afirmava, então, que coexistiam na Parte V da *Ética* duas linhas teóricas incompatíveis e essencialmente contraditórias — em primeiro lugar uma linha mística, proveniente de uma primeira fundação do pensamento espinosista e que se distinguia da orientação profundamente materialista da segunda fundação (elaborada e desenvolvida entre o TTP e a redação das Partes III e IV da *Ética*). A segunda linha de pensamento (da Parte V da *Ética*), a que chamei ascética, eu a via se desenvolver e se reforçar principalmente no TP, em outras palavras, eu a via se apresentar no TP numa forma totalmente desdobrada, enquanto filosofia da constituição do real e teoria da expressão democrática da *multitudo*.

Hoje em dia, continuo convencido de que na Parte V da *Ética* realmente coexistiam duas estruturas diferentes de pensamento e creio ainda que elas provavelmente remetam a um corte no desenvolvimento do pensamento espinosista e portanto a uma diferença de temporalidade na elaboração da *Ética*. Minha releitura

Posfácio à edição brasileira

me convenceu, entretanto, de que, longe de se oporem frontalmente, essas duas linhas tendem a se alimentar reciprocamente e a passagem para o TP nos mostra justamente essa convergência. Na constituição do real, na transformação da moral em política, essas duas fundações e essas duas estruturas, longe de se separarem, se unem.

A ideia de democracia e a de eternidade se tocam, medem uma à outra, seja como for elas se cruzam na metamorfose dos corpos e da *multitudo*. O materialismo se experimenta em torno de um tema incomum: a experiência de se tornar eterno. Será então este o tema de minha intervenção.

Para concluir este preâmbulo, gostaria de acrescentar que, seguindo a linha, pareceu-me então poder-me juntar a certas interpretações das quais eu por vezes havia me distanciado — como por exemplo as que se referem ao cap. 14 do *Individuet communauté* de A. Matheron ou diversos trechos da interpretação espinosista de G. Deleuze. Mais uma vez essas leituras se revelam insuperáveis e apenas numa certa cumplicidade com elas é que podemos construir um conhecimento de Espinosa.

2. Voltemos então à definição espinosista de democracia como "*omnino absolutum imperium*" (TP, cap. XI, par. 1) antes de voltar à Parte V da *Ética*.

Como sabemos, essa definição do "democratium imperium" é precedida, tanto no TTP quanto no TP, por definições análogas que servem para delimitar o sentido da qualificação "absoluta" do conceito. Numa primeira leitura esse sentido aparece duplo.

Em primeiro lugar, ele tem valor quantitativo: isso significa que ele traz a multidão, a totalidade dos cidadãos para a definição do vínculo político. "Quando esse cuidado (a soberania) pertence a uma assembleia que se compõe da *multitudo* em sua totalidade, então o regime se chama uma democracia" (TP, cap. II, par. 17). "*Democratia*", ou seja, "*integra multitudo*". "*Omnino absolutum*": "*omnino*" então serve aqui para acentuar fortemente a quantidade, ou melhor, a totalidade. *Omnino* dá *Omnes*.

Em segundo lugar, a definição da democracia como "*omnino absolutum imperium*" é qualitativa, ontologicamente determina-

388   Antonio Negri

da. Sabe-se qual é, no TTP, a conclusão dada pela discussão sobre os fundamentos do Estado: "Partamos dos princípios de qualquer organização em sociedade, demonstrados acima: deles se segue, com a maior evidência, que o objetivo final da instauração de um regime político não é a dominação nem a repressão dos homens, nem a submissão deles ao jugo de outro. O que é visado em tal sistema é liberar o indivíduo do receio — de maneira que cada um viva, tanto quanto possível, em segurança; em outros termos, conserve ao mais alto nível seu direito natural de viver e de realizar uma ação. Não, repito, o objetivo perseguido não poderia ser o de transformar homens razoáveis em animais ou em autômatos! O que se quis dar a eles, antes, foi exatamente a completa largueza de cumprir em perfeita segurança funções de seus corpos e de seu espírito. Depois disso, eles estarão em condições de raciocinar mais livremente, não se enfrentarão mais com as armas do ódio, da cólera e da esperteza, e se tratarão mutuamente sem injustiça. Enfim, o objetivo da organização em sociedade é a liberdade!" (TTP, cap. XX). Podemos deduzir daí que a democracia é a própria estrutura da República. As outras formas de Estado não apenas ficam enfraquecidas diante da forma democrática, mas para existir, para fazer valer o critério de legitimação, têm, de certo modo, que esconder a democracia em seu seio. "*Omnino absolutum*", desse ponto de vista, significa "*omnino absolutum imperium*".

Essa direção de pesquisa está clara no TP. Eis alguns exemplos disso, entre outros. Nos primeiros capítulos do TP Espinosa insiste no conceito de uma "*multitudo* que é conduzida como que por uma só alma". O que é ao mesmo tempo fundamento do político e da democracia. No cap. V o poder político, criado por uma *multitudo* livre, é o tempo todo considerado como condição ou efeito do melhor regime. No TP, cap. VI, par. 4, a paz e a concórdia, objetivos de qualquer República, são concebidas como expressão da unidade das almas: quando, ao contrário, a paz se dá sob forma de servidão, portanto fora da democracia, ela já não é um bem que se pode usufruir. No cap. VII, par. 5, a superioridade do regime democrático é mostrada pelo fato de que "sua virtude é maior em tempo de paz", ou seja, como tensão de socialização e de civilização simplesmente. No cap. VIII, par. 5, o direito à de-

Posfácio à edição brasileira

mocracia é considerado "de certo modo inato". No cap. VIII, par. 12 (como no cap. VIII, par. 14), finalmente o caráter radicalmente estrutural e originário da democracia é afirmado contra todo desenvolvimento e prevaricação (seja ela aristocrática ou monárquica) como a própria chave de uma definição do político.

3. Temos então dois sentidos de "*omnino absolutum*". No entanto, assim que voltamos à dinâmica metafísica que rege as definições anteriores do termo, podemos perceber um terceiro. Dentro desse quadro, *absolutum* é definido como algo que se recusa a ficar separado, a se definir com "*imperium in imperio*" (na polêmica contra os Estoicos do TP cap. VI, ou melhor, é definido como algo que se recusa a ser o produto de "vontade liberada de qualquer lei" na tomada de posição contra a oligarquia do TP, cap. XI, par. 2). Nem separado nem liberado, *absolutum*, ao contrário, é uma totalidade dinâmica, um tornar-se livre — portanto o alargamento da potência do ser através da existência política. A definição de *absolutum* (e a acentuação *omnino*) torna-se aqui positiva porque ela desenvolve e interpreta, no coletivo, a relação *potentia-cupiditas*, *voluntas-mens*, necessidade-liberdade. "Agir por virtude *absolutamente* não é outra coisa em nós senão agir, viver, conservar seu ser (essas três palavras significam a mesma coisa) sob a condução da Razão, segundo o princípio de que devemos procurar o útil que nos é próprio" (*Ética* IV, Prop. XXIV). "A 'virtude' então é absoluta." *Omnino absoluta* é a virtude coletiva, a democracia. Temos assim uma imagem extraordinária da democracia, como forma de governo suprema, capaz de exprimir a potência e a virtude deste. Quando o político é levado à dinâmica da "*potentia*" e da "*virtus*", e os regimes políticos são interpretados na base do caráter metafísico radical que interpretam, a democracia é a forma mais perfeita de socialização *política* e o produto da "figura" da virtude coletiva.

Mas o que é absoluto é eterno. Assumir o caráter absoluto do conceito de democracia, nos termos em que o apresentamos, significa inevitavelmente, no contexto espinosista, perguntar-se se é possível pensar a democracia, esse absoluto "*sub quadam aeternitatis specie*".

Espinosa não hesita em nos introduzir a essa questão. No cap. VI do TTP ele nos diz, por exemplo, que *"naturae leges* (aquelas mesmas que a democracia interpreta de maneira tão abundante) *sub quadam specie aeternitatis a nobis concipiuntur, et... Dei infinitatem aeternitatem et immutabilitatem aliquo modo indicant"*. Mas trata-se aí de uma débil indicação. Ela poderia nos empurrar para o pálido Espinosa da polêmica hegeliana. E mesmo quando assumimos o texto principal para a integração do conceito e da eternidade, a coisa não fica mais satisfatória. "Está na natureza da Razão perceber as coisas sob uma certa espécie de eternidade"; *Ética* IV, Prop. XLIV, Corolário II — ou seja, à luz da natureza eterna de Deus, de sua necessidade e sem nenhuma relação com o tempo. A eternidade é aqui uma garantia epistemológica do conceito. Mas nosso absoluto democrático, como vimos, é uma práxis do absoluto, — como apreendê-lo de maneira adequada *"sub quadam aeterniatis specie"*? Será possível identificar um terreno no qual a eternidade não fosse o reflexo transcendental que garante através da *"divine potestas"* o conceito, mas o próprio quadro no qual se afirma a potência da democracia?

Para responder a essas perguntas, teremos que fazer um certo caminho, assim como alguns desvios: não será em vão, entretanto, pois, além da resposta às perguntas propostas, teremos provavelmente oportunidade de enriquecer nossa compreensão do conceito de democracia em Espinosa.

4. Retomemos então o caminho das últimas Proposições da Parte IV da *Ética*. Espinosa constrói aqui o conceito de uma *"cupiditas"* que "não pode ser excessivo" (*Ética* IV, Prop. LXI). Na demonstração da Proposição LXII, esse desejo está colocado numa certa dimensão de eternidade. No "crescendo" das Proposições seguintes, e até a conclusão da Parte IV, essa *"cupiditas* que não tem excesso" é empurrada até a refundação da vida em comum no Estado. Um conceito de Estado (*civitas*) concebido como recusa da solidão e equilíbrio de uma vida *"ex communi decreto"*. A definição da democracia como vida coletiva livre sob as ordens da razão é então colocada *"sub quadam aeternitatis specie"*. A eternidade surge numa forma diversa daquela em que surgiu, não co-

Posfácio à edição brasileira

mo garantia epistemológica do conceito, mas como horizonte que define a pesquisa, ou antes a práxis, do absoluto. De que modo?

O reconhecimento de um novo campo de pesquisa é o que deverá permitir essa passagem. Nesse grupo de Proposições, com efeito, no próprio momento em que ela se abre para a eternidade, a *cupiditas* esbarra com a morte. Esse enfrentamento desloca os termos do debate. A eternidade já não é apenas o horizonte de validação das noções comuns. Ela está implicada no terreno da práxis. A experiência da morte é decisiva na determinação de um deslocamento de ordem ontológica da argumentação. Quando a eternidade se opõe à morte, a liberdade é mostrada como a experiência de "tornar-se eterno". *Ética* IV, Prop. LXVII: "O homem livre não pensa em coisa alguma menos do que na morte, e sua sabedoria é uma meditação, não da morte, mas da vida". "Há uma oposição da eternidade e da morte que se torna um processo, uma tensão, um desejo que se desenvolve." "Se os homens nascessem livres, não formariam nenhum conceito do bem e do mal, todo o tempo em que fossem livres" (*Ética* VI, Prop. LXVIII). A experiência da morte desloca a existência para além da regra antagonista que até aqui animara o mecanismo das paixões. O movimento anunciado pela Proposição XLI da Parte IV da *Ética*, quando a alegria é definida diretamente como boa e a tristeza diretamente como má, numa argumentação que (como veremos adiante) já inclui o tema da morte (IV, Prop. XXXIX) e da sociedade (IV, Prop. XL), encontra aqui sua afirmação definitiva. As condições metafísicas estão assim dadas para a experiência de tornar-se eterno. É na perspectiva da eternidade que ultrapassamos as resistências e os obstáculos (a morte os representa) que a potência e a virtude, portanto o desejo, encontram pela frente.

Portanto, notamos aqui — e é conveniente insistir nisso — um entrelaçamento singular. Três temas organizam a máquina ontológica e deslocam seu nível de produção: a experiência crítica da morte; a *cupiditas* que introduz, sem nenhum excesso, a uma certa espécie de eternidade; e a ideia da socialização política (ou antes da democracia). Os três temas se entrelaçam estreitamente: a experiência da morte, como experiência de um limite absoluto negativo, realça da eternidade o movimento do desejo; e essa luz da eternidade se reflete sobre a socialização política, sobre a democracia como horizonte de multidão, contra o conjunto das resistências e obstáculos que a solidão, a guerra e o poder colocam para o desejo de comunidade. Assim ocorre na Parte IV da *Ética*. Na Parte V o mesmo movimento ontológico se repete e se intensifica. Da Proposição XXXVIII à Proposição XLI (*Ética* V) podemos acompanhar o entrelaçamento dos três mesmos temas e a progressão das consequências ontológicas que disso resultam.

No Escólio da Proposição XXXVIII pretende-se que a morte seja "tanto menos nociva quanto maior seja o conhecimento claro e distinto que tem o espírito, e consequentemente quanto mais o espírito ame a Deus".

Na Proposição XXXIX "quem tem um corpo apto para o maior número de ações, tem um espírito cuja maior parte é eterna".

O Corolário da proposição XL e o Escólio da mesma Proposição insistem no fato de que a atividade e a perfeição da Alma a arrancam à morte e a tornam eterna. Na Proposição XLI a adequação da atividade gnoseológica e da capacidade física para a eternidade é projetada no terreno sócio-político — segundo a argumentação típica de Espinosa, que faz com que a atividade e a perfeição do existente (corpo e espírito) se multipliquem quando se desenvolvem na pluralidade, na sociedade.

Aqui *pietas* e Religião não são mais do que o vínculo social de uma conduta prática racional e a Coragem (*animositas*) e a Generosidade são as virtudes que interpretam o amor no social.

Mas tudo isso não é suficiente. Até aqui apreendemos a causa formal da experiência de "tornar-se eterno" na democracia, sua causa material ainda não. Para nos aproximarmos desse momento, temos de analisar as Proposições que acabamos de estudar em outra ordem. Voltemos então à Proposição XXXIX da Parte V. A experiência da morte, diz-nos Espinosa, deu-se sob o signo da contradição extrema em relação à formação da *cupiditas* que não tem excesso, em relação à Alegria diretamente boa, e à constituição democrática do político. Ora, essa contradição determina efeitos ontológicos. A contradição determina uma mutação, uma metamorfose. A morte portanto nos é dada aqui como metamorfose, numa perfeita coerência com o que ele disse no conjunto da *Ética*

Posfácio à edição brasileira

a respeito da *"mutatio"*: ver especialmente I, Prop. XXXIII, Escólio II; Lema 4, 5, 6, 7; III, Postulado 7; III, II, Escólio; IV, Prop. IV e Demonstração; V, Prop. XXXIX Escólio; IV, Apêndice cap. 7, Axioma. A morte consiste numa metamorfose que termina pela destruição da proporção na qual se compõem os diversos movimentos que constituem o corpo. Ora, a morte é uma má metamorfose: ela destrói a harmonia das partes do corpo, inscreve-se nos movimentos de uma maneira má, é negatividade — limite de negatividade. Mas o real também compreende outra coisa; no Escólio IV, Prop. XXXIX é perguntado se existem boas metamorfoses, mutações tão radicais quanto as trazidas pela morte, mas destinadas a determinar estados superiores da relação entre movimentos, metamorfoses da conservação do corpo e de maturação da *cupiditas*. A resposta não nos é dada. Espinosa não desenvolve inteiramente o argumento para não incentivar as superstições. Promete que voltará ao assunto na Parte V. A remissão à Parte V não elimina o fato de que a problemática vai-se encorpando em torno da alternativa entre uma metamorfose/destruição e uma metamorfose/constituição.

Imediatamente, na Proposição seguinte (IV, Prop. XL), por exemplo, o conceito de corpo é reconsiderado numa projeção política: o corpo social, como o individual, conhece a vida da concórdia e a morte da discórdia, o positivo e o negativo da mutação.

Na Proposição que se segue (IV, Prop. XLI) explode finalmente a ruptura da dialética naturalista das paixões. "A alegria não é diretamente má, porém boa; a tristeza, ao contrário, é diretamente má". A servidão humana materialmente superada, materialmente porque a metamorfose que rege a liberdade é diretamente boa. A perspectiva da liberação se abre, a partir daí, sem ter que acertar contas com uma dialética das paixões que se tornou má. A *cupiditas* que não tem excesso (da Proposição LXI da Parte IV) está aqui pré-constituída. Assim como estão pré-constituídas as condições de seu desenvolvimento social. O Escólio do 3º Corolário da Proposição XLV da Parte IV ("o ódio nunca pode ser bom) coloca uma "práxis comum" que está em acordo com o princípio da definição da vida como afirmação, como alegria sem excesso, como construção generosa, enquanto no mesmo Corolário vida individual e vida social estão de novo estreitamente ligadas: "tudo aquilo que desejamos pelo fato de estarmos afetados pelo ódio é vergonhoso e, no Estado, injusto". O vínculo entre vida individual e vida social, dominado pelo desejo que não tem excesso, é mais uma vez muito acentuado.

Ora, a partir da Proposição LXI até o fim da Parte IV, o tema da metamorfose positiva, constitutiva, é retomado e desenvolvido. Trata-se sempre de uma introdução, de um discurso limitado pela necessidade de não incentivar a superstição... mas que potência! É um discurso agora materialmente dentro da metamorfose positiva, dentro do processo constitutivo. Nele a *cupiditas* se torna potência absolutamente afirmativa (*Ética* IV, Prop. LXI); a eternidade é a qualificação dessa afirmação (IV, Prop. LXII); e o Medo e a Morte é que são assumidos como negatividade absoluta. A ideia de uma metamorfose positiva, unicamente expressa pela alegria que não tem excesso, já se afirma sob sua forma definitiva (embora a demonstração tenha sido remetida para a Parte V) na Proposição IV LXVIII. O homem não nasce livre, ele assim se torna. Ele se torna livre através de uma metamorfose na qual seu corpo e seu espírito, agindo concertadamente, reconhecem na razão o amor. A eternidade portanto é vivida na práxis constitutiva, a práxis nos constitui no eterno.

Vamos então resumir. Até aqui já avançamos em algumas interpretações, a saber:

— a constituição naturalista e antagonista do real se quebra na Parte IV da *Ética*. Entre a Proposição XLI e a LXI. Em compensação aqui se determina um processo afirmativo que pretende ser tendência do real. A positividade absoluta da *"cupiditas"* que não tem excesso e que portanto mostra o mal como ideia inadequada (IV, Prop. LXIV) está ligada à ideia da morte como oposto absoluto e, portanto, à ideia de eternidade como perfil das metamorfoses positivas possíveis.

— o vínculo social conhece as mesmas dinâmicas, as mesmas rupturas e alternativas da existência individual: ele é apenas mais potente.

— a ruptura da dialética das paixões é coextensiva (mesmo se geneticamente anterior) à dialética das metamorfoses e a sua

Posfácio à edição brasileira

ruptura (IV, Prop. XXXIX). Ora, quando deixa de se haver boa dialética das metamorfoses. Quando a experiência da morte se coloca como figura limite das metamorfoses más, então o problema das metamorfoses boas, positivas, se desdobra em toda a sua amplitude. Espinosa remete implicitamente (nas Proposições XLI e LXI da Parte IV), mas também explicitamente (na Parte IV, Prop. XXXIX a discussão do problema à Parte V da *Ética*.

5. Deveremos então acompanhar também os desenvolvimentos das análises constitutivas da boa metamorfose na Parte V da *Ética*. No entanto, antes de avançarmos por esse novo caminho, uma observação, um parêntese. O Escólio da Proposição LIV da Parte IV da *Ética*, em outras palavras, na parte mais interna do processo argumentativo sobre a *cupiditas* que não tem excesso, encontramos uma afirmação que parece pôr em xeque o conjunto de nosso raciocínio. "A multidão é de meter medo, a menos que ela esteja com medo".

Isso significa, segundo a interpretação de alguns, que a ideia da morte poderia ter efeitos socialmente úteis. Em outros termos, ela significa também que a possibilidade de estender a ideia de *cupiditas* sem excesso do indivíduo à *multitudo* seria minada pela dificuldade de considerar com realismo e de captar conceitualmente a relação dos indivíduos e da *multitudo*.

Mas essa interpretação é ao mesmo tempo errada e estranha, pois a frase em questão deve ser interpretada em seu contexto, e principalmente, deve ser relacionada com a Proposição LXVIII da Parte IV da *Ética*. Ora, em seu contexto, a afirmação sobre a multidão não é uma exclamação puramente maquiaveliana: pelo contrário, em seu contexto (IV, Prop. LIV) ela está submetida à crítica da imaginação e à tendência da razão. Os profetas, aqui chamados a interpretar e a prover a utilidade comum, são testemunhas da possibilidade de uma metamorfose positiva. Como o indivíduo da Proposição LXVIII p. IV, a *multitudo* nasce vulgar e quer se comportar como um conjunto de feras, mas de qualquer maneira está sempre investida pela metamorfose do ser. Ou antes por uma metamorfose que o homem realiza na plenitude coletiva do gênero. Espinosa nunca contestará tanto a filosofia de Hobbes quanto este quer programar o estado de natureza para fins de pré-constituição da dominação. A potência da comunidade, o conhecimento de Deus, a força do desejo e sua tendência afirmativa eliminam todos os limites da miséria política.

Maio de 1993

Posfácio à edição brasileira

O DESAFIO FILOSÓFICO DE ESPINOSA[1]

Marilena Chaui

Espinosa tem desafiado filósofos e historiadores da filosofia ao longo dos últimos trezentos anos. Duas têm sido as interpretações que formaram a tradição exegética do espinosismo: aquela, inaugurada no século XVII por Pierre Bayle, que identifica panteísmo e ateísmo e considera o espinosismo o fruto maldito do casamento entre o neoplatonismo e o cartesianismo; e aquela, iniciada com os românticos alemães, que identifica panteísmo e misticismo, fazendo de Espinosa o "homem ébrio de Deus". Entre estas duas imagens contrastantes intercalam-se outras, de menor fôlego: a do liberal ideólogo da burguesia holandesa, a do filósofo barroco, a do marrano dilacerado entre a tradição judaica e a descoberta da razão laica moderna.

Antonio Negri não se ocupa com as imagens menores e demole as duas outras, hegemônicas na história da filosofia. De maneira vigorosa, erudita e combativa, Negri articula a filosofia espinosana à história (econômica, social, política e intelectual) do século XVII para mostrar, antes de tudo, que a obra de Espinosa não é o reflexo passivo de sua época, mas uma compreensão de seu tempo que lhe permite pensar o futuro e abrir-se para ele.

Mostra também que há, como quer a tradição interpretativa, uma ruptura no pensamento espinosano. Porém, contrariamente à tradição, Negri não a localiza onde se costuma vê-la, isto é, no momento em que, ainda neoplatônico renascentista, Espinosa teria lido a obra de Descartes e a de Hobbes, tornando-se, enfim, moderno.

---

[1] Texto publicado no caderno "Mais!", da *Folha de S. Paulo*, em 9 de janeiro de 1994.

Não, diz Negri. A ruptura é interna ao pensamento de Espinosa, cujas tensões e aporias o conduzem para fora do legado da Renascença, para além do cartesianismo e do hobbesianismo. Mostra, ainda, que o projeto filosófico, científico e tecnológico hegemônico no século XVII é uma operação ideológica para dissimular a crise constitutiva permanente do capitalismo, operação apoiada nas ideias de transcendência (de Deus e do Estado), de hierarquia ontológica dos seres (e, portanto, das classes sociais), de finalismo ético-metafísico (as virtudes são modelos prévios que comandam de fora a ação humana, segundo a vontade de Deus e do monarca absoluto que representa a divindade na terra) e de dominação técnica da Natureza. Diante dessa operação, a filosofia de Espinosa é uma anomalia selvagem porque, além de afastar esse conjunto de ideias, criticando-as, substitui-as por outras que constituem uma verdadeira revolução filosófica.

A REVOLUÇÃO ESPINOSANA

As inúmeras interpretações do espinosismo assentam-se em duas vigas mestras. A primeira é fincada na compreensão da filosofia espinosana como teologia metafísica da produção da realidade a partir do desdobramento da essência da substância infinita e una-única da qual os seres finitos são efeitos, consequências e propriedades. É a viga mestra do panteísmo e da imanência de Deus ao mundo — *Deus sive Natura*, Deus ou Natureza. A segunda viga mestra é fincada na afirmação de que as obras políticas de Espinosa (o *Tratado teológico-político* e o *Tratado político*) são textos de circunstância, derivados do sistema metafísico e sem maiores consequências para este último.

Opondo-se a isto, Negri afirma que:

1) A metafísica panteísta, que vai de Deus (a substância una-única infinitamente infinita) aos modos finitos (os seres singulares existentes na Natureza, entre os quais os seres humanos) constitui a primeira filosofia de Espinosa, abandonada pelo filósofo por uma ontologia materialista na qual o ser infinitamente infinito é pensado e compreendido não a partir de sua essência (como no pan-

teísmo renascentista e no cartesianismo), mas de sua potência infinita para existir e agir e, mais do que isto, tal potência resulta da potência dos seres finitos, isto é, é produzida pela ação dos seres finitos e é conhecida pela ação (experiência e práxis) dos seres humanos. Em outras palavras, a totalidade substância-modos[2] ou Deus-Natureza, ou infinito-finito é constituida pela potência de existir e de agir dos seres finitos singulares imanentes à potência infinita do ser absoluto: Natureza e/ou Deus é a ação das coisas singulares finitas e práxis humana;

2) A mudança na filosofia de Espinosa ocorre quando o filósofo redige o *Tratado teológico-político*, descobrindo que a história e o social fundam e constituem a ontologia e não o contrário. Assim, a obra política é o núcleo da filosofia espinosana.

A revolução filosófica espinosana é a inauguração do materialismo moderno: o histórico-social, isto é, a práxis, funda a ontologia; a ação humana funda o ser e o absoluto. Revolução filosófica porque Espinosa altera radicalmente a perspectiva teológico--metafísica da tradição e do século XVII, baseada na essência infinita e perfeita de Deus e na criação do mundo ou das essências finitas pelo intelecto e vontade da divindade.

Abandonando a perspectiva essencialista (que Negri identifica com a teoria espinosana dos atributos divinos) pela ideia de potência infinita (o ser ou substância como espontaneidade absoluta de autoprodução) e partindo do finito (a potência de existir e agir dos modos singulares ou seres singulares concretos existentes) para o infinito, Espinosa lança por terra a ontologia platônica (ou o neoplatonismo renascentista) e a teologia cristã (trans-

---

[2] Para o leitor não familiarizado com o pensamento de Espinosa: o ser infinitamente infinito (substância, Deus, Natureza naturante) existe em si e por si e é causa de si ou potência infinita de existência e ação, manifestando--se espontaneamente em seres singulares finitos que são seus modos. Os seres humanos são modos finitos do infinito e são imanentes a ele por suas potências de existir e agir. Na tradição interpretativa, afirma-se a derivação dos modos finitos a partir da essência infinita do ser, através de seus atributos essenciais infinitos. Negri propõe abandonar essa tradição interpretativa fazendo com que a potência dos modos finitos concretos (apetite e desejo) funde a potência infinitamente infinita do ser ou da Natureza.

O desafio filosófico de Espinosa

cendência divina, personalidade divina, criação do mundo pela vontade e intelecto divinos, imortalidade da alma, livre-arbítrio e pecado, salvação messiânica). Ao fazê-lo, Espinosa retira o solo onde se movem o cartesianismo, o mecanicismo, a Reforma e a Contrarreforma.

Escreve Negri:

"A anomalia filosófica de Espinosa consiste nisto: na irredutibilidade de seu pensamento ao desenvolvimento do racionalismo e do empirismo modernos, que são filosofias subordinadas à crise, filosofias sempre dualistas e irresolutas, voltadas para a transcendência como território exclusivo de réplica ideal e de dominação prática do mundo — e portanto filosofias funcionais para a definição da burguesia, para seu definitivo autorreconhecimento como classe da crise e da mediação" (p. 359 deste volume).

"A anomalia do pensamento de Espinosa em relação à sua época se torna então anomalia selvagem. Selvagem porque articulada com a densidade e a multiplicidade de afirmações que surgem da extensa afabilidade do infinito. Há em Espinosa o prazer de ser infinito. Que é prazer do mundo. Quando o paradoxo do mundo, a tensão nele aberta entre infinidade positiva e infinidade das determinações, desenvolve-se em atividade e se reconhece no processo constitutivo, então o prazer do mundo começa a se tornar central e a anomalia se faz selvagem. Selvagem porque vinculada à multiplicidade inexaurível do ser, às suas florescências, tão vastas quanto cheias de movimento. O ser de Espinosa é selvagem e sombreado e múltiplo em suas expressões" (pp. 372-373).

A REVOLUÇÃO-ANOMALIA

O pensamento filosófico moderno, diz Negri, procura conceitos metafísicos que sejam a réplica ideal (imaginária) das relações de produção capitalista. A filosofia de Espinosa, ao contrário, afirma as forças produtivas e critica a versão metafísica das relações de produção.

No início do livro de Negri há dois Espinosa: um, que representa a culminância do pensamento humanista da Renascença, de cunho neoplatônico (o emanatismo de Leão Hebreu e o panteísmo de Giordano Bruno), cultivado pelo círculo de amigos cristãos de Espinosa e que Negri designa como pensamento utópico — busca da salvação pelo ascetismo moral e pela fusão mística com a divindade. O outro, que realiza a revolução filosófica, inaugura o materialismo moderno — a concepção do homem como apetite e desejo no interior da Natureza, como potência de existir e agir que sofre as pressões de causas externas, mas também se constitui como causa interna de apropriação livre da Natureza e de instauração da sociabilidade e da política. Acompanhando as tensões, contradições e aporias do percurso da obra espinosana, Negri nos apresenta, no ponto de chegada, um só Espinosa, aquele cujo pensamento vimos efetuar-se como trabalho da obra.

Negri fala em "duas fundações" da obra. Na "primeira fundação" estão presentes o misticismo religioso, a essencialidade produtiva divina da teologia da Contrarreforma, a ontologia emanatista neoplatônica e o dualismo metafísico cartesiano de separação entre corpo e alma. A "segunda fundação", posterior à redação do *Tratado teológico-político*, enfrenta a aporia deixada pela primeira, isto é, o essencialismo posto pelos atributos de Deus como causadores da realidade e cujo estatuto é um problema não só para Espinosa, mas também para seus intérpretes (que oscilam entre uma concepção subjetivista dos atributos e uma concepção objetivista). O *Tratado teológico-político*, criticando o par superstição-medo, que dirige a práxis histórica, e substituindo-o pelo par liberdade-segurança, introduz a potência humana e, por meio dela, permite a Espinosa realizar a "segunda fundação" da obra.

Desaparece, agora, a emanação do mundo a partir da essência divina e seus atributos em proveito da potência infinita, presente imediatamente na constituição ontológica do mundo das coisas em sua materialidade. A relação se estabelece diretamente entre a potência infinita do ser e a potência livre dos seres finitos. O homem, como indivíduo singular, se constitui como *conatus* (potência de autopreservação), apetite corporal e desejo consciente (potência de apropriação da Natureza), ou, em outras palavras, como espontaneidade de uma força produtiva e como subjetividade. A espontaneidade da força produtiva apropriadora da Natureza

O desafio filosófico de Espinosa

constitui um novo indivíduo, indivíduo coletivo e uma subjetividade coletiva inéditos: a multitudo, a massa como força social e política que constitui o político sem passar pela ficção burguesa do contrato social.

Ética e política são ontologias porque são históricas: concernem ao movimento de constituição do homem como potência de liberação que age no interior de limites (a potência da Natureza e a potência dos outros homens limitam a nossa) e de constituição da multitudo como sociabilidade determinada que funda a política como liberação no interior de limites determinados (a potência da sociedade). Os limites da ação são determinados (natureza e história), mas não fixos, e a liberdade humana é a tendência para afastar e redefinir tais limites. A liberdade é ação.

A ontologia de Espinosa não é panteísmo emanatista; a ética espinosana não é utopia da salvação por imersão no absoluto; a política espinosana não é contratualista nem transforma o direito em obrigação e obediência; e sobretudo, o pensamento espinosano não é dialético: não precisa das piruetas do idealismo alemão, seja sob a forma das antinomias da dialética transcendental kantiana, seja sob a forma do "calvário do negativo" das mediações hegelianas. Filosofia da afirmação e não da mediação.

Tudo quanto é hegemônico no pensamento do século XVII vê-se demolido pelo materialismo prático (ético, político, ontológico) de Espinosa. À idolatria do mercado como organização sócio-política das relações de produção, Espinosa contrapõe a pluralidade infinita das forças produtivas singulares indomináveis porque são forças de apropriação ou desejo; à burguesia holandesa, submissa à crise e às imagens da transcendência e da hierarquia, Espinosa contrapõe a potência infinita do ser que se irradia em expressões singulares necessárias e livres e cujo poder se realiza plenamente na democracia; à teoria hobbesiana do contrato e da autoridade política formada pela passagem do fato ao direito como obrigação, Espinosa contrapõe a constituição do político pela multitudo cujo poder é direito e cujo direito é poder, ambos como desejo de liberdade (governar e não ser governado); ao dualismo cartesiano do corpo e da alma, Espinosa contrapõe o movimento contínuo de passagem da singularidade corporal à subjetividade psíquica, ambas aspectos da mesma realidade individual complexa; às experimentações científico-tecnológicas de domínio da Natureza, Espinosa contrapõe o movimento ético-político de apropriação da Natureza para realização da segurança, da paz e da liberdade. Espinosa escava e demole os pilares do pensamento moderno: transcendência, finalismo, hierarquia e dominação, em suma, as mediações.

Mesmo que o leitor de Espinosa possa discordar de vários aspectos da interpretação oferecida por Negri, não discordará — se for leitor atento de Espinosa — do ponto central da anomalia selvagem: a demolição espinosana do imaginário teológico-metafísico que servia de alicerce para a ética e a política, desde a Antiguidade até nossos dias, e aquilo que o faz, do fundo do passado, nosso contemporâneo. Um filósofo que jamais abandonou o combate a todas as formas de alienação e de servidão visíveis e invisíveis pede leitores combativos e corajosos como Negri. Espinosa, diz Negri, não precisa de utopias e as combate duramente porque funda ontologicamente a liberdade e desvenda as formas práticas concretas de sua realização. Filósofo das forças produtivas, destrói as ideologias que enfatizam imaginariamente as relações de produção.

SOBRE O AUTOR

Antonio Negri nasceu em Pádua, na Itália, em 1º de agosto de 1933, filho de uma família católica. Em 1958, publica sua tese sobre Hegel, elaborada na École Normale Supérieure de Paris, sob a orientação de Jean Hyppolite, e nesse mesmo ano passa a dar aulas na Universidade de Pádua, onde em 1967 torna-se professor catedrático de filosofia política.

Desde cedo Negri une atividade acadêmica com militância política. Em 1956 inscreve-se no Partido Socialista Italiano. Posiciona-se contra o stalinismo, desenvolvendo desde então uma crítica sistemática ao Partido Comunista Italiano. Em 1961 inicia uma colaboração com o periódico socialista *Progresso Veneto* e em seguida passa a participar da redação da revista marxista *Quaderni Rossi*, juntamente com Raniero Panzieri, Mario Tronti e Romano Alquati. Entra em dissenso com o PSI, funda a revista *Cronache Operaie* e vincula-se aos núcleos de luta operária do porto Marguera em Veneza. Em 1964 funda *Classe Operaia*, revista que une teoria e intervenção militante. No período pré-revolucionário de 1969 a revista torna-se *Potere Operaio*. Negri posiciona-se contra as estruturas burocráticas dos partidos e sindicatos, dando impulso à organização direta dos estudantes e trabalhadores. Na década de 1970 vincula-se ao movimento *Autonomia Operaia*.

Em 1978 ministra na École Normale Supérieure o famoso curso que será publicado em livro com o título de *Marx além de Marx* (Milão, 1979). Neste período, seu vínculo com grupos militantes de esquerda o torna alvo da justiça. Na Itália, são os "anos de chumbo", de repressão aos movimentos extraparlamentares de esquerda; na Aliança Atlântica, Reagan e Thatcher arrancavam da relativa obscuridade a doutrina neoliberal; na URSS, o autoritarismo do chamado "socialismo real" ainda fazia suas últimas vítimas. Vive-se um estado de contrarrevolução permanente. Nome conhecido das lutas operárias e da esquerda autonomista italiana, Negri, junto com milhares de militantes e intelectuais, é alvo de uma ampla repressão política desencadeada pelo Estado italiano. É preso em 1979, acusado de "associação subversiva". Na prisão, Negri escreve *A anomalia selvagem: poder e potência em Espinosa*. Mais tarde, durante seu exílio na França, foi professor das Universidades de Paris VII (Denis Diderot) e VIII (Vincennes-Saint-Denis). Também lecionou na École Normale Supérieure, na Universidade Europeia de Filosofia e no Collège International de Philosophie, onde eram docentes Jacques Derrida, Michel Foucault e Gilles Deleuze.

Em 1995 inicia colaboração com o filósofo norte-americano Michael Hardt, professor da Universidade de Duke nos Estados Unidos. Juntos escrevem *O trabalho de Dioniso* (1994), *Império* (2000), *Multidão* (2004), *Bem-estar comum* (2009), *Declaração* (2012) e *Assembly* (2017), obras que trazem notoriedade mundial a Negri, sobretudo pelo seu vínculo com o movimento altermundista. Seu pensamento influi de maneira decisiva nos movimentos sociais e democráticos, propondo modos alternativos de vida e subjetivação, de produção e gozo da riqueza comum. Seu trabalho propõe formas políticas e econômicas para construir um mundo mais democrático e igualitário.

BIBLIOGRAFIA DO AUTOR

Saggi sullo storicismo tedesco. Dilthey e Meinecke. Milão: Feltrinelli, 1958.

Stato e diritto nel giovane Hegel: studio sulla genesi illuministica della filosofia giuridica e politica di Hegel. Pádua: Cedam, 1958.

Alle origini del formalismo giuridico: studio sul problema della forma in Kant e nei giuristi kantiani tra il 1789 e il 1802. Pádua: Cedam, 1962.

Descartes politico o della ragionevole ideologia. Milão: Feltrinelli, 1972.

Enciclopedia Feltrinelli-Fischer, Scienza Politica I (Stato e Politica). Milão: Feltrinelli, 1972.

Operai e Stato. Fra rivoluzione d'Ottobre e New Deal. Milão: Feltrinelli, 1972.

Partito operaio contro il lavoro, in *Crisi e organizzazione operaia.* Milão: Feltrinelli, 1974.

Crisi dello Stato-piano: comunismo e organizzazione rivoluzionaria. Milão: Feltrinelli, 1974.

Proletari e Stato: per una discussione su autonomia operaia e compromesso storico. Milão: Feltrinelli, 1976.

La fabbrica della strategia. 33 lezioni su Lenin. Pádua: Cleup, 1976.

La forma Stato: per la critica dell'economia politica della Costituzione. Milão: Feltrinelli, 1977.

La filosofia tedesca fra i due secoli: neokantismo, fenomenologia, esistenzialismo, in M. Dal Pra, *Storia della filosofia.* Milão: Vallardi, 1978.

Il dominio e il sabotaggio. Sul metodo marxista della trasformazione sociale. Milão: Feltrinelli, 1978.

Dall'operaio-massa all'operaio sociale: intervista sull'operaismo (com P. Pozzi e R. Tommassini). Milão: Multhipla, 1979.

Marx oltre Marx: quaderno di lavoro sui Grundrisse. Milão: Feltrinelli, 1979 [ed. bras.: *Marx além de Marx: caderno de trabalho sobre os* Grundrisse. São Paulo: Autonomia Literária, 2016].

Politica di classe. Il motore e la forma. Le cinque campagne oggi. Milão: Machina Libri, 1980.

Il comunismo e la guerra. Milão: Feltrinelli, 1980.

L'anomalia selvaggia: saggio su potere e potenza in Baruch Spinoza. Milão: Feltrinelli, 1981 [ed. bras.: *A anomalia selvagem: poder e potência em Espinosa.* São Paulo: Editora 34, 1993].

Macchina tempo. Rompicapi, liberazione, costituzione. Milão: Feltrinelli, 1982.

Pipe-line. Lettere da Rebibbia. Turim: Einaudi, 1983.

Italie rouge et noire. Paris: Hachette, 1984.

Les nouveaux espaces de liberté (com F. Guattari). Paris: Dominique Bedou, 1985 [ed. bras.: *As verdades nômades.* São Paulo: Editora Politeia/Autonomia Literária, 2017].

Fabbriche del soggetto. Livorno-Massa: Secolo XXI, 1987.

Lenta Ginestra. Saggio sull'ontologia di Leopardi. Milão: SugarCo., 1987.

The Politics of Subversion. A Manifesto for the Twenty-First Century. Cambridge: Polity Press, 1989.

Il lavoro di Giobbe. Il famoso testo biblico come parabola del lavoro umano. Milão: SugarCo., 1990.

Arte e multitudo. Sette lettere del dicembre di 1988. Milão: Giancarlo Politi, 1990.

Spinoza sovversivo. Roma: A. Pellicani, 1992 [ed. bras.: *Espinosa subversivo.* Belo Horizonte: Autêntica, 2016].

Labor of Dionysus: A Critique of the State-Form (com M. Hardt). Minneapolis: University of Minnesota Press, 1994 [ed. bras.: *O trabalho de Dioniso: para a crítica ao Estado pós-moderno.* Juiz de Fora: Editora UFJF, 2004].

Lavoro immateriale: forme di vita e produzione di soggettività (com M. Lazzarato). Verona: Ombre Corte, 1997 [ed. bras.: *Trabalho imaterial: formas de vida e produção de subjetividade.* Rio de Janeiro: Lamparina, 2001].

Empire (com M. Hardt). Cambridge: Harvard University Press, 2000 [ed. bras.: *Império.* Rio de Janeiro: Record, 2002].

Il potere costituente: saggio sulle alternative del moderno. Roma: Manifestolibri, 2002 [ed. bras.: *O poder constituinte: ensaio sobre as alternativas da modernidade.* Rio de Janeiro: Lamparina, 2002].

Il Lavoro di Giobbe. Roma, Manifestolibri, 2002 [ed. bras.: *Jó: a força do escravo.* Rio de Janeiro: Record, 2007].

Reflections on Empire (com M. Hardt e D. Zolo). Cambridge: Polity Press, 2003 [ed. bras.: *Cinco lições sobre Império*. Rio de Janeiro: Lamparina, 2003].

Du retour: abécédaire biopolitique. Paris: Calmann-Lévy, 2004 [ed. bras.: *De volta: abecedário biopolítico*. Rio de Janeiro: Record, 2006].

Multitude: War and Democracy in the Age of Empire (com M. Hardt). Nova York: Penguin Books, 2004 [ed. bras.: *Multidão: guerra e democracia na era do Império*. Rio de Janeiro: Record, 2005].

Global: biopotere e lotta in un'America Latina globalizzata (com G. Cocco). Roma: Manifestolibri, 2005 [ed. bras.: *Global: biopoder e luta em uma América Latina globalizada*. Rio de Janeiro: Record, 2005].

Goodbye, Mr. Socialism. Milão: Feltrinelli, 2006.

Kairòs, Alma Venus, multitudo. Nove lezioni impartite a me stesso. Roma: Manifestolibri, 2006 [ed. bras.: *Kairòs, Alma Venus, multitudo: nove lições ensinadas a mim mesmo*. Rio de Janeiro: Lamparina, 2008].

Fabbrica di porcellana. Per una nuova grammatica politica. Milão: Feltrinelli, 2008.

Commonwealth (com M. Hardt). Cambridge: Harvard University Press, 2009 [ed. bras.: *Bem-estar comum*. Rio de Janeiro: Record, 2016].

Declaration (com M. Hardt). Boston: Argo-Navis Author Services, 2012 [ed. bras.: *Declaração: Isto não é um manifesto*. São Paulo: n-1, 2014].

Quando e como eu li Foucault (org. Mario A. Marino). São Paulo: n-1, 2016.

Assembly (com M. Hardt). Oxford: Oxford University Press, 2017 [ed. bras.: *Assembly: o poder multitudinário do comum*. São Paulo: Editora Politeia, 2018].

Deleuze e Guattari: uma filosofia para o século XXI (org. Jefferson Viel). São Paulo: Editora Politeia, no prelo.

COLEÇÃO TRANS
direção de Éric Alliez

Gilles Deleuze e Félix Guattari
O que é a filosofia?

Félix Guattari
Caosmose

Gilles Deleuze
Conversações

Barbara Cassin, Nicole Loraux,
Catherine Peschanski
Gregos, bárbaros, estrangeiros

Pierre Lévy
As tecnologias da inteligência

Paul Virilio
O espaço crítico

Antonio Negri
A anomalia selvagem

André Parente (org.)
Imagem-máquina

Bruno Latour
Jamais fomos modernos

Nicole Loraux
Invenção de Atenas

Éric Alliez
A assinatura do mundo

Maurice de Gandillac
Gêneses da modernidade

Gilles Deleuze e Félix Guattari
Mil platôs
(Vols. 1, 2, 3, 4 e 5)

Pierre Clastres
Crônica do índios Guayaki

Jacques Rancière
Políticas da escrita

Jean-Pierre Faye
A razão narrativa

Monique David-Ménard
A loucura na razão pura

Jacques Rancière
O desentendimento

Éric Alliez
*Da impossibilidade
da fenomenologia*

Michael Hardt
Gilles Deleuze

Éric Alliez
Deleuze filosofia virtual

Pierre Lévy
O que é o virtual?

François Jullien
Figuras da imanência

Gilles Deleuze
Crítica e clínica

Stanley Cavell
*Esta América nova,
ainda inabordável*

Richard Shusterman
Vivendo a arte

André de Muralt
A metafísica do fenômeno

François Jullien
Tratado da eficácia

Georges Didi-Huberman
O que vemos, o que nos olha

Pierre Lévy
Cibercultura

Gilles Deleuze
Bergsonismo

Alain de Libera
Pensar na Idade Média

Éric Alliez (org.)
Gilles Deleuze:
uma vida filosófica

Gilles Deleuze
Empirismo e subjetividade

Isabelle Stengers
A invenção das ciências modernas

Barbara Cassin
O efeito sofístico

Jean-François Courtine
A tragédia e o tempo da história

Michel Senellart
As artes de governar

Gilles Deleuze e Félix Guattari
O anti-Édipo

Georges Didi-Huberman
Diante da imagem

François Zourabichvili
Deleuze:
uma filosofia do acontecimento

Gilles Deleuze
Dois regimes de loucos:
textos e entrevistas (1975-1995)

Gilles Deleuze
Espinosa
e o problema da expressão

Gilles Deleuze
Cinema 1 — A imagem-movimento

Gilles Deleuze
Cinema 2 — A imagem-tempo

ESTE LIVRO FOI COMPOSTO EM SABON,
PELA BRACHER & MALTA, COM CTP DA
NEW PRINT E IMPRESSÃO DA GRAPHIUM
EM PAPEL PÓLEN SOFT 70 G/M² DA CIA.
SUZANO DE PAPEL E CELULOSE PARA A
EDITORA 34, EM OUTUBRO DE 2018.